하늘과 땅이 하나되게

― 예수가 성취한 생성의 여정

하늘과 땅이 하나되게
— 예수가 성취한 생성의 여정

2024년 5월 7일 처음 펴냄

지은이   허먼 C. 웨이첸
옮긴이   강요섭
펴낸이   김영호
펴낸곳   도서출판 동연
등 록   제1-1383호(1992. 6. 12)
주 소   (03962) 서울시 마포구 월드컵로 163-3
전화/전송   (02)335-2630 / (02)335-2640
이메일   yh4321@gmail.com
인스타그램   https://www.instagram.com/dongyeon_press

ISBN 978-89-6447-992-6 93230

하늘과 땅이 하나되게

예수가 성취한 생성의 여정

허먼 C. 웨이첸 지음 | 강요섭 옮김

Christianity as the Moral Order of Integration:
The Gift of the Jews to the World

동연

"우리는 운명이라는 천에 함께 엮여 있다. 상호관계 속에 우리는 갇혀 있다. 그래서 네가 너 되기 전에는 내가 나 될 수가 없다."

_ 장 폴 사르트르, 『닫힌 방·악마와 선한 신』

"우리는 '존재'라는 말이 무슨 뜻인가라는 물음에 우리의 시대에서 그 답을 얻을 수 있을까?"

_ 마틴 하이덱거, 『존재와 시간』

"이스라엘의 사명은 인류에게 하나님의 나라를 준비하게 하는 것이었다."

_ 마틴 부버, 『예언자의 신앙』

"나는 세상에 불을 지르러 왔다. 불이 이미 붙었더라면 내가 바랄 것이 무엇이 더 있겠느냐?"

_ 예수, 누가복음 12:49

한 국 어 책 에 부 치 는 글

　　먼저 필자의 책을 한글로 번역해 준 강요섭 박사에게 깊은 감사의 말을 전하고 싶다. 필자는 다른 언어로 번역하는 일이 간단하거나 손쉬운 일이 아닌 것을 누구보다 잘 안다. 필자가 저술한 이 책에서 아브람과 사래가 시작하고 히브리성서를 거쳐서 마가복음서와 사도 바울에게서 그 절정에 달한 성서적 여정을 분석하고 요약하였다. 이 저서는 샌프란시스코장로교신학대학원에서 40년간 신약성서를 연구하고 강의하면서 체계화시킨 나의 성서신학을 요약한 것이라고 하겠다. 이 책을 저술하기로 한 목적은 기독교의 모든 교파와 유대교가 예수 그리스도의 죽음과 부활의 참뜻을 이해하고 실천하지 못하는 문제를 파헤치는 데 있다.

　　나와 강 박사는 신구약성서를 해석하는 동료로서 1977년 이후로 지금까지 서로의 이해와 의견을 교환하면서 성서 해석의 폭을 넓혀왔다. 필자는 강 박사가 샌프란시스코장로교신학대학원의 박사과정에서 예수의 비유들과 기적 이야기들을 한국의 역사와 문화적 맥락에서 해석하고 적용하는 논문을 준비할 때 그를 돕고 조언하는 특권을 가진 바 있다. 그 이후로 우리는 성서 해석의 동역자로 그리고 형제이며 친구로 지금까지 관계를 지속하고 있다. 강 박사는 나의 첫 번째 저술인 마태복음서 해석『사람됨의 기원과 운명』을 한글로 번역하여 대한기독교서회가 1984년에 출판하였다.

　　강 박사의 공헌은 번역에 그치지 않는다. 그 자신 성서학자로서 신약성서에 관한 저술과 수 편의 논문을 발표하였다. 한국신학연구소를 통해서 그가 저술한 마가복음서 해설『복음의 시작 — 길의 건설』이 오래전에 한국에서 출판되었다. 그리고 그의 다수의 성서학 논문이 미국, 아프리카 말라위 그리고 러시아에서 발표되었다. 최근에 그는 자신의 회고록,『지구촌 속으로 — 굴러다닌 어느 돌멩이의 이야기』를 펴낸 바 있다. 강 박사는 성서학자로, 그의 동반자 아내 한라는 도서관 사서로 말라위 좀바신학교와 모스크바장신대 그리고 상트페테르부르크에 있는 루터교신학교에서 아주 뛰어난 사역을 감당하였다. 그 부부가 함께한 사역은 이사야 51장 2절의 말씀대로 아브라함과 사라의 영적인 후손들의 길을 밟고 따라갔다고 말할 수 있을 것이다. 그들의 여정이 모국 한국을 떠나서 미국에 오고, 거기서 머물지 않고 알지 못하던 땅, 아프리카와 러시아로 두루 떠나라는 명령에 순종했던 그분들의 발걸음을 따르려 했기 때문이다.

예수 그리스도의 복음에 온 생애를 바치고 필자의 생애 마지막 저서를 한글로 번역해 준 강 박사에게 다시 한번 감사를 드리면서 이 글을 마치려고 한다.

2024년 3월
미국 캘리포니아 산 안셀모에서
허먼 C. 웨이첸

머 리 말

기독교 2천 년 역사를 자기 방어벽 구축의 역사라고 하면 지나친 말일까? 기독교라는 이름 아래 수많은 종교기관과 교파가 파죽지세로 생겨나고 무수한 종파가 나타나 제각기 다른 신학은 물론 다른 교리와 신조들을 수립하여 나름대로의 정체성(identity)을 과시하려고 하였다. 모두가 다 그런 것은 아니라 하더라도 각기 다른 교파마다 자기 교파만이 기독교를 대표한다고 주장하는가 하면 자기 교파만이 기독교 신앙을 가장 잘 표명한다고 강조하였다.

그 모든 교단과 종파는 '기독교'가 세계 안에 존속해 온 다른 종교들, 이를테면 유대교, 회교, 힌두교, 불교 등과 '비교'하면서 동시에 그들과 '분리'되는 '종교'라고만 단순하게 간주하였다. 하지만 기독교 역시 다른 종교들과 마찬가지로 하늘과 땅이 하나가 아니라 분리되어 있다는 사상에 깊숙이 자리 잡고 있다는 사실을 간과하였다. 그 같은 하늘과 땅의 분리 사상은 세상을 두 다른 '분리된' 도덕적 질서로 창조했다는 바빌론의 '에누마 엘리쉬'(Enuma elish)의 창조 신화에서 기원한 것인데, 그 신화 이후로 그것은 인류 사회의 지배적인 전(前)이해가 되어 왔다.

우리가 '세계 속의 존재'(universal being)로 살아가고 행동하는 이 세계 마당이란 그렇게 두 다른 대립적인 영역으로 구성된 것이라고 받아들이고 있다. 우리가 이 세상에 태어나는 순간부터 그 두 다른 영역으로부터 이탈된 정체성을 정립하여 살도록 양육된다. 이를테면 부모의 양육을 통해서 우리는 분리시키는 도덕적 질서 속에서 자기 방어벽을 구축하게 된다. 그것이 우리가 살아 온 이율배반적인 세계다. 그런 수많은 배타적인 차원들 속에서 우리는 삶을 영위한다. 삶과 죽음, 선과 악, 참과 거짓, 문명과 자연, 전쟁과 평화, 남자와 여자, 앎과 사고, 주관과 객관, 실체와 가능성 등의 대립적 관계 속에서 우리의 삶을 영위한다는 말이다.[1] 이 밖에도 이분적인 사례가 더 많이 있지만, 그 모두는 한결같이 하늘과 땅이 분리되어 있다는 이해에 기초하여 있다. 모든 종교가 그 같은 이원론에 뿌리를 내리고 있다. 그래서 모든 종교는 분리의 울타리를 구축한다. 아이로니컬하게도 모든 종교는 하늘과 땅이 근본적으로 분리되어 있다는 전 이해 아래에서 자기 방어벽을 구축한다.

하지만 2천 년 전 유대인들이 세상에 소개한 것은 종교가 아니었다. 그것은 창세기 2장의 창조 신화에 근거한 '하나됨'의 도덕적 질서였다. 창세기 2장의 창조 신화는 야훼 하나님이 사람을 흙으로 빚어 그의 코에 "생령"을 불어 넣음으로써 야훼 하나님의 "초월적 가능성"의 "존재"를 사람이 함께 공유하도록 했다는 것이다. 그러한 '하나됨'은 창조주의 무한한 가능성에 인간을 영합시켜서 인간으로 하여금 땅과 하늘을 통합하는 상호적 관계를 갖게 하였다는 뜻을 제시한다. 그러한 하늘과 땅의 하나됨의 관계를 인간이 하나님과 공유함으로써 세계적으로 정의와 화해는 물론 궁극적으로 하나님의 하나됨에 참여하게 하였다는 말이다.

그런데 그러한 하나님의 역설적인 하나됨의 존재를 부여받은 인간은 선과 악을 아는 지식으로 야훼 하나님의 초월적인 가능성을 구

---

1 Derrida, J., *Dissemination* (Chicago: University of Chicago Press, 1981), viii는 서구 사상은 이분법이나 양극화의 논리로 구성되어 있다고 설명한다.

현하지 못하게 되었다. 동시에 선악을 아는 지식은 야훼 하나님의 "존재"와 "그 초월적 힘"을 분리시켜 영구적인 이분적 구조를 조성하게 되었다. 그런 결과 인간은 총체적인 하나됨의 존재가 되지 못하게 되었다. 그 같은 분리의 역사가 한창 계속되다가 창조 신화가 표방한 야훼 하나님의 "존재"와 "초월적인 가능성"의 통합이 예수 그리스도의 죽음과 부활을 통해서 회복되었다. 그리고 그러한 하나됨의 회복을 로마제국의 지배 아래에 있던 세계에 선포한 이가 바로 사도 바울이었다. 바울은 세례를 통해서 하나님의 새로운 창조인 "하나님의 이스라엘"(the Israel of God)의 일원이 된다는 사실을 선포하였다.

> … 모든 것이 다 여러분의 것입니다. 바울이나 아볼로나 게바나, 세상이나 삶이나 죽음이나, 현재의 일이나 장래의 일이나, 모든 것이 다 여러분의 것입니다. 그리고 여러분은 그리스도의 것이요, 그리스도는 하나님의 것입니다(고전 3:21-23).

그러한 통합의 도덕 질서를 유대인들이 '기독교'라고 부른 것은 아니다. '기독교'라는 이름은 로마인들이 나사렛 예수를 따르던 유대인들을 '크리스티아노이'라고 부르면서 다른 유대인들과 구별하면서 생겼다.[2] 하지만 지금까지 2천 년을 훨씬 넘는 역사 속에서 기독교는 스스로 이분적 분리의 도덕적 질서 속에 감금시켜 온 것이다. 기독교가 세계적 존재를 구성하는 이원론에 갇힌 종교로 전락하면서 결과적으로 자기방어의 장벽만을 지속적으로 쌓아 오게 된 것이다,

---

2 행전 11:26; 26:28을 참조하라.

사도 바울이 그의 첫 번째 편지를 데살로니가교회에 보낸 지 100년 후 마르시온(Marcion)이 소위 신약성서라는 이름으로 기독교 성서를 히브리성서로부터 분리시켰다. 그 결과 신약과 구약이라는 두 개의 성서가 형성되고, 기독교를 유대교로부터 분리하게 되었다. 이렇게 기독교는 '세계적 존재'(universal being)의 이분적 세계에서 하나의 종교로 등장하였다. 325년에 열린 니케아회의는 영지주의가 시도한 창조의 하나님과 초월적인 하나님을 구별시킨 것을 종식시키려고 하였다. 하지만 기독교가 자리 잡고 있는 분리의 도덕적 질서에서 삼위일체의 교리를 채택함으로 아이로니컬하게도 영지주의의 이원론을 막는 데 성공하지 못했다. 히포의 감독 어거스틴의 기독교는 신(新)플라톤 사상에 근거하여 영혼과 몸을 분리시키는 이원론에 입각한 종교였다. 어거스틴이 주도한 신학에서 구원이란 하늘에 있는 예루살렘에 들어가는 것인데, 그러기 위해서는 이원론적으로 신앙과 이성을 분리해야만 하는 것이었다. 그러한 어거스틴의 영혼과 몸을 분리하는 이원론은 종교개혁자 마틴 루터와 요한 칼빈에까지 계승되었다. 그들이 주장한 믿음으로 의롭게 된다는 칭의의 신학은 인간의 죄를 대신하여 죽은 예수의 의로움에 참여하기 위해서 그에게 절대적으로 의존하는 것이었다.

기독교는 이 악한 세상으로부터 구원받고 무제한적으로 죄의 용서를 받아 영생을 얻기 위해서는 전적으로 하나님에게 의존하여야 하는 '의존의 종교'가 된 것이다. 따라서 인간들에게는 아무런 힘을 부여하지 않고 인간들은 오로지 무력하다고 단정하였다. 생명 세계를 지속적으로 위협하는 팬데믹을 야기하는 바이러스나 생태계를 세계 종말로 몰고 가는 글로벌 기후변화에 인간들이 대처하는 대신 하나님의 권능으로 그의 창조 세계를 구원하도록 기대하는 의존적 입장만 고수한다.

기독교 2천 년 역사 속에서 줄곧 기독교인들은 신구약성서를 읽고 해석하여 왔는데, 그 해석학적 방법 역시 '세계적 존재'의 '영혼/몸'의 이원론을 전제로 한 것이었다.

한편에서 소위 복음주의자들은 수많은 서로 다른 텍스트들이 2~3천 년이라는 시대적 갭(gap)을 가지고 있음에도 불구하고 성서를 오늘의 시대에 직접 적용할 수 있는 것처럼 착각한다. 반면 성서를 해석하는 학자들은 주관/객관의 해석학적 도식과 그에 상응하는 역사적 해석을 통해서 진리를 찾는다는 학설에 지나친 편견을 가지고 있다. 이렇게 상반되고 분리된 관점들과 그들이 택하는 해석학적 차이가 성서 해석은 물론 기독교의 성격을 결정짓게 하였다. 결과적으로 그러한 성서 이해와 해석들은 요한복음 14장 12절에서 예수께서 하신 말씀을 구현시키지 못하게 만들었다.

내가 진정으로 진정으로 너희에게 말한다. 나를 믿는 사람은 내가 하는 일을 할 것이요, 그보다 더 큰 일도 할 것이다. 그것은 내가 아버지께로 가기 때문이다.

창조주 하나님의 '초월적 가능성'이 '세계적 현존'으로부터 분리된 나머지 사도 바울이 갈라디아서 6장 16절에서 "하나님의 이스라엘"이라고 표현한 하나님의 새로운 창조에 미치지 못한 것이다.

필자는 사도 바울이 쓴 일곱 개의 편지와 네 복음서를 통해서 이교적 세계에 소개한 하나됨 또는 통합의 도덕적 질서를 재발견하기 위하여 이 책을 펴내기로 하였다. 이 작업은 창세기 12장 1-3절에 서술된바, 최초의 두 이주민(移住民)이었던 아브람과 사래가 시작한 성서적 여정에 그 바탕을 가진다. 그 두 사람은 인종적 정체성이나 국적도 없이 무방비 상태로 하나님으로부터 목적지가 없이 떠나가 큰 민족을 이루라는 부름을 받았다. 다만 하나님이 가지고 있는 세계성과 인종적 성격을 통합하여 "땅의 모든 족속들에게 축복"이 되라는 부르심이었다.

그들의 여정(旅程)이 히브리성서는 물론 소위 신약성서라고 불리는 책의 중요한 내용이라고 할 수 있다. 그래서 필자는 "야훼 하나님"이 그들의 대(代)를 이어서 명하신 "신-인간"의 통합된 여정을 면밀하게 살펴보려고 한다. 곧 이삭과 야곱, 요셉, 유대의 다윗 왕조, 이사야서의 예언, 이사야 24-27장을 기록한 지하 예언자, 에녹1서, 다니엘서, 납달리의 언약, 세례요한 그리고 예수 그리스도의 죽음과 부활에서 절정에 달한 성서적 여정을 고찰하려고 한다. 다소의 히브리사람 사울이 사도 바울에 되어 이 여정의 두 목적지를 성공적으로 다다르게 한 사람이 되었다. 그는 하나됨의 도덕적 질서, 곧 '복음'을 이교적 세계에 전파함으로써 아브라함의 후예들이 "하나님의 이스라엘"이 되어 "큰 민족"을 이루라는 부르심을 성취하였고, 아브라함이 이 세상의 모든 나라들의 족장이 되도록 하였다.

하지만 창조주 하나님이 시작하였고 "현존"과 "그 초월적 가능성"의 역설적 삶을 부여받은 회복된 사람됨, 곧 "새로운 창조"가 우리에게 선물로 성서의 증언들을 통해서 전달되었음에도 불구하고 불행하게도 아직도 이 세계 속에서 실현되지 못하고 있다. 그래서 우리는 "'기독교'라는 종교에 희망이 있는가?"라는 질문을 던지지 않을 수 없다. '기독교'가 과연 그 하나됨의 도덕적 질서라는 유대적 유산을 살릴 수 있을까? 그리고 모든 인간이 '현존'과 '그 초월적 가능성'을 하나되게 한 하나님과 함께 연대하여 창조주께서 의도한 통합적 삶을 되찾고 이 세계를 변혁시키는 길을 걸어갈 수 있을까?

이 책이 나오기까지 많은 친구들과 나의 가족들의 협조와 조언이 있었다. 특히 내 아내 메리는 이 책을 저술하는 몇 해 동안 나와 함께한 동반자였다. 내가 성서 텍스트들과 씨름하며 원고를 써 갈 때 메리는 그 원고를 수차례 읽고 문장을 다듬어 주고, 보다 이해가 쉽도록 조언해 주었다. 그녀의 슬기로운 판단과 사랑의 격려에 대한 나의 감사는 말로 다 표현할 수가 없다. 우리의 아들 데이빗은 컴퓨터 사용을 통해서 편집과 문장 정리에 큰 도움을 주었다. 두 명의 장로교 목사들인 켄트 웨버와 더글러스 후네키 목사들에게 이 책을 저술하는 2년 반 동안 성서를 함께 읽고 그들의 통찰을 공유해 준 데 대하여 깊이 감사드린다. 나의 절친한 친구 로이스 트루엑스 박사에게도 감사하지 않을 수 없다. 수년 동안 나는 그와 많은 대화를 나누었고, 이 책에 수록된 성서 해석을 확대하는 데 크게 도움을 받았다.

특히 이 책을 빌려 필자는 유대인 철학자요 신학자이며 히브리성서를 독일어로 번역한 고(故) 마틴 부버 교수에게 깊은 감사의 말을 전하고 싶다. 부버 박사는 예루살렘 히브리대학교대학원에 1954년부터 55년까지 1년간 연구하도록 나에게 전액 장학금을 주선해 주었다.

나는 예루살렘에 있던 그의 사저를 찾아 감사드리러 갔던 일을 아름다운 추억으로 마음 깊이 담고 있다. 내가 그의 댁을 찾았을 때 부버 박사는 나에게 그의 철학 강의에 참여해 달라고 초청하였다. 하지만 나는 아직 준비가 안 되었다면서 정중히 거절하고 자리를 뜰 수밖에 없었다. 그때 그분의 겸양과 친절함을 통해서 "나-너"(I-Thou)의 하나 됨의 철학을 경험할 수 있었다.

아울러 필자는 예루살렘 히브리대학교에게 1년 동안 랍비 문헌을 연구하도록 장학금을 제공한 데 대하여 감사를 표하고 싶다. 그 일을 나는 평생 잊을 수 없고 내 생이 바뀌는 계기가 되었다고 밝히고 싶다.

마지막으로 우리의 큰 딸 엘레인과 사위 마이클, 둘째 딸 템비사와 사위 게하르트에게 그동안 지속적으로 격려해준 데 대하여 고마움을 전한다. 마침내 이 책을 펴내면서 그들 모두와 함께 기쁨을 나누고 그들에게 이 책을 드린다.

켈리포니아 산 안셀모에서
허먼 C. 웨이첸

옮긴이의 글

먼저 이 책을 한글로 번역하도록 허락하신 저자 웨이첸 박사에게 감사의 말씀을 전하고 싶다. 아울러 94세의 노구임에도 불구하고 저술 활동을 계속하신 그분의 학문적 열정과 깊이에 아끼지 않고 경의를 이 후기를 통하여 표하는 바이다. 웨이첸 박사의 첫 번째 저술인 마태복음서 해설을 1984년에 역자가 한글로 번역하여 대한기독교서회가 『사람됨의 기원과 운명』이라는 제목으로 출판한 바 있다. 어쩌면 그분의 마지막 저서가 될지 모르는 이 책을 다시 번역하게 된 것은 역자의 특권이며 저자가 베푸신 우정과 사랑이라고 말할 수 있을 것이다.

이 책의 원 책명은 *Christianity as the Moral Order of Integration: The Gift of the Jews to the World*이다. 그 책 이름을 한글로 직역하면, "통합의 도덕적 질서로서의 기독교: 유대인들이 세계에 준 선물"이 된다. 얼른 보아 익숙하면서도 난해한 단어들이다. 하지만 독자들은 이 책을 읽을 때 그 말들에 익숙해지리라고 확신한다. 단지 얼른 볼 때 딱딱한 느낌을 주는 표현들이어서 역자가 책명을 바꾼 것이다. 하지만 이 책에서 저자가 의도한 바를 충실하게 따르는 차원에서 책 속에 저자가 사용한 표현을 빌려 이름을 붙였다.

저자는 영어 표현 'integration'을 고정된 뜻으로 사용하지 않고 아주 역동성을 가진 말로 사용한다. 따라서 한글로 번역할 때 한 가지 표현을 사용할 수가 없었다. 그 문맥에 따라서 '통합', '연합', '결합', '통일' 그리고 '하나됨', '합일' 등의 표현으로 번역하였다. 'Moral order'라는 표현은 '도덕적 질서'이지만 '구원의 질서' '길' 또는 '도' 등의 뜻을 담고 있음을 독자들은 어렵지 않게 발견할 것이다. 기독교의 도덕적 질서라고 할 때 얼른 우리는 '사랑'이라고 답할 것이다. 이 책은 어쩌면 종래의 사랑이라는 개념을 'integrity'라는 말로 대치했다고 말할 수 있다. 하지만 그보다는 사랑의 근원을 제시하려고 했다고 말하는 것이 더 정확할 것이다. 생태계의 문제들이 인간과 정치적, 사회적, 문화적인 문제들과 뒤엉켜서 제기되고 있는 우리의 현 역사 속에, 특히 이스라엘과 팔레스타인 사이의 전쟁과 우크라이나와 러시아의 전쟁이 계속되고 있는 시점에서 예언적 메시지를 이 책에서 찾을 수 있게 되기를 염원해 본다.

독자들은 이 책을 읽으며 성서 인용을 많이 접하게 될 것이다. 특히 한글로 번역하면서 여러 한글 성경 중에서 '표준새번역'을 주로 인용하였음을 밝힌다. 하지만 성서의 다른 모든 번역이 그렇듯이 한글 성경에도 지나친 의역들이 있고 표현을 바꾸지 않을 수 없는 경우들이 있었다. 그런 경우들은 각주에 표기하였다. 그리고 성서 본문을 인용할 때 히브리어나 헬라어를 고려하여 그 말들을 직접 인용하게 된 경우도 있었음을 밝혀둔다.

또한 원서에는 30장이 하나로 이어져 있지만 독자들의 편의를 위하여 저자 웨이첸 선생의 양해 아래 책의 내용을 다섯 부분으로 나누어 편집하였음도 밝힌다.

번역한 것들이 잘 이해되지 않고 원문과 지나치게 다르게 번역된 부분들이 있다면, 그것은 전적으로 이 역자의 책임이고 실수라는 점도 밝힌다. 아무쪼록 이 책이 한국교회에 널리 파급되어서 저자가 전하려고 하는 인간의 회복과 생태계의 회복을 함께 구현시켜 '그 나라'

의 도래에 참여하게 되기를 염원하는 바이다.

2024년 봄, 미국 남가주 파사데나

옮긴이 강요섭

차 례

한국어 책에 부치는 글 / 5

머리말 / 7

옮긴이의 글 / 15

1장 ㅣ 서문   21

제1부 _ 창조와 생성 원리

2장 ㅣ 하늘과 땅의 분리와 사람의 창조: 바빌론 창조 신화   39

3장 ㅣ 사람의 창조 ― 창세기 2장   47

4장 ㅣ 분리의 도덕적 질서 ― 창세기 3장   58

5장 ㅣ 호모사피엔스의 원 역사와 홍수   67

6장 ㅣ 씻겨진 창조: 새로운 시작   80

     바벨탑 이야기: 창세기 11장   83

제2부 _ 통합과 분리의 여정

7장 ㅣ 이스라엘 역사의 시작: 아브람과 사래   89

8장 ㅣ 이삭과 야곱: 계속되는 여정   111

     창세기 25-38장   111

     에서와 야곱   116

9장 ㅣ 이집트로 간 요셉   132

10장 ┃ 이스라엘의 이집트 노예 생활과 엑소더스 　　　　　 155
　　　출애굽기 2-14장 　　　　　　　　　　　　　　　　 155
11장 ┃ 모세와 이스라엘의 출애굽 여정 　　　　　　　　　 168
　　　출애굽기 15장-민수기 24장 　　　　　　　　　　　 168
12장 ┃ 발람의 축복 　　　　　　　　　　　　　　　　　　 187
　　　민수기 22-24장 　　　　　　　　　　　　　　　　　 187
13장 ┃ 왕권과 그 하이라키가 가져온 딜레마 　　　　　　　 195
　　　사무엘상 1장-열왕기상 1장 　　　　　　　　　　　 195

제3부 _ 회복을 향한 예언 활동

14장 ┃ 이사야서의 프롤로그 — 분리와 통합 　　　　　　　 207
　　　이사야 1장 1절-4장 6절 　　　　　　　　　　　　　 207
　　　예루살렘으로 향하는 모든 민족(이사야 2:1-4:6) 　 213
15장 ┃ 포도원의 비유 — 이사야 5:1-30 　　　　　　　　　 219
16장 ┃ 이사야를 부르시고 위탁하심 — 이사야 6:1-13 　　 223
17장 ┃ 이사야, 왕권의 종식과 임마누엘 공동체의 탄생 　　 227
　　　— 이사야 7:1-8:18
18장 ┃ 세계성으로의 전환 　　　　　　　　　　　　　　　 249
　　　이사야 13-23장 　　　　　　　　　　　　　　　　　 249
　　　바빌론의 책임 　　　　　　　　　　　　　　　　　　 251
　　　야훼의 짐 　　　　　　　　　　　　　　　　　　　　 252
19장 ┃ 이사야서 24-26장의 아포칼립스 　　　　　　　　　 260
　　　이사야 27장의 묵시 　　　　　　　　　　　　　　　 276
20장 ┃ 제2이사야: 야훼가 하시는 "새로운 일들" 　　　　 280
　　　이사야 40-55장 　　　　　　　　　　　　　　　　　 280
　　　첫 번째 종의 시 (이사 42:1-9) 　　　　　　　　　　 289
　　　두 번째 종의 시 (이사 49:1-6) 　　　　　　　　　　 290
　　　세 번째 종의 시 (이사 50:4-9) 　　　　　　　　　　 296
　　　네 번째 종의 시 (이사 52:13-53:12) 　　　　　　　 298

21장 ｜ 제3이사야: 예언자들과 제사장들의 반목   312

    사독 사제들과 그들의 재건 이념   312

    이사야적 예언자들: 그 통합적 도덕성과 사제성 배격   319

    용사이신 야훼, 그의 새 언약   326

    이스라엘의 새로운 세계, 그 종말적 실체   328

    분리의 도덕적 질서에 대한 심판   332

    아버지로서의 야훼 그리고 율법을 초월한 정의 수립   336

    "하늘이 갈라지는" 새로운 역사 속으로   339

    새 창조의 언약   342

제4부 _ 새하늘 새땅의 비전 — 중간기 묵시문헌

22장 ｜ 파수꾼들의 책: 에녹1서 1권   351

23장 ｜ 신정 정치 이스라엘의 몰락: 다니엘서의 배경   364

24장 ｜ 다니엘의 묵시   374

25장 ｜ 납달리의 언약[유언]   395

제5부 _ 여정의 성취 — 세례요한, 예수와 바울

26장 ｜ 세례요한   405

27장 ｜ 나사렛 예수   413

28장 ｜ 마가복음서의 끝   463

    마가 16:1-8   463

29장 ｜ 사도 바울과 아브라함 여정의 완결   473

30장 ｜ 예수의 부활 — 그 존재론적 실체   479

참고문헌 / 497

1 장

서문

우리 인간은 다른 객관적 사물이나 우리가 일상적으로 마주치는 존재들과 사뭇 다른 존재(being)다. 하지만 사람이라는 존재는 그들의 주변 환경과 그 안에 있는 모든 사물의 존재를 동시적으로 경험한다. 그것들도 '하나의 존재'이고 '현존의 실체'이기 때문이다. 그리고 우리 인간은 자연히 그 현존의 실체 안에 우리를 포함시킨다. 우리가 그렇게 다른 존재들처럼 존재하지만, 우리는 그것들로부터 우리를 구별시킨다. 그 까닭은 우리의 '존재'가 독특하고 우리의 존재는 '우리 것'이기 때문이다. 우리의 존재는 우리에게 속해 있다. 그래서 우리 자신의 '존재'를 우리는 '내 것'(mine)[1]이라고 여긴다. 우리의 존재는 바로 '우리 자신들'의 것이다. 따라서 우리는 우리의 존재를 '내 것'으로 알기에 당연히 우리 자신들의 잠재력을 발전시켜 자아를 실현하려고 한다. 그 자아실현은 우리의 개인적으로 또는 직업 활동들을 통해서 구현된다. 가사나 건축, 비지니스나 행정, 통신이나 테크놀로지, 과학 ― 그

---

1 Martin Heidegger, *Being and Time*, trans. John MacQuarrie and Edward Robinson (New York: Harper San Francisco, 1962), 68.

무엇이든 전문, 비전문 직업 활동들을 통해서 우리는 자아를 실현한다.

하지만 아이로니컬하게도 우리가 자신들의 잠재력을 구현하려고 일하면서 살아갈 때 우리는 우리 자신들 존재의 '내 것 됨'을 뒤엎는 또 다른 실체와 마주치게 된다. 우리의 '자아'를 확립시키기 위해서 우리의 사회는 우리로 하여금 자신의 '정체성'과 '다른 것들'이 나란히 공존하는 이항 대립적 구조 속에서 살아가게 만든다. 우리는 그렇게 일평생 살게 된다. 그런 존재의 이항 대립적 양상은 우리가 세상에 태어나는 순간부터 시작된다. 우리의 부모들은 헤아릴 수 없는 양극화의 구조로 형성된 세계의 이항 대립이라는 도덕적 질서 속에서 우리를 양육한다. 그래서 부모들이 자녀들에게 선택하도록 지도하는 것들은 우리로 하여금 '다른 것들'과 상반되는 자신의 '정체성'을 수립하는 바탕이 된다. 이를테면 삶과 죽음, 참과 거짓, 자연과 문명, 선과 악, 평화와 전쟁, 나와 그것, 남자와 여자, 존재와 힘, 주관과 객관, 현실과 가능성 등등이다.[2]

이 이항 대립적 세계 속에서 우리는 자신의 존재의 '내 것 됨'을 확립하려고 애쓴다. 하지만 우리는 무엇보다 먼저 방어벽을 설치하도록 교육을 받는다. 그 작업은 세계적인 존재로 살고 행동하는 동안 계속된다. 우리는 자신이 어떤 사람이 되기를 원하는지, 그리고 무엇을 하고 싶은지를 결정하기 위해서 의식적으로나 무의식적으로 수없이 많은 선택을 한다. 그 같은 선택들은 다른 것들로부터 자신을 분리하여 자신만의 정체성을 확립시켜서 성취하려는 시도들이다. 그런 시도들은 아주 자연스러운 행동이다. 어쩌면 우리는 존재의 '내 것 됨'을 성취

---

2 Derrida, *Dissemination*, viii.

하기 위해서 우리가 세운 방어벽 양쪽 모두와 교류할 수도 있다. 하지만 그런 교류는 실제로 성공하지 못한다. 그 까닭은 '다른 것'과 자신의 '정체성' 사이에 있는 경계가 우리 각 개인의 '자아'인 '존재'를 '비존재'(non-being)라고 여기는 우리의 신체로부터 근본적으로 격리시키기 때문이다. 우리의 존재는 이렇게 이항 대립적 구조 속에 놓임에 따라 깨어진 존재가 된 것이다. 만일 어떤 '존재'를 스스로의 것이라고 주장한다면 그것은 '자아'를 상하 구조로 이해하거나 오감(五感)이 마련하는 '신체적 비존재'가 그렇게 하도록 한 것이다. 아이로니컬하게도 '존재'를 확립하려는 우리 '자아'의 웰빙은 바깥 세계와의 관계에서 전적으로 우리의 '비존재'라고 여기는 신체의 웰빙과 그 오감에 의존해 있다. 우리의 '자아'가 깨어진 상태의 '존재' 안에서 계속해서 생존하기 위해서는 역시 신체적 건강을 유지해야만 한다.

따라서 '정체성'과 '다름'이 이항 대립된 상황에서 우리는 자연스럽게 우리 편 쪽에 방어벽을 세운다. 그런 방어벽은 기본적으로 모든 동질성의 존재들만 포함시키게 마련이다. 자기들과 같고, 같은 가치관을 가지고 사회에서 같은 사회경제적 신분을 공유하고, 같은 교단이나 정당에 속한 사람들만을 포용한다. 자신들의 방어벽 저편은 거부하거나 배척해야 하는 '다름'의 부류들이다. 그래서 우리의 방어벽 구축은 결과적으로 사회적 계층과 인종과 성적 차별을 야기한다. 우리는 이렇게 방어벽을 구축하는 세계가 형성한 분리된 영역에서 살아간다. 그리고 우리가 세운 장벽으로 갈라진 영역 안에서 우리는 어느 정도 웰빙과 안전을 가진다. 하지만 아이로니컬하게도 그런 울타리 안에서 우리의 삶이 안전하고 편안하다고 여길지 모르지만 그 안에서는 우리 '전 존재'(whole being)의 '내 것 됨'은 영영 회복될 수가 없다. '분리'

는 오로지 소외와 증오, 폭력과 불의를 야기하기 때문이다. 소위 LGB
TQ+라고 자신들의 정체를 밝히는 사람들이 세계적으로 경험하는 적
대시와 배척이 그 좋은 예가 된다. 방어벽 구축은 세계적으로 분리의
도덕적 질서를 유지한다. 그리고 그에 따른 분열과 따돌림은 모든 악
과 테러, 분쟁과 전쟁을 야기하는 원인이 된다. 우리의 수천 년에 걸친
역사가 그 같은 사실을 증언한다.

　만일 "존재냐 비존재냐가 문제다"라면 '자아'로서의 '존재'가 그 신
체적 '비존재'로부터 분리되었을 때 오히려 그 '존재'를 확연하게 드러
내게 할 수 있는 게 무엇일까? '자아'로서의 '존재'가 신체와 동떨어져
서 분리라는 깨어진 상태가 되었을 때 우리는 어떻게 여전히 '존재'를
'자아'로서 지지해 주고 격상시켜 줄 수 있을까?

　서양 철학은 우리의 '세계적 실존'과 자율적인 '자아' 사이에 있는
이항 대립의 문제를 지속적으로 다루었다. 다시 말해서 서양 철학은
종래 우리가 처한 사회의 양극화로부터 어떤 대안이 있는지를 논의하
고 의미있는 사람 됨의 구현을 통해서 '실존'을 정립하는 방안을 탐구
하였다.[3] 지난 20세기를 가장 잘 대표한다고 볼 수 있는 자크 데리다
(Jacques Derrida, 1930~2004)는 소위 '해체주의' 철학으로 유명하다. 그
는 서구 문화를 주도해 온 이항 대립적 언어들을 논의한다. 예컨대 "선

---

3 하이데거는 그의 『존재와 시간』(*Being and Time*)에서 초월적인 원존(原存)을 탐구하는
　데 인간의 '현존'(Dasein)이 실현성과 가능성의 변증적 실체에 접근해 있다고 분석하였다.
　실현성(Vorhandensein)과 가능성(Zuhandensein)의 관계가 '현존' 안에서 결정된다는
　것이다. 전자는 객관적인 실현성이고, 후자는 어떤 종류의 기구나 장비를 가지고 특정 목표
　에 적용할 때 발생한다고 한다. 하지만 하이데거는 그 둘 중 "가능성이 실현성보다 우위에
　있다"라고 설명한다. 하이데거는 '현존'의 이원성을 그렇게 정립하고 나서 인간들을 "원존
　을 보호하는 파수꾼"이라고 설명한다.

과 악, 존재와 무(無), 현존과 부재, 진실과 거짓, 정체성과 차이, 남자와 여자, 영혼과 몸, 삶과 죽음, 자연과 문화, 소리말과 문자말"[4] 등이다. 데리다는 이 이항 대립들이 상하 구조로 형성되어 있다고 본다. 그래서 각 이항 대립에서 "후자의 것들은 부정적이거나 부패하고 전자보다 못한 것"[5]들이라고 간주한다는 것이다. 그 같은 이항 대립의 빛에서 소리말(spoken word)이 문자말(written word)보다 우위를 차지한다고 보았다. 그 둘은 꼭 같지 않고 다르다는 것이다. 소리말이 문자말보다 더 직접적으로 의미를 전달하게 되기 때문이다. 소리말인 스피치는 말하는 사람과 듣는 사람이 공존하여서 의미를 바로 전달하게 된다. 반면에 문자말은 소리말보다 못한데, 그 까닭은 의미 전달에 있어서 거리를 가지기 때문이다. 데리다의 말대로 "언어는 차연(差延, differences)의 시스템"이다. 문자말과 마찬가지로 소리말 역시 말하는 사람의 의미와 듣는 사람이 전달받은 의미 사이에 있는 이항 대립에 의하여 거리를 가지게 마련이다. 그래서 차이뿐만이 아니라 지연이 되는 '차연'(differánce)을 유발한다.

> … 언어는 그 제한성이 사라진 것 같은 순간 그 자체의 제약성에 가두어지고 생명력을 잃어버리고 무력해지는 위험성을 가진다. 언어가 그것을 뛰어넘는 것처럼 보이는 무한한 의미 전달에 확증이나 보증이 없을 때 그렇게 된다.[6]

---

4 J. Derrida, *Dissemination*, viii.

5 참조. 같은 책, ix, xi.

6 Derrida, *Of Grammatology*, trans. Gayatri Chakravorty Spivak (Baltimore: Johns Hopkins Univ. Press, 1976), 6.

문자말에 반하여 소리말에서 의미가 확연하게 현존한다는 생각은 환상일 뿐이다. 언어는 그것이 극복하려고 하는 '차연'으로 구성되어 있기 때문이다. 언어는 구조적으로 이항 대립이라는 무존재에 자리 잡고 있다. 데리다에 의하면 의미란 자동적으로 존재가 아닌 무(無 -not-to be)일 뿐이다.7 차연은 존재를 드러내지 않고 '흔적'만 나타낸다. 데리다는 '해체'를 통해서 흔적을 보게 된다고 설명한다. 이 세상에 그 무수한 이항 대립들 속에 '존재'란 없다는 말이다. 그것들은 환상들일 뿐이다. 따라서 그 차연의 영역에서 그러한 이항 대립이 우리의 아이덴티티를 확립시킬 자원이라고 생각하는 것은 착각에 지나지 않는다. 그러한 허구 속에 살고 있는 우리를 '메시아 대망의 구조'에 견줄 수 있을 것이다. 메시아가 곧 도래한다고 우리는 항상 바라고 있지만 메시아는 결코 오지 않는다.

노벨문학상을 수상한 소설 『페스트』(*The Plague*)에서 알버트 카뮈 (A. Camus)는 우리가 살고 있는 이항 대립적 세계 속에서 '존재'를 추구 하는 또 다른 노력을 알레고리적으로 서술한다. 이 소설은 알제리의 오랑(Oran)시(市)를 휩쓴 선페스트가 시 전체를 봉쇄하게 만들고 분리 의 도덕적 질서가 현실적으로 형성되었다는 가상적 사건을 묘사한다. 소설 속의 연대기 저자 베르나르 리외(B. Rieux) 박사는 페스트가 전파 되는 상황을 기초적으로 "따라서 이 역병이 우리 마을에 가져다 준 것 은 무엇보다 망명이었다"고 말한다. 그는 그 말에 덧붙여서 "간단히 말해서 우리는 우리의 감옥 같은 집으로 돌아왔다. 거기에는 아무것 도 남은 게 없었다. 다만 과거만 남아 있었다. 어떤 이들이 미래를 향

---

7 앞의 책, ix.

하여 살려고 했지만, 곧 그런 생각을 버리고 말았다." 사람들이 직장을 잃고 아무런 활동을 못 하게 되고, 그에 따라 박탈감에 빠지고 다른 사람들과의 교류가 없어지면서 일상생활은 이해할 수 없는 불합리한 상태에 처한다.

이 이야기 세계 속의 여러 인물 중 장 타루(Tarrou)가 주인공으로 등장하는데, 그는 리외 박사와 함께 그 역병을 퇴치하려고 헌신한다. 그가 역병을 퇴치하려는 노력은 마치 그리스 신화에 나오는 시시푸스(Sisyphus)와도 같다. 커다란 바윗돌을 산 정상으로 밀어 올리면 다시 아래로 굴러떨어지는 악순환의 연속을 경험할 뿐이었다. 타루가 역병 퇴치가 불가능한 상황에서 마지막으로 할 수 있는 일은 의미를 상실한 데 대한 반항뿐이었다. 더욱이 그 역병에 자신도 가담자가 되고 있다고 리외 박사에게 고백한다.

> "내가 이 도시로 와서 이 역병을 보기 오래전에 이미 그걸 갖고 있었다. 말하자면 나 역시 다른 모든 사람과 마찬가지라는 말이다. 다만 그런 사실을 사람들이 모르고 있을 뿐이다. 그래서 조금 안도하고 살 뿐이다. 그걸 아는 사람들은 그런 정황을 벗어나고 싶어 한다. 나도 그런 부류의 사람일 뿐이다."[8]

페스트가 세계적인 역병이 된 정황을 확신한 타루는 "우리 모두는 자신 속에 역병을 가지고 있다. 아무도 그것에서 자유롭지 못하다"고 결론을 내린다. 하지만 그런 팬데믹 속에 살아가는 두 종류의 사람이

---

8 Albert Camus, *The Plague*, 222, Trans. By Stuart Gilbert (New York, Random House: The Modern Library, 1948).

있다고 타루는 내다본다:

"내가 말하고 싶은 것은 이 지구상에 언제나 역병이 있어 왔고, 그로 인한 피해자들이 있었다는 사실이다. 가능한 한 그 역병에 합류하지 않는 것은 우리 몫이다."[9]

타루를 시시푸스에 비교함으로써 카뮈는 과거에 대한 노스탈자와 미래의 불합리성 간의 이항 대립에 반한 현재의 모순을 능가하는 모종의 방안을 제시하려고 한 것 같다. 타루는 그런 이항 대립에 반항하여 리외와 함께 자신을 역병의 피해자들과 동일시하는 계기를 만든다. 그리고 역병의 피해자들을 치료하고 정의를 찾도록 함으로써 자신의 '존재'를 주관적으로 수립한다. 하지만 그 역병 근절의 허구성이 그 '존재'의 객관적 실체가 된다. 그래서 리외는 그의 기록을 이렇게 마감한다:

"참으로 마을에 울려 퍼지는 환성을 들으면서 리외는 그런 기쁨은 언제나 멈추게 되는 걸 기억하였다. 그는 저 환희에 들떠 있는 사람들이 모르고 있는 것을 알고 있었다. 하지만 저들도 역병을 발생시키는 바이러스는 결코 죽지 않고 영구히 사라지지 않는다는 사실을 책을 읽으면 알게 될 것이다. 역병균은 가구나 옷장 속에 수십 년 살아남고, 침실이나 지하실, 가방이나 책장 속에 오래 살아 언젠가는 다시 바이러스에 감염된 쥐를 행복에 젖어 있는 도시로 보낼 것이다."

---

9 앞의 책, 229.

이보다 앞서 타루는 세 번째 그룹의 사람들, 곧 치유하는 사람들이 있음을 인정하였다:

"나는 세 번째 카테고리로 진정으로 치유하는 사람들을 첨가하기를 허용한다. 그러나 이 부류에는 그리 많은 사람들이 속하지 않는다. 그 일이야말로 아주 힘든 것이기 때문이다. 그런 이유로 나는 모든 재난에 대처할 때 피해자의 편에 속하기로 결정했던 것이다. 그렇게 피해자의 부류에 있으면서 적어도 누구 한 사람이라도 세 번째 카테고리로 속하게 되는지 찾아보려고 한 것이다. 마음의 위안을 위해서 말이다."

하지만 그런 질병이 퇴치되지 않는 상황에서 실제로 치유자가 되기 위한 어떤 대안이 있을까? 사실 타루의 시시푸스 같은 반항보다 더 의미를 가진 것은 없을 것이다. 그런데 아이로니컬하게도 타루는 역병을 치유하고 영웅적인 투쟁을 하였지만, 그 바이러스에 감염되어 죽는다.

페스트의 이야기 세계와 유사하게도 우리가 살고 있는 21세기 세계 안에 세 부류의 사람들이 있다고 하겠다. 곧 역병과 그 피해자들 그리고 치유자들이 있다. 우리 각 개인이 그중 어떤 부류에 자신을 포함시키든 간에 우리가 세상에 태어나는 순간부터 우리는 역병에 감염되기 시작한다. 우리를 양육하는 부모들이 '차연'의 이항 대립의 세계에서 우리의 정체성을 '이것 아니면 저것'(either/or) 이라는 분리적 삶을 영위하도록 하기 때문이다.

우리가 몸과 영혼을 이분화함으로 우리의 정체성을 '차이'로부터 분리시킨다. 그리고 나아가서 '자아'의 '존재'와 '신체적 비존재'까지 분리시킨다. 그런 나머지 우리는 스스로 이항 대립의 이원적인 세계를 수립하여 산다. 데리다의 이항 대립 해체는 기껏해서 '존재의 흔적'을 우리에게 안겨 줄 수 있다. 어쩌면 어떤 상황에서 그것이 우리의 생애에 충분할는지 모른다. 그러나 매일매일의 삶에서 우리는 언제나 방어벽을 설치하여야 하는 무능함을 대면하게 된다. 선과 악을 구별하고, 거짓에서 참을 찾으며, 남자와 여자를 구별하고, 삶과 죽음 그리고 문화와 자연을 구별하면서 방어벽을 설치한다. 그것이 좋든 나쁘든 간에 우리는 '차이'와 우리의 사회적 위치와 경제적 능력에 따라 가지는 제한들과 대립하는 우리 '정체성'의 '존재'가 가진 이항 대립이라는 구조 속에 갇혀서 현재와 미래를 설계한다. 더욱이 우리는 우리가 내린 결정들과 판단들이 가져다주는 결과를 알도록 중개하는 역할도 가진다. 그것은 이항 대립적 존재들로서 분리의 도덕적 질서에 살기에 "행동하지 않을 수 없기 때문이다".

개인적으로나 민족적으로 우리 편의 방어벽 안에 있는 것들은 우리가 컨트롤할 수 있을지 모른다. 하지만 우리의 담벽 저편에 대하여 우리는 아무런 제약을 가할 수 없다. 그렇게 우리는 '땅'과 '하늘'이 분리된 우주적 현실이 정해준 끝없이 분열된 세계에서 운명적으로 살게 되었다. '차이'와 '정체성'이 동떨어진 이항적 대립 속에서 전 세계 사람들이 분리되어 살게 되었다는 말이다. 우리가 타루의 반항을 따르려는 동기를 부여받는다면, 유한한 우리의 '존재'이지만 자신들과 다른 사람들의 '가능성'을 유발시킬 수 있을 것이다. 우리의 '존재의 내것 됨'과 하나로 통합하게 하는 것은 '초월적 힘'과 '그 가능성들'이다. 그러나 우리가 살고 있는 이항 대립적 세계 안에서는 '존재'와 '힘'이 여전히 서로 분리되어 있다. 우리가 하이라키적 구조로 된 사회 속에서 살면서 우리의 '존재' 안에 얼마만큼의 '힘'을 가지는지 그리고 얼마만큼의 '가능성'을 구현할 수 있을지는 우리 자신들의 개별적, 사회적, 정치경제적 능력에 따라 결정될 것이다.

이항적 대립 속에서 어떤 것을 우리의 '정체성'에 통합시키고 어떤 '차이'를 배격할지를 경정해야 하는 우리의 일상적 삶은 예측하기조차 어렵다. 그래서 우리는 하나님의 임재와 초월성을 경험하려고 종교 생활을 영위하기도 한다. 그래서 우리의 유한한 삶에 어느 정도의 위안이나 안전감을 가지기도 한다. 종교가 제공하는 영적 활동이 우리에게 조용한 힘을 주기도 하고 자신의 값어치에 대한 확신을 안겨주기도 한다. 그리고 역병이 만연된 것 같은 우리의 사회적 정황에서 정의와 화해, 평등과 평화를 추구하는 활동에 참여하도록 한다. 그런데 문제는 종교가 방어벽을 세우는 것이다! 그리고 그 방어벽들이 우리의 '정체성'이 될 뿐 아니라 그 정체성에 반대되는 '차이들'에 대하여는 대립을 견고히 한다. 그래서 종교가 이항 대립적 세계에서 분리의 도덕적 질서를 더 조장한다고 하겠다.

종교는 '차이'와 '정체성'의 분리가 우리의 삶과 믿음 그리고 희망을 결정짓게 만드는 것을 극복하거나 변혁시킬 힘을 가지고 있지 못한다. 몸과 영혼을 분리하고 '정체성'과 '차이'를 이항 대립으로 만들어 우리의 존재는 격리와 분리라는 냉혹한 현실에 묶여 있다. 우리가 모든 관계에서 시간과 공간을 수직적으로나 수평적으로 방어벽을 설치하고 살아온 것을 우리의 역사가 증언한다. 더욱이 과거와 현재에 걸쳐 거의 모든 인간 사회는 상하 구조의 수직적으로 구성되어 왔다. 종족, 왕국들, 나라들, 제국들은 물론 종교들까지 그 모두가 수직적인 구조를 이루어 왔다. 그 까닭은 그 모든 사회적, 역사적 실체들이 하늘과 땅의 분리를 전제로 삼았기 때문이다. 그에 따라서 그것들이 채택한 도덕적 질서는 분리의 질서이었다.

하지만 하나의 예외가 있다. 그것은 이스라엘과 그 성서다. 유대-기독교의 바이블과 이스라엘의 역사는 세계의 가장 위대한 방어벽 설치의 이야기이면서도 동시에 방어벽 제거의 생생한 이야기이다. 이스라엘 역사와 성서는 두 가지 근원적인 대안 중에서 '정체성'의 수립을 위하여 어떤 결정을 하려고 했는지를 보게 하는 드라마다. 한편으로 이스라엘은 그 민족적 정체성을 유지하고 세계의 모든 '차이들'과 분리하게 한 신적 특권을 유지하기 위하여 '정체성'과 '차이'의 이항 대립을 수용하였다. 고대 이스라엘의 성전에서 드리는 제사는 하나님과 그의 백성 사이에 방어벽을 설치하여 실행되었다. 사제들이 그 둘 사이를 중재하는 역할을 담당했다. 하나님은 사제들의 보호자이고 이스라엘은 그들의 고객이었다. 이 분리의 도덕적 질서에서 법조문이 생겨나고 성속을 분리하기 위한 공해법이 만들어졌다. 그에 따라서 죄와 벌이 가해지고 하나님과의 화해를 이루기 위하여 희생제물을 드리도록 하였다.

다른 한편으로 그에 못지않게 이스라엘은 방어벽 설치를 종식시키려는 노력을 하였다. 이스라엘의 예언자들은 분리의 도덕적 질서를 부정하고 '정체성'과 '차이'의 이항 대립을 거부하였다. 이 예언적 전승은 창세기 2장 7절의 창조 신화에서 비롯된다. 사람이 땅의 흙으로 만들어지고 창조자 하나님의 숨결을 받아 하나님의 '초월적인 가능성'과 '현존'의 하나됨을 부여받았다는 것이다. 따라서 사람은 하늘과 땅이 하나된 존재가 되었다. 이스라엘의 역사 속에서 줄곧 예언자들은 하나님이 부여한 인간의 그 같은 역설적인 하나됨 또는 합일성을 진작시키려고 했다. 그들은 이스라엘의 독특한 '민족적 정체성'을 하나님의 '세계성'에 연합시키기 위하여 하나님의 선민으로서의 이스라엘의 역사와 그 윤리성을 비판적으로 들여다보았다. 이 이스라엘 예언자적 활동이 나사렛 예수에게서 절정에 이른다. 예수의 죽음에서 분리의 도덕적 질서가 끝장이 나고, 죽은 자들 가운데서 다시 살아난 예수의 부활은 하나님이 사람을 창조할 때 의도한 하나됨의 도덕적 질서를 재수립하였다. 그리고 사도 바울이 마침내 아브람과 사래가 시작한, 이스라엘이 위대한 민족이 되고 땅의 모든 민족과 나라에게 축복의 근원이 되는 목표에 달성하는 수 세기에 걸친 여정의 절정을 이루게 하였다.

그런데 불행하게도 처음 세기의 '기독교'는 하나님의 '초월적 가능성'을 하나님의 '현존'으로부터 분리시켜 하늘과 땅의 태초적인 격리를 재연하고 말았다. 세계에 만연된 '정체성'과 '차이'의 이항 대립적 구조를 채택함으로써 기독교는 분리의 도덕적 질서에 갇혀버리고 말았다는 말이다. 그러면서도 기독교가 종교로서 방어벽을 구축하고 또 허무는 역사를 이어 왔지만, 바이블 자체가 기독교 초기의 방어벽 구축 활동의 희생물이 된 셈이다.

그 같은 성서의 이항 대립을 주도한 사람이 마르시온이었다. 마르시온은 지금의 투르기아의 폰투스에 있는 시노프의 감독의 아들이었다. 마르시온은 사도 바울의 전통에 속했다고 여겼던 기독교 공동체에서 자랐다. 자신이 바울 사상을 물려받았다고 주장했지만, 마르시온은 창조주 하나님과 예수 그리스도가 나타날 때까지 알려지지 않았던 하나님을 격리시킨 영지주의자였다. 두 하나님 모두 영원하고 스스로 존재한다고 여겼지만, 마르시온은 그 두 하나님을 각기 다르게 인정하였다. 그는 예수의 하나님이 사랑의 하나님으로서 율법과 진노의 하나님보다 우월하다고 여겼다. 그런 이원론에 입각해서 마르시온은 이항 대립을 구성하였다. 곧 율법과 복음, 진노와 은총, 행위와 믿음, 육체와 영, 죄와 의로움, 죽음과 삶을 갈라 놓았다.[10] 그러한 이원론에 근거하여 그는 히브리성서를 거부하였다. 대신 기독교만의 성서를 채택하였다. 마르시온이 그렇게 기독교 역사상 처음으로 기독교 정경을 만들었는데, 사도 바울의 편지 10개와 누가복음서만 채택하였다. 그는 144년경에 이 새로운 기독교 정경을 만들었지만, 그들 속에서 모든 유대적 요소를 제거한 다음에야 발표하였다. 바울을 따르는 사람이라고 자처한 마르시온이 아이로니컬하게도 "기독교만의 아이디어와 실체"를 분리시킨 것이다. 따라서 마르시온은 두 개의 성서를 분리한 책임을 영영 모면할 수 없게 되었다.

예수 그리스도의 죽음과 부활에서 성취된 '현존재'와 '초월적 가능성'의 연합으로 세계성과 종족성이 통합된 하나님의 하나됨은 히브리성서와 그에 대한 사도 바울의 해석적 편지들은 물론 네 복음서 모두를 연결해서 보아야 확연해진다. 기독교 성서는 둘이 아니라 하나다. 성서를 둘로 나누는 것은 세계적 '존재'와 분리의 도덕적 질서라는 이원론에 빠진 초기 '기독교'의 배교적 활동에 기인했다.

마르시온의 방어벽 설치는 두 개의 성서를 조장했을 뿐만 아니었다. 그것은 유대교와 기독교를 분리하는 단초가 되었다. 궁극적으로 세계 역사 속에서 유대교와 기독교를 두 개의 각기 다른 종교로 받아

---

10 Adolph Harnack, *History of Dogma* I (New York: Dover Publications, 1961), 269.
하르낙은 마르시온의 신학을 잘 정리했으나 마르시온이 유대교와 히브리성서를 분리시킨 데 대한 편견을 갖고 있었다. 참조. *History of Dogma* I, 265-286, 287-317.

들이게 만들고 말았다. 그 둘은 그 후로 각기 다른 역사와 신학을 발전시켜 온 것이다. 결과적으로 하나됨의 도덕적 질서와 모든 인간의 삶 속에 '현재적 존재'와 '초월적 가능성'이 변증적으로 통합하는 종말론적 가능성은 끝장이 나고 말았다.

유대인 사도 바울이 쓴 편지들과 복음서들이 히브리성서의 절정을 이루기 위해서 꼭 필요한 것들인데, 오히려 '기독교'가 악마적인 반유대적 사상을 조장하는 근거로 삼아온 것은 서글픈 아이러니가 아닐 수 없다. 기독교의 반유대적 사상이 "하나님의 이스라엘"로서의 '새 사람'의 존재적 실체를 시작하여 세계에 선물로 준 하나님의 선민들을 천시하고 희생물로 삼아 살상을 감행하게 하였다.

기독교는 지난 2천 년이 넘는 역사 속에서 십자가에 달린 예수께서 마지막으로 하신 언약과 유언을 거의 실행하지 않았다. 요한복음 19장 26-27절에 보면 십자가에 달린 예수께서 그가 '사랑한 제자'에게 자기의 어머니 마리아를 부탁한다. 요한복음서의 이야기 세계 속에서 마리아는 '어머니 이스라엘'이라고 암시되고 '사랑한 제자'는 '하나님의 새로운 이스라엘'을 암시해 준다.

예수께서는 사랑한 제자가 그의 어머니 곁에 서 있는 것을 보시고 어머니에게 먼저 "여인이여, 당신의 아들입니다"라고 말했다. 그리고 그의 사랑한 제자를 향하여 "거기 그대의 어머니가 있다"라고 말했다. 그때부터 그 제자가 그녀를 자기의 집으로 모시고 갔다.

제1부

창조와 생성 원리

2장 하늘과 땅의 분리와 사람의 창조: 바빌론 창조 신화
3장 사람의 창조 ― 창세기 2장
4장 분리의 도덕적 질서 ― 창세기 3장
5장 호모사피엔스의 원 역사와 홍수
6장 씻겨진 창조: 새로운 시작

2 장
하늘과 땅의 분리와 사람의 창조
: 바빌론 창조 신화

방어벽 설치는 인류의 원조에서 '호모사피엔스'가 나타난 이래 왕국들이나 모든 나라들의 각기 다른 사회들을 분리시켜 온 구조였다.[1] 물리적으로나 심리적 또는 정치적, 경제적, 문화적, 종교적, 그 어떤 방법이었든 간에 '분리'는 나라들 사이는 물론 어느 특정 민족이나 부족사회 안에 살고 있는 사람들 사이에서도 발생하였다.

바빌로니아의 창조 신화인 '에누마 엘리쉬'(Enuma elish)에서 가장 오랜 역사를 가진 분리를 만나게 되는데, 그 신화는 기원전 1894년에서 1595년에 걸친 바빌로니아의 제1왕조 때의 것으로 나타난다.[2] 이

---

1 Yuba Noah Harari, *Sapiens: A Brief History of Humankind* (New York: HarperCollins, 2015)는 분리의 도덕적 질서를 역사적으로 고찰한 책인데, 그는 그 같은 분리가 원 역사 또는 역사 이전으로 거슬러 간다고 설명한다. "2백만 년 전 동부 아프리카의 고원에서 우리 눈에 익숙한 인간들의 성격을 볼 수 있었다." 즉, 걱정스러운 어머니가 아기를 꼭 껴안거나 진흙탕에서 마음대로 노는 아이들을 잡아채는 모습을 본다. 그리고 젊은이들이 사회의 제약에 반항하고 어른들에게 달려드는 모습도 본다.

2 1848년과 1876년에 걸쳐 '아쉬바니팔왕'(King Ashurbanipal) 박물관의 고고학 발굴로

서사적 신화는 바빌로니아의 영웅신 마르두크(Marduk)를 칭송하는데, 해마다 사제들이 마르두크의 동상 앞에서 그 시적인 신화를 낭송하여 메소포타미아 세계의 질서를 견고하게 하려고 하였다.[3]

바빌로니아 사회는 해마다 아르메니아와 쿠르디스탄에 있는 산들로부터 눈이 녹아내려 티그리스강과 유프라테스강을 범람시켜 발생하는 자연재해를 정치적으로나 종교적으로 극복하려고 애썼다. 그런 맥락에서 '에누마 엘리쉬' 신화는 창조 이전의 세계를 묘사하는데, '위에 있는 하늘'과 '아래에 있는 땅'이 아직 알려지기 전 물이 자연의 원초적인 힘이었다고 한다. 그래서 물을 신(神)들이라고 부른다. 그리고 그 신들은 남성과 여성으로 인격화되었다.

민물의 신 '압수'(Apsu, '아프스'라고도 함)는 남성으로 그의 아내이면서 바다의 여신인 '티아마트'(Tiamat)와 함께 창조 이전 혼돈의 시절에 존재했다. 그 둘이 결합하면서 각자의 물을 섞어 많은 아들과 딸이 태어났고, 그들 모두가 신들이 되었다.

신들을 잉태시킨 '압수'는 강과 호수의 민물과 동일시되었고 '티아마트'는 바다의 소금물로 알려졌다. 그리고 그들에게서 생겨난 '뭄무'(Mummu)는 강줄기와 습지가 되었다. 그 물들이 혼합하여 수많은 새끼 신들이 태어났고 세대가 지나면서 자연히 신들 사이에 갈등이

일곱 개의 토기에 고대 창조 신화가 적힌 것을 발굴했다. 그 후 1924~1925년에는 '키쉬'(Kish)에서 그리고 1928~1929년에는 '우룩'(Uruk)에서 그 단편들이 발견되었다.

3 Alexander Heidel, *The Babylonian Genesis* (Chicago: University of Chicago Press, 2nd ed., 1963), 13, 16. "그 서사시는 아르메니아와 쿠르이스탄에 있는 산들에서 눈이 녹아 티그리스강과 유프라테스강을 범람시켜 바빌로니아를 위협하는 것을 막는 마술적인 힘을 가졌다고 믿어 낭송했다. 그 강들이 범람하여 모든 것이 물속에 잠기는 혼돈을 겪었기 때문이다."

발생했다. 그리고 그 젊은 신들의 다툼과 분쟁은 장성한 신들을 노하게 만들었다. 장성한 신들이 더 이상 젊은 신들의 분쟁을 참을 수 없게되자 회의를 열었다. 그리고 '티아마트'의 반대를 무릅쓰고 '압수'는 그어린 신 중 첫째를 몰래 죽여 버리려고 계획하였다.

하지만 그 계략을 알아챈 젊은 신들의 수장이며 '마르두크'의 아버지인 '에아'(Ea)가 '압수'를 죽이고 그의 원수들을 굴복시킨다. 그리고자신의 거처를 '압수'라고 명한다. 바로 거기에서 마르두크가 태어난다.

살해당한 남편의 죽음을 보복하기 위하여 '티아마트'는 새로운 남편인 '킹구'(Kingu)와 힘께 괴물들을 만들어 그 신들을 죽일 음모를 꾸민다. 그러나 '에아'가 다시 그것을 알아차리고 아들 '마르두크'에게'티아마트'를 죽이라고 명한다. 그래서 가장 어린 '마르두크'가 가장 늙은 '티아마트'와 결투를 벌인다. 이 결투에서 '마르두크'가 만든 화살에맞아 '티아마트'가 죽는다.

> 그(마르두크)는 활을 만들어 자기의 무기라고 선포했다. 화살을 활줄에 고정시킨 다음 활을 당겨 쏘자 그녀(티아마트)의 가슴을 타격하였다. 그리고 그녀의 심장을 갈라지게 하였다.[4]

> 그가 그녀를 늑말조개처럼 둘로 갈라 그 절반으로 하늘을 만들어 지붕을 삼았다. 가로대를 설치하고 보초들을 세워 그녀의 물이 도망치지 못하게 했다.[5]

---

4 Enuma elish, Tablet 4, 35-36, Heidel, *The Babylonian Genesis*, 38; Tablet 4, 101-103, *The Babylonian Genesis*, 40.

5 Enuma elish, Tablet 4, 137-140, Heidel, *The Babylonia Genesis*, 42.

'마르두크'는 '티아마트'의 시신을 둘로 갈라 그 반절로 "천정 하늘"을 만들어 그 위에 있는 물이 도망치지 못하게 했다. 시신의 다른 절반으로는 마른 땅을 만들어 그 아래에 있는 물을 덮도록 했다.

'에누마 엘리쉬' 신화에 의하면 창조에서 그렇게 우주적인 분리가 만들어졌다. 그런데 그 분리는 동등한 것이 아니라 본질적으로 하늘이 땅으로부터 분리된 것이다. 결과적으로 하늘에 대한 편견을 반영한 것이다. '마르두크'가 하늘을 땅에서 분리시킨 것은 불평등한 분리의 도덕적 질서를 존재론적으로 형성하게 하였다. 그 신화는 바빌론 왕국을 완전히 불평등한 두 다른 사회로 갈라놓는 바탕이 되었다. 하나는 '존재'의 사회이었고, 다른 하나는 '무존재'의 사회였다. 그렇게 양분된 사회에서 그 분리의 창조신 '마르두크'는 최고의 신으로 추앙되었다.

농경사회는 그런 구조로 시작되었다. 그 사회 속에서 종교가 신격화된 자연의 힘을 삶의 기본적 자원인 농경작에 연결시키는 결정적인 역할을 하였다. 하지만 농경은 곧 사회의 기초적인 부(富)의 기원이 되었다.[6] 사제들이 신격화된 자연의 힘을 숭배하는 것을 결정하였고, 관개 시스템(Irrigation system)과 노동력은 물론 증가일로에 있는 도시 인구들 속에 농산물을 재분배하는 일을 담당하였다. 따라서 그들은 쓰고 읽을 수 있는 문자를 만들어 그들이 담당한 경제적, 공무적 활동들을 기록할 수 있게 하였다. 여러 세대의 신들 사이에서 벌어진 분쟁은 바빌로니아 사회에서 신들과 예배자들과 모두 유대를 가지려고 애쓴

---

6 T. F. Carney, *The Shape of the Past: Models and Antiquity* (Lawrence, Kansas: Cpronado Press, 1976), 128. "고대 사회의 종교들은 모두가 소속된 사회의 구조와 신앙과 삶의 규범들을 보호할 뿐만 아니라 공고하게 하였다."

것에 비할 바가 못 된다. 늘어나는 도시국가 인구의 정치와 시골 농작지에서 생산되는 농산물들을 컨트롤하기 위한 분쟁이 심화되면서 결국 전쟁이 발발하게 되었다.

'에누마 엘리쉬' 신화가 가진 전제는 왕들의 출현이다.[7] 신화 자체 속에 왕들의 이름들이 나오거나 나타나지는 않는다. 하지만 '마르두크'에 종교적으로 헌신한 이들의 '정체성'이 왕들을 대표한다고 여기지 않았으면 그 신화를 만들어 내지 않았을 것이다. 그러한 '마르두크'와의 관계를 통해서 왕들은 자신들을 신격화하였다. 그래서 자기뿐만 아니고 모든 다른 신들과 '정체성 계약'을 체결하여 바빌로니아를 일으킬 종교적, 정치적 힘의 원천으로 백성들이 숭배하도록 했다. '마르두크'가 땅으로부터 하늘을 분리시켰다는 신화를 채택함으로 왕들은 자신들의 '정체성'이 신들과 그들에게 드리는 예배를 규정한 사제들 사이에서 보인 '다름'과는 차이가 있다고 간주하였다. 따라서 '하늘'은 그들의 자연스러운 초월적인 '정체성'의 영역이 되고 '가능성'의 초월적인 차원이 되었다. 그래서 하늘은 그들로 하여금 바빌로니아를 제어하고 다스릴 힘을 누가 그리고 무엇이 확보해 줄 것인가를 결정하는 종교적 힘을 구사하도록 허용하였다.

'티아무트'를 지지하던 반란의 신들은 모두 처형되었다. 그런데 그들이 하던 모든 노동은 이제 '티아므트'와 함께 신들을 죽이려고 모의한 '킹구'를 죽여서 생긴 '하늘의 신들'이 만든 사람들에게 전이(轉移)되었다. "그들은 그(킹구)에게 모든 죄를 씌우고 그의 피를 갈랐다." 그리고 그의 피와 흙으로 그들을 섬길 사람의 원형을 만들었다.

---

7 '재분배'와 왕들이 출현하게 된 배경에 대하여 Carney, *The Shape of the Past: Models and Antiquity*, 172-182를 참조하라.

"피를 모으고 뼈가 있게 할 것이다."

"그의 이름은 야만인 '사람'이 될 것이다. 참으로 나는 야만인 인간을 만들 것이다."

"그 야만인 인간은 신들을 섬기고 그들에게 봉사하게 될 것이다. 그래야 그들이 평온해질 것이다."[8]

그들이 만든 "야만인들"은 그들이 조성한 땅에 구별되어 살게 되고, 그들의 '가능성'의 구현이란 연장과 기구나 장비들을 만드는 기구 문화가 되었다. 그것이 바빌로니아의 도시국가 사람들의 삶의 양태였다.[9]

문자를 사용한 사제들은 그 나름대로 '위대한 문자적 전승'을 창출하여 '에누마 엘리쉬' 신화를 만들어 내는 문헌 기록의 문화를 창출했다. 하지만 그들 속에 살고 있던 소위 '야만인들'은 그 사회의 도구나 무기로 사용되는 노예 집단일 뿐이었다. 하늘의 신들에게는 군사력이 최우선 과제였다. 군사력이야말로 지상의 '도구 문화'의 중요한 요소로서 그 군대들이 대표하였다. 그것은 '마르투크'가 만들어 '티아무트'를 죽이는 데 사용했던 활에서 영감을 받은 것이었다. 따라서 군사력은 토지를 장악하고 결혼과 조세 정책을 형성하는 데 있어서 효과적

---

8 *Ancient Near Eastern Texts*, edited by James B. Pritchard (Princeton: Princeton University Press, 1950), Tablet VI, 68; Enuma elish, Tblet 6, 32-34, Heidel, *The Babylonian Genesis*, 46.

9 Carney, *The Shape of the Past: Models and Antiquity*, 212-221.

으로 사용되었다. '마르두크' 숭배로 공고해진 도구 문화는 그에 소속한 사람들을 왕권에 종속시키고 법조문과 그에 의한 형벌로 처하게 하였다. 권력을 유지하고 그 권력의 변혁이나 발전을 반대하는 '카토니즘'(Catonism)은 노동 계층의 사람들에게 무식하고 무능한 자신들의 천박한 입지를 수용함으로 불가능하게 만들었다. 따라서 그들은 자신들이 처한 사회경제적인 여건을 바꾸려는 시도를 꾀할 수 없었다. 종교는 국가종교가 되어서 신적으로 운명지어진 세계의 구조 속에서 "자신의 천한 자리만 알고" 살라고 설파하였다. 지상의 인간들과 분리되어 하늘에 거처를 둔 신들은 그렇게 해서 평온을 누릴 수 있었다.

마르두크는 그러한 우주 질서를 반영시켜 바빌로니아를 구성하였다. 그는 '아누나키'(Anunnaki)의 600명의 신들을 두 그룹으로 나누었다. 300명은 하늘에 있게 하고 다른 300명은 지상에 있게 하여 그의 칙령을 보호하게 하였다. 그들은 마르두크에 감사드리기 위하여 압수의 깊은 물 속에 바탕을 견고하게 하여 만들어진 높은 곳에 신전을 건축하였다. 그 신전 안에는 마르두크를 위한 보좌를 세우고 '에사길라'(Esagila)라고 불렀다.[10] 모든 천상과 지상의 처소들이 정해졌을 때 —그것은 바빌로니아가 우주를 구조적으로 반영한 것인데— 마르두크에게 영광을 돌리는 봉헌 예식이 거행되었다. 마르두크는 그 신전을 자신의 처소로 삼았다. 50명의 신들이 그 예식에 참여하기 위하여 "회중의 마당"(Court of Assembly)에 자리를 잡고 앉을 때 에닐이 예식을 시작하였다. 에닐은 마르두크가 티아마트를 죽일 때 사용한 활을 들어올린 후 회중 앞에 엄숙하게 내려놓았다.[11] 활에 입을 맞추고 여

---

10 Enuma elish, Tablet VI, 47-64, Heidel, *The Babylonian Genesis*, 48.

러 가지 이름을 부르는데, 그중 세 번째 이름인 "활-별"(Bow-Star)이 두드러진다. 그 활별은 하늘에 자리를 잡는데, 밤하늘의 항성과도 같다. 50명의 신들이 하나씩 고유한 기능과 활동들, 각종 권력으로 각자의 정체를 말하는데, 그것들은 모두 도시의 조직적 구조를 반영한다. 그 모두는 마르두크가 하사한 힘과 영광스러움이다. 마지막으로 바빌로니아의 신격화된 왕이 마르두크와 하늘에서 맺은 '정체성 계약'에 따라서 바빌론의 백성들 앞에서 그 찬란한 위용을 드러낸다.

이 하늘과 땅의 우주적 분리는 '천상적 신들과 신적인 왕들'을 땅의 '피조물' 인간들로부터 격리시키는 것이 바로 세계의 우주적 질서를 반영한 것이라고 인정하게 하였다. 그 같은 분리의 도덕적 질서에 참여하는 모든 사람은 땅으로부터 하늘을 분리시킨 구조를 형성한 국가 종교를 통해서 정당화되었다. 그러한 자기 정당화가 제국을 건설하게 하고, 그렇게 세워진 제국을 영속(永續)하게 하였다. 하지만 그런 하늘과 땅으로 분리된 구조는 진정한 사람됨을 수립하지 못하게 한다. '에누마 엘리쉬' 신화는 시간이 지나면서 세습적인 제국을 형성하여 메소포타미아와 지중해 지역의 세계를 점령하여 찬탈하게 된다. 그래서 8세기 유대 예언자 이사야는 앗시리아 제국을 그런 안목에서 바라본다.

"… 그들을 닥치는 대로 노략하고 약탈하게 하며, 거리의 진흙같이 짓밟도록 하였다." 앗시리아 왕은 그렇게 할 뜻도 없었고, 마음에 그럴 생각도 품지 않았다. 오직 그의 마음속에는, '어떻게 하면 많은 민족들을 파괴하고, 어떻게 하면 그들을 멸망하게 할까' 하는 생각뿐이었다(이사 10:6하-7).

11 Enuma elish, Tablet VI, 79-80, Heidel, *The Babylonian Genesis*, 49.

3 장

사람의 창조

— 창세기 2장

'에누마 엘리쉬' 신화의 세계 창조는 이스라엘 왕조의 역사에도 영향을 끼친 것으로 보인다. 사무엘상 8장 4-6절에 의하면 사사 시대의 마지막에 이스라엘의 장로들이 블레셋의 지배가 점차 위협이 되는 상황에서 라마에 있는 사무엘을 찾아와서 왕을 세워 달라고 간청한다. "당신은 늙으셨고, 아드님들은 당신이 걸어온 길을 따라 살지 않습니다. 그러니 이제 다른 모든 이방 나라들처럼 우리에게 왕을 세워 주어서 우리를 다스리게 해 달라"고 간청한다.[1] 그 같은 요청을 듣고 불쾌해진 사무엘은 야훼와 논의한다. 야훼 역시 장로들의 반란에 노여워하지만 결국 그들의 요청을 허락한다. 다만 "엄히 경고하여, 그들을 다스릴 왕의 권한이 어떤 것인지를 알려주라"고 경고한다.

"너희를 다스릴 왕의 권력은 이러하다. 그는 너희의 아들들을 데려다가

---

1 삼상 8:4하-5.

그의 병거와 말을 다루는 일을 시키고, 병거 앞에서 달리게 할 것이다. 그는 너희의 아들들을 천부장과 오십부장으로 임명하기도 하고, 왕의 밭을 갈게도 하고, 곡식을 거두어들이게 하고, 무기와 병거의 장비도 만들게 할 것이다. 그는 너희의 딸들을 데려다가, 향유도 만들게 하고 요리도 시키고 빵도 굽게 할 것이다. 그는 너희의 밭과 포도원과 올리브 밭에서 가장 좋은 것을 가져다가 왕의 신하들에게 줄 것이며, 너희가 거둔 곡식과 포도에서 열에 하나를 거두어 왕의 관리들과 신하들에게 줄 것이다. 그는 또 너희의 양 떼 가운데서 열에 하나를 거두어 갈 것이며, 마침내 너희들까지 왕의 종이 될 것이다. 그 때에야 너희가 스스로 택한 왕 때문에 울부짖을 터이지만, 그 때에 야훼께서는 너희의 기도에 응답하지 않을 것이다"(삼상 8:11-18).

사무엘의 경고에도 불구하고 이스라엘의 장로들은 여전히 자신들과 백성들을 다스릴 왕을 세워 달라고 주장한다. "우리들도 모든 이방 나라들처럼 우리의 왕이 우리를 다스리며, 그 왕이 우리를 이끌고 나가서 전쟁에서 싸워야 한다"는 것이다. 사무엘은 다시 야훼와 논의하고 결국 야훼는 "그들에게 왕을 세워 주라"고 명하신다.

다윗 왕조의 역사적 맥락에서 익명의 예언자적 기록자가 왕정을 요구하는 이스라엘의 움직임을 담아 역사 기록으로 남겼다. 사무엘이 묘사하는 왕권은 '에누마 엘리쉬' 신화가 메소포타미아 세계를 형성한 땅과 분리된 하늘이라는 하이라키적 구조와 유사하다. 왕정의 최고 권력은 왕이 거머쥐고 있는 그 모든 것, 이를테면 사람들, 토지, 나무, 동물들, 경작지, 씨앗, 강과 냇물과 거기에 있는 물고기 등, 그 모든 것을 그의 백성들로부터 끌어 온다. 농경사회의 구조는 왕이 그의 통치권 안의 그 모든 '내용물'들을 장악한다.[2] 왕은 그 모든 것의 소유주로서 "무제한 그의 자산의 '내용물들'을 사용할 수 있었다."[3]

창세기 2장의 창조 신화는 '세계 역사'의 시작을 소개하는데, 이스라엘 민족의 기본적인 인간론을 제시한다. 하나의 '역사'로 본다면 이 신화는 소위 모세오경을 구성하는 설화 중 가장 오래된 것에 속한다. 성서학자들은 이 설화를 'J'문헌이라고 하는데, 그 표기는 히브리어로 하나님의 이름인 야훼(Yahweh)에서 따왔다. 'J'문헌은 약 3천 년 전, 곧 기원전 950년경에 기록된 것으로 창세기 2장 4절에서 시작하여 민수기 24장 25절에서 끝난다.[4]

창세기 2장 4절 하반부터 25절의 창조 신화는 인류 역사상 그 전례가 없는 것이다. 이 이야기는 인간의 기원이 하나님에게 있음을 설정하고 있다. 그럼으로써 이스라엘의 왕정 구조가 가지고 있던 하이라키나 바빌로니아 중동 세계를 계속해서 수립시키고 있던 '에누마 엘리쉬'의 창조 신화와는 정반대되는 인간론을 제시한다.[5] 창세기 2장

---

2 참조. Marvin L. Chaney, "The Political Economy and Peasant Poverty," *Peasants, and Political Economy: The Hebrew Bible and Social Analysis* (Eugene, OR, Cascade Books, 2017), 121-141.

3 Lenski, *Power and Privilege: A Theory of Social Stratification* (New York: McGraw-Hill, 1966), 214.

4 이 연대기와 그 내용은 Robert B. Coote & David Robert Ord, *The Bible's First History* (Philadelphia: Fortress Press, 1989)를 따랐다. 하지만 필자는 그 창조 설화를 바탕으로 예언자적인 야비스트가 왕권과 그 하이라키적 구조를 배격하려 했다고 말하고 싶다.

5 참조. Hans Walter Wolf, "The Kerygma of the Yahwist," *The Vitality of Old Testament Tradition*, Walter Brueggemann and Hans Walter Wolf (Atlanta: John Knox Press, 2nded., 1982), 42. 월프는 "야비스트 자료가 오경의 근간을 이룬다. 여기서 우리는 이스라엘의 가장 오래된 전승이 아주 웅대한 문학적 서술로 묘사된 것을 본다. 야비스트 전승은 오늘날 우리에게 오경으로 알려진 '토라'의 기본적인 주제를 가지고 있다. … 신학적으로 가장 위대한 시기를 담고 있다." 그런데 월프는 야비스트 전승에 대한 고찰을 창세기 2장이

의 창조 신화는 티아무트와 마르두크의 투쟁을 통해서 창조가 이루어
졌고 하늘이 땅으로부터 분리될 뿐 아니라 하늘이 땅보다 상위적이라
는 바빌로니아 신화를 거부한다.

그 같은 분리의 도덕적 질서와는 대조적으로 야비스트는 창조 신
화를 소개하면서 '땅'에 우선권을 부여한다.

> 야훼 엘로힘(주 하나님)이 땅과 하늘을 창조하실 때, 주 하나님이 땅 위
> 에 비를 내리지 않으셨고, 땅을 갈 사람이 없었으므로, 땅에는 나무가
> 없고, 들에는 풀 한 포기도 아직 돋아나지 않았다. [그러나] 땅에서 물이
> 솟아나, 온 땅을 적셨다(창세 2:5-6).

그러한 습한 환경 속에 "아직 땅을 갈 사람이 없었을 때" '주 하나
님'이 창조주로서 첫 번째로 하신 일이 사람을 만드신 것이다.

> [그러자] 주 하나님 (야훼 엘로힘)이 '땅의 흙으로'(아다마) '흙의 사람'
> (하-아담)을 지으시고, '흙의 사람'(하-아담)의 코에 '생명의 숨'을 불어
> 넣으시니 그가 '산 영혼'(네페쉬 하이야)이 되었다(창세 2:7).

창조자 하나님은 야훼 엘로힘(주 하나님)으로서 '초월적 힘'과 '가능

아닌 12장 1절에서 4절 상반에서 시작한다. 또 Werner H. Schmidt, "A Theologian of
the Solomonic Era? A Plea for the Yahwist," *Studies in the Period of David and Solomon
and Other Essay*, ed. Tomoo Ishida (Winona Lake, Wisconsin: Eisenbrauns, 1982),
54-73은 야비스트의 성격을 제한적으로 고찰하면서 솔로몬 왕정 시기에 기원했다고 설명
한다. "솔로몬 왕정 시기 초창기에 야비스트 설화는 다윗 왕조의 황금기를 뒤돌아보면서
서술된 것 같다"는 것이다.

성'이 하나된 '현존'의 '존재'이었다. 야훼 엘로힘이 '땅에서' '땅의 사람' 을 만들고 그 코에 '생명의 숨결'을 불어넣어 야훼 엘로힘의 존재성을 지닌 '합일의 존재'가 된다. 땅의 흙이 야훼 엘로힘의 생명의 '숨결'을 받아 생명체, 곧 사람이 된 것이다. 그래서 사람은 창조자 하나님의 통합적 존재를 화육한 것이다. '현존의 존재'인 야훼께서 사람의 육신 을 만들어 그 '현존의 존재'가 되게 하였다. 그리고 '엘로힘'은 그 '초월 적 힘'을 사람의 몸에 부여하였다. '흙으로 된 사람'은 '현존의 존재'인 육체적 몸이 되었고, 그 안에 '초월적 힘'과 '가능성'을 부여 받은 것이 다.[6]

따라서 '흙으로 만든 사람'은 하늘과 땅이 하나가 된 존재다. 그런 데 한 줌의 흙을 사람으로 만든 것이 '야훼 엘로힘의 현존'이었고 또한 '가능성'이었기에 흙/땅보다는 하늘에 더 비중을 둔다. 이렇게 사람은 땅보다는 하늘이 화육한 존재라는 의미를 전달 받는다.

야훼 엘로힘이 '에누마 엘리쉬'의 창조 신화와 달리 사람을 그들과 같게 창조함으로써 목적론적 대상인 '흙의 사람'과 자신들의 정체성 합일을 예시한다. 그 합일이란 하나됨과 깊은 신뢰를 공유하도록 의 도된 것이다. '야훼 하나님의 생명의 숨결'이 사람을 '네페쉬 하이야'로 만들었다. 그래서 '생령'인 사람은 몸의 '육신'(바사)인 '네페쉬'로서 하 나님의 두 가지 속성, 곧 그의 '현존으로서의 존재'와 그 '초월적 힘'을 함께 부여 받았다. 히브리성서 속에 '네페쉬'(영혼)라는 말이 755차례

---

6 Mendes-Flohr, *Martin Buber: A Life of Faith and Dissent*, 141. 부버가 하나님의 영원한 존재를 '너'(Thou)로서 인정하고 응답하기를 기다리고 있는 것으로 인정했다고 설명한다. 부버는 출애굽기 3장 14절의 "에흐예 아쉬 에흐예"를 "I shall be present as I shall be present"라고 번역한다. 그런 번역은 그의 시편 82편 해석에서 아우슈비츠의 참상의 빛에 서 '하나님의 숨겨짐'을 뜻한다고 부버는 인정한다(Buber, 294).

나오는데, 그중 600개를 70인역 셉투아진트는 '푸쉬케'라고 번역하였다. 하지만 히브리성서에서 그 말은 아주 다양하게 사용되었다. '삶', '자아' 또는 '인격' 등을 지칭하고, 어떤 경우에는 입이나 목 같은 사람의 특정 기관을 지칭하기도 한다. 그 말은 사람이 갈구하는 것을 지시하였다. "음식을 취하여 배고픔을 해소하는 기관을 지칭하기도 한다."[7] 그 말은 '야훼 엘로힘의 현존적 존재'와 그 '초월적 가능성'을 함께 갈구한다는 의미를 함축한다.

어떤 이들은 광야의 사막에서 길을 잃고, 사람이 사는 성읍으로 가는 길을 찾지 못했으며, 배고프고 목이 말라, '영혼'이 다 빠지기도 하였다(시편 107:4).

야훼(주)께서는 목마른 '영혼'에게 물을 실컷 마시게 하시고, 배고픈 '영혼'에게 좋은 음식을 마음껏 먹게 해 주었다(시편 107:9).

'네페쉬'는 물과 음식을 요구할 뿐 아니라 모든 형태의 삶과 다른 사람들은 물론 창조의 하나님이신 야훼 엘로힘과 합일/통합하는 입과 목을 대표하였다.

하나님(엘로힘), 사슴이 타도록 목말라 시냇물을 찾듯, 내 '영혼'(네페쉬)이 당신을 찾아 애태웁니다. 내 '영혼'이 하나님(엘로힘), 곧 생명의

---

7 Wolf, *Anthropology of the Old Testament*, 11; Robert B. Coote, "The Davidic Date of J," *To Break Every Yoke: Essays in Honor of Marvin L. Chaney*, eds. Robert B Coote and Norman K. Gottwald (Sheffield Phoenix Press, 2007, 324-343.

하나님을 갈망하니, 언제 내가 나아가서 하나님을 뵐 수 있을까요? 사람들이 날이면 날마다 나를 보고 "너의 하나님이 어디 있느냐?" 하고 비웃으니, 밤낮으로 흘리는 눈물이 내 음식이 되었다…. 그런 일들을 생각만 하여도 내 '영혼'이 미어진다(시편 42:1-4상).

사람은 곧 '영혼'이다. 사람이 '영혼'을 소유한 것이 아니다. 흔히 생각하는 것과는 반대로 몸과 영혼은 이항 대립이 아니다. '영혼'은 분리된 '존재'로 우리의 "몸속에" 있는 것이 아니다. '영혼'은 땅의 흙을 생령이 되게 한 하나님의 "숨결"이 가진 힘이다. "한 사람의 '영혼'은 육체 안에 존재하는 것이 아니라 육체인 몸으로만 존재한다."[8] 생령으로서 사람은 배고픔이나 목마름을 느끼는 육신이다. 그런 사람은 자연히 다른 모든 사람과 세계적으로 그리고 종족적으로 하나가 된다. 그리고 무엇보다도 하나님의 '현존의 존재인 야훼와 '초월적 무한한 가능성'으로서의 엘로힘과의 관계 속으로 통합된다.

'영혼'(네페쉬)과 '육체'(바사)는 서로를 전제로 한다. 그 둘은 서로 분리되지 않는 가능성이며 현실이다. 그 둘은 하나로 존재한다. 시편 63편 1절이 그런 사실을 노래한다:

"오, 하나님(엘로힘)은 나의 하나님(엘), 내가 당신을 찾습니다. 내 '영혼' (네페쉬)이 당신을 찾아 목이 마르고 내 '육신'(바사)이 물기 없이 메말라 황폐한 땅에서 당신을 찾아 애가 타서 쓰러집니다."

---

8 James K. Bruckner, *Healthy Human Life: A Biblical Witness* (Eugene, Oregon: Cascade Books, 2012), 105-106.

'초월적 힘'인 '영혼'(네페쉬)은 지성과 상상 안에서 '무한한 가능성'으로 표출된다. 그리고 '육신'(바사)은 '현존의 존재'를 안고 있는 신체적 몸이다. 사람은 이렇게 통합적 존재다. 그리고 사람은 의식적인 '자아'로서 자연히 야훼 엘로힘으로서의 창조자 하나님과는 물론, 다른 인간들이나 자연과 관계를 가지려고 한다.

사람: 야훼-엘로힘의 숨결을 받은 영

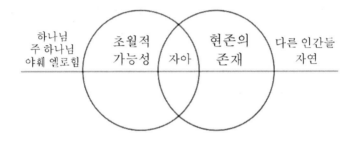

야훼 엘로힘이 세운 동산에 사람을 있게 한다. 그리고 야훼 엘로힘은 사람을 위하여 땅에서 나무들이 자라도록 한다: "보기에 아름답고 먹기에 좋은 열매를 맺는 온갖 나무를 땅에서 자라게 하시고, 동산 한가운데는 생명나무와 선과 악을 알게 하는 나무를 자라게 하셨다." 강한줄기가 이 신화적인 동산으로부터 흘러서 땅을 적시고 농사를 가능하게 한다. 그 강은 네 줄기로 갈라져 네 강을 이루었는데 그것은 네 코너로 구성되었다는 고대 세계의 지리적 이해를 반영시킨다. 메소포타미아의 고전 신화에도 그렇게 소개되었다. 야훼 하나님은 사람으로

하여금 땅을 일구고 나무들을 돌보며 과일들을 거두어들이는 일을 하도록 하신다. 그러면서 사람은 그의 주변 환경이 제공하는 모든 것을 만끽하게 된 것이다. 하늘과 땅이 하나가 되어 사람은 '야훼 하나님'의 임재를 경험한다.

사람이 동산에서 "땅을 갈며 그 동산을 돌보며" 일하게 되면서 '야훼 하나님'은 분명히 사람에게 명하신다: "동산에 있는 모든 나무의 열매는, 그대가 먹고 싶은 대로 먹어라. 그러나 선과 악을 알게 하는 나무의 열매를 먹어서는 안 된다. 그것을 먹는 날에는, 너는 반드시 죽을 것이다." 이 창조주의 명을 사람은 아무런 질문이나 호기심 없이 받아들인 것 같다. 천진난만함으로 사람은 어린아이에게 부모가 닥칠 위험을 피하라고 당부하는 것을 그렇게 하듯 전적인 신뢰로 받아들인다.

동산을 일구는 농사일을 위하여 사람은 동반자가 필요하고, 그 동반자의 협력이 필요하다. 그런 필요를 감지한 '야훼 엘로힘'은 계속해서 동물들을 창조한다. "들의 모든 짐승과 공중의 모든 새"를 흙으로 만든다. 여기서 사람과 짐승들 사이에 그 어떤 '정체성'의 분리나 차이를 보지 못한다. 창조물 전부 야훼 엘로힘의 역설적 '현존의 존재'와 그 '초월적 가능성'의 하나됨에 참여한다.

이제 사람은 창조된 세계의 질서를 세우고 정체를 알게 하기 위해서 모든 것에 이름을 붙여야 한다. 짐승들과는 달리 사람은 하나님처럼 언어를 만들어서 그 모든 생태계 안에 있는 것들에게 이름을 붙이고 질서를 세울 주권을 행사한다. 그래서 야훼께서는 모든 짐승을 사람에게 오게 하여 "그것들을 무엇이라고 하는지를 보셨다. 그 사람이 살아 있는 동물 하나하나를 이르는 것이, 그대로 동물들의 이름이 되었다."

그 동산에 혼자서 동물들하고만 같이 있는 사람은 '길가메쉬 이야기' 속의 야인(野人) '엥키두'의 모습과 흡사하다. 그 이야기에 보면 사람이 자연 생태계와 철저하게 동화되어서 들짐승들과 함께 살면서 같이 뛰어놀고 짐승들이 마시는 물을 같이 마신다. 그러다가 창녀에게 매혹 당하여 성관계를 가지게 되면서 그의 생태계나 짐승들과 동화된 정체성을 잃어버린다. 그 결과 엥키두는 길가메쉬의 왕이 다스리는 도성의 문화 속으로 영입된다.9 그와는 달리 동산의 사람은 그가 받은 주권과 언어의 능력을 구사하여 짐승들의 이름을 짓고 그들과 더불어 살면서 문화 세계를 시작한다. 그런데 그와 더불어 사는 그 어느 짐승이나 공중의 새도 그의 반려자나 동반자가 되기에 적합하지 못한다.

따라서 야훼 엘로힘은 사람을 깊은 잠에 빠지게 하고 그의 갈비뼈 하나를 뽑아 그것으로 여자를 창조한다. 야훼 엘로힘이 여자를 사람에게 데려오자 자기처럼 생긴 그녀를 알아보고 "내 뼈 중의 뼈요 내 살 중의 살"이라고 하나됨을 인정한다.

"마침내 나타났구나, 이 사람! 뼈도 나의 뼈, 살도 나의 살, 남자 (이쉬) 에게서 나왔으니 '이솨흐'(남자로부터)라고 부를 것이다"(창세 2:23).

그 둘은 함께 "생령"으로서의 정체성을 공유한다. 그리고 그들의 하나됨은 합일의 도덕성을 따른 것이다. 그래서 남자는 부모를 떠나 아내와 결합하여 '한 몸'을 이룬다.

---

9 *The Epic of Gilgamesh*, translated and edited by Benjamin R. Foster (New York: W. W. Norton, 2001), 7; "The Coming of Enkidu," in *The Epic of Gilgamesh*, trans. By N. K. Sandars (London: Penguin Books, 1974), 62-69.

그들은 '나와 너'(I-Thou)의 상호적 관계 안에 있게 된다. 그렇게 '나와 너'로 서로에게 말하므로 그들은 자신들의 개별적 존재에 뿌리를 가진 하나됨을 구현한다.[10] 서로를 '너'(Thou)라고 말하면 '나-너'의 결합에 있는 '나'를 나란히 말하는 것이다. 그 말은 그들의 '현존'과 그 '숨은 가능성'이 포함된 '전 존재'로 한다는 말이다. 그 둘은 또한 '나-그것'의 관계에서도 합일을 형성한다. "'그것'이라고 말할 때 '나-그것' 관계에 있는 '나'도 더불어 말한다."[11] '현존'과 '가능성'의 합일 안에서 이 원초적인 말을 하는 것은 '그것'의 뒤에 숨어있는 '초월적인 가능성'도 포함시켜서 하는 것이다. '초월적인 존재'와 그 '가능성'이 결합할 때만이 '나-그것'을 전 존재로 말하게 되는 것이다.[12] 이렇게 '너'와 '그것'은 한계가 없다. 남자와 여자는 그들의 삶 속에 야훼 엘로힘과 더불어 하나가 된다.

그들이 천진스러움과 무방비함의 관계 안에 있기에 그 둘 사이에는 차별이나 따돌림이 있을 수 없다. '초월적 힘'을 지닌 '현존적 존재'로 하나되지만, 아직 그들은 현재의 결합을 넘는 어떤 가능성도 알지 못한다. 결합하여 하나됨을 통해서 남자와 여자는 그들을 창조하신 분을 직접 경험할 뿐이다. 야훼 엘로힘이 그들과 함께 동산을 거니신다.

---

10 Cynthia R. Chapman, "The Breath of Life: Speech, Gender, and Authority in the Garden of Eden," *JBL* 138/2: 241-261. 이 논문은 그러한 의미를 파헤치지 못한 것 같다.

11 Buber, *I and Thou*, 3.

12 부버가 '나-너'와 '나-그것'의 관계를 구별시킨 것은 격리된 존재의 양면을 제시한다. '나-너'의 관계는 자유의 영역에 거한다. 반면 '나-그것'의 관계는 필요와 사용의 영역이다. 참조. Paul Mendes-Flohr and Martin Buber, *A Life of Faith and Dissent* (New Haven: Yale University Press, 2019), 262-263. 창조 신화의 빛에서 본다면 그 두 관계 모두 하나됨의 도덕적 질서에 속한다고 하겠다.

4 장
분리의 도덕적 질서
— 창세기 3장

    남자와 여자가 동산에 있을 때 "야훼 엘로힘이 만든 들짐승 중에 가장 간교한" 뱀이 여자를 만난다. 독사인지는 밝혀지지 않았다. 하지만 뱀은 그 껍질을 주기적으로 벗기 때문에 영생하는 신비적 동물이라고 알려져 있다. 그래서 동산에서 여자와 만나서 벌리게 될 일에 가장 적합한 동물이라고 하겠다.[1] 뱀이 시작한 대화에서 여자가 주역이 된다. 뱀이 남자 대신 여자에게 말을 건넨다. 그것은 여자가 약하기 때문이 아니라 고대 중동 문화를 여성이 대표하였기 때문이라고 하겠다. 뱀은 금지된 것에 대하여 여자에게 묻는다: "엘로힘이 '동산에 있는 모든 나무의 열매를 먹지 말라'고 했느냐?" 이 질문을 던진 목적은 물론 지식의 나무에 관하여 대화를 시작하려는 것이다. 하지만 여자가 뱀에게 대답한 내용은 하나님의 지시를 자못 왜곡시킨다.

---

1 Coote and Ord, *The Bible's First History*, 58.

"우리는 동산 안에 있는 나무들의 열매를 먹을 수 있다. 그러나 엘로힘은 동산 한가운데 있는 나무의 열매는, 먹지도 말고 만지지도 말라고 했다. 어기면 우리가 죽는다고 말했다"(창세 3:2-3).

동산 한가운데 있는 나무는 "생명나무"다(2:9). 여자는 그 생명나무를 선과 악을 알게 하는 나무로 대치시킨다. 뿐만 아니라 하나님이 언급하지 않은 "만지지도 말라"는 말을 덧붙인다. 그리고 금지명령을 내린 것은 엘로힘이 아니라 야훼 엘로힘이었다. 여기서 뱀은 야훼 엘로힘의 변증적 합일성을 깨뜨린다. 그리고 야훼 엘로힘의 금지명령을 역행적으로 힘주어 말한다:

"너희는 절대 죽지 않는다. 엘로힘은 너희가 그 나무 열매를 먹으면, 너희의 눈이 뜨게 되고 너희가 엘로힘처럼 되어서, 선과 악을 알게 될 것을 알고 그렇게 말한 것이다"(창세 3:4-5).

뱀이 제시하는 가능성은 여간 놀라운 것이 아니다: "눈을 뜨게 되고, 엘로힘처럼 되어, 선과 악을 알게 된다"는 것이다. '초월적 가능성'의 하나님 엘로힘처럼 되려면 "눈을 떠야" 하고 그래야 '숨은 가능성'을 볼 수 있고 그것을 언제 어떻게 실현시킬 '힘'을 구사할 수 있다. 선과 악이 무엇인지 독자적으로 판가름하는 데 필수적인 지식의 가능성 앞에서 여자는 선과 악을 판별하는 자유와 자율성의 힘에 매혹된다. 그렇게 되면 앞으로 자기 자신이 '스스로의 가능성'을 창출하게 되고 "엘로힘처럼" 될 것이다.

여자가 그 나무의 열매를 바라본다. 그녀의 상상력이 일깨워져서

"바라본다". 그 열매는 아주 먹음직해 보인다. 뿐만 아니라 "보기에도 아주 좋다". 그래서 여자가 하나님의 명을 어기고 열매를 따서 먹게 되면 '엘로힘의 초월적 가능성을 스스로의 것'으로 구사하게 될 것이다. 동시에 엘로힘의 초월성을 자신의 것으로 만들게 된다. 이제부터 하나님의 주권을 스스로 구사할 수 있고 평생토록 선과 악을 아는 지식이 안겨준 이항 대립의 구조 속에서 하나를 선택하면서 살아가게 될 것이다. 그럼으로써 이제 여자는 자신의 독립, 안정, 웰빙에 대하여 전적으로 자신이 책임을 지게 된다. 하지만 그 같은 독립적 삶은 신적인 통합과 통전성을 양분화시키게 되고 창조 때 주어진 '하나됨'을 영영 회복하지 못한 채 이항 대립이라는 막힌 세계 안에 갇히게 될 것이다.

선악을 아는 힘과 그로 인해서 주어질 무한한 가능성을 감지하면서 여자는 주저하지 않고 그 열매를 따서 먹는다. 그리고 남자에게도 준다. 남자 역시 그 과일을 받아먹는다. 그 즉시 두 사람에게 효력이 발생한다. "그들의 눈이 뜨인 것이다!" 그래서 벌거벗고 있는 자신들의 무방비함을 본다. 무화과나무 잎을 엮어서 치마를 만들어 벌거벗음을 가리려고 한다. 그러나 그들은 무방비함과 육체의 유한성을 의식하는 그 이상을 경험하기 시작한다. 야훼 엘로힘과의 하나됨이 깨어지고 하나님의 '현존적 존재'와 그 '무한한 가능성'을 입은 그들의 신적 합일이 영혼/자아가 육신과 이분적인 구조로 분산되었다. 더 이상 사람은 "생령"이거나 "화육한 영혼들"이 아니다. 그래서 이제는 이항 대립적 세계가 사람의 '현재적 존재'와 그 '초월적 힘'의 '내 것 됨'을 결정짓는다.

그것이 바로 분리의 도덕적 질서다. 그에 따라서 죽은 사람의 죽음이 산 사람의 죽음의 영역이 된다. 아직 그런 선언이 내려지지는 않았다. 여자와 남자 그 자신들의 불순종으로 그 같은 선고를 스스로에게 내린 것이다. 그런 결과 그들이 창조 때 부여 받은 합일적 존재의 구조를 재조정한다. 그들의 불순종은 그들의 '존재'를 모호하게 만드는데, 그들의 '무존재'인 육체로부터 근본적으로 분리된 '자아'의 존재를 형성한다. 그리고 그 자아가 육체를 지배하게 된다. 따라서 그들의 '자아'가 그들의 육체를 감시하는 보호자가 된다. 자아에게 육체가 종속됨으로써 '세계적 존재'로 살아가는 세계 속에서 오감(五感)이 신체를 대표하게 된다.

그녀가 준 얼매를 받아 먹음으로써 남지 역시 어자의 불복종에 합류하고 "뼈 중의 뼈이고 살 중의 살"인 그들의 창조 때 가진 정체성을 저버리고 만다. 그 둘은 이제 함께 그들의 관계를 성적(性的) 차별 속으로 몰아가서 남성이 여성을 지배하는 상하 수직적 구조 속에 빠지게 된다. 결국 그들은 태초에 가진 하나됨의 언어를 그 새로운 '존재'의 알기 어려운 언어와 바꾼다.2 이제 '나-너'와 '나-그것'의 말들은 이항 대립적 구조로 분리된다. 곧 정체성과 차이 사이의 구조로 변질된다. 그래서 이제 더 이상 본래의 합일성을 가진 '나-너'와 '나-그것'을 말하지 못한다. 그 말들은 이제 끝없는 이항 대립으로 분열된 '존재'의 영역에 가두어졌기 때문이다. 이러한 분열 상태에서 사람들이 창안해 낸 스스로의 사람됨이란 '차이'에 대립된 '정체성'의 이항 대립이 결정 짓는다. 이제 그들은 분리의 도덕적 질서 속으로 들어가서 영영 되돌아가지 못하게 되었다.

---

2 Buber, *I and Thou*, 3.

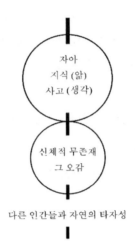

자아
지식 (앎)
사고 (생각)

신체적 무존재
그 오감

다른 인간들과 자연의 타자성

이렇게 뒤바뀐 상태에서 남자와 여자는 야훼 엘로힘의 임재의 소리를 듣고 두려워한다. 그래서 동산 나무들 사이에 숨는다. 창조주와 대면하기를 피하려 한다.

> 그 남자와 그 아내는 날이 저물고 바람이 시원할 때에, 야훼 엘로힘이
> 동산을 거니시는 소리를 들었다. 그들은 야훼 엘로힘의 낯을 피하여서,
> 동산 나무들 사이에 숨었다(창세 3:8).

야훼 엘로힘은 동산에 있는 그들을 찾아 "네가 어디에 있느냐?"라고 묻는다. 그 소리를 듣고 남자가 대답한다. "동산에서 당신의 거니시는 소리를 들었습니다. 나는 벗은 몸이 두려워서 숨었습니다"라고 고백한다. 여기서 남자와 여자가 함께 불복종을 저질렀음에도 그리고 함께 숨어 있었음에도 "우리"라는 합일적 표현을 하지 않고 "나"라는 표현을 하는 데 주목하게 된다. 이미 여기서 남자는 '정체성'과 '차이'

의 이분적 구조 안에서 말하고 있는 것이다. 그의 의중을 알아챈 야훼 엘로힘은 "네가 벌거벗었다고 누가 말하더냐? 내가 너더러 먹지 말라고 한 그 나무의 열매를 네가 먹었느냐?"라고 물으신다.

그 남자는 그의 대답에서 여자와 함께 하나님의 명령을 따르지 않은 데 대한 자신의 책임을 외면한다. 오히려 자신이 아닌 여자와 야훼 엘로힘에게 그 책임을 전가한다. "당신이 나에게 준 그 여자가 그 나무의 열매를 내게 주어 먹었습니다"라고 대답한다. 함께 불복종을 저지르고도 남자는 파렴치하게 그 나무의 열매를 먹게 한 여자를 비난하고 그 여자를 준 야훼 엘로힘에게 책임을 지도록 한다.

'차이'에 대립된 '정체성'인 이항 대립의 새로운 존재의 상태에서 그 남자는 야훼 엘로힘과 여자에게 그 객관적인 '차이'의 영역을 이전시킨다.

하나님의 명을 어기게 된 것이 여자 때문이었다는 남자의 비난을 듣고 야훼 엘로힘은 여자에게 교차 질문을 한다: "너는 어쩌다가 그런 일을 저질렀느냐?" 남자와 마찬가지로 여자는 자신의 책임을 인정하지 않고 "저 뱀이 나를 꾀어서 그랬습니다" 하고 말한다. 뱀의 확실한 약속에 속고 선과 악을 아는 지식으로 자신의 가능성을 창출할 줄 알게 된 여자여서 남자보다는 약한 벌을 받게 될지 모른다.

그러나 뱀은 저주를 받는다: "네가 이런 일을 저질렀으니 모든 집짐승과 들짐승 가운데서 저주를 받아 사는 동안 평생토록 배로 기어다니고 흙을 먹게 될 것이다." 이 저주는 에덴동산의 마지막 이야기의 맥락에서 이해할 수 있다. 뱀이 배로 기어다니게 한 것은 공격하기 전 마치 걸어가듯이 머리를 세우는 것을 전제로 한 것 같다. 많은 종류의 뱀들의 독은 치명적이다. 따라서 야훼 엘로힘의 저주는 그 같은 무서운 독사들에 대한 두려움이나 공포를 염두에 둔 것이다. 뱀은 특히 여자들이나 어린이들에게 공포의 대상이었다. 창세기 3장 15절이 그런 점을 제시한다. 뱀이 여자와 원수가 되고 뱀의 자손들과 여자의 자손들도 원수가 되어 뱀의 머리를 쳐서 상하게 하고 뱀은 여자의 자손들의 발꿈치를 상하게 한다는 것이다.

하나님은 먼저 여자에게 벌을 내린다. 여자가 먼저 하나님의 명을 어겼기 때문일 것이다. 임신의 고통과 산고를 겪고 아기의 어머니가 된다. 또한 동산에서 처음에 남편과 함께 공유했던 동등한 관계가 이제부터는 남편에게 종속되어 지배를 받는 관계로 바뀐다. 그래서 창조 때 부여받은 자유가 거부되고 하나님이 의도한 사람됨을 상실하게 된다.

남자에게 내린 벌은 농경사회의 농사짓는 심한 노동이다. 그것은 이스라엘 왕정 아래서 농사 짓는 농민들의 힘든 정황을 반영한다고 하겠다. 땅이 남자로 인하여 저주를 받게 된다. 그리고 남자는 죽는 날까지 그 저주받은 땅에서 땀 흘려 일해야만 한다. '땅의 사람'(하아담)으로 땅에서 그 정체성을 갖게 된 남자가 그 땅과 여자 그리고 나아가서 야훼 엘로힘과의 관계에서 객관적이고도 분리된 '차이' 또는 '다름'의 영역에서 살게 된 것은 아이러니일 뿐이다. 생계를 유지하기 위하여 남자는 농작물들이 자라도록 빗물을 모으고 관개하며 잡초와 엉겅퀴들을 제거하는 힘든 노동을 해야 한다.

"네가 흙으로 돌아갈 때까지 너는 얼굴에 땀을 흘려야 낟알을 먹을 수 있을 것이다. 너는 흙이니 흙으로 돌아갈 것이다"(창세 3:19).

자신들의 가능성을 창출하기 위하여 선과 악을 아는 지식을 탐한 나머지 이제 남자와 여자는 분리의 도덕적 질서를 자신들의 세계로 만들고 그 이항 대립 안에서 안전을 찾으려고 한다. '존재'의 이항 대립 속에서 그들은 '정체성'과 '육체의 비존재'가 양분된 상하 수직적 관계를 가지는 '자아'를 수립한다. 그리고 그들의 자손들 역시 그들이 구성한 이항 대립의 구조 속에서 살게 된다. 그 같은 현실을 에스겔 18장 2절이 잘 묘사한다:

"아버지[그리고 어머니]가 신 포도를 먹으면 자식들의 이가 시다."

비록 그들이 선과 악을 구분하여 알고 자신들의 가능성을 창출한 세계를 만들었지만, 그들은 선악의 이항 대립이 가져다 줄 이분적 구조를 바로 잡을 능력이 없다. 스스로의 '존재'를 추구하지만, 그것은 언제나 허구일 뿐이다. 그들이 경제적, 정치적, 사회적, 종교적 활동과 관계를 가지겠지만, 선과 악은 더 조장될 뿐이다.

남자와 여자는 더 이상 동산에 살 수 없게 된다. 자신들의 힘과 가능성을 확보하려고 선과 악을 분별하여 하나님처럼 되려고 하나님의 명을 어겼기 때문이다.

야훼 엘로힘은 세상 왕국들의 왕들이 대표하는 신들의 회의에서 말하듯이 그 반항 때문에 발생한 중대한 변화를 말한다.

"보아라, 이 사람들이 우리 가운데 하나처럼 선과 악을 알게 되었다. 이제 그들이 손을 내밀어서 생명나무의 열매까지 따서 먹고 영원히 살게 될지도 모른다"(창세 3:22).

그에 따라서 야훼 엘로힘은 그들을 동산에서 쫓아낸다.

그들이 자신들의 역사적 존재가 됨에 따라 "그가 나온 땅에서" 일하게 된 남자가 아내에게 "하와"라는 이름을 준다. '흙의 사람'인 남자는 그 기원과 관련하여 '아담'이 된다. 여자의 정체성을 알리기 위해서 이름이 필요하다. 그리고 그녀의 자손들인 사람들이 그 이름으로 그녀를 인정하게 될 것이다. 그녀는 "모든 살아 있는 것들의 어머니"로 인정 받게 된다. 그들이 동산에서 쫓겨 남에 따라 야훼 엘로힘은 그들에게 가죽옷을 만들어 입힌다. 그들의 웰빙을 위해서 옷을 입힌다.

그 동산은 그들에게 앞으로 더 이상 살 수 있는 환경이 아니다. 그들이 어떤 세계를 이루어 갈지 아무런 보장이 없다. 하지만 그들의 깨어진 존재 상태로 생명나무에 접근해서는 안 된다. 따라서 조물주 야훼 엘로힘은 그들을 동산으로부터 추방하기로 결정을 내린다. 그리고 동산의 동쪽에 생명나무를 보호하기 위하여 불칼과 함께 체루빔과 하늘의 보초들을 세운다.

우리 모두가 곰처럼 부르짖고, 비둘기처럼 슬피 운다. 정의를 바라지만 정의는 없고 그 구원은 우리에게서 멀기만 하다. 당신 앞에서 지은 우리의 죄가 많기 때문입니다. 우리의 죄가 우리를 고발합니다. 우리의 죄가 우리와 함께 있습니다. 그리고 우리는 우리의 죄를 압니다. 정의가 뒤로 밀려나고 멀어졌습니다. 진실이 땅에 떨어지고 정직함이 발을 붙이지 못합니다. 그러니 악에서 떠나는 자가 오히려 약탈을 당합니다(이사 59:11-12, 14-15).

5 장
호모사피엔스의 원 역사와 홍수

창세기 4-11장

이항 대립적 구조 속에 갇혀버린 '세계적 존재'가 된 아담과 하와는 이제 선과 악을 아는 지식이 안겨준 자율적인 '자아들'이 된다. 그들이 하나님처럼 된 자율적 힘으로 자신들의 세계를 야훼 엘로힘으로부터 독립하여 창출한다. 하지만 그들의 세계는 그들이 조성한 이항 대립 안에서 분리의 도덕적 질서에 머물 뿐이다. 그래서 그들은 선과 악 사이의 경계를 구분할 수 없는 현실을 직면하게 될 것이다. 그리고 매일의 일상적 삶에서 안전을 보장받지 못하게 될 것이다. 그들이 어떻게 할 수 없는 변질되고 왜곡된 현실을 만나게 될 것이다. 그래서 그들이 '가능성'을 현실화하려는 결정을 하려고 할 때 그들이 결정한 것들이 어떤 결과를 가져다 줄지 확신할 수 없게 될 것이다. 그들의 삶은 따라서 모호함과 불안함 속에서 영위될 것이다. 그들은 '차이'에 반하여 '정체성'을 분리시켜서 선과 악, 참과 거짓, 삶과 죽음을 창출하겠지만 언제든지 선보다는 악을, 참보다는 거짓을 그리고 생명보다는 죽음을 더 많이 유발하게 될 것이다.

에덴으로부터 쫓겨난 아담과 하와는 성적 결합을 통해서 그들의
창조적 가능성을 시작한다. 성적 관계를 통해서 서로를 "알게 된다".
그래서 가족을 형성하기 시작한다.

> 아담이 그의 아내 하와를 '알게 되었다'. 그러자 하와가 임신을 하고 가
> 인을 낳았다. 그리고는 말하기를, "내가 '야훼와 함께'(에트 야훼) 한 남
> 자를 생산했다"고 한다(창세 4:1).

그 둘이서 사내아이를 생산한다. 그 아이를 가인이라고 하와가 이
름을 지어준다. 그 이름은 히브리어 동사 '카나'에서 온 것인데, 창조
주 하나님에게서 왔다는 뜻을 가진다. "내가 야훼와 함께 한 남자를
생산했다"라는 하와의 말은 그녀가 하나님과 동일한 '자아'로서의 자
기 정체성을 암시한다. 자기 자신이 가능성의 원천이라고 생각한 것
이다. 그래서 엘로힘처럼 자율적인 힘을 자신이 가지고 있다고 여긴
다. 하지만 여전히 하와는 현존의 존재인 야훼를 하나님으로 인정한
다. 따라서 아이를 출산한 자신의 신체를 야훼의 창조적 힘을 받은 '현
존의 존재'라고 여긴다.

하와가 두 번째 아들을 낳는데, 이름은 아벨이다. 그 아들이 하는
일은 가인과 다르다. 가인이 땅을 일구는 농부인 데 반하여 아벨은 양
을 치는 목자다. 추수 때가 되어 두 아들 모두 야훼께 제물을 드린다.
가인은 "땅에서 거둔 열매"를 바치고 아벨은 양 떼 중에서 "맏배의 기
름기 부분"을 바친다. 야훼께서 그 두 제사에 대하여 각기 다른 응답을
한 것은 야훼의 "현존"에 대한 그들의 다른 관계뿐 아니라 그로 인한

그들 간의 다른 관계를 반영한다.

> 야훼께서는 아벨과 그가 바친 제물은 반기셨으나 가인과 그가 바친 제
> 물은 반기지 않았다(창세 4:4-5).

아벨이 바친 "양 떼 중에서 맏배의 기름기 부분"은 그가 하는 일과
삶이 전적으로 야훼를 향한 것으로 야훼와 하나된 그의 '자아'를 암시
한다.

가인이 바친 "땅에서 거둔 열매들"은 야훼에 대한 무관심의 표징으
로 암시된다. 야훼께서 자신에게와 전혀 다른 반응을 아벨에게 한 것
을 감지하고 화가 난다. 그런 감정이 그의 얼굴에 나타난다. 야훼께서
는 그런 가인에게 그가 바치는 제물에 대하여 더 잘하라고 질책한다:
"네가 잘했다면 내가 받지 않았겠느냐? 네가 잘하지 못했다면 올바르
지 못한 일이 네 문 앞에 도사리고 있어 너를 지배하려고 한다. 너는
그것을 잘 다스려야 한다." '정체성'과 '차이'의 이항 대립의 구조 안에
사는 가인은 야훼에 대하여 분노심을 가진다. 그래서 선과 악의 경계
를 넘어 아벨에 대한 그의 적개심을 발산한다. 야훼의 경고에도 불구
하고 가인은 그의 태도를 바꾸지 않는다. 동생을 꼬여 범행을 저지른다.

> 가인이 아우 아벨에게 말하였다. "우리 들로 나가자." 그리고 그 둘이 들
> 에 같이 있을 때 가인이 그의 아우 아벨을 쳐죽였다(창세 4:8-9).

무슨 일이 벌어졌는지 아신 야훼께서는 가인에게 "네 아우 아벨이
어디 있느냐?"고 물으신다. 가인은 아우의 직업을 언급하면서 거짓말

로 대답한다: "모릅니다. 내가 동생을 지키는 목자입니까?" 야훼께서는 "네가 무슨 일을 저질렀느냐"며 그가 저지른 범죄의 증거를 제시하신다:

"네 아우의 피가 땅에서 나를 향하여 울부짖는다! 이제 너는 땅에서 저주를 받을 것이다. 땅이 그 입을 벌려서 네 아우의 피를 네 손에서 받아 마셨다"(창세 4:10-11).

신명기 12장 23절에 기록된 것처럼 피는 사람의 생명이다. 따라서 피는 창조주 하나님에게 속한 것이다. 가인이 아벨의 피를 흘린 것은 하나님의 영역을 침범한 행위다. 그리고 그가 경작하는 땅이 그 입을 벌려서 그의 생명인 피를 받아들인 것이다. 야훼와 반목한 결과 자기 아우를 증오한 것은 결국 살인을 저지르게 하고, 자신을 야훼는 물론 다른 사람으로부터 격리시키고, 자신이 삶의 근거로 삼는 땅과의 관계마저 소외시킨다. 야훼께서는 가인에게 "네가 밭을 일구어도 땅이 이제는 너를 풍성하게 하지 않을 것이다. 너는 이 땅 위에서 도망치고 떠돌아다니는 신세가 될 것이다" 하고 저주한다. 가인은 도망자로 정처 없이 떠돌아다니게 되어 분리와 소외의 삶을 살게 된다는 것이다. 그런 가혹한 형벌에 대하여 가인은 항의한다. 그러한 도망자의 삶에 닥쳐올 위험과 세상이 그에게 복수하여서 자신의 삶이 망가지게 될 것을 염려하며 항의한다:

이 형벌은 내가 짊어지기에 너무 무겁습니다. 오늘 저를 땅에서 쫓아내시면 당신의 얼굴을 뵙지 못하게 됩니다. 이 땅 위에서 도망자가 되어

떠돌아다닐 때 나를 만나는 사람마다 나를 죽이려고 할 것입니다(창세 4:13-14).

공허한 존재로 정처 없이 떠돌게 된 가인은 자신의 무방비한 상태를 두려워한다. 그런 상태는 이 세계의 분리의 도덕적 질서의 구조 속에 깊숙이 자리 잡고 있는 끝없는 폭력적 보복/복수의 악순환 속에 휘말리게 된다. 가인이 도망자로 살게 되어 무방비하고 위험스러워진 자신의 상태를 바탕으로 이의를 제기하자 야훼께서는 자비롭게 그에게 표를 찍어 주신다. 그가 사는 동안 그러한 보복을 당하지 않게 하신다는 것이다: "어느 누구든지 가인을 죽이면 일곱 갑절로 보복 당할 것이다."[1]

하나님의 얼굴을 보지 못하고 땅으로부터 격리된 가인은 망명길에 들어서고 에덴의 동쪽 노드 땅에 정착한다. 거기서 그는 무의미한 삶을 시작한다.[2] 하지만 야비스트는 가인 역시 창조된 세계 속에 산다는 전제 아래 가인이 아내를 만나 결혼하고 자녀들을 가진다고 서술한다. 첫아들이 태어나면서 가인은 거기에 정착하기로 정한다. 창세기 4장 17절에 의하면 가인이 도시를 세우고, 그 이름을 아들의 이름을 따라 에녹이라고 부른다.

도시적 환경에서 가족이 불어나면서 그의 자식들은 정치적, 문화적 삶을 증진시킬 직업들에 종사한다. 야발은 "장막을 치고 살면서 집짐승을 치는 사람들의 조상이 되었고" 도시 변두리에 살면서 도시에

---

1 Nyasha Junior, "The Mark of Cain and White Violence," *JBL* 139/4 (2020): 661-673. 이 논문은 "가인의 표"에 대한 흑백 인종적 해석을 한다.
2 '노드'라는 말은 "떠돈다"는 뜻의 히브리어 동사에서 파생했다고 하겠다.

집짐승을 팔아 부요해진다. 따라서 도시 안에서 벌어지는 정치적 활동에 영향을 끼쳤을 것이다.[3] 그의 동생 유발은 도시가 예술 활동의 중심이 되어간 것을 반영하는데, "수금을 타고 퉁소를 부는 사람들의 조상이 되었다." 그들의 조카인 두발가인은 "구리와 쇠를 가지고 온갖 도구를 만드는" 장인(匠人)이었다. 가인의 후예들이 그러한 문명 활동을 하여 농경사회의 도시 문화를 발전시킨 것은 분리의 도덕적 질서에서 선과 악을 구분하여 아는 지식이 문화적, 경제적으로 개발된 도시 생활을 구현할 수 있음을 보여 준다.

그럼에도 도시 안에서는 소외와 증오가 자라나고 폭력과 살상이 자행되어 그 도시를 창시한 신화적 존재가 받은 저주를 실현시킨다. 그 좋은 예를 야비스트는 라멕의 사건에서 잘 보여 준다. 라멕은 가인과 하와의 5대손이 되는 셈인데, 그의 두 아내에게 그가 범한 살인 행각을 자랑스럽게 말한다: "내 말을 들어라. 내게 상처를 입힌 놈을 나는 죽였다. 나를 때린 젊은 놈을 죽였다." 그의 말은 마치 하와가 가인을 출산하고 나서 "내가 야훼와 함께 한 남자를 낳았다"라고 말한 것과 견줄 수 있다. 그러나 하와가 "살아있는 모든 것의 어머니"로서 하나님 같은 창조적 힘을 노래한 반면에 라멕은 하나님 같이 죽일 가능성을 내뱉고 있다. 라멕은 그를 때리고 상처를 입힌 젊은이를 살해하고서, "가인을 해친데 7곱 배로 보복을 한다면 라멕을 해치면 일흔일곱 갑절로 보복 당한다"고 말한다. 무제한의 복수와 보복의 악순환이 선포된다.

점점 사람들이 잔악해지고 야비해지는 맥락에서 야비스트는 잠시

---

3 Coote and Ord, *The Bible's First History*, 79.

멈추어 "그 때에 사람들이 야훼의 이름을 부르기 시작하였다"(창세 4:36)라고 서술한다. 다윗 왕조 때 기록한 야비스트는 야훼의 이름을 사람들이 부른 것이 아담과 하와에게서 시작된 인간 역사의 초창기부터라고 기술한다. 그에 따라서 야비스트는 아담과 하와에게서 두 개의 다른 인간 공동체가 파생했음을 적는다. 곧 하나는 창세기 4장에 서술된 도시를 이룬 가인이 대표하고, 다른 하나는 아벨 대신 얻은 그의 동생 셋이 대표한다. 셋은 분명히 창세기 5장이 제시하는 대로 농경사회를 대표한다. 이 둘은 지리적으로 떨어져 있고 문화적으로 서로 다르게 존재한다.

도시국가는 정치권력과 문화의 중심으로 번창했지만, 그에 못지 않게 폭력과 살상, 그에 따른 보복으로 얼룩지게 된다. 그 같은 악이 늘어남에 따라 중동 세계에서 '에누마 엘리쉬'의 신화가 하늘과 땅을 갈라서 창조가 발생했다고 서술한 내용을 실현시킨다. 왕들은 최고의 신을 자신들이 대표한다며 신격화한다. 우룩의 길가메쉬와 여신 아루루와 합일했든지, 바빌로니아의 왕이 마르두크와 합일했든지 간에 말이다. 왕들은 그렇게 자신들을 신들과 '정체성 계약'을 하여 땅에 살고 있는 사람들로 하여금 기계와 도구를 만들게 하고, 그것들로 바빌로니아의 도시와 문화를 건설하였던 것이다. 그것이 "지상의 차이'에 반한 '하늘의 정체성'이었다. 그들은 경제적, 정치적, 사회적 차이로 서로 멀리 떨어져 있게 되었다.

"그 무렵에 땅 위에는 네피림들이 있었는데 그 후로 하나님의 아들들이 사람(하 아담)의 딸들에게로 와서 자식들을 낳았다"(창세 6:2, 4).

"전쟁 용사들이며 영웅"인 네피림은 우룩의 왕 길가메쉬라고 볼 수 있는데, 『길가메쉬의 서사시』에 의하면 길가메쉬는 여신 아루루와 다른 신들과 영합하여 3분의 2는 신이고 3분의 1이 사람이 되었다. 그래서 아름다움과 용맹스러움과 힘을 어떤 다른 사람과도 견줄 수 없었다. 하지만 여전히 죽에 되는 유한한 존재다. 그는 "백성의 목자"라고 불리면서도 백성들을 착취하고 그들에게 폭정을 가했다.

그의 무기로 살상을 저지르는 것은 어디에도 비할 바가 없었다. 그와 함께한 이들을 마구 치고 우룩의 젊은 사람들을 아무런 이유 없이 못살게 하였다. 길가메쉬는 모든 아들들을 아비에게 두지 않았다. 그것이 견고한 우룩의 목자다. 그는 백성들의 용맹스럽고 초월적인 목자다. 길가메쉬는 어떤 젊은 여인도 [남편과 있도록] 남겨두지 않을 것이다.[4]

우룩의 백성들은 왕의 폭정을 견디다 못해서 그 도성의 신들에게 구원해 달라고 아우성을 친다. 노예가 된 백성들은 무자비하게 짓밟혀 비참하게 되고, 그들이 겪는 불의 때문에 증오와 복수심에 불이 탄다.

그런데 야비스트는 '에누마 엘리쉬'의 신화를 여기서 재구성한다. 신들이 하늘과 땅을 분리시키고 하나님의 왕들의 정체를 땅의 사람들과 분리시킨 그 신화 대신 하나님의 아들들과 사람의 딸들이 성적으로 결합한 것으로 재구성한다.

사람들이 땅 위에 늘어나기 시작하더니 그들에게서 딸들이 태어났다.

---

4 Foster, *The Epic of Gilgamesh*, 6.

하나님의 아들들이 사람의 딸들의 아름다움을 보고 저마다 자기들의
마음에 드는 여자를 아내로 삼았다(창세 6:1-2).

신의 아들들이 문화의 화신인 여자들을 임신시킨다. 그리고 여자
들은 네피림을 낳는다.5 그들은 비뚤어진 신의 아들과 사람의 딸들의
야합으로 태어난 자손들이다.6 그들은 신격화된 왕들과 결합된 하늘
의 신들을 대표한다. 그래서 그들은 땅과 거기에서 "기구 문화"를 이
루도록 창조된 사람들과는 구별된다.

아담과 하와는 이 원 역사 속에서 살았다. 그리고 거기서 많은 아
들과 딸들을 두었다. 그중에 한 사람의 이름이 두드러진다. 하와가 살
해당한 아벨 대신 셋을 낳는다. 그리고 가인이 태어났을 때와는 달리
"엘로힘이 가인이 죽인 아벨 대신 나에게 다른 아이를 주셨다"고 시인
한다. 그런 맥락에서 야비스트는 "그 때에 사람들이 야훼의 이름을 부
르기 시작하였다"고 선언한다.

셋이 아들을 낳자 에녹이라고 부른다. 에녹은 예순다섯에 므두셀
라를 낳고, 그 후로 300년을 더 살아 모두 365년을 살았다. 아담과
하와의 후손들에 비하면 아주 짧게 산 셈이다. "에녹은 엘로힘과 동행
하다가 사라졌다. 엘로힘이 그를 데려가신 것이다"라는 수수께끼 같

---

5 민수 13:30-35에 가나안을 정탐하러 갔던 이들의 부정적인 보고에 네피림이 나온다: "우리
　가 탐지하려고 두루 다녀 본 그 땅은 그곳에 사는 사람들을 삼키는 땅이다. 또한 우리가
　그 땅에서 본 모든 사람들은 몸집이 큰 사람들이었다. 거기에서 우리는 네피림을 보았는데
　(아낙 자손들은 네피림의 분파인데) 우리 스스로는 메뚜기처럼 보였다. 그들에게 우리가
　그렇게 보였을 것이다."

6 "This is rampant miscegenation of the divine and the human, a violation of the
　categorical distinction between creator and creature" in Coote and Ord, *The Bible's
　First History*, 85.

은 서술이 5장 24절에 나온다. 이 원(原) 시대의 '세계 역사'에서는 엘로힘과 동행하다가 사라진 사람은 '엘로힘의 초월적 가능성'과 '야훼의 현존'의 합일을 이룬 존재로 여겨졌다. 그들의 신뢰적 상호관계에서 엘로힘이 그를 데려갔다고 서술한다. 후대에 와서 묵시문헌인 『집회서』를 쓴 벤 시라는 하나님이 데려간 것을 하늘로 데려간 것으로 번역하였다. 에녹이 하늘로 올라간 것이 지하문서인 에녹1서에서 하나님의 계시의 출처가 되었다.

셋의 자손 중에 또 한 사람이 두드러지게 나타나는데, 그가 라멕이다. 이 라멕은 가인의 자손인 므드사엘의 아들 라멕이 아니다.7 라멕은 노아의 아버지다. 그는 노아가 태어날 때 아담과 하와의 범죄로 땅에 내린 저주가 취소되기를 희망한다.

"야훼께서 저주하신 땅 때문에 우리가 고생하고 고통을 겪어야 하는데 이 아들이 우리를 구출해 낼 것이다"(창세 5:29).

네피림이 지배하는 도시국가들이 농촌의 인구를 곤경에 빠지게 하는 상황에서 아담과 하와의 한 후손이 그 같은 난국을 바꾸어 주리라는 기대를 야비스트 역사가 시작되면서 제기된다. 그런 맥락에서 "야훼께서는 땅에 사는 사람(하아담)의 악함을 보시고 마음 아파하셨다"라고 서술한다. 야비스트는 야훼의 목소리를 대변하면서 사람들과

───────────────

7 구약학자들은 창세기 5장을 제사 문서라고 간주하여 5:25-31에 나오는 라멕과 4:23-24에 나오는 라멕이 같은 인물이라고 보게 하지만, 4:25-26과 5:6-32이 계속성을 가지고 있고 4:26하와 5:24의 관계가 4:25-26과 5:6-32을 J문서에 속한다고 보게 한다. 참조. Coote and Ord, *The Bible's First History*, 81.

의 "싸움"을 끝내겠다고 선언한다:

"내 영이 사람들과 영원히 싸우지 않을 것이다. 그들은 육체이기 때문이
다. 그들의 날 수는 120년이 될 것이다"(창세 6:3).[8]

이제 원 시대는 막을 내린다. 사람들이 '정체성'과 '차이'의 대립 속
에서 장수하면서 노동 계층의 사람들을 착취하여 더 많은 부와 권력
을 누리려고 획책하기에 야훼의 영은 이제 그런 인간들과 더 이상 싸
우려 하지 않는다. 그래서 사람들의 수명을 120년으로 단축시킨다.

야훼께서 '하 아담'의 악이 세상에 가득 차고, 마음에 생각하는 모든 계
획이 언제나 악한 것뿐임을 보시고 땅 위에 사람을 지으신 것을 후회하
시며 마음 아파하셨다(창세 6:5-6).

야훼께서는 네피림과 사람들을, 모든 짐승과 날짐승을 포함한 땅
에 있는 모든 것을 땅 위에서 멸하기로 결심한다. 그 모두가 사람의
파멸에 포함된다. 세상의 죄악 때문에 멸하려는 것을 야비스트는 '길
가메쉬의 서사시'에 나오는 대홍수 신화를 채택하여 서술한다.
창세기 6장 13절에서 9장 28절까지 이어지는 대홍수 이야기는 하
나님과 동행한 라멕의 아들 노아에게 엘로힘이 사람의 악을 심판하리
라고 예고해 주는 것으로 서술된다. 사람의 악을 "땅 위에 홍수를 일으

---

8 6:3의 히브리 말 '야돈'은 불분명하다. RSV나 NRSV는 70인역을 따라서 'remain으로 번역
했고, ASV와 NASV는 'strive'로 번역했다. 참조. Coote and Ord, *The Bible's First History*,
85.

켜서 하늘 아래에서 숨 쉬는 살과 피를 지닌 모든 것을 쓸어 없애겠다. 땅에 있는 것들은 모두 죽을 것이다"라고 예고한다. 엘로힘께서는 노아에게 방주를 지어 노아와 그 아내와 그들의 자식들과 그들의 아내들 모두 방주에 들어가서 홍수를 피하라고 명한다. 그들과 함께 모든 짐승도 한 쌍씩 방주로 데려가도록 명한다.

> ⋯ 노아와 노아의 세 아들 셈과 함과 야벳과, 노아의 아내와 세 며느리가 함께 방주로 들어갔다. 그들과 함께, 모든 들짐승이 종류대로, 모든 집짐승이 그 종류대로, 땅 위를 기어다니는 모든 길짐승이 그 종류대로, 날개 달린 모든 날 짐승이 그 종류대로 방주로 들어갔다. 살과 피를 지닌 살아 숨 쉬는 모든 것들이 둘씩 노아와 함께 방주로 들어갔다. 엘로힘이 노아에게 명하신 대로 살과 피를 지닌 살아 숨 쉬는 모든 것들의 수컷과 암컷이 짝을 지어 방주로 들어갔다. 그리고 노아가 들어가니 야훼께서 문을 닫으셨다"(창세 7:13-16).

'길가메쉬의 서사시'에 나오는 홍수신화는 유트나피쉬팀이 등장한다. 그는 슈루팍에 살고 있었다. 신들이 그 도시를 홍수로 멸하라고 하는데, 그 이유는 밝혀지지 않는다. 그 이유를 적은 열한 번째의 타블렛이 발굴되지 못해서 알 수가 없다. 신들은 유트나피쉬팀에게 배를 짓고 "살아 있는 모든 것의 씨"를[9] 배에 실으라고 명한다. 배의 길이와 넓이를 말하고 7일 안에 완성하라고 명한다, 그는 홍수가 일기 직전 "모든 내 가족과 친척들 그리고 들의 짐승들을 배에 오르게 하였다"고

---

9 Foster, *The Epic of Gilgamesh*, Tablet XI, line 27, p.85.

진술한다. 폭우가 6일간 밤낮으로 계속되고 7일째 "고요함이 찾아들고 모든 인간은 흙이 되었다." 이야기 마지막에 유트나피쉬팀이 비둘기와 제비와 까마귀를 날려 보낸다. 비둘기와 제비는 배로 돌아왔지만, 까마귀는 "먹고 쪼며 맴돌면서 돌아오지 않았다. 배가 멈춘 산에서 유트나피쉬팀은 신들에게 제사를 올린다.

노아는 까마귀와 비둘기를 날려 보내고 이레를 더 기다렸다. "비둘기를 다시 방주에서 내보냈다. 그 비둘기는 저녁때가 되어 그에게로 돌아왔는데 금방 딴 올리브 잎을 부리에 물고 있었으므로 노아는 땅위에서 물이 빠진 것을 알았다. 노아는 다시 이레를 더 기다리다가 그 비둘기를 내보냈다. 그러나 이번에는 그 비둘기가 그에게 돌아오지 않았다"(창세 8:11-12).

6 장

씻겨진 창조
: 새로운 시작

노아와 그의 가족 여덟 명은 홍수로 땅이 씻겨 내린 후에 방주를 떠난다. 땅이 다시 창조된 건 아니다. 다만 땅 위에서 네피림이 저지른 폭력과 악행들로 얼룩진 것이 소탕된 것이다. 앞서 언급한 대로 네피림은 천상의 신들과 지상의 왕들 간에 체결한 '정체성 계약'으로 잘못 만들어졌다. 노아와 그의 가족들은 이제 구원받은 사람들로서 새로워진 창조계를 보존하여야 한다. 하지만 그들은 여전히 '정체성'과 '차이'가 분리된 이항 대립의 세계에서 살고 일하게 된다. 그들 역시 이항 대립과 분리의 도덕적 질서의 세계를 영속시킬 것이다.

방주를 떠나서 야훼께 제물을 드린 후에 엘로힘이 그들과 그들의 후손들과 언약을 맺는다. 야비스트가 기록한 '세계 역사'에 알려지지 않은 미래를 향하여 걸어가는 그들의 삶에 다시 엘로힘이 함께 하리라는 첫 번째의 암시를 준다.

엘로힘이 노아와 그의 자녀들에게 말씀하셨다. "내가 너희와 너희들과

함께 있는 모든 생물들 사이에 대대로 세우는 언약의 표는 바로 무지개이다. 내가 무지개를 구름 속에 두겠으니 그것이 나와 땅 사이에 세우는 언약의 표가 될 것이다. 내가 구름을 일으켜 땅을 덮을 때 "구름 사이에 무지개가 나타나면" 내가 너희와 피와 살을 가지고 살아 있는 모든 생물들과 세운 언약을 기억하고 다시는 홍수를 일으켜 멸하지 않겠다"(창세 9:8, 11-15).

홍수로 씻긴 창조계를 이 여덟 식구에게 맡기면서 엘로힘은 앞으로 그들의 자손 대대로 홍수로 땅을 멸하지 않겠다고 약속한다. 반면 그들도 실행해야 할 책임이 있다. "생육하고 번성하며 땅에 편만 하라"(창세 9:7)는 명을 받는다. 그리고 홍수 이전의 폭력과 살인의 역사를 염두에 두고, "누구든지 다른 사람을 죽이는 자는 죽임을 당할 것이다"라고 경고한다.

엘로힘이 구름 사이에 둔 무지개가 그 언약의 표가 된다. 여기서 '에누마 엘리쉬'에서 마르두크의 것이라고 서술한 그 활을 의도적으로 엘로힘이 거부하고 있다는 암시를 받는다.

엔릴은 그의 무기인 활을 들어 올리고는 그 앞에 내려 놓았다. … 정교하게 만들어진 그 활을 보자 그의 아버지는 그가 한 업적을 치하하였다. 아누는 활을 다시 들어 올리고 신들의 회중 앞에 말하였다. 활에게 입을 맞추며 말하기를, "이것은… 그분께서 활의 이름들을 지었는데, 첫째는 롱우드다. 둘째는… 셋째는 하늘에 있는 '궁성'(Bow-Star)이다. 그분께서 그 자리를 정하셨다."[1]

물론 마르두크의 활은 전쟁에 사용되는 무기이기 때문에 점령과 살상의 상징이 된다. 그중 세 번째 이름인 하늘의 "궁성"은 밤하늘의 항성을 가리킨다고 볼 수 있다. 하지만 엘로힘이 한낮에 구름 사이에 두는 무지개는 하늘과 땅을 합일시키는 엘로힘의 우주적 언약을 상징한다. 그리고 노아와 그의 자손들이 시작할 인간 세계와 이룰 화해를 상징한다.

한편 노아는 농경을 시작한다. 포도나무를 심어 거기서 난 포도로 만든 포도주를 즐긴다. 한번은 포도주에 취하여 벌거벗고 누워 있는데, 그의 막내아들 함이 그것을 보고 두 형에게 고자질한다. 함은 "가나안의 아버지"로 알려진 인물이다. 그 두 형들은 겉옷을 가지고 가서 아버지의 벌거벗은 모습을 보지 않으려고 뒷걸음쳐서 들어가 아버지를 덮어준다. 노아가 술에서 깨어나 함이 자기의 벌거벗은 수치스러운 모습을 본 것을 알고는 함과 그의 가나안 후손들을 저주한다. 여기에서 '명예/수치'의 문화가 소개되고 자연과 문화를 분리시키는 경계가 현성된다. 노아가 가나안을 저주한 것은 결과적으로 이스라엘이 가나안 땅을 점령하고 그 사람들을 노예화시키는 것으로 귀결된다.

땅이 말끔하게 씻겨졌다. 하지만 아담과 하와가 처하게 된 '정체성'과 '차이'의 이항 대립적 구조는 노아와 그의 자손들에게서도 그대로 계속된다. 노아의 후손들은 70개의 민족을 일으킨다. 노아의 세 아들 가운데 가장 끝에 언급되는 셈은 욕단의 열두 아들에 대한 언급으로 끝나는데, 그들은 "동쪽의 산간 지역"에서 산다. 야비스트는 창세기 11장 10-33절에서 다시 셈의 족보를 기록하는데, 아브람과 사래에

---

1 Heidel, *The Babylonian Genesis*, Tablet VI, lines 82-91, 49-50.

게서 그 절정을 이룬다.

바벨탑 이야기: 창세기 11장

노아의 세 아들 셈과 함과 야벳의 후손들이 번성하여 고대 메소포타미아 세계의 도시국가들을 형성한다. 야비스트는 "홍수가 난 후로 이들에게서 여러 민족이 온 땅 위에 퍼져 나갔다"고 서술한다(창세 9:19, 32). 11장 1절은 인간 세상을 형성하면서 처음에는 "온 세상이 하나의 말을 썼다"고 서술한다. 사람들의 이동이 계속되고 동쪽으로부터 와서 티그리스강과 유프라테스강을 낀 평원에 정착한다. 그럼에 따라 그들은 모두 함께 살 방도를 찾는다. 그들은 '정체성'과 '차이'의 이항 대립이 수립한 분리의 도덕적 질서를 극복시킬 방안을 강구한다.

그들은 셈의 자손들로 보인다. 그들의 이름이 '이름'이라는 뜻인데, 자신들을 위하여 "도시를 건설하고 거기에 하늘에 닿을 탑을 쌓아서 이름을 날리자"라고 한다. 돌 대신에 벽돌을 쓰고, 흙 대신에 역청을 써서 그들은 하늘과 땅을 연결시킬 도시의 탑을 세우려 한다. 그래서 하늘과 땅이 분리된 것을 다시 통합시키고 자신들도 하나의 '정체성'을 가지려고 한다. '차이'를 없애고 통합을 이룸으로 "온 땅 위에 더 이상 흩어지지 않게 하자"는 것이다. 그들은 엘로힘이 무지개로 그들과 맺은 화해의 언약 아래 하나의 동질적이고 통일된 공동체를 이루려고 한다.

"도성과 그 꼭대기가 하늘에 닿을 탑"은 야비스트가 '에누마 엘리쉬' 신화에서 채택한 도시의 탑으로 간주된다. '에누마 엘리쉬' 신화에서 그 탑은 '에사길라'라고 불리고, 마르두크와 에닐과 에아가 거기에 살았다. 하지만 그 탑은 그들과 바빌로니아의 도시국가의 위용과 함께 등극한 마르두크를 위해서 세워진 것이었다.[2]

종국에 가서 허구하게 끝장이 난 것으로 기억이 될 바벨탑은 '에누마 엘리쉬'의 탑을 따른 것이다. 하지만 에사길라와는 달리 바벨탑을 건설하려는 목적은 통일된 세계를 만들어서 엘로힘의 무지개가 상징한 세계성을 실현하려는 것이다. 그 유토피아적인 사회 안에 사는 모든 사람이 하나의 이데올로기와 같은 언어를 말하고 같은 종족의 정체성으로 연합하게 하려 한 것이다. 창세기 11장 1절에서 "하나뿐인 언어"는 그 통합된 '정체성'을 의미한다.[3] 그렇게 하늘과 땅이 합일된 성스러운 도성에서 '차이'가 취소되지만, 그것은 수직적으로 화합을 이룬 것일 뿐, 그 도성의 탑의 꼭대기를 차지한 사람들에 의해서 다스려질 것이다. 그것은 '하늘과 땅을 분리시킨' 바빌로니아 신화를 극복하려는 시도에 불과하다.

야훼가 그 도성의 탑을 보려고 내려온다. 그리고 전체주의적인 그 것의 '정체성'에 놀란다. 결국 그것이 파시즘의 나라가 될 것을 예견하고 신들의 협의회에 말한다: "보아라, 만일 사람들이 같은 말을 쓰는 한 백성으로서 이렇게 이런 일을 시작하였으니 이제 그들은 하고자 하는 일은 무엇이든지 하지 못할 일이 없을 것이다." 통일된 '정체성'으로 세울 유토피아의 건설을 종식시키려고 야훼는 그들의 언어를 뒤

---

2 Heidel, *The Babylonian Genesis*, Tablet VI, line 49, 48. 참조. Coote and Ord, *The Bible's First History*, 91-98.

3 바빌론 포로에서 모국으로 귀환한 유대인들을 기록한 후대 이스라엘의 역사에는 사독 사제들이 신정 정치 체제인 성전 국가를 세우고 왕권과 예언자 제도를 폐기한다. 그리고 사제들이 성전과 제사를 중심으로 한 구조에서 통치하도록 한다.

섞어 버린다. 그래서 "그들이 서로 알아듣지 못하게" 한다.

> 그렇게 야훼께서는 거기에서 그들을 온 땅으로 흩으셨다. 그래서 그들
> 은 도시 세우는 일을 그만두었다. 야훼께서 거기에서 온 세상의 말을 뒤
> 섞으셨다고 하여 사람들은 그곳의 이름을 '바벨'이라고 한다. 야훼께서
> 는 거기에서 사람들을 온 땅에 흩으셨다"(창세 11:8-9).

대홍수가 땅의 악함을 말끔하게 씻었고, 야훼께서 노아와 그 후손
들에게 깨끗해진 땅을 주이 무지개기 상징하는 화해의 언약 아래 새
로운 인간 세계를 구성하라고 명하셨다. 하지만 그들 역시 실패하고
만다. 온 땅에 흩어지고 뒤섞인 언어로 서로 떨어져서 무지개 언약이
담고 있던 가능성이 소멸되고 만다. 그렇게 노아의 후손들 역시 분리
의 도덕적 질서 속에 갇히게 된다.

제2부

통합과 분리의 여정

7장 이스라엘 역사의 시작: 아브람과 사래

8장 이삭과 야곱: 계속되는 여정

9장 이집트로 간 요셉

10장 이스라엘의 이집트 노예 생활과 엑소더스

11장 모세와 이스라엘의 출애굽 여정

12장 발람의 축복

13장 왕권과 그 하이라키가 가져온 딜레마

7 장

이스라엘 역사의 시작

: 아브람과 사래

창세기 12-24장

야비스트는 창세기 11장 10-32절에서 다시 셈의 족보를 소개한다. 셈의 후손들을 새로운 관점에서 제시하려는 의도로 보인다. 특별히 데라와 그 후손들을 조명하고 있다. 데라는 아브람과 나홀과 하란의 아버지다. 그는 "갈대아 우르"에서 살고 있었지만 가나안 땅으로 가려고 한다. 자기의 가족을 '에누마 엘리쉬' 신화가 정치적, 종교적 구조를 이룬 도시국가 바빌로니아로부터 이주시키려 한 것 같다. 하지만 그 같은 이동은 아들 함이 죽은 후에야 가능했다. 데라는 아브람과 그의 아내 사래와 그의 조카 롯을 데리고 하란에 다다른다. 그리고 거기서 자리를 잡는다. 데라가 거기에 정착한 것으로 보아 그 도시국가가 문화적으로 수용할 만했던 것 같다.

데라가 죽은 후에 야훼께서 아브람에게 이르신다: "너는 네가 살고 있는 땅과 혈연, 그리고 네 아버지의 집을 떠나서 내가 네게 보여 줄 땅으로 가라." 데라가 시작한 이주는 계속되어야 한다. 그래서 아브람과 사래는 하란을 떠나야 한다. "갈대아 우르"처럼 그곳도 여전히 '에누마 엘리쉬' 신화가 조성한 정치적 종교적 구조의 도시국가였을 것이다. 그래서 상하 수직적 권력 구조 안에서 지배층이 백성들 위에 군림하고 지배하는 바빌로니아의 도시국가 문화였을 것이다.[1]

야훼께서는 아브람과 사래에게 아직 밝혀지지 않은 목적지를 향하여 떠나라고 하신다. 거기에서 큰 민족을 이루고 복을 받아 이름을 떨치게 되어 복의 기원이 되리라고 말씀하신다. 그래서 아브람과 사래가 야훼 엘로힘이 원래 창조한 합일성 인간의 본보기가 되게 한다는 것이다.

> "내가 너로 큰 민족이 되게 하고, 너에게 복을 주어서 네 이름을 크게 떨치게 하겠다. 너는 복의 근원이 될 것이다. 너를 축복하는 사람을 내가 복을 베풀고 너를 저주하는 사람에게는 내가 저주를 내릴 것이다. 땅에 사는 모든 민족이 너로 말미암아 복을 받을 것이다"(창세 12:1-3).

"내가 보여 줄 땅으로" 가라는 야훼의 말씀은 그들의 여정에 야훼께서 동행한다는 의미가 담겨 있다. 그에 따라 아브람과 사래는 야훼와 전적인 상호 신뢰를 가진 수평적인 관계 안에서 동행하게 된다는 의미를 보게 된다. 그들은 살아생전 완성하지 못할 여정을 시작한다. 그들은 일평생 이민자로 길을 가게 될 것이다. 하지만 그들이 가는 길에 야훼께서 동행하실 것이다. 그들과 가진 상호 신뢰의 관계 속에서

---

1 Carney, *The Shape of the Past: Models and Antiquity*, 212-221.

야훼께서는 그들에게 복을 내리시고 그들에게 하신 약속이 성취되는 것을 보장하실 것이다.

"내가 보여 줄 땅으로" 길을 떠난다는 것은 그들이 살아있는 동안 그 목적지에 다다르지 못할 수도 있어서 선뜻 나서기 어렵고 망설일 수밖에 없는 발걸음이다. 하지만 아브람과 사래는 자기들이 속한 나라가 없고, 자기들의 왕국도 없다. 아무런 인종적 정체성도 없다. 그들은 고대 도시국가나 왕국 안에서 흔히 가지게 된 어떤 법이나 종교적 정체성과도 연계하여 있지 않았다. 그들은 단지 이민자일 뿐이다. 이민자로 길을 떠나서 이민자로 생을 마칠 것이다. 평생토록 그들은 낯선 땅에서 나그네로 떠도는 길을 갈 것이다. 오직 한 가지, 야훼의 축복이 그들과 항상 함께할 것이다: "내가 너로 큰 민족이 되게 하고 너에게 복을 주어서 네 이름이 크게 떨치게 할 것이다. 그래서 너는 복의 근원이 될 것이다. 너를 축복하는 사람을 내가 복을 베풀고 너를 저주하는 사람에게는 내가 저주를 내릴 것이다. 땅에 사는 모든 민족이 너로 말미암아 복을 받을 것이다." 그들과 동행하는 야훼의 현존이 그들을 안전하게 지키실 것이다.

하지만 야훼의 약속들은 목적지가 분명하지 않지만 궁극적인 목적을 제시한다. 그 궁극적 목적은 자못 역설적이기도 하다. 첫 번째 목표는 종족/민족을 이루는 것이다: "너로 큰 민족이 되게 하겠다." 이 목표는 아브람과 사래의 후손들이 달성하게 된다. 그리고 다른 하나는 세계성을 목표로 한다: "땅에 사는 모든 민족이 너로 말미암아 복을 받을 것이다." 이렇게 야훼의 '현존'과 엘로힘의 '초월적 가능성'을 함께 지닌 아브람은 새로운 세계에서 구현될 사람됨의 모델이 될 것이다.

새로운 시대가 시작되면서 야훼께서 그들을 선택하셨다. 하지만 벌써 분리의 도덕적 질서가 가진 이항 대립적 상황이 예지된다. 그들의 여정은 두 가지 목적을 향하여 시작되지만, 그들의 생전에 그 둘을 다 이룰 가망은 없다. 하지만 그들은 망설임을 버리고 야훼의 명을 따르고 그의 '현존'에 자신들을 맡긴다. 그러한 상호적 신뢰 안에 자신들을 맡길 뿐 아니라 그들의 후손들이 계속할 여정에서도 그 전적인 신뢰를 계속해서 유지시키는 '정체성 합일'을 형성한다.

나그네들로 떠도는 아브람과 사래는 바빌로니아 도시국가의 종교문화를 주도하는 농경적 칼렌다의 주기나 리듬을 벗어나기 때문에 무방비해지고 위험을 외면할 수 없게 된다. 또한 "내가 너에게 보여 줄 땅으로 가라"는 명을 따라 떠나는 여정은 정해진 다른 목적지를 향하여 가기에 새로운 시간개념을 가지게 된다. 역사적 시간 속에서 미래를 향하여 떠나기 때문에 그들의 무방비한 현실은 각가지 우발적 상황은 물론 우려스러운 일들과 마주칠 것이다.[2] 하지만 야훼께서 그들과 동행한다고 약속하였다. 그리고 '엘로힘의 초월적 가능성'이 그 야훼의 '임재'와 영합하여 그들은 물론 그들의 후손들과 함께할 것이다.

"그래서 아브람은 야훼께서 말씀하신 대로 길을 떠났다."[3] 다시 돌아올 수 없는 길을 떠난 것이다. 이렇게 아브람과 사래는 인간의 역사에서 이스라엘의 역사로 옮겨 간다.[4] 아내 사래와 그의 조카 롯 그리

---

2 참조. Mircea Eliade, *Cosmos and History: The Myth of the Eternal Return* (Harper Torch books: New York: Harper & Brothers, 1959), 95-137.

3 Wolf, "The Kerygma of the Yahwist," 47. "야훼가 아브람에게 명한 것은 아브람의 복종을 전제로 야훼가 약속한다는 그 어떤 조건적인 요소를 볼 수 없다. 오히려 지속적으로 약속된 선물을 받으라는 것처럼 들린다. 그래서 4절 상반에 아브람이 "떠났다"는 것은 어떤 "만일"이나 "그러나"를 첨가하지 않고 아무런 망설임 없이 떠난 것을 암시한다."

4 Wolf, "The Kerygma of the Yahwist," 53.

고 하란에서 얻은 모든 재산을―염소와 양 그리고 종들까지― 거느리고 가나안으로 길을 떠난다. 도중에 잠시 아브람 일행은 모레의 상수리나무가 있는 곳 세겜에서 머문다. 거기에는 "가나안 사람들이 살고 있었다" 야훼께서는 "내가 너희 자손들에게 이 땅을 주겠다"고 이르신다. 그리고 야훼의 약속을 신뢰한 아브람은 그 징표로 야훼께 제단을 쌓는다. '하나된 정체성' 안에서 상호 신뢰 관계를 야훼가 인정하시고 가나안 땅이 "내가 보여 줄 땅"임을 밝히신다.

양과 염소를 기르면서 이주민 아브람과 그 식솔들은 산간 지역으로 이동한다. 그리고 벧엘 근처에 장막을 친다. 거기서 제단을 쌓고 야훼의 이름을 부르며 제사를 올린다. 야훼의 임재에 대하여 상호 깊은 신뢰를 다시금 확인한다. 그는 계속해서 이동한다. 이번에는 목양에 좋은 남쪽 네겝으로 간다. 하지만 그곳에 기근이 들게 되어 아브람은 다시 남쪽으로 이동하여 이집트로 피난을 간다. 거기에서 "외국인"으로 살게 된다. 하지만 거기에서는 야훼에게 제단을 쌓지 않는다. 그의 아내 사래가 "자태가 아름다워서" 그곳 사람들이 자기를 죽일지도 모르겠다는 조바심에서 그는 아내에게 자기의 누이라고 하라고 당부한다. 사래의 미모에 반한 바로가 그의 궁전으로 그녀를 불러들인다. 그런 대신 아브람에게 "양과 소 떼와 암수 나귀와 남녀 종들과 낙타"를 하사한다. 하지만 야훼는 사래를 보호하기 위하여 바로의 집 안에 큰 재앙을 내린다. 그래서 바로는 아브람에게 사래를 돌려보내게 된다. 그의 가문에 내린 재앙이 왜 내렸는지 감지하고 아브람의 술수를 꾸짖고 병력을 동원하여 모든 재산과 함께 아브람과 사래를 이집트 밖으로 추방시킨다.

양과 염소 떼와 함께 아브람은 네겝으로 돌아와서 얼마 동안 살다가 다시 이곳저곳을 거쳐서 벧엘로 온다. 거기는 가나안으로 들어가기 전 "처음으로 장막을 친 곳"이고, 야훼의 이름을 부른 곳이다. 이집트에서 잠시 발생한 야훼와 사이에 깨어진 신뢰를 회복하기 위하여 그는 가나안으로 들어가기 전 처음으로 야훼의 임재에 감사하며 제단을 쌓았던 곳으로 돌아와야 한다. 그것은 그의 신뢰를 회복시키는 기회이다. 야비스트는 그렇게 아브람이 계속해서 번성한다고 기술한다. "가축과 은과 금이 많은 부자가 되었다"는 것이다.

그의 조카 롯 역시 부자가 되었다. 양과 염소 떼는 물론 그의 장막이 따로 있다. 하지만 제한된 목축지에서 두 가족의 목축이 어려워지면서 목자들 사이에 다툼이 발생한다. 아브람은 따로 다른 땅에서 살자고 제안하면서 롯에게 우선적 선택권을 준다. 롯은 "요단의 평원이 야훼의 동산처럼 물이 풍족한 것"을 보고 그곳을 택한다. 그곳은 소돔 근처다. 롯은 곧 그곳으로 가서 장막을 친다. 야비스트는 첨가적으로 "소돔 사람들은 악하였고 야훼를 거슬러 큰 죄악을 범하였다"고 덧붙인다.

롯이 떠나고 나서 야훼께서는 아브람에게 서 있는 곳의 동서남북 사방을 둘러보게 하면서 눈으로 볼 수 있는 그 모든 땅을 주겠다고 약속하신다.

> "… 네 눈에 보이는 이 모든 땅을 내가 너와 네 자손에게 영원토록 주겠다. 내가 너의 자손을 땅의 먼지처럼, 셀 수 없이 많아지게 하겠다. 누구든지 땅의 먼지를 셀 수 있다면 너의 자손을 셀 수 있을 것이다"(창세 13:14-16).

"땅의 길이와 넓이로" 걸을 수 있는 모든 지역과 헤아릴 수 없는 자손들을 야훼로부터 약속받고 아브람은 헤브론의 상수리나무가 있는 마므레로 가서 장막을 친다. 그리고 거기에 상호 신뢰를 재확인하면서 제단을 쌓는다.

　기름진 지역의 다섯 왕이 소돔과 고모라, 스보임과 소암을 침략하여 전쟁이 일어난다. 그들은 이집트와 아라비아로 통하는 무역로를 개통하려고 한다. 소돔과 고모라를 공략하면서 그 왕들이 롯과 그 가족을 생포하고 재산까지 모두 탈취한다. 그런 사실을 알게 된 아브람은 그의 잘 훈련된 사병 삼백열여덟 명을 이끌고 북쪽 단으로 간다. 거기서 그는 메소포타미아 연합군을 격퇴하고 롯과 그의 재산까지 모두 회수하여 소돔으로 돌려보낸다. 거기서 아브람은 소돔 왕과 살렘 왕 멜기세덱을 만나 승전을 축하한다. "가장 높으신 하나님의 사제"라는 뜻의 멜기세덱이 빵과 포도주를 가지고 와서 아브람과 "당신의 원수들을 그대의 손으로부터 구출하신" 가장 높으신 하나님을 축복한다. 아브람은 그가 전쟁에서 획득한 전리품 중 십 분의 일을 멜기세덱에게 나누어 준다.[5] 그러나 소돔 왕은 자기의 몫을 요구하면서 몰수한 재물은 아브람이 가지되 포로들을 자기에게 달라고 요구한다. 그러나 소돔 왕이 그 포로들을 자신의 노예로 삼으려고 하는 심산임을 안 아브람은 그 왕의 요구를 거절한다.

---

5 Coote and Ord, *The Bible's First History*. 멜기세덱이 왕으로서 아브람에게 모든 것의 십분의 일을 준 "종"이라고 설명한다. 그러나 아브람이 그의 전투에서 거둔 전리품 중 10을 멜기세덱에게 주었다. 멜기세덱이 아브람에게 10을 줄 이유가 있겠는가? 이 사건은 먼 후대에 예수께서 하나님의 사제로서 제자들과 새 언약을 세우면서 빵과 포도주를 나눈 것과 그 의미가 상응한다. 참조 마가 14:22-25; 마태 26:26-29. 또 히브리서 7장은 예수와 멜기세덱을 신학적으로 비교한다.

'정체성 합일'을 재확인하려고 야훼가 아브람의 꿈에 나타나서 이 주민의 여정을 시작할 때 한 약속들을 여전히 기억하고 있다고 확신을 준다. "아브람! 두려워하지 말아라. 나는 너의 방패이다. 네가 받을 보상이 아주 크다"라고 말씀한다. 그에 대하여 아브람은 그의 불만을 표명한다. 아직 자손이 없는 사실을 말한다: "내게 자식이 없습니다. 내 재산을 상속 받을 사람이라고는 내 집에서 태어난 종 하나입니다." 야훼는 아브람의 그 말을 인정하지 않고 "이 사람[다마스쿠스의 엘리에셀]은 너의 상속자가 아니다. 네 몸에서 태어날 아들이 너의 상속자가 될 것이다"라고 말한다. 그 약속을 다시 확인해 주려고 야훼는 아브람에게 밤하늘을 쳐다보고 별을 세어 보라고 말씀한다. 별들을 셀 수 있을 만큼 그의 자손들이 많아질 것이라고 약속한다. 밤하늘의 셀 수 없는 별들처럼 후손이 많아지고 큰 민족이 되리라는 야훼의 엄청난 가능성의 약속을 아브람은 굳게 신뢰하게 된다.

> 그가 야훼를 신뢰하였다. 그리고 야훼께서는 그의 신뢰를 정의롭게 여
> 기셨다(창세 15:6).

야훼가 계속해서 확약해 주자 아브람은 더 크게 야훼를 신뢰한다. 그러한 합일적 관계가 상호 신뢰 관계를 지속시킨다. 그와 사래가 그 목표점에 결코 도달하지 못할 것을 알면서도 아브람은 이민자로 계속해서 그 불확실한 미래 속으로 걸어갈 것이다. 그들의 여정이 실현되려면 자기 아내 사래와 자신 사이에 아들이 태어나야 한다. 그 아들을 통해서만 자신들이 못할 그 목표에 도달할 수 있을 것이다. 하지만 이민자의 길을 계속하면서 아브람은 그 같은 신뢰를 놓지 않는다. 그래

서 야훼는 그런 상호적 신뢰 속에서 아브람을 정당화하며 그를 의롭다고 인정한다. 그래서 아브람과 사래는 야훼의 임재 안에 그와 동행하는 특권을 유지한다.

약속된 바가 이루어지지 않은 채 세월은 지난다. 사래는 조바심을 견디다 못해서 이집트 사람 여종인 하갈을 자기 대신 아브람과 동침시켜 야훼의 약속을 성취하려고 한다. 하갈이 임신하게 되자 문제가 발생한다. 임신한 하갈이 사래를 업신여긴 것이다. 사래는 자신이 받는 고통의 책임을 아브람이 져야 한다고 말한다. 고통스러운 정황에서 아브람은 사래가 하갈을 학대히고, 하갈은 그 학대를 벗어나서 도망친다. 도망쳐 나온 하갈이 사막에 있는 샘 곁에 있을 때 천사가 그녀에게 다가와서 다시 주인 아브람에게 돌아가 복종하면서 살라고 말한다. 그녀도 많은 자손을 갖게 되어 "셀 수 없을 만큼 될 것이다"라고 말한다. 그래서 하갈은 다시 아브람에게 돌아오고 아들을 낳는다. 아브람은 그 아들에게 이스마엘이라는 이름을 주고 자기의 아들로 삼는다.

이제 아브람의 나이가 99세가 된다. 그때 야훼가 그에게 다시 나타나신다. 그런데 이번에는 그 전과는 달리 '엘샤다이'로 소개된다. '엘샤다이'는 '전능하신 하나님으로서의 야훼'다. 그가 아브람에게 나타나서 그와 체결할 언약을 위해서 "흠 없이 살아라"라고 명하신다:

"'나는' 전능한 하나님(엘샤다이)이다. 내 앞에서 흠 없이 살아라. '나와 너 사이에 내가 언약을 세워서, 나를 크게 번성하게 하겠다'"(창세 17:1-2).

감격한 아브람은 얼굴을 땅에 대고 엎드린다. 그들 사이에 아직 언약이 맺어진 것은 아니다. 다만 아브람이 하란을 떠난 이후로 그와 야훼는 상호 신뢰 가운데 교류하여 왔다. 그들의 관계에 변화가 생긴 것이 아니다. 그러나 이제부터는 '엘샤다이'가 그 둘 사이의 언약을 지키기 위한 상호적 의무를 결정한다. 아브람이 땅에 얼굴을 대고 엎드리고 있는 동안 '엘샤다이'로서 엘로힘께서 아브람에게 말씀한다:

"나는 너와 언약을 세우고 약속한다. 너는 여러 민족의 조상이 될 것이다. 이제부터는 너의 이름이 아브람이 아니라 아브라함이다. 그것은 내가 너를 여러 민족의 조상이 되게 하였기 때문이다"(창세 17:4-5).

'엘샤다이'가 아브람과 언약을 세운다. 의도적으로 미래의 가능성을 향한 것이어서 '엘샤다이'는 '초월적 힘'을 구사하며 야훼와 하나됨을 이루는 엘로힘이라고 밝힌다. 아직 아브람과 사래에게 자식이 없으나 언약이 체결되었다. 이 언약은 영원한 것이다. 그 언약은 12장 1-3절에 나타난 것처럼 야훼가 아브람에게 한 약속과 비슷하다. 하지만 여기서 그것은 훨씬 진전된다. "내가 너를 크게 번성하게 하겠다. 너에게서 여러 민족이 나오고 왕들도 나올 것이다"라는 업그레이드된 약속이 주어진다. 아들이 약속되었다. 따라서 아브라함이 많은 민족의 조상이 되기 위해서는 아들이 태어나야 그 약속이 이루어지게 된다.

"내가 너와 세운 언약은 나와 너 사이에 맺은 것일 뿐 아니라 너의 뒤에 오는 너의 자손과도 대대로 세우는 언약이다. 이 언약을 따라서 나는 너의 엘로힘이 될 뿐만 아니라 뒤에 오는 너의 자손의 엘로힘이 될 것이다"(창세 17:7).

앞으로 실현될 언약을 시작하면서 엘로힘은 아브라함과 그의 후손들에게 영영 '초월적 가능성의 하나님'이 되기를 바란다. 아흔아홉 살의 아브람을 아브라함이라고 개명하고 "많은 민족의 아버지"가 되리라고 약속한다. 그가 아브람일 때 "너로 인하여 땅 위에 있는 모든 사람이 복을 받을 것이다"라는 약속을 받았다. 하지만 이제 아브라함은 엘로힘으로부터 많은 민족의 조상이 되리라는 영원한 언약을 맺게 된다.

엘로힘은 아브라함과 그의 후손들에게 "지금 나그네로 사는 가나안 땅을 영원한 소유로 모두 주겠다"라는 언약을 세운다. 아브람과 사래가 기나안 땅에 들어왔을 때 야훼가 이미 그런 약속을 했었다. 하지만 이제 그 약속은 언약이 되어 그와 그의 후손들이 영속적으로 살게 되는 지리적 종착지가 된다. 엘로힘은 앞서 야훼가 아브람과 사래에게 한 약속을 받아서 '초월적 가능성의 하나님'으로 연합하여 영원한 언약을 세운다.

그러나 그 언약은 아브라함이 반드시 지켜야 할 조항을 포함시킨다. 곧 "너는 나와 세운 언약을 지켜야 하고 네 자손 대대로 이 언약을 잘 지켜야 한다"는 것이다. 엘로힘이 한 약속과 마찬가지로 아브라함이 지킬 언약 역시 "나와 너 사이에 세운" 것이다.

"너희 가운데서 모든 남자는 할례를 받아야 한다. 너희는 양피를 베어서 할례를 받게 하여라. 그것이 나와 너 사이에 세우는 언약의 표이다. 대대로 너희 가운데서 남자는 모두 난지 여드레 만에 할례를 받아야 한다. 너의 집에서 태어난 종들과 네가 외국인에게 돈을 주고 사온 종도, 비록 너의 자손은 아니라 할지라도 마찬가지로 할례를 받아야 한다"(창세 17:10-12).

그 언약을 이행하기 위하여 아브라함은 그의 집 안에 있는 모든 남자에게 할례를 거행한다. 엘로힘은 아브라함에게 사래의 이름을 사라라고 부르게 한다. 사라는 종족상 선별된 하나님의 백성들을 대신하는 '어머니 이스라엘'이 된다.

"내가 그에게 복을 주어 너에게 아들을 낳아 주게 하겠다. 내가 너의 아내에게 복을 주어서 여러 민족의 어머니가 되게 하고 백성들을 다스리는 왕들이 그녀에게서 나오게 하겠다"(창세 17:16).

아브라함은 아들을 주겠다는 약속을 연상하면서 얼굴을 땅에 대고 엎드린 채로 속으로 웃으면서 야훼가 말씀하신 불가능한 가능성을 생각해 본다. 그리고는 "나이 백 살이 된 사람이 아이를 낳을까? 아흔 살이나 된 사라가 아이를 낳을 수 있을까?" 하고 자신에게 말한다. 그런 회의적인 심정에서 아브라함은 '하-엘로힘'에게 외치며 말한다: "이스마엘이나 '하-엘로힘'이 주시는 복을 받으면서 살기를 바랍니다." 엘로힘과 영원한 언약을 맺는 순간에도 아브라함은 그 약속을 신뢰할 것인지 몸을 사리고 있다. 엘로힘은 그런 회의적 반응을 일축하신다: "아니다. 너의 아내 사라가 너에게 아들을 낳아 줄 것이다. 아이를 낳거든 이름을 이삭이라고 하여라. 내가 그와도 언약을 세울 텐데 그의 후손들 대대로 영원한 언약이 될 것이다"(창세 17:19).

아브라함은 그의 여정을 계속해서 마므레의 상수리나무에 도착한다. 야훼가 거기서 세 신들의 모습으로(아마도 둘은 신적 의회의 일원들로 소돔과 고모라를 대표한 신들일 것임) 아브라함을 찾는다. 아브라함은 그 손님들의 정체를 알지 못한 채 그들을 초청하고 환대해 준다. 그들이 음식을 먹는 동안 아브라함은 나무 아래에서 그들의 곁에 시중을 든다. 그들은 사라가 어디 있느냐고 묻는다. 사라가 장막 안에 있다고 아브라함이 대답하자 셋 중 하나가 야훼의 목소리로 말한다.

"다음 해 이맘때에 내가 너를 찾아오겠다. 그때 너의 아내 사라에게 아들이 있을 것이다"(창세 18:10).

그 믿기 어려운 약속을 엿들은 사라는 속으로 웃으면서 남편 아브라함이 그랬던 것처럼, "내가 늙었고 남편도 늙었는데 그런 즐거움을 가지란 말인가요?"라고 중얼거린다. 그녀 역시 남편 아브라함처럼 아이를 잉태할 가망성이라곤 전혀 없다고 생각한다. 사라의 회의적인 태도를 감지한 야훼는 "왜 사라가 웃으면서, '이 늙은 나이에 어떻게 아들을 낳으라는 말이냐?'고 하느냐? 야훼가 할 수 없는 일이 있느냐?"고 아브라함에게 물으신다. 사라는 두려운 나머지 웃지 않았다고 말한다. 그러나 야훼는 "아니, 너는 웃었다"라고 주장한다.

신적 의회의 두 신들이 소돔으로 가려고 일어서자 아브라함은 그들을 배웅하려고 함께 일어선다. 그때 야훼는 아브라함에게, "소돔과 고모라에서 들려오는 울부짖는 소리가 너무 크다. 그 안에서 사람들이 엄청난 죄악을 저지르고 있다"(창세 18:20)고 말해준다. 그 두 도시가 파멸되려는 심각한 위기 상황을 알게 되자 아브라함은 야훼께 도전적으로 말한다. 불의와 악을 벌하려고 그곳에 있는 의로운 사람들까지 싸잡아서 모두 멸절시키는 것은 올바르지 않다고 말한다. 아브라함은 야훼의 결정을 바꾸는 중재자 역할을 시도한다. 의인 50명으로 시작해서 야훼는 10명까지 양보한다. 의로운 사람 10명만 있어도

"그들 때문에" 소돔과 고모라를 멸망시키지 않겠다고 말한다. 하지만 그 도시들 안에는 그곳을 구원할 의인 10명도 없다. 결국 두 도시는 아브라함의 조카 롯을 제외하고 불과 유황으로 파멸 당하고 만다. 롯의 아내는 신들의 지시를 무시하고 그 도시가 파멸되는 광경을 뒤돌아보다가 소금기둥이 되어 버린다.

아브라함이 "크고 강한 나라를 이룰 것이며 땅위에 있는 나라마다 그로 말미암아 복을 받게 될 것이다." 그리고 결과적으로 소돔과 고모라에 내린 심판은 아브라함을 위해서 필요한 교훈이 된다. "그가 자손들을 잘 가르쳐서 의로움과 정의를 행하여 야훼의 길을 잘 따르게 하라"는 뜻이라고 말씀하신다(창세 18:16-20).

그런 맥락에서 야비스트는 "야훼께서 약속하신 대로 사라에게 행하셨다"라고 서술한다. 사라가 잉태하고 아들을 낳았다. 그 아들에게 야훼께서 유머스럽게 지시하신 대로 이름을 이삭이라고 지어 준다. 그리고 언약대로 아브라함은 여드레 되는 날에 이삭에게 할례를 행한다. 사라는 야훼의 약속을 엿듣고 웃었던 그날의 일을 잘 기억한다.

"엘로힘이 나에게 웃음을 주셨구나. 나 같은 늙은 사람이 아이를 낳았다
고 하면 듣는 사람 모두가 나처럼 웃을 것이다. 사라가 자식들에게 젖을
물리게 될 것이라고 누가 아브라함에게 말할 엄두를 내었으랴? 그러나
내가 지금 늙은 아브라함에게 아들을 낳아 주지 않았는가!(창세 21:7)

세월이 흘러 사라는 이삭이 이스마엘과 노는 것을 본다. 그녀는 이스마엘과 그의 어머니 하갈을 집에서 내보내 달라고 아브라함에게 요구한다. 아브라함은 마음이 아팠지만 엘로힘의 허락을 받아 그들을

내보낸다. 먹을 음식과 물 한 가죽부대를 주어 두 모자를 떠나보낸다. 그 둘은 브엘세바 빈 들에서 정처 없이 헤매고 다닌다. 음식과 물이 다 떨어지고 기진맥진이 되어 하갈은 아이를 덤불 밑에 누이고 멀찍이 떨어져 간다. 차마 자기 아들이 죽어가는 모습을 보고 싶지 않기 때문이다. 그때 엘로힘이 개입하신다. 하갈의 눈을 밝혀 샘을 발견하게 한다. 그리고 그녀에게 이스마엘이 큰 민족을 이루게 되리라고 약속해 준다. 이스마엘은 광야에 살면서 활을 쏘는 사람이 된다. 그리고 하갈은 이집트에서 그의 아내감을 찾아 준다.

하갈과 그녀의 아들 이스마엘이 떠나아 했던 가문의 위기가 끝나갈 무렵 아브라함은 하나님이 정한 이주민의 여정에서 가장 큰 위기를 직면하게 된다. '하-엘로힘'께서 언약을 세울 때 새로 준 그의 이름인 '아브라함'을 정식으로 부르신다. 아브라함은 "예, 제가 여기 있습니다"라고 응답하며 귀를 기울인다.

"너의 아들, 네가 사랑하는 외아들 이삭을 데리고 모리아 땅으로 가라. 내가 너에게 일러주는 산에서 그를 번제물로 바쳐라"(창세 22:2).

구약성서 학자들은 창세기 17장 1-10절과 함께 이 전승을 오경 속의 제사적 전승이라고 간주한다. 하지만 그것은 잘못된 분류라고 여긴다. 창세기 2장의 창조 신화는 '현존'의 하나님과 '초월적 가능성'의 하나님이 영구적으로 야훼 엘로힘으로 합일을 이룬 관계를 제시한다. 엘로힘과 아브라함 사이에 세운 영원한 언약이 미래적인 의미를 가지기 때문에 야비스트는 '하-엘로힘'이 아브라함을 시험한 것으로 서술한다.

"내가 너와 세우는 언약은 나와 너 사이에 맺는 것일 뿐 아니라 너의 뒤에 오는 너의 자손과도 대대로 세우는 영원한 언약이다"(창세 17:7).

엘로힘은 아브라함뿐 아니라 그의 후손들에게 영원토록 '초월적 가능성'의 하나님이 되기를 원한다.

'엘샤다이'로서 엘로힘은 12장 1-3절에서 아브라함에게 주겠다고 한 그 약속을 17장 1-10절의 언약으로 입증시킨다. 무엇보다도 아브라함과 사라에게 늙은 나이에 아들을 가지게 함으로 상호관계에서 견줄 바 없는 엄청난 약속의 성취를 받았다. 그런 대신 아브라함은 그들의 언약이 요구한 바를 따라야 한다. 그의 아들 이삭에게 할례를 한 것이다. 이제 아브라함은 여전히 그가 맺은 언약을 수행하여야 할지 결정해야 하는 처지에 다다랐다. 야훼와 동행해 온 그의 여정이 궁극적인 시험대에 오른 것이다. '엘샤다이'의 명령을 따를 것인가? 야훼 엘로힘이 땅의 흙으로 사람을 만들어 그의 생명의 숨결을 받아 '현존'과 '초월적 가능성'을 하나로 지닌 존재로서 아브라함이 그 상호 신뢰관계를 지속하고 앞으로 끝이 없이 그러한 합일의 행동을 할 것인가? 그렇다면 그에 대한 헌신은 절대적이어야 한다.

'하-엘로힘'은 아브라함에게 모리아 땅에서 "내가 네게 보여 줄 산 꼭대기"로 가라고 명한다. 거기에서 그의 외아들을 번제물로 바치라는 것이다. 가나안 땅이 "내가 네게 보여 줄 땅"이었는데, 이제 가나안 땅에서 번제를 드릴 곳은 모리아에서 "내가 네게 보여 줄" 어느 산꼭대기가 된다. 하나님의 '현존'으로서의 야훼로 시작하여 '초월적 가능성'의 하나님 '하-엘로힘'으로 절정을 이루는 것은 아이러니하다.

아브람과 사래로 그들이 걸어온 여정에서 아브라함과 사라는 아들의 약속을 믿고 살아 왔다. 이삭은 그렇게 야훼가 주신 불가능한 가능성이었다. 이삭이야말로 그들이 얻을 수 있는 마지막 약속의 선물이다. 이삭은 웃음의 아들이었다. 하나님에게 불가능한 것이 없음을 입증시킨 아들이 이삭이다. 이삭은 사라가 이스마엘과 분리시켜서 그의 '다름'으로부터 종족의 정체성을 가지게 한 아들이다. 그는 아버지의 여정을 계속할 유일한 상속자다. 이삭은 그래서 "많은 민족"의 아버지가 되리라는 영원한 언약을 성취하기 위하여 약속된 목표까지 도달하게 할 유일한 아들이다.

야비스트는 이 사건을 아무런 감정을 기미하지 않고 서술한다. '하-엘로힘'과 아브라함 사이에 아무런 대화도 없다. 어린아이를 신에게 제물로 드리는 일은 그 시대에 흔한 일이었다. 그래서 신으로부터 특별한 이익을 받는다고 여겼다. 하지만 아브라함이 당면한 경우와 꼭 같은 사례는 어떤 고대 문헌에도 없다.6 아브라함은 그런 제사가 실행되고 있는 것을 알고 있었을 것이다. 하지만 아브라함은 아무런 저항도 하지 않는다. 자기 아들을 대신해서 자비를 베풀어 선처해 달라고 애원하지도 않는다. 그가 어떤 감정을 가졌는지 알 수가 없다. 다만 그가 '하-엘로힘'에게 복종하려는 결단만 보인다.

다음 날 아침 일찍 일어나서 아브라함은 나귀의 등에 안장을 얹는다. 그리고 두 명의 종과 아들 이삭을 데리고 길을 떠난다. 번제를 위한 장작도 준비한다. 그리고 엘로힘이 말한 곳을 향하여 길을 떠난다.

---

6 우르에 있는 왕의 무덤들에서 어린아이들을 제물로 바친 흔적을 본다. 이스라엘의 주변에서 실행된 경우를 왕하 3:27; 17:31에서 본다. 유대 왕들의 경우는 왕하 21:6; 23:10; 예렘 7:31; 19:5; 이사 57:5; 에스겔 16:20에서 언급된다. 참조. E. A. Speiser, *Genesis: The Anchor Bible* (Garden City, NY: Doubleday, 1964), 165.

사흘째 되던 날 아브라함은 고개를 들어 멀리 그곳을 바라보게 된다. 아브라함은 두 종에게 "내가 이 아이와 저리로 가서 예배를 드리고 올 터이니 너희는 여기에 나귀와 함께 있거라" 하고 말한다. 아브라함이 번제를 위하여 가져온 장작을 이삭에게 지우고 자신은 불과 칼을 가지고 간다. 아버지와 그의 외아들 둘이서 가는 동안 아들 이삭이 아버지 아브라함에게 "아버지!" 하고 부른다. 아브라함은 "아들아, 나 여기 있다"라고 대답한다.

> "불과 장작은 여기에 있습니다. 하지만 번제에 드릴 어린 양은 어디에 있습니까?" 하고 이삭이 물었다. 아브라함은 엘로힘(하나님)께서 번제에 드릴 어린 양을 손수 마련하여 주실 것이다" 하고 대답하였다. 그렇게 "두 사람은 함께 걸었다"(창세 22:3-8).

이삭은 장작을 짊어지고 간다. 그리고 제물이 있어야 하는 것을 알고 있다. 그래서 아버지에게 "번제로 드릴 어린 양이 어디에 있습니까?" 하고 묻는다. 아브라함은 그가 걸어간 여정에서 줄곧 견지한 신뢰, 곧 엘로힘의 무한대한 가능성에 대한 굳은 신뢰로 대답할 뿐이다. 그래서 "아들아, 엘로힘께서 스스로 번제로 바칠 어린 양을 준비하실 것이다"라고 대답한다. 아브라함은 엘로힘의 무한대한 가능성에 계속해서 접할 수 있다고 확신한다.

아이로니컬하게도 아브라함은 자기의 외아들을 번제물로 드림으로 17장 1-10절의 언약을 차질 없이 지키려고 한다. 그래서 "내가 너에게 보여 줄 곳으로 가라"는 명을 따라 간 그의 여정을 끝내고 그들 사이의 언약을 이룰 그 미래까지도 종결지으려고 한다. 일상적인 차원에서는 얼토당토않은 일이다. 엘로힘은 그 같은 얼토당토않은 일로 아브라함으로 하여금 그들의 언약을 절대적으로 순종하여 지키게 한다. 그렇게 터무니없는 언약 이행을 통해서 아브라함은 창세기 2장 7절에서 야훼 엘로힘이 창조한 사람, 곧 땅보다는 하늘을 더 나타내는 사람으로서 계속해서 그의 이주 여정에서 무방비함을 확인시킨다.

하지만 만일 아브라함이 그의 아들을 제물로 바치기를 거부한다면 엘로힘이 그와 세운 언약이 파기될뿐더러 창세기 2장 7절의 합일성의 사람됨까지 상실하게 될 것이다. 따라서 창세기 2장 7절의 창조 신화는 실현 불가능한 것으로 되고 말 것이다.

그럼에도 아브라함은 그의 여정에 계속해서 야훼와 아무 조건 없이 공유해온 상호 신뢰로 이룬 '정체성 통합'을 그 어떤 일을 감수하더라도 유지하려고 한다.

> "'하-엘로힘'께서 말씀하신 곳에 이르러서 아브라함은 거기에 제단을 쌓고 제단 위에 장작을 올려 놓았다. 그런 다음에 자기의 아들 이삭을 묶어서 제단 장작 위에 올려 놓았다"(창세 22:9).

이때 아브라함의 감정이 어떠했는지는 밝혀지지 않는다. 다만 아브라함은 절대적으로 언약을 지키고 엘로힘의 무한한 가능성을 전적으로 신뢰한다. 그에 따라서 야훼 엘로힘과의 합일성 속에서 행동한다. 창세기 2장 7절의 사람됨을 구현시키는 그의 정체성 안에서 아브라함은 '하-엘로힘'의 명령을 이행한다.

> "그리고 아브라함은 손에 칼을 들고서 아들을 잡으려고 하였다"(창세

22:10).

아브라함은 그렇게 결정적으로 이삭을 제물로 바친 것이다! 칼로 아들을 찌르려는 그 최후의 순간에 아브라함은 실제로 이삭을 죽인 셈이다. 그 결과 그는 정해진 미래를 향한 그의 여행에 마침표를 찍은 것이다.

하지만 아직 아브라함이 이삭을 번제물로 드리지 않았다. 그 마지막 순간, 그가 칼을 손에 들고 이삭을 찌르려고 할 그 찰나에 "야훼의 천사"가 하늘로부터 "아브라함아! 아브라함아!" 하고 부른다. "예, 내가 여기 있습니다" 하고 아브라함이 대답했다. 천사는 "그 아이에게 손을 대지 말아라! 아무 일도 하지 말아라! 네가 너의 외아들까지도 나에게 아끼지 아니하니, 네가 엘로힘을 두려워하는 줄 이제 알았다" (창세 22:11-12) 하고 말한다.

아브라함은 '하-엘로힘'에게 상호 신뢰 안에서 무조건 응답하였다. 그는 그래서 엘로힘의 무한한 가능성에 영입될 수 있었다. "번제에 드릴 어린 양이 어디 있습니까?" 하고 이삭이 물었을 때 아브라함이 말한 대답은 엘로힘의 무한한 가능성을 두고 한 것이었다. 이제 그 최후의 순간 그가 머리를 들어 살펴본다. 그리고 엘로힘과 상호 신뢰 속에서 공유해온 무한한 가능성이 실현된 사실을 보게 된다.

"아브라함이 머리를 들고 바라보니 수풀 속에 숫양 한 마리가 있는데 그 뿔이 수풀에 걸려 있었다. 아브라함이 가서 그 숫양을 잡아다가 아들 대신에 그것으로 번제를 드렸다. 그래서 아브라함이 그곳을 '야훼이레'라고 하였다. 오늘날까지도 사람들은 야훼의 산에서 준비될 것이다'는 말을 한다"(창세 22:13-14).

아브라함이 야훼 엘로힘과의 정체성 합일을 견지하여 왔지만, 그가 맺은 영원한 언약을 성취하기 위해서 '하-엘로힘'에게 무조건 자신을 복종시켜야 했다. 자기의 아들을 번제물로 드림으로 그는 서로 사이에 세운 그들의 언약을 무조건 실행하게 된 것이다. 아브라함으로서는 그런 행동은 죽음을 경험한 것이나 다를 바 없다. 그러나 '야훼의 천사'의 개입으로 아브라함은 부활의 경지를 경험한다. 따라서 죽음과 부활을 통해서, 그것은 아버지와 아들 꼭 같이 한 경험인데, 아브라함과 엘로힘이 맺은 영원한 언약은 하늘과 땅이 하나되는 우주적인 '정체성 통합'으로 귀결된다. 야훼 엘로힘과 아브라함/사라는 그러한 절대적 신뢰 관계 안에 통합된다. 그들의 절대적 상호 신뢰는 하늘-땅의 하나됨을 구현시킨다.

그들의 여정은 그들의 후손들에게서 계속될 것이다. 그리고 그들의 후손들 역시 그들의 여정 속에서 영원한 약속을 받은 그들의 '정체성'을 견지하는 데 돌발적으로 발생하는 시련을 겪게 될 것이다. 그들에게 부여된 약속의 여정이 끝나는 그때까지 그들의 통전성을 유지하는 데 닥칠 시련들이 없지 않을 것이다.

일단 먼저 아브라함이 겪은 그 시련의 사건을 종료시켜야 한다. 그래서 야훼의 천사가 아브라함을 다시 부른다.

"야훼께서 말씀하셨다. 내가 친히 스스로 맹세한다. 네가 이렇게까지 너의 아들, 너의 외아들까지 아끼지 않았으니 내가 반드시 너에게 큰 복을 주어 너의 자손이 크게 불어나서 하늘의 별처럼, 바닷가의 모래처럼 많아지게 하겠다. 너의 자손은 원수의 성을 차지할 것이다. 네가 내 목소리에 복종하였으니 세상 모든 민족이 네 자손의 덕을 입어서 복을 받게 될 것이다"(창세 22:16-18).

아브라함은 이렇게 야훼 엘로힘과 맺은 언약이 영원한 것이고 그들이 함께 걸어 온 여정이 그 목표점까지 확실하게 도달하게 되리라는 확약을 받는다. 이삭을 통해서 그들의 후손들이 큰 민족이 될 뿐만 아니라 "땅 위에 있는 모든 민족의 복"이 될 것이다.

아버지와 아들이 기다리고 있던 종들에게 돌아와서 그들이 살고 있는 브엘세바로 간다. 거기에서 아브라함은 정착하여 산다. 거기에서 그의 여정은 마지막에 이르러 막을 내린다. 사라가 죽자 아브라함은 헷 족속의 에브론으로부터 막멜라 동굴을 사서 그곳에 장사지낸다. 노쇠해진 아브라함은 그가 신뢰하는 종을 하란 근처 나홀이 사는 도시로 보내어 이삭의 아내 될 여인을 찾게 한다. 그 종은 아브라함의 분부를 따라 그곳에서 리브가를 데리고 온다. 그리고 이삭은 리브가를 그의 아내로 맞아들인다. 아브라함도 그두라라는 여인을 새 아내로 맞이한다. 그 새 아내에게서 여섯 명의 아들들이 태어난다. 하지만 아브라함은 그의 전 재산을 이삭에게 물려 주면서, 새 아내가 낳은 자식들에게도 한몫씩 나누어 주고서 이삭에게서 떨어져 살게 한다. 그들을 "동방의 동쪽 지방"으로 가서 살도록 한다. 야훼께서 사람의 수명을 120년으로 제한했지만 아브라함은 175세에 생을 마친다. 그리고 아내 사라가 묻힌 막멜라 동굴에 나란히 묻힌다.

8 장

이삭과 야곱

: 계속되는 여정

창세기 25-38장

아버지 아브라함이 영원한 언약을 지키기 위해서 위기 속에서도 과감하게 취한 행동으로 이삭은 구출 받는다. 이제 이삭은 아브라함이 시작했던 미래를 향한 여정을 이어받게 된다. 그의 여정은 한편으로 큰 민족을 이루고 또 한편으로는 땅 위의 많은 민족에게 복이 되는 두 개의 역설적인 목표를 가진다. 아브라함은 그가 신뢰하는 종을 아람나하라임에 살던 자기 혈육인 나홀에게 보낸다. 그 종에게 "가나안 사람들의 딸"이 아니라 "나의 고향, 내 친척들이 사는 곳에서" 이삭의 아내 될 여인을 찾게 한다. 세계적 포용을 먼저 종족의 정체성 수립으로 우선한다.

아브라함이 보낸 종은 리브가를 우물에서 만난다. 그녀는 나홀의 손녀다. 리브가가 그 종과 낙타에게 물을 마시게 하는 것을 보고 그녀가 이삭의 아내감이라고 점찍는다. 그 종이 리브가의 부모들에게 자기가 거기에 온 목적을 설명하자 그녀의 가족들은 "이는 야훼께서 하시는 일이다"라고 말하면서 그 종과 함께 리브가를 이삭의 아내가 되도록 보낸다.

이삭은 리브가와의 결혼을 통해서 신적으로 정해진 여정의 목적지에 다다르게 하는 다리가 된다. 리브가는 처음에 아이를 낳지 못한다. 다만 이삭이 하나님께 올린 기도의 응답으로 아들들을 얻고 아브라함이 시작한 여정을 계속할 수 있게 된다. 리브가는 쌍둥이를 임신한다. 그런데 그들이 태어나기 전에 야훼께서 리브가에게 그 두 아들들이 태어난 후 갖게 될 악연 관계를 알려 준다.

"두 나라가 네 안에 있다. 너의 태 안에서 두 백성이 나뉠 것이다. 한 백성이 다른 백성보다 강할 것이다. 형이 동생을 섬길 것이다"(창세 25:23).

그들이 태어나자 이름을 에서와 야곱이라고 각각 지어 준다. 그리고 그 두 아들들은 마치 가인과 아벨처럼 다른 직업을 가진다. 에서는 사냥꾼이 되고 야곱은 "장막 안에서 사는 '이쉬 탐'"이 된다. 히브리어 '탐'은 여러 가지 다른 뜻을 가진 형용사인데, '건전한', '온전한', '통일성을 가진' 등의 뜻을 가진다.[1] 하지만 그의 성격으로 미루어 보아 그 말을 '도덕적으로 순진한'으로 번역할 수 있을 것이다. 야곱은 어린 시절에 언제든지 그리고 어디서나 자신에게 유리하도록 행동하고 말한다. 그 두 형제의 부모들 역시 서로 나뉜다. 아버지 이삭은 씩씩하고

---

1 *A Hebrew and English Lexicon of the Old Testament*, trans. Edward Robinson (Oxford: Clarendon Press, 1951), 107.

활달한 에서를 사랑하고 어머니 리브가는 "야곱을 사랑했다".

어릴 때부터 그 두 형제의 엇갈리는 관계가 뚜렷하다. 어느 날 에서가 들에 나갔다가 몹시 시장해서 집으로 돌아온다. 야곱이 붉은 콩으로 죽을 만들고 있는 것을 에서가 보자 야곱에게 그 죽을 달라고 요구한다. 그 요청을 받아들이기 전에 야곱은 형의 배고픔을 이용한다. 장자의 권리를 제게 팔라고 요청한 것이다. 에서는 "이것 봐라, 내가 지금 배가 곯아 죽을 지경인데 장자의 권리 따위가 무슨 소용이냐?"라고 말한다. 야곱은 여전히 죽을 주기 전에 "그러마" 하는 약속을 받아낸다. 야비스트는 이 에피소드를 끝내면서 이렇게 적는다: "에서는 먹고 마시고 일어나 그의 길을 걸어갔다. 그렇게 에서는 그의 장자권을 가볍게 여겼다"(창세25:34하). 태어날 때 에서의 발꿈치를 잡고 나왔다고 해서 이름을 야곱이라고 했는데, 야훼께서 그들이 태어나기 전에 리브가에게 미리 하신 그 말씀이 벌써 현실화되기 시작한다.

두 쌍둥이가 자라는 동안 기근이 닥친다. 그런 위기 속에 야훼께서 이삭에게 나타나신다. 처음으로 이삭에게 나타나신 야훼께서는 이집트로 가지 말고 "내가 너에게 보여 주는 땅에서 살아라"라고 지시하신다. 이 지시는 야훼께서 그의 아버지에게 하란에서 떠나라고 하신 말씀과 흡사하다. 야훼께서 그에게 복을 내리시고 그의 아버지에게 하신 약속을 성취하게 하신다는 것이다.

> "네가 이 땅에서 살아라. … 내가 너의 자손이 하늘의 별처럼 많아지게 하고 그들에게 이 땅을 다 주겠다. 이 세상 모든 민족들이 네 자손들을 통해서 복을 받게 하겠다. 그것은 아브라함이 나의 말에 순종하고 내 명령과 율례와 법도를 잘 지켰기 때문이다"(창세 26: 3하-5).

아버지 아브라함이 그랬던 것처럼 이삭도 그가 물려받은 여정을 계속하기 위해서 야훼의 계명을 지켜야 한다는 암시를 받는다. 그래서 아버지처럼 그도 역시 셀 수 없는 자손들과 "이 모든 땅"을 받게 될 것이며, 그들을 통해서 "땅 위에 있는 모든 민족들이 복을 받게 될 것이다".

이삭이 그랄로 거처를 옮긴다. 그랄은 블레셋 왕 아비멜렉이 다스리는 수도다. 여기에서 그는 아버지 아브라함이 이집트에서 그랬던 것처럼 외국인으로 산다. 사람들이 그의 아내 리브가에 대하여 질문을 하면 자기 여동생이라고 속인다. 리브가가 아름답고 매력적이어서 그곳 사람들이 리브가를 빼앗으려고 자기를 죽일지도 모른다고 생각했기 때문이다. 그런 속임수는 리브가를 이삭이 애무하는 것을 아비멜렉이 자기 궁의 창문으로 볼 때까지 계속된다. 아비멜렉은 그 광경을 보고 이삭을 불러 꾸짖으며 자신의 도덕적 통일성을 가지고 말한다: "하마터면 내 백성 가운데서 누군가가 네 아내와 잠자리를 할 뻔하지 않았느냐? 그래서 우리가 죄인이 될 뻔하였다." 아비멜렉은 자기 백성들에게 "이 남자와 그의 아내를 건드리는 자는 사형에 처하겠다"라는 칙령을 내린다. 바로가 아브라함을 이집트에서 추방한 것 과는 달리 아비멜렉은 이삭과 리브가를 보호하고 그 땅에서 계속 살도록 배려한다.

이삭은 양 떼와 소 떼를 많이 가지게 되고, 그의 재물은 점점 많이 쌓인다. 그에 따라 그의 명성도 높아진다. 그리고 땅을 경작하여 농사를 지어 백배의 수확을 거둔다. 그의 재산이 늘어가자 블레셋 사람들이 그를 시기하고 질투한다. 그런 나머지 그의 아버지가 팠던 우물을 블레셋 사람들이 흙으로 메워 버린다. 아비멜렉은 "네가 너무 힘이 강해졌으니" 그곳을 떠나라고 권고한다. 그래서 이삭은 그랄계곡으로 옮겨간다. 그의 종들이 거기에다가 우물을 판다. 그러나 얼마 되지 않아 그랄 지방 목자들이 그 우물을 차지하게 된다, 또다시 우물을 파지만 그 우물 역시 빼앗긴다. 세 번째로 우물을 팠을 때 아무런 일이 없게 되자 이삭은 "이제 야훼께서 우리가 살 곳을 주셨으니 여기서 우리가 번성하게 되었다"라고 하면서 르호봇이라는 이름을 준다. 하지만 결국 이삭은 그의 아버지가 정착했던 브엘세바로 옮겨간다. 거기에서 아버지가 남긴 유산을 통합하려고 했을 것이다. 이삭에게 그 정착지는 기억에 남는 곳이 된다.다. 밤중에 야훼께서 그에게 나타나서 그를 보호해 주고 그의 아버지에게 했던 그 약속들을 다시 안겨 주었기 때문이다.

> "나는 너의 아버지 아브라함의 하나님(엘로힘)이다. 내가 너와 함께 있으니 두려워하지 말아라. 내가 '나의 종 아브라함 때문에' 너에게 복을 주고 너의 자손의 수를 불어나게 하겠다"(창세 26:24).

이렇게 두 번째로 야훼께서 나타나시자 이삭은 제단을 쌓고 처음으로 야훼의 이름을 부른다. 그 새로운 장소에서 다시 그의 종들이 우물을 판다. 그래서 그곳을 영구적인 정착지로 만들려고 한다. 그랄을 떠나서 이삭이 브엘세바로 간 것을 안 아비멜렉이 그의 고문인 아후삿과 군사령관 비골을 대동하고 이삭을 찾아와서 외교적 관계를 수립하려고 한다. 당혹감을 감추지 못한 이삭은 아비멜렉에게 말한다: "당신들이 나를 미워하여 이렇게 쫓아내고서 무슨 일로 내게 왔습니까?" 하지만 아베멜렉은 화해와 안전을 원하면서 이렇게 말한다: "우리는 야훼께서 당신과 함께 하심을 똑똑히 보았습니다. 그래서 우리는 우리와 당신 사이에 조약이 맺어져야 한다고 생각합니다. 그러니 우리와 당신 사이에 조약을 맺읍시다. 우리가 당신을 해치지 않고 잘 대하여 평안히 가게 한 것처럼, 당신도 우리를 해치지 마십시오. 당신은 분명히 야훼께로부터 복을 받았습니다"(창세 26:28-29).

블레셋 왕은 야훼께서 이삭에게 베푸시는 복에 참여하기 위해서 이삭에게 다가온다. 그래서 평화 조약 체결을 먼저 제안한다.[2] 이삭은 그들과의 평화 조약을 축하하며 연회를 베푼다. 그리고 다음 날 아침 일찍 조약을 체결하고 아비멜렉 일행을 떠나 보낸다. 화해를 이루고 헤어지게 된다. 야비스트는 여기서 이삭이 야훼께서 아브라함에게 "너에게서 땅의 모든 민족들이 복을 받게 되리라"고 약속하신 바를 성취하기 시작한 인물임을 밝힌다. 바로 그날 이삭은 그의 종들이 판 우물에서 물이 터져 나왔다는 보고를 받는다. 그래서 그는 그 우물을 '세바'라고 부른다. 그 말은 '조약/맹세' 또는 '일곱'이라는 뜻이다. 야비스트는 "그래서 사람들은 오늘날까지 그 우물이 있는 도시를 브엘세바라고 부른다"라고 결론짓는다.

에서와 야곱

이삭이 늙어서 눈이 어두워지고 죽을 날이 얼마 남지 않게 되자 조상으로서 베푸는 축복을 쌍둥이 형제 중 장남인 에서에게 주려고 한

---

2 Wolf, "The Kerygma of the Yahwist," 58.

다. 자신과 에서에게 잔치 분위기를 만들기 위해서 그는 에서에게 들에 나가 사냥을 하여 푸짐한 음식상을 차리라고 당부한다.

그 말을 리브가가 엿듣는다. 아버지가 아들 에서에게 축복을 하는 음식상을 차리라는 소리를 듣고 리브가는 에서가 마련할 법한 음식상을 먼저 준비한다. 그리고 에서가 가장 좋아하는 옷을 야곱에게 입히고 염소 새끼의 가죽을 그의 손과 목에 둘러 준다. 그리고 이삭에게 준비한 음식상과 함께 들여보낸다. 그렇게 야곱은 이삭을 속이는 데 성공하여 아버지의 축복을 받는다.

> "엘로힘이 하늘에서 너에게 이슬을 내려 주시고 땅을 기름지게 하시고 곡식과 새 포도주가 너에게 풍족하게 하시리라. 여러 민족이 너를 섬기고 백성들이 너에게 무릎을 꿇을 것이다. 너는 너의 친척들을 다스리고 너의 어머니의 자손들이 너에게 무릎을 꿇을 것이다. 너를 저주하는 사람마다 저주를 받고 너를 축복하는 사람마다 복을 받을 것이다"(창세 27:28-29).

그렇게 야곱이 아버지 곁을 떠난 후에 에서는 자기가 차린 음식을 가지고 이삭에게 와서 먹고 축복해 주기를 원한다. 그에 당황한 이삭은 충격 속에서 몸을 떨면서 그가 누구의 음식을 먹었고 누구에게 축복해 주었는지 황당해한다. 그리고 이미 그가 내린 축복을 다른 사람에게 할 수 없음을 인정한다. 축복을 받은 사람이 복을 받게 될 것이라고 선언한다.

아버지의 말을 들은 에서는 소리치고 울면서 아버지에게 애원한다: "아버지, 나에게도 축복을 해 주십시오!" 무슨 일이 벌어졌는지 그리고 그가 내린 축복을 거들 수 없음을 뒤늦게 알게 된 이삭은 "네 아우가 와서 나를 속이고 네가 받을 복을 가로 챘구나" 하고 말한다. 에서는 분개하며 말한다: "그 녀석의 이름이 왜 야곱인지 이제 알겠습니다. 그 녀석이 이번까지 두 번이나 저를 속였습니다. 지난번에는 맏아들의 권리를 저에게서 빼앗았고 이번에는 제가 받을 복을 가로채었습니다"(창세 27:36).

이삭은 야곱에게 내린 그의 축복이 그로 하여금 에서를 다스리게 되고 그와 연관된 모두가 야곱의 종이 될 것이라고 시인한다. 그럼에도 불구하고 에서는 자기의 아버지로부터 축복을 받기를 간청한다. 이삭은 하나의 종말적인 축복을 하는데, 아우의 다스림에서 마침내 벗어나게 되리라고 선언한다.

"네가 살 곳은 땅이 기름지지 않고 하늘에서 이슬도 내리지 않는 곳이다. 너는 칼을 의지하고 살 것이며 너의 아우를 섬길 것이다. 그러나 애써 힘을 기르면 너는 그가 네 목에 씌운 멍에를 부술 것이다"(창세 27:39-40).

어머니의 계략으로 야곱이 형을 속여 아버지의 축복을 가로챘다. 그래서 에서는 아우 야곱을 증오하며 죽이기로 결심한다. 그것을 눈치챈 어머니 리브가는 야곱에게 도망쳐서 하란에 있는 그녀의 오빠 라반에게 가라고 권유한다. 에서의 복수심이 가라앉을 때까지 거기에 가 있으라고 강권한다. 이삭도 그 의견을 받아들인다. 가나안 여인과는 결혼하지 말라고 당부하고 리브가의 오빠에게로 가서 그 딸 중 하나와 결혼하라고 당부한다. 한편 에서는 이미 헷 사람 브에리의 딸 유덧과 엘론의 딸 바스맛을 아내로 두었지만(창세 26:34), 아버지가 가나안 사람들을 좋아하지 않는 의견을 따라서 이스마엘의 딸 마할랏을 다시 아내로 맞이한다.

하란으로 가는 길에 야곱은 알려지지 않은 곳에서 밤을 지내게 된다. 그는 거기서 돌 하나를 베개 삼고 누워 잠을 청한다. 그런데 꿈에 땅에서 하늘에 닿는 사닥다리가 놓이고 하나님의 천사가 사닥다리를 오르락내리락하는 광경을 본다. 그 위에 야훼가 서 계시며 자신을 소개하신다: "나는 야훼 너의 조상 아브라함의 엘로힘이고 이삭의 엘로힘이다." 그때 거기에서 야곱은 처음으로 야훼를 대면한다. 그는 잠에서 깨어나 "야훼께서 분명히 이 곳에 계신데도 미쳐 그것을 몰랐구나!"라고 말한다. 경외감에 휩싸여서 야곱은 그곳이 신성한 곳이라고 시인한다: "이 얼마나 경이한 곳인가! 이곳은 다름 아닌 엘로힘의 집이다. 여기가 바로 하늘로 들어가는 문이다." 아침에 일어나 베개 삼아 잠자던 그 돌을 가져다가 기둥을 세우고 기름을 붓고 그곳의 이름을 '벧엘'(하나님의 집)이라고 부른다. 지금까지 전혀 알지 못하고 있던 운명과 마주치면서 야곱은 그곳이 가지는 엄청난 의미를 새긴다.

> "네가 누워 있는 이 땅을 내가 너와 너의 자손에게 주겠다. 너의 자손이 땅의 티끌처럼 많아질 것이며 동서남북 사방으로 퍼질 것이다. 이 땅 위의 모든 백성이 너와 너의 자손 덕에 복을 받게 될 것이다"(창세 28: 13-14).

야훼께서는 지금까지 살고 있던 분리의 도덕 질서로부터 야곱을 그의 할아버지와 아버지에게 약속했던 그 가능성의 세계로 이끌어 내신다. 그러한 맥락에서 야훼께서는 야곱에게 친히 약속하시고 그와 함께 영원히 동행하시겠다고 말씀하신다.

> "내가 너와 함께 있어서 네가 어디로 가든지 너를 지켜 주며, 내가 너를 다시 이 땅으로 데려오겠다. 내가 너에게 약속한 것을 다 이루기까지 나는 너를 떠나지 않겠다"(창세 28:15).

야곱이 하란으로 향하여 떠나야 하는 길에 반드시 염두에 두기 시작해야 할 일이 있다. 그것은 그가 그 도시로 가는 것이 아이로니컬하게도 그의 할아버지가 감행했던 그곳으로부터의 탈출을 역전(逆轉)시키고 있다는 사실이다. 어렸을 적 야곱은 도덕적으로 순진하고 '자신'을 알고 생각하는 것이란 순전히 자기중심적이어서 다른 사람들을 이용해서까지 자기만의 이득을 추구하는 '이쉬 탐'이라는 별명을 받았던 사람이다.

그런 까닭에 아직 그의 삶은 야훼께서 그에게 밝히시는 그 미래의 약속에 자신을 맡길 준비가 되지 못했다. 벧엘에 이르러 그의 여정이 잠시 멈추는데, 거기서 그는 여러 가지 조건들이 붙은 맹세를 한다. "만일 엘로힘이 나와 함께 하시고, 내가 가는 길을 지켜 주신다면", "만일 엘로힘이 내게 먹을 것과 입을 것을 주신다면", "만일 엘로힘이 내 아버지 집으로 나를 돌아가게 해 주신다면" 그런다면 야훼가 내 엘로힘이 될 것이라고 말한다. 이렇게 야곱은 야훼 엘로힘과의 관계에서 자신의 조건을 먼저 앞세운다. 할아버지 아브라함과는 전혀 달리 야곱과 야훼 엘로힘 사이에는 그 어떤 '정체성 합일'이 아직 보이지 않는다. 그는 야훼를 '나의 엘로힘'이라고 시인하기에 앞서 그런 정체성 합일의 가능성들이 과연 어떤 것들인가를 먼저 경험하려고 한다. 그는 믿고 신뢰하기 전에 먼저 보아야 한다고 생각하는 것이다.

하란에 도착했을 때 야곱은 바로 그의 도덕적으로 순진한 그의 성품을 드러낸다. 거기서 그는 우물에서 양 떼에게 물을 먹이는 목자들과 만난다. 목자들은 그들의 다른 동료 목자들이 도착하기를 기다리며 아직 우물 어귀를 덮은 커다란 돌을 열지 않은 상태다. 다른 목자들이 당도하여 함께 우물의 뚜껑을 열려고 한다.

야곱이 그의 외삼촌 라반에 대하여 질문하는 동안 라반의 딸 라헬이 양 떼를 몰고 우물로 다가온다. 그녀가 누구인지 알게 되자 야곱은 서둘러 우물 어귀의 돌을 옮기고 "자기 외삼촌의 양 떼"에게 물을 먹인다. 그리고 돌발적으로 라헬에게 입을 맞추고 커다란 소리로 울면서 자기가 누구인지 말한다.

라반은 그런 야곱을 환영하고 자기 집에 머물게 한다. 한 달이 지나자 라반은 조카에게 일을 시키고 어떻게 보수를 주면 좋겠는지 묻는다. 그에게 있는 두 딸을 먼저 소개한다. 큰딸이 레아이고, 둘째 딸이 라헬이다. 야곱은 그 둘 중 하나를 그가 받는 보수로 선택하여야 한다. 야곱은 주저하지 않고 라헬을 택한다. "내가 7년 동안 외삼촌을 위해서 일하겠으니 그때가 되면 라헬이 내 아내가 되게 해 주십시오"라고 말한다. 7년이 지난 후 야곱이 외삼촌에게 약속한 아내를 달라고 한다. 그렇게 혼인 잔치가 열리고 라반이 베일로 가린 딸을 야곱에게 들여보낸다. 아침에 눈을 뜬 야곱은 밤을 함께 보낸 신부가 라헬이 아니고 레아임을 발견한다. 야곱의 항의에 외삼촌 라반은 자기들의 관습은 동생이 언니보다 먼저 결혼할 수 없다고 말하며 타이른다. 야곱은 라헬을 아내로 삼기 위해서 7년을 더 일하게 된다.

그 두 자매를 모두 아내로 삼고 그들에게 딸려 온 몸종 실바와 빌하에게서 야곱은 모두 열세 명의 자녀를 가지게 된다. 그러나 레아가 여섯 명의 자녀들을 낳을 동안 라헬은 아이를 잉태하지 못한다. 레아는 여섯 명의 아들 르우벤, 시므온, 레위, 유다, 잇사갈, 스블론과 딸 디나를 낳는다. 라헬의 몸종 빌하에게서 단과 납달리가 태어나고, 레아의 몸종 실바에게서 갓과 아셀이 태어난다. 라헬이 마침내 잉태하게 되어 요셉을 낳고 야곱과 그의 가족이 가나안 땅에서 살게 된 후 베냐민을 낳는다. "야곱의 자녀들이 태어난 이야기는 그의 역사의 중추적인 구조가 된다."[3]

야곱의 자녀들이 태어난 이야기는 "내가 너를 큰 민족이 되게 하고 내가 너에게 복을 내리겠다"라는 창세기 12장 2절에서 야훼가 하신 약속의 성취의 시작이 된다. 열한 명의 아들들과 딸 한 명을 얻는 축복을 누린 야곱이 이제 라반에게 자기의 가솔들과 재물을 가지고 떠나게 해 달라고 요청한다. 그는 자기가 소유한 땅에서 독자적으로 가문을 세우려고 한다. 하지만 라반은 주저한다. 아직도 자기의 딸들과 그 자녀들을 자기의 식솔들이라고 주장한다. 라반은 "야훼께서 자네로 인하여 내게 복을 주신 것은 점을 쳐보아서 잘 아네. 자네의 보수는 자네가 정하게. 그러면 그대로 주겠네" 하면서 야곱의 청을 받아들이지 않는다. 야곱은 라반이 자기를 속이고 있다고 의심한다. 그리고 꾀를 내어 라반에게 제언한다. 그가 소유한 모든 양과 염소 떼 중에서 점과 얼룩이 있는 것들을 따로 제쳐 그것들을 자기의 임금으로 달라고 한다. 고대 사회의 목축 방식에 따라 얼룩이나 점이 있는 짐승들은

---

3 Coote and Ord, *The Bible's First History*, 156.

반드시 그와 같은 새끼를 낳는다고 믿었다. 그렇게 야곱은 라반의 가축 떼와 자신의 소유를 분리하려 한다. 야곱은 미루나무와 감복숭아나무 그리고 플라타너스 나무에서 푸른 가지들을 꺾어서 껍질을 벗긴 후에 흰 무늬를 낸다. 그 흰 무늬 낸 가지들을 물 먹이는 구유 안에 똑바로 세워놓고 양 떼가 그 앞에서 교미하게 한다. 암컷이 그 줄무늬를 보고 교미한 후 점과 줄무늬가 있는 새끼를 낳게 한다. 그런 교미법을 이용해서 야곱은 그의 가축 떼를 늘려 간다.

> "그렇게 하여 야곱은 아주 큰 부자가 되었다. 야곱은 가축 떼뿐만 아니
> 라 암종과 여종, 낙타와 나귀도 많이 가지게 되었다"(창세 30:43).

야곱이 라헬과 레아에게 "벧엘의 엘로힘"이라고 자신을 밝히신 엘로힘께서 그의 꿈에 나타나 거기서 돌기둥에 기름을 붓고 맹세한 것을 기억나게 했다고 말한다. 그의 맹세 가운데 아직 한 가지가 아직 성취되지 않았다. 엘로힘께서 그때로부터 줄곧 하란에 있는 동안 그에게 먹을 것과 입을 것을 주시고 그를 지켜보셨는데, 이제 그의 고향으로 편안히 돌아가라고 하신다고 말한다. 그리고 그 귀환을 당장 실행하라고 했다고 말한다. 그 조건이 성취되어야만 야곱이 야훼를 자기의 엘로힘으로 인정하게 될 것이다.

라반이 양털을 깎으러 간 사이에 야곱은 그의 가족들과 재산을 모두 이끌고 유프라테스강을 건너 길르앗 산간 지역으로 도망간다. 이레 동안 뒤쫓아 간 라반은 거기서 야곱과 대치한다. 서로 설왕설래 다투다가 야곱이 먼저 평화 조약을 제안한다. 그는 돌을 가져와서 그것으로 기둥을 세우고 그것이 그들 사이의 평화의 약속이 되게 한다. 양

쪽 가족들이 돌무덤을 만들어 화해의 상징으로 삼는다. 거기에서 제사를 올린 후 화해의 잔칫상을 베푼다. 다음 날 아침 라반은 그의 딸들과 손자들에게 축복하고 그들 모두가 하란으로 돌아가도록 한다.

한 적수와 화해를 이룬 야곱은 이제 20여 년의 세월이 지나서 다른 한 명의 적수, 곧 그의 형 에서와 대면하게 된다. 형의 장자권을 가로채고 도망친 후로 처음으로 그를 만나게 된다. 야곱이 에서를 만나기 위한 준비를 한다. 그때 "엘로힘의 천사들"이 야곱을 만난다. 그들을 알아본 야곱은 그것이 하나의 예고임을 감지하고 그곳을 "두 진지"라는 의미에서 마하나임이라고 부른다. 다른 하나의 진지는 그가 대면하도록 예고된 에서의 진지다. 그래서 야곱은 에서에게 메신저를 앞서 보내면서 이르도록 한다.

"당신의 종 야곱이 이렇게 아뢰라고 말했습니다. "나는 그동안 라반에게 몸 붙여 살며, 최근까지도 거기에 머물러 있었습니다. 나에게는 소와 나귀, 양 떼와 염소 떼, 남종과 여종이 있습니다. 형님에게 이렇게 소식을 드리니 나를 너그럽게 보아 주십시오"(창세 32: 4-5).

메신저들이 돌아와서 에서가 사백 명의 부하들을 데리고 야곱을 만나러 온다고 전하자 야곱은 최악의 사태를 대비하려고 자기 일행을 두 패로 나눈다. "에서가 한 패를 공격하면 다른 한 패가 살아남게 되리라"는 계산을 한 것이다. 그런 상황에서 두려운 나머지 야곱은 야훼를 향하여 기도를 올린다.

"나의 아버지 아브라함의 엘로힘이시고 아버지 이삭의 엘로힘이시여,

고향 친척에게 돌아가면 은혜를 베푸시겠다고 말씀하신 야훼여, 당신께서 제게 베푸신 그 모든 친절하심과 성실하심을 저는 감히 받을 자격이 없습니다. 제가 요단강을 건널 때에 가진 것이라고는 지팡이 하나뿐이었습니다. 하지만 이제 저는 이처럼 두 무리를 이루었습니다. 제발 저를 제 형 에서의 손에서 구하여 주십시오. 그가 와서 저를 치고 아내들과 자식들을 죽일까 두렵습니다. 당신께서 '내가 반드시 너에게 은혜를 베풀어서 너의 씨가 바다의 모래처럼 셀 수도 없이 많아지게 하겠다'고 하시지 않으셨습니까?"(창세 32:9-12).

자신이 자격을 갖추지 못했다고 시인하기에 앞서 야곱은 야훼에게 드리는 기도를 "나의 아버지 아브라함의 엘로힘"이시고 "나의 아버지 이삭의 엘로힘"이신 야훼라고 부르며 시작한다. 그리고 벧엘에서의 경험을 회상하면서 자기 형의 위협에서 구해 달라고 간구한다. 야훼가 이제 그의 엘로힘이라고 고백할 준비가 된 모습을 조금 보인다. 하지만 그 같은 기도는 에서가 자기를 복수하러 와서 그의 가족들을 죽일지 모르는 다급한 상황에서 한 것이다.

그날 밤 야곱은 자기 형 에서에게 줄 큰 선물들을 준비한다. 염소, 양, 낙타와 그 새끼들, 황소와 암소, 암수 나귀들을 따로 형에게 주려고 제쳐 놓는다. 자기가 이룬 부요함을 잘 보여 주기 위해서 야곱은 그 가축들을 여러 다른 떼로 나누어서 그들 사이에 거리를 두고 자기보다 앞서가도록 한다. 그들이 에서를 지나갈 때 그 모두가 누구의 것이냐고 물으면 그 모두가 야곱의 것인데 그의 형 에서에게 전해드릴 선물이라고 말하도록 맨 앞의 종에게 당부한다. 야곱은 그 선물들이 형과 화해를 이루는 매체가 되기를 원한다. 그 선물 떼들을 앞서 보내고 나서 야곱은 그날 밤에 두 아내와 두 여종과 자녀들과 모든 재산을 얍복 나루를 건너 보낸다. 그리고 그는 홀로 남는다.

두 번째 진영 "마하나임"은 야곱이 그날 밤 거기에서 혼자 머물렀음을 지시한다. 혼자 남아 이름이 밝혀지지 않은 '남자'('이쉬')와 동이 터 올 때까지 씨름한다. 이 사건은 꿈이 아니고 실제 일어난 일이다. '이쉬'라는 말은 '초월적 가능성의 하나님'으로서 엘로힘과 야곱이 몸으로 마주쳤다는 사실을 서술하려고 의도적으로 사용한 것으로 보인다. 필사적으로 덤벼 씨름하는 야곱을 그 무명의 '이쉬'가 도저히 이길 수 없게 되자 야곱의 엉덩이뼈를 쳐서 골절시켜 몸을 못 쓰게 만든다. 그러나 야곱은 안간힘을 써서 그 '이쉬'를 놓아주지 않는다. 그 자신이 "초월적 가능성'의 원천이 되려는 것처럼 보인다.

자신만만하게, 언제나 자기 자신만을 위해서 남을 속이기까지 하면서 보인 그의 도덕적 순진성 뒤에는 무언가 아직 완전하지 못하다는 불안감이 깔려 있음을 본다. 따라서 이제 그 '이쉬'는 그런 야곱을 불구자가 되게 하여 그의 무방비한 상태에서 엘로힘과 씨름하여 이기지만 언제나 자신에게 부족한 것이 있다는 사실을 자각하게 만든다. 그는 결코 스스로 '초월적인 가능성'을 창출해 낼 수 없다.

동이 터 오자 그 '이쉬'는 씨름을 그만두자고 야곱에게 제안한다. 하지만 야곱은 끝내 그를 놓아주지 않는다. "당신이 나에게 축복해 주지 않으면 보내지 않겠다"고 버틴다. 이 죽음과 부활을 경험하는 순간 그 '이쉬'는 야곱에게 이름을 묻는다. 야곱이 그의 이름을 말하자 그는 "이스라엘"이라고 다른 이름을 지어 준다.

"네가 엘로힘과 겨루어 이겼고 사람들과도 겨루어 이겼으니 이제 너의 이름은 더 이상 야곱이 아니라 이스라엘이다"(창세 32:28).

이스라엘이라는 새 이름을 그에게 주자 야곱은 그와 밤새도록 씨름한 '이쉬'가 엘로힘이심을 감지한다. 야곱은 여태껏 엘로힘은 물론 다른 사람들과 싸우면서 살아왔다. 그래서 최상의 가능성을 자기 것으로 삼으려 애썼다. 형 에서와의 싸움에서도 이겼고, 삼촌이자 장인인 라반과의 싸움에서도 그랬다. 이제 그 '이쉬'와의 싸움에서도 엘로힘은 야곱의 손을 들어 준다.

야곱은 그렇게 언제나 이기며 살아왔다. 야비스트가 기록한 아브라함의 순례 역사에서 그의 손자 야곱만이 처음으로 '초월적 가능성'의 하나님 엘로힘과 싸워서 승리를 거둔 인물이다. 그렇게 그가 받은 새 이름은 그의 부활을 의미한다. 그리고 이제부터 그는 그 새 이름으로 그의 열두 아들과 함께 "내가 너를 큰 민족이 되게 하겠다"라고 하신 야훼의 약속을 이루게 될 것이다.

야곱이 씨름이 끝나갈 무렵 그 '이쉬'에게 이름이 무엇이냐고 물었을 때 그는 "왜 내 이름은 묻느냐?" 하고 되묻는다. 그러면서 야곱에게 축복해 주고 그들의 씨름을 끝낸다. 그에게 축복해 주지 않으면 놓아주지 않겠다고 고집하던 야곱이 그 씨름을 이긴 것이다. 그래서 엘로힘은 그를 축복하고 새 이름을 주신다. 야곱은 이제 "엘로힘과 싸운 사람"인 이스라엘로 그의 여정을 계속하게 될 것이다.

그러나 그는 골절을 입은 지체 부자유한 사람으로 평생 살게 된다.4 야곱은 다리를 절면서 크게 축복받는 미래로 걸어갈 것이다. 하

---

4 엉덩이뼈를 부상 당하여 야곱이 절룩거리게 된 것은 다른 데서 다시 언급되지 않지만, 그런 상태가 암시적으로 제시된다. 이 부상이 이스라엘 사람들에게 계속 영향을 끼치게

지만 그 자신과 엘로힘이 합일을 아직 이루지는 않았다. 그는 외삼촌 라반과 이미 화해를 이루었고, 반목 속에 살아온 형 에서와는 화해할 목전에 와 있다. 하지만 그는 지금까지 미지의 가능성들을 자기 스스로 구현시키려고 애쓰며 살아왔다. 그가 절름발이가 되어 절룩거리는 것은 합일의 도덕적 질서 안에서 야곱은 여전히 불완전한 사람이라는 징표가 된다. 그런 사실은 앞으로 계속되는 이스라엘의 역사에서 확연해질 것이다.

하나님과 사람이 마주친 그곳의 이름이 주어진다. 야곱은 그곳의 이름을 "브니엘"이라고 부른다. "내가 엘로힘의 얼굴을 직접 뵙고도 이렇게 살아 있구나!"5라면서 그 이름을 붙인다. 해가 떠오를 때 야곱은 브니엘을 지나간다. 그리고 그는 엉덩뼈가 골절되어 다리를 절름거리며 걷는다.

에서가 그의 부하 사백 명을 이끌고 다가오자 야곱은 그의 가족들을 세 편으로 갈라 맨 앞에는 그의 두 여종, 빌라와 실바와 그들의 자녀들을 내보낸다. 그리고 그 뒤에 레아와 그 자식들을 보내고 라헬과 요셉이 그 뒤를 따르게 한다. 자신은 그들보다 앞서가서 형 에서에게 가까이 갔을 때 땅에 엎드려 일곱 차례 절을 올린다. 그러나 에서가 먼저 야곱에게 달려와서 그를 껴안고 입을 맞추며 화해를 시도한다. 두 형제는 서로 껴안은 채 통곡한다. 야곱이 형 에서에게 그의 모든 가족을 소개하고 나서 에서는 그가 본 가축 떼에 대하여 묻는다. 야곱은 "그것들을 형님께 은혜를 입고 싶어서 가지고 왔습니다"라고 대답

된 사실을 창세 32:32가 잘 표명한다. "밤에 나타난 사람이 야곱의 엉덩이뼈의 심줄을 쳤으므로 이스라엘 사람들은 오늘날까지 짐승의 엉덩이뼈의 큰 심줄을 먹지 않는다."
5 '브니엘'은 '하나님의 얼굴'이라는 뜻이다.

한다. 에서는 "나도 넉넉히 가지고 있다. 너의 것은 네가 가져라"라고
한다. 그러나 야곱은 그렇지 않다고 말한다.

> "아닙니다. 형님께서 저를 좋게 보신다면 이 선물을 받으셔야 합니다.
> 형님이 저를 이렇게 너그럽게 보아 주시니 마치 제가 엘로힘을 뵙는 것
> 같습니다. 엘로힘께서 제게 은혜를 베푸시어 제가 이렇게 넉넉하게 되
> 었으니 이것들을 형님이 받아 주십시오"(창세 33:10-11).

야곱은 자기의 형을 대하는 것과 지난밤에 엘로힘을 만났던 일을
의미 깊게 대조시킨다. 엘로힘을 대면한 것은 그의 삶이 되살아 나는
부활 사건이었다. 무엇보다도 새로운 이름을 얻어서 과거의 이중적인
삶에 막을 내리게 되었다. 엘로힘께서 그에게 미래를 열어 주신 것이
다. 지금 그의 형 에서의 얼굴을 대하면서 야곱은 그의 속임수로 얼룩
졌던 지난날들이 새로운 화해 관계로 변한 것을 깨닫게 된다. 이스라
엘이라는 이름이 지닌 '정체성'으로 '차이'가 해소되면서 다른 사람을
대면하는 그 순간 하나님의 얼굴을 대하는 것과 같은 경험을 한다.
　야곱이 세겜에서 장막을 치고 그의 가축 떼를 위하여 쉼터를 만드
는 동안 에서는 에돔으로 돌아간다. 야곱은 거기에 제단을 쌓고 그곳
을 "엘엘로헤이스"(하나님, 이스라엘의 하나님)라고 부른다. 그런데 불행
한 사건이 발생한다. 야곱의 딸 디나가 그 도시를 다스리는 히위 사람
하몰의 아들 세겜에게 겁탈을 당한다. 세겜은 디나를 아내로 삼으려
고 한다. 그의 아버지가 야곱에게 와서 그 둘의 결혼을 제안한다. 하지
만 야곱의 아들들은 분개한다. 그들은 세겜을 점점 불어나고 있는 이
스라엘의 정체성에서 분리된 '다른' 외국인으로 취급하며 반대한다.

"세겜이 야곱의 딸을 욕보여서 이스라엘을 부끄럽게 했다. 그들은 해서는 안될 일을 하였다"고 판단을 내린 것이다. 34장 7절에서 야곱과 이스라엘을 다르게 따로 언급한 것은 브니엘에서 야곱이 받은 이스라엘이라는 이름이 그의 열두 명의 아들들을 포함한 종족 공동체의 이름으로 사용되기 시작한 것을 엿보게 한다. 야훼께서 야곱에게 벧엘에서 약속한 그 민족의 이름이 되기 시작한 것이다. 하지만 야곱은 아직 미래에 있게 될 이스라엘의 족장으로서 초월적 가능성의 하나님 엘로힘과 완전히 합일되지 못한 상태다.

세겜이 야곱의 이주민인 아들들에게 '하나의 백성', '한 겨레'의 개념을 소개한다. 그럴 경우 토지 분할, 교역, 혼인 등을 하는 정책 수립을 통합적으로 할 수 있을 것이다. 야곱의 아들들은 그 제안을 수용하려고 한다. 단 한 가지 조건을 제시한다. 그 도성의 모든 남자가 자기들처럼 할례를 받아야 한다고 말이다. 그래서 모든 남자가 할례를 받은 지 사흘이 되었을 때 디나의 친오빠들인 시므온과 레위가 성으로 쳐들어가서 세겜의 모든 남자를 죽인다. 야곱의 다른 아들들은 그 성 안에 있는 모든 재물을 노획하고 여자들과 어린이들을 사로잡는다. 이스라엘은 강하고 위협적인 종족으로 그 정체성을 과시한다. 야곱이 난처해하면서 시므온과 레위에게 말한다: "너희는 나를 오히려 더 난처하게 만들었다. 이제 가나안 사람이나 브리스 사람이나 이 땅에 사는 모든 사람들이 나를 사귀지 못할 추한 인간이라고 여기지 않겠느냐? 우리는 수가 적은데 그들이 합세해서 나를 치고 나를 죽이면 나와 내 집안이 모두 몰살 당할 수밖에 없지 않느냐?"

엘로힘께서는 야곱에게 벧엘로 옮기라고 말씀하신다. 그러기 전에 야곱은 그의 온 가족들에게 모든 외국 이방 신상들을 없애라고 명한다. 그들은 그것들을 모두 세겜의 상수리나무 밑에 묻는다. 그리고 벧엘로 간다. 거기에서 야곱은 제단을 쌓고 "엘벧엘"(벧엘의 하나님)이라고 부른다. 그 자신과 그의 가족들을 엘로힘에게 봉헌해 드린다는 의미다. 그가 형을 피하여 도망칠 때 엘로힘께서 그에게 나타나신 곳이 거기였다.

야곱과 그의 족속들이 벧엘을 떠난 후 그가 사랑하던 라헬이 에브랏에 채 도달하기 전에 죽는다. 그의 두 번째 아들을 해산하다가 산고로 죽게 된다. 야곱은 그 아들을 베냐민이라고 부른다. 그리고는 라헬의 무덤 앞에 비석을 세운다. 후에 야곱은 마므레에 있는 이삭을 찾는다. 거기에서 이삭이 죽자 에서와 함께 아버지를 장사지낸다. 여기에서 에서의 족보가 소개된다. 그렇게 하여 그의 생애와 역사가 막을 내린다.

야곱은 계속해서 가나안 땅에 정착해서 산다. 여기서 야비스트는 그의 '세계 역사'가 아브람과 사래에게 "내가 너에게 보여 줄 땅으로 가라"던 그 여정을 계속하는 새로운 챕터를 연다. 그 길은 여호수아와 그 후 사사 시대에 약속된 땅으로 지나쳐서 들어간 경로다. 그 여정은 요셉이 이집트에 팔려 가고 사백삼십 년 동안 거기서 노예 생활을 하게 됨에 따라 차질을 빚게 된다. 모세를 통해서 이집트 탈출이 감행되고 사십 년간 광야 생활을 한 끝에 약속된 땅으로 들어가게 되면서 다시 재현된다. 가나안 땅의 경계에서 발람이 세 차례 반복한 축복에서 그 절정을 이룬다. 창세기 12장 1-3절의 약속이 실현된 것이다. 야비스트가 쓴 그 모든 여정의 세계사는 다윗 왕조 때 기술되었고, 왕 자신이 그런 것처럼 암시를 주며 끝맺는다.

9 장

이집트로 간 요셉

창세기 39-50장

열일곱 살의 요셉이 여기에 소개된다(창세37:2). 그는 이때 이미 가족들 가운데서 따돌림을 당한다. 야곱이 그를 지나치게 편애하였기 때문이다. 야곱은 요셉에게 값비싸고 화려한 옷을 만들어 입힌다. 그의 형제들은 아버지로부터 그 같은 편애를 받는 요셉을 달갑지 않게 생각하고 한 가족으로 생각하지 않으려고 한다. 요셉이 형들에게 나쁜 감정을 가진 건 아니지만 형들이 그를 미워하고 질투한 것이다. 점점 불어나고 있는 야곱의 가솔들 간에 그 같은 반목은 훗날 예상하지 못한 결과를 불러오게 된다. 요셉이 아주 특별한 생애를 살게 되지만 아직 야훼 엘로힘과 아무런 경험을 가지지 않는다. 하지만 요셉이 이집트로 팔려 가고 거기서 보인 행동은 그가 아주 무방비한 사람이었음을 잘 드러낸다. 그의 삶이 야훼 엘로힘과 '정체성 합일'을 가지고 있었으며, 특히 그의 의식 속에 '엘로힘의 초월적 가능성'과 합일된 바를 느낀 것으로 보인다.[1]

요셉은 꿈을 꾸고 또 꿈들을 해몽하는 사람이다. 그런 만큼 그는 상상 또는 무한대한 환상의 세계에서 산다. 요셉은 그가 꾼 꿈을 그의 형들이나 아버지에게 말한다. 그러면 그럴수록 그의 형제들은 그를 더 미워하고 따돌린다. 어느 날 야곱이 요셉을 세겜에 있는 형들에게 보내어 그들이 돌보는 가축 떼와 형들이 잘 지내고 있는지 살펴보게 한다. 요셉이 세겜에 도착했을 때 형들은 이미 도단으로 이동하고 난 후였다. 형들이 있는 도단으로 요셉이 오자 그들은 그를 죽여 구덩이에 던져 버리고 아버지 야곱에게는 들짐승이 그를 잡아 먹었다고 보고하자고 음모를 꾸민다. 그러나 르우벤이 나서서 요셉을 죽이지는 말고 구덩이에만 던져 넣어 생명은 구하도록 하자고 제안한다. 야비스트는 르우벤이 "요셉을 구출해서 아버지에게 되돌려 보내려고 했다"라고 부연한다.

요셉이 도착하자 형들은 그가 입고 있는 화려하게 장식한 옷을 벗기고 구덩이에 던진다. 그리고 그들은 음식을 먹고 있다. 그때 낙타에 향품과 유황과 몰약을 싣고 이집트로 무역하기 위해서 가는 이스마엘 상인들의 카라반이 그곳을 지난다. 유다는 요셉을 죽이려는 그들의 음모에 회의적이 된다. 그래서 형제들에게 말한다: "우리가 동생을 죽이고 그 아이의 피를 덮는다고 해서 우리가 얻을 것이 무엇이냐? 그러니 우리는 그 아이에게 손을 대지는 말고 차라리 그 아이를 이스마엘 사람들에게 팔아넘기도록 하자. 어떻든 그 애는 우리의 형제요 피붙이가 아닌가?" 그의 말에 모두 동의하고 그들은 요셉을 구덩이에서 꺼내고 은 스무 냥을 받고 이스마엘 상인들에게 팔아넘긴다. 그렇게 해

---

1 창세 39:8-9; 45:4하-5, 8; 50:20에서 요셉이 그 같은 관계를 언급한다.

서 요셉은 이집트로 가게 된다. 르우벤이 구덩이에 요셉이 없는 것을 발견하고는 슬퍼하며 그의 옷을 찢는다. 그리고 "그 아이가 없어졌다! 나는 이제 어디로 가야 한다는 말인가!"라고 소리 지른다. 그의 형제들은 요셉의 옷을 염소의 피에 적셔서 그들의 아버지에게 가지고 간다. 그리고 아버지에게 그 옷이 과연 요셉이 입었던 옷인지 조사해 보라고 말한다.

요셉이 입었던 옷임을 확인한 야곱은 그 아들이 맹수에게 물려 죽었다고 믿고 슬픈 나머지 그의 옷을 찢고 베옷을 걸치고는 여러 날 슬픔에 잠긴다. 한편 이스마엘 상인들은 이집트로 데려간 요셉을 바로의 신하인 경호대장 보디발에게 팔아넘긴다.

야비스트는 여기서 잠시 요셉에게 장차 일어날 일들에 대한 서술을 멈추고 이스라엘 부족들에게 일어난 일을 기술한다. 야곱의 아들 유다는 가나안 여인 수아를 만나 혼인하고 그 사이에서 엘과 오난과 셀라를 낳는다. 유다는 그의 아들 엘을 다말과 결혼시킨다. 하지만 야훼께서 그의 악함을 보시고 엘을 죽이신다. 그가 어떤 악행을 저질렀는지는 밝혀지지 않는다. 엘의 동생인 오난에게 아버지 유다는 그의 형수와 결혼하여 엘의 대를 이으라고 말한다. 그러나 오난이 그의 정액을 땅바닥에 쏟아 버린다. 야훼께서 오난도 벌하시어 죽게 하신다. 죽은 형을 대신하여 동생이 형수와 결혼하는 '리비레잇 혼인'은 한 가족이나 그 공동체를 영속시키는 방편이다. 무엇보다도 자기 가보의 독특성을 위협하는 '차이/다름'의 이질적 구조로부터 자기 가정과 공동체의 정체성을 보존하려는 노력이라고 하겠다. 이 에피소드는 이스라엘이 민족을 형성하는 과정에서 그 인종적 통일성을 보존시켜야 했음을 보게 한다.

비록 가나안 여인과 결혼했어도 유다는 이스라엘의 고유한 정체성을 견지하려고 한다. 그래서 다말에게 막내아들 셀라가 성장할 때까지 친정으로 가서 과부로 기다리라고 한다. 가나안 사람인 유다의 아내 수아가 죽자 유다는 셀라를 다말과 결혼시키는 일을 중단하게 된다. 하지만 다말은 유다가 가문을 이어갈 행동을 하기 원한다. 그녀는 과부의 옷을 벗어 던지고 너울을 써서 얼굴을 가리고 딤나로 가는 에나임이라는 마을의 어귀에 앉아 있는다. 유다가 그곳을 지나가다가 그녀를 보고 창녀인 줄 알고 동침을 요구한다. 그녀와 동침하는 값으로 염소 한 미리를 주겠다고 말한다. 그녀는 염소를 보기 전에 먼저 담보물을 요구한다. 그래서 유다는 도장과 허리끈과 가지고 다니던 지팡이를 담보물로 준다. 그리고 그녀와 동침하여 임신하게 한다. 그녀는 집으로 돌아와서 얼굴의 너울을 벗고 다시 과부의 옷으로 갈아입는다. 유다가 그녀와의 약속을 지키기 위하여 염소를 친구를 통하여 보내고 맡긴 담보물을 찾아오도록 한다. 그러나 그의 친구는 그녀의 행방을 찾지 못한다. 유다는 나중에 다말이 창녀 노릇을 하고 임신까지 하였다는 소문을 듣는다. 그 소리를 듣고 유다는 다말을 화형에 처하라고 명한다. 다말이 끌려오면서 그녀가 담보물로 가지고 있는 그 주인의 아이를 임신했다고 말하며 그 물건들이 누구의 것인지 확인하라고 말한다. 유다는 그 물건들이 자기의 것임을 확인하고 "그 여인이 나보다 더 의롭다. 내가 나의 아들 셀라를 그녀와 혼인시켰어야 하는데 그러지 않았으니까!"라고 탄식한다. 다말은 쌍둥이를 분만하고 이름을 베레스와 세라라고 한다.

아이로니컬하게도 가나안 여인에게서 난 유다의 아들 셀라가 아니라 유다와 다말에게서 난 두 아들이 종족의 정체성을 유지시킨다.

그 두 아들들이 야훼께서 약속하신 "큰 민족"을 이루기 위한 아브라함의 여정을 통합시키고 인종적으로 고유한 이스라엘의 형성을 시작한다.[2]

이때 이집트로 팔려 간 요셉은 거기에서 종살이한다. 하지만 야훼께서 그와 함께 계시면서 그가 하는 일마다 잘되도록 하신다. (창세 39:3). 그는 보디발의 신임받는 심복이 되어 그의 집안일과 전 재산을 돌보게 된다. 그의 통합된 자아를 잘 과시한다. 그래서 맡은 책무를 차질 없이 수행한다.

> "그가 요셉에게 자기의 집안일과 그 모든 재산을 맡겨서 관리하게 한 그 때부터 야훼께서 요셉을 보시고 그 이집트 사람의 집에 복을 내리셨다. 야훼께서 내리시는 복이 주인의 집 안에 있는 것이든지 밭에 있는 것이든지 그 보디발이 가진 모든 것에 미쳤다. 그래서 그 주인은 자기가 가진 모든 것을 요셉에게 맡겨서 관리하게 하고 자기의 먹을 것을 빼고는 아무것도 간섭하지 않았다"(창세 39:5-6).

하지만 요셉은 거의 매일 같이 보디발의 아내와 마주친다. 그녀는 요셉에게 육체적으로 가까이하여 그와 성관계를 가지려고 매혹한다. 요셉은 그런 유혹을 완강하게 거절하여 그 집안의 종이면서 동시에 모든 것을 관리하는 사람으로서 애매모호한 자기의 정체성을 잃지 않

---

2 Coote and Ord, *The Bible's First History*, 181. 다말은 마태복음서에 서술된 예수의 족보에 등장하는 네 명의 여인 중 첫 번째 여인이다. 다말은 다른 세 여인과 함께 인간 역사의 연속성을 하나님이 깨트리고 새로운 시작을 개시한 것을 상징한다. 그래서 그 여인들은 다섯 번째의 여인 예수의 어머니 마리아를 예견시킨다.

으려고 한다. 자기 앞에 부닥치는 유혹이 어떤 결과를 불러올지 그는 잘 알고 있다.

> "주인께서는 나에게 모든 것을 맡겨 관리하게 하시고는 집안일에는 아
> 무 간섭도 하지 않으십니다. 주인께서는 가지신 모든 것을 나에게 맡기
> 셨으므로 이 집 안에서는 나의 위에는 아무도 없습니다. 주인께서 내 마
> 음대로 하지 못하게 한 것은 한 가지뿐입니다. 그것은 바로 마님입니다.
> 그것은 당신이 주인어른의 아내이기 때문입니다. 그런데 어찌 내가 엘
> 로힘을 거역하는 죄를 범할 수 있겠습니까?(창세 39:8-9)

그런데 어느 날 다른 종들이 없는 틈을 타서 보디발의 아내는 요셉의 옷을 붙잡고 침실로 유인하려고 한다. 요셉은 그녀로부터 도망치기 위해서 그녀가 붙잡은 자기의 옷을 벗어 남기고 도망간다. 그것을 빌미로 그녀는 요셉이 자기를 욕보였다고 거짓으로 비난한다. 그 집의 다른 종들은 물론 보디발도 그녀의 속임수를 알지 못한 채 요셉을 강간범으로 몰아 왕의 죄수들을 감금하는 감옥에 가둔다.

그러나 감옥 안에서 역시 요셉에게 "야훼가 함께 계시면서 돌보아 주시고 그를 한결같이 사랑하셔서 간수장의 눈에 들게 하신다." 그 간수장은 감옥 안에서 일어나는 모든 일을 그에게 맡기고 처리하게 한다. 여기서도 요셉은 야훼와의 '정체성 합일'을 이루어 매사를 처리하면서 감옥과 그 안에 수감된 죄수들이 보이는 '차이'로 자신을 소외시키지 않는다.

간수장은 요셉이 맡아서 하는 일들을 전혀 간섭하지 않는다. 야훼께서는 요셉이 하는 일마다 다 잘되게 하신다(창세 39:23). 얼마 후에

바로의 두 신하가 투옥하게 된다. 한 사람은 바로에게 술잔을 올리는 시종장이고, 다른 한 사람은 빵을 구워 올리는 사람이다. 경호대장은 요셉에게 그 시종장들을 돌보게 한다. 그 두 사람이 같은 날 밤에 꿈을 꾼다. 이튿날 아침에 그들이 요셉에게 그들의 꿈을 해몽할 사람이 없어서 걱정한다고 말한다. 해몽은 하나님이 하시는 것이라며 요셉은 그들이 어떤 꿈을 꾸었는지 묻는다. 요셉은 술잔을 올리던 시종장의 꿈을 해몽한다. 사흘 후에 바로가 시종장을 불러내서 직책을 돌려주게 되고 "전날 술잔을 받들어 올린 것처럼 바로의 손에 술잔을 올리게 할 것이다" 하고 해몽해 준다. 그리고 자신을 위해서 덧붙여 말한다.

"시종장께서 잘되시는 날에 저를 기억하여 주시기 바랍니다. 그리고 바로에게 내 사정을 잘 말씀드려서 나도 이 감옥에서 풀려나게 해 주십시오. 나는 히브리 사람이 사는 땅에서 강제로 끌려온 사람입니다. 그리고 여기서도 나는 이런 구덩이 감옥에 들어올 만한 일은 하지 않았습니다"(창세 39:14-15).

빵을 구워 올리던 시종장에게는 그가 꾼 꿈이 사흘 후에 바로가 그의 목을 베고 나무에 매달 텐데 새들이 그의 주검을 쪼아 먹게 된다고 해몽하여 준다. 사흘 후가 바로 바로의 생일이었는데 요셉의 해몽이 그대로 이루어진다. 술잔을 올리던 시종장은 다시 그의 직무로 복귀되고 빵 굽는 시종장은 처형을 당한다. 그런데 술잔을 올리는 시종장이 요셉을 위해서 왕에게 간청하는 일을 그만 잊고 만다.

요셉이 감옥에 갇히고 나서 한참 세월이 흐른다. 그때 바로가 꿈을 꾸는데, 그가 나일강에 서 있는데 살이 찌고 잘생긴 암소 일곱 마리가 강에서 올라와서 갈밭에서 풀을 뜯는 광경을 본다. 그 뒤를 이어서 흉측하고 야윈 다른 암소 일곱 마리가 강에서 올라와서 먼저 올라 온 소들과 함께 강가에 선다. 그런데 그 못생기고 야윈 암소들이 잘 생기고 살찐 암소들을 잡아 먹는 꿈을 꾼 것이다. 바로가 잠에서 깨어났다가 다시 잠이 드는데 이번에는 토실토실하고 잘 여문 이삭들이 한 줄기에서 나오는 것을 본다. 그 뒤를 이어 다시 이삭 일곱 개가 나오는데 그것들은 야위고 마른 것들이다. 그리고 야윈 이삭들이 토실토실한 이삭 일곱 개를 삼키는 꿈을 꾼다. 꿈에서 깨어난 바로는 그 꿈들의 뜻을 몰라 뒤숭숭해 한다. 그래서 이집트 안에 있는 모든 현자를 불러 자기의 꿈을 해석하라고 한다. 그때 갑자기 술잔을 올리는 시종장이 요셉을 위해서 왕에게 간청하지 못한 실수를 깨닫고 왕에게 아뢴다.

"그 때에 그곳에 경호대장의 종인 히브리 소년이 저희와 함께 있었습니다. 저희가 꾼 꿈 이야기를 그에게 주었더니 그가 꿈을 해몽하여 주었습니다. 저희 두 사람에게 제각기 그 꿈을 해몽하여 주었습니다. 그 해몽대로 꼭 되어서 저는 복직되고 그 사람은 처형되었습니다"(창세 41:12-13).

요셉은 바로 감옥에서 풀려나서 바로 앞에 나서게 된다. 바로는 요셉에게 자기가 꾼 꿈을 해몽할 수 있는지 묻는다. 요셉은 "저는 할 수 없습니다. 하지만 엘로힘께서 바로에게 바른 대답을 해 주실 것입니다"라고 대답한다. 바로의 꿈 이야기를 듣고 난 요셉이 말한다: "그 꿈들은 모두 같은 꿈입니다." 일곱 마리의 건강하고 살찐 암소들은 일곱 개의 토실토실한 이삭처럼 7년간의 풍작을 의미하고, 일곱 마리의 야원 암소들은 일곱 개의 야윈 이삭들처럼 7년간의 기근을 의미한다고 해몽한다. 그리고 후자의 것들이 전자의 것들을 삼킨 것은 엘로힘께서 그 일을 하시기로 결정하시고 그 일을 꼭 그대로 하시겠다는 것을 지시한 것이라고 설명한다.

그의 해몽과 더불어 요셉은 바로에게 임박한 농경 위기를 대처할 방안을 제시해 준다. 바로는 그의 신하들과 논의하고 요셉이 제시한 내용을 모두 받아들인다. 그리고는 요셉을 이집트의 총리로 임명한다. 그로 하여금 7년간 계속되는 풍작 기간 동안 거둔 곡식을 잘 관리하여 그 후에 닥칠 7년간의 기근 동안 어려움이 없이 관리하게 한다.

"네가 나의 집을 다스리는 책임자가 되어라. 나의 모든 백성은 너의 명령에 따를 것이다. 내가 너보다 높은 것은 이 높은 왕좌에 앉아 있는 것일 뿐이다. 내가 너를 이집트 땅의 총리로 세운다"(창세 41:40-41).

바로는 그가 끼고 있던 옥쇄 반지를 요셉의 손가락에 끼워 주고, 금목걸이를 목에 걸어 주고, 고운 모시옷을 입힌다. 그리고 자기의 것과 대동한 병거에 태우고 "이집트 전국을 다스릴 총리로" 세운다. 나이 삼십에 요셉은 종의 신분에서 일약 총리로 파격적인 격상을 한 것이다. 이집트 전역을 그가 관장하게 됨에 따라 엄청난 권력을 행사할 수 있게 된다. 따라서 자신의 품격을 격상시킬 좋은 기회를 가진다. 엘로힘과 합일된 정체성 안에서 그는 이집트의 총리로서 그가 가진 '차이'를 충분히 인식하면서 바로를 섬기게 된다. 요셉은 그에게 주어진 높은 지위와 그것이 안겨 주는 무제한의 가능성을 갖지만, 곧바르고 정직하게 그의 임무를 수행한다.

아브라함의 후손들 가운데 경제적, 정치사회적으로 한 나라의 최고 권력 자리에 처음으로 오른 사람이 요셉이다. 그 시대는 바로가 곧 나라였고, 나라가 곧 바로였다. 그렇게 왕과 나라가 권력과 특권을 장악하고 구사하는 데 있어서 동일성을 가졌다.[3] 이집트의 통치자로서 다른 농경사회의 왕들과 마찬가지로 바로는 최고의 권력을 가지고 그의 백성은 물론 나라 안의 모든 것을 소유하고 있었다.[4] 최고의 권력자 바로가 사브낫바네라는 이름을 요셉에게 지어 주고 온의 사제 보디베라의 딸 아스낫과 결혼시킨다. 7년간 풍작이 계속되는 동안 아스낫이 두 아들을 낳는다. 첫아들의 이름은 므낫세이고, 둘째 아들은 에브라임이라고 부른다. 비록 이 요셉의 두 아들이 이스라엘의 순수 혈통으로 태어난 베레스와 세라와는 달리 이집트 여인의 피를 가졌지만, 이스라엘의 열두 지파에 영입될 것이다.

7년 동안의 풍작 기간에 "요셉이 저장한 곡식은 엄청나게 많아서 마치 바다의 모래와 같았다. 그 양이 셀 수 없을 만큼 많아져서 기록을 중단할 수밖에 없었다"(창세 41:49). 요셉이 예고한 대로 그 7년간의 풍년 후에 찾아온 7년간의 기근은 참으로 심각했다. 이집트뿐만 아니라 "온 세상이" 기근에 시달린다. 이집트의 총리로서 요셉은 곡식 창고를 열고 이집트 사람들에게는 물론, 인근 다른 지역의 나라에도 곡식을 판다.

가나안 땅에 살고 있던 야곱과 그의 가솔들도 이 기근에 영향을 받는다. 그래서 야곱은 그의 아들들을 이집트로 보내어서 식량을 사오도록 한다. 아이로니컬하게도 기근이 야곱으로 하여금 자기의 종족성

---

3 참조. Lenski, *Power and Privilege*, 210.
4 앞의 책, 210-212.

을 넘어 자기 아들이 총리로 있는 외국과 관계를 가지게 만든다. 야곱은 아들 열 명만 이집트로 내려가도록 한다.

라헬이 마지막으로 낳은 베냐민은 형들과 함께 보내지 않는다. 혹시 있을 위험한 일을 당하지 않게 하려는 배려에서다. 그들이 이집트에 당도해서 요셉을 만나게 된다. 여기서 야비스트는 "그들이 얼굴을 땅에 대고 엎드려 그에게 절을 하였다"라고 기술한다. 그들은 자기들의 절을 받은 사람이 요셉인 줄 까맣게 모른다. 하지만 요셉은 그들이 누구인지 알아본다. 하지만 통역을 통해서 그들에게 말하여 자신이 누구인지 알리지 않는다. 요셉이 자기의 형들과 가지는 관계는 역설적이다. '여럿'과 통합된 '하나' 그리고 '하나' 안에 있는 '여럿'의 역설적 관계다. 요셉은 그의 형들을 자못 냉혹하게 다룬다. 그들을 정탐꾼들이라고 질책한다. 그들은 자신들이 정탐꾼들이 아니라고 강하게 변명한다.

"우리들은 열두 형제들입니다. 가나안 땅에 살고 계신 한 분의 아들들입니다. 막내아들은 아직 아버지와 같이 있습니다. 또 하나는 잃었습니다"(창세 42:13).

그들의 진실을 증명하도록 요셉은 그들 중 한 명이 가나안으로 가서 막냇동생을 이집트로 데려오라고 명한다. 사흘 후에 요셉은 시므온만 감옥에 넣고 다른 형들은 곡식을 가지고 가나안 땅으로 가서 막냇동생을 반드시 데려오도록 한다. 형제들이 어떻게 할지를 궁리하면서 그 전에 자기들의 동생에게 몹쓸 짓을 한 일을 깨닫는다. 통역을 앞세워 말한 요셉이 알아듣지 못한다고 생각하며 자신들이 저지른 일들을 이야기한다.

"그렇다! 아우의 일로 벌을 받는 것이 분명하다! 아우가 우리에게 살려 달라고 애원할 때에 그가 그렇게 괴로워하는 것을 보면서도 우리가 아우의 애원을 들어 주지 않은 것 때문에 우리가 이제 이런 괴로움을 당한다." 르우벤이 대답하였다. "그러기에 내가 그 아이에게 못할 짓을 하는 죄를 짓지 말자고 하지 않더냐? 그런데도 너희는 나의 말을 들은 체도 하지 않았다! 이제 우리가 그 아이의 피값을 치르게 되었다"(창세 42:21-22).

요셉은 그들을 떠나가서 울음을 터뜨린다. 잠시 후에 돌아와서 요셉은 시므온을 그들이 보는 앞에서 결박한다. 아이로니컬하게도 자기들이 행한 잘못을 고백하고 나서 그들이 요셉에게 했던 바로 그 일을 경험한다.

요셉은 부하들을 시켜서 그들이 가지고 온 자루들 속에 식량을 채우고 그 곡식들의 값으로 지불한 은전도 같이 넣어 보낸다. 가나안으로 가는 길에 하룻밤 묵기 위해서 쉬었을 때 나귀를 먹이려고 곡식 자루를 열게 된다. 그 자루 안에는 자기들이 지불했던 은전이 그대로 있는 것을 발견한다. 여태껏 요셉은 자기 형들이 그에게 한대로 갚아 주었다. 하지만 은전을 되돌린 것은 결코 보복 행위가 아니다. 그것은 은전을 받고 자기를 팔아넘긴 그들의 잘못을 보게 하려는 행동이다.[5] 하지만 그들은 은전이 되돌려진 것이 무슨 뜻인지 이해할 수가 없어

---

5 Spider, *Genesis*, 335.

오히려 두려움에 휩싸인다. 아버지 야곱에게 돌아와서 형제들은 일어난 일을 보고하고, 그들이 정탐꾼들이 아니고 정직하다는 것을 입증하기 위해서 베냐민을 꼭 데리고 다시 이집트로 가야 한다고 말한다. 야곱이 반대했지만 기근이 더 극심해져 가지고 온 식량이 모두 고갈되고, 하는 수 없이 유다가 베냐민의 안전을 보장하자 그를 보내기로 결정한다.

다시 이집트로 와서 그들은 요셉을 알현하고 함께 온 막내 베냐민을 소개한다. 요셉은 자기 관리인에게 그들을 자기 집으로 모시고 가라고 당부한다. 그리고 "나와 함께 점심을 먹도록" 음식을 준비하라고 당부한다. 그들은 지난번 돌려 받은 은전 때문에 그들이 그 집에 도착하는 순간 체포당하고 가지고 온 모든 것까지 압류당하게 되리라고 짐작한다. 그래서 그들이 집 앞에 당도 했을 때 요셉의 관리에게 가나안으로 가는 길에 발견한 은전에 대하려 설명하기 시작한다. 자기들은 영문을 모르지만 그것을 그대로 가져왔을 뿐만 아니라 식량을 사기 위해서 더 많은 돈을 가지고 왔다고 말한다.[6] 그 관리는 그런 것이 아니라면서 걱정하지 말라고 말한다.

그들이 요셉의 집으로 안내되고, 관리인은 그들에게 발 씻을 물도 주고 그들이 끌고 온 나귀에게 먹이도 준다. 그래서 그들은 안도감을 가진다. 감금당한 시므온도 그들과 합류한다. 요셉이 집에 오자 그들은 그 앞에 가지고 온 선물을 풀어 앞에 놓고 "땅에 엎드려 그 앞에 절을 올린다." 요셉이 아버지의 안부를 묻는다. 그러자 다시 그들은

---

6 Coote and Ord, *The Bible's First History*, 192-193. "형들이 요셉을 팔 때 받은 은돈과 곡식 자루 속에 있던 은돈은 상관관계를 가진다. 유다가 요셉을 팔 때 은돈 20냥을 받았다. 그리고 이집트로 식량을 사러 두 번 왕래한 은돈이 20냥이다."

절을 하면서 평안하시다고 대답한다. 요셉은 그들을 둘러보고 자기 막냇동생을 보자 베냐민에게 축복을 해 주고는 감격한 나머지 그들을 잠시 떠나 눈물을 흘린다. 다시 그들에게 돌아와서 밥상을 차리라고 명한다. "그들은 요셉과 함께 취하도록 먹고 마셨다"(창세 43:34하).

그들이 떠나기 전 요셉은 그들이 지불한 은전을 식량 자루에 넣고 자기가 쓰던 은잔을 베냐민의 자루에 넣게 한다. 그들이 막 성읍을 빠져나가려 할 즈음에 요셉은 관리인을 시켜 그들을 추적한다. 그리고 다시 요셉 앞에 오게 한다. 야비스트는 여기서 "그들이 그 앞에 땅에 엎드렸다"라고 적는다. 그리고 그들의 대변인 격인 유다가 엎드린 채 말한다.

> "우리들이 나의 주인에게 무슨 말이 있겠습니까? 무슨 변명을 할 수 있
> 겠습니까? 엘로힘께서 당신의 종들의 죄를 들추어 내셨으니 우리의 죄
> 없음을 어찌 밝힐 수 있겠습니까? 우리와 이 잔을 가지고 간 이 아이 모두
> 나의 주인의 종이 되겠습니다"(창세 44:16).

그러나 요셉은 자기의 은잔을 가져간 동생 베냐민만 자기의 종이 되어야 한다고 주장한다. 그렇게 함으로 그는 그들이 야곱과 라헬의 다른 아들을 노예로 팔아넘긴 꼭 같은 잘못을 대면하도록 한다. 이 절정적 순간에 그 형제들은 그들이 이집트에 종으로 팔아넘긴 그들의 아우의 꺾지 못한 거절을 대면하게 된다.

아직 자기의 아우인줄 모르는 유다가 요셉을 바로와 동일시한다. 그러면서 그 막내아들이 아버지가 늘그막에 얻은 아들이고 어머니가 낳은 두 아들 중 하나는 잃고 그 아이가 하나 남은 아들이라고 말한다.

요셉이 지금 요구하는 바가 그들이 아버지에게 돌아가서 그를 설득할 수 없는 정황임을 근거로 애원한다. 그 막내아우를 보내면서 아버지가 그들에게 하신 말씀을 들어 간청한다.

> "당신의 종 저의 아버지께서 저희들에게 말씀하셨습니다, '너희도 알지 않느냐? 이 아이의 어머니가 낳은 자식이 둘 뿐인데 한 아이는 나를 떠나서 돌아오지 않았다. 분명히 그의 몸이 산산조각으로 찢긴 게 분명하다. 그 후로 그 애를 보지 못했으니 말이다. 만일 너희들이 이 아이마저 내게서 떠나보내 해를 입히면 어찌하겠느냐? 그러면 너희는 백발이 된 나의 머리카락을 스올로 가지고 가게 하는 것이다"(창세 44:27-28).

잃어버린 다른 아들에 대하여 야곱이 한 말을 되풀이하면서 유다는 두 번째로 아버지에게 아들을 데리고 가지 못하고 돌아와야 하는 현실 앞에서 다른 형제들과 함께 자신을 기소하는 셈이다. 이번에는 막내아들을 데리고 가지 못할 처지다.

> "당신의 종이 제 아버지에게 이 아이의 안전을 책임지겠다고 말했습니다. 만일 이 아이를 아버지에게 다시 데리고 가지 못하면 제가 아버지 앞에서 그 죄를 평생 달게 받겠다고 말했습니다(창세 44:32).

유다는 베냐민을 아버지에게 돌려보내지 못하면 요셉의 경우처럼 피 묻은 옷을 아버지에게 다시 보여 드릴 수밖에 없는 가혹한 현실을 맞이하게 될 것을 감지한다. 그럴 경우에 두 번째로 아들을 잃어버린 아버지를 대면해야 한다. 그래서 그는 요셉에게 "당신의 종이 저의 백발이 된 아버지를 슬픔을 안고 무덤에 묻히게 할 것입니다"라고 말한다. 유다는 그런 참혹한 일이 닥칠 것을 알기에 대안을 제시한다. 막내 아들 대신 자기가 요셉의 종이 되겠다고 한다. 유다가 요셉을 노예로 팔아넘기는 일을 시작하였다. 이제 그는 자신이 베냐민 대신 종이 되겠다고 한다. 유다는 요셉이 그와 그의 형제들이 범한 죄악을 대면하도록 꾸민 계략을 깨닫는다. 유다와 그의 형제들은 요셉이 어린 시절 형제들과의 관계에서 '하나' 안에 '여럿'이 있고 '여럿' 안에 '하나'가 있는 역설적인 합일을 과시했던 사실을 이해하게 된 것 같다.[7]

그 상황에서 요셉은 더 이상 자신을 억제하지 못한다. 자기의 모든 시종을 물리고 나서 그는 크게 소리를 내어 운다. 이집트 사람들과 바로의 궁에까지 그가 우는 소리가 들린다. 요셉이 형제들과만 있게 되자 그들에게 자신이 누구인지 말한다.

> "나는 당신들의 형제, 이집트로 팔려 온 바로 그 아우입니다! 이제는 걱정하지 마십시오. 나를 여기로 팔아넘긴 데 대한 자책도 하지 마십시오. 그것은 엘로힘께서 형님들보다 먼저 나를 여기에 보내셔서 우리의 목숨을 살려 주시려고 그렇게 하신 것입니다. … 나를 이리로 보내신 것은 형님들이 아니라 엘로힘이십니다. 그래서 바로의 아버지가 되게 하시고 바로의 온 집안의 주인이 되게 하시고 이집트 땅의 모든 것을 다스리게 하셨습니다"(창세 45:4하-8).

---

7 Coote and Ord, *The Bible's First History*, 173-177. 이 설화 속에 서술된 유다와 요셉의 관계가 북쪽 이스라엘 왕국의 요셉 지파와 남쪽 유다 왕국의 유다 지파 사이의 관계를 어느 정도 반영하고 있는지는 분명하지 않다.

요셉의 형제들은 경악한다. 요셉은 그들에게 가까이 다가간다. 그리고 그들에게 속히 아버지에게 가서 엘로힘께서 그를 이집트의 주인이 되게 하셨다고 알리고 모든 자녀와 손자는 물론 모든 가산과 가축들을 데리고 내려와서 고센 지역에서 살라고 한다. 앞으로 5년이나 더 기근이 계속하게 될 것임으로 그렇게 하지 않으면 안 된다. 그 기근 동안 요셉이 그들에게 모든 필요한 것들을 제공할 것이다. 바로가 요셉의 형제들을 반기고 가나안으로 가는 길에 풍족한 선물들을 함께 보낸다. 그리고 이집트로 다시 돌아올 수 있는 물품들까지 주어서 보낸다. 바로가 요셉의 형제들이 다시 이집트로 돌아와서 고센 지역에 살도록 배려한 것은 요셉이 자기의 제2인자이지만 그 어떤 부정이나 농민들이 생산한 농산물을 가지고 치부하지 않은 청렴함을 보았기 때문일 것이다.

요셉이 죽지 않고 살아서 이집트의 총리로 다스린다는 소식을 듣고 야곱은 경악한다. 그리고 주저하지 않고 이집트로 와서 거기서 죽기 전에 요셉을 만나게 된다. 모든 가족을 데리고 야곱은 이스라엘로서 이집트로 망명을 오게 된다. 요셉은 병거를 타고 아버지 일행을 맞는다. 요셉은 형제 중에서 다섯 명을 골라 바로에게 목자들로 소개한다. 이집트 사람들은 양 떼를 치는 목자들을 달가워하지 않아서 바로는 그들에게 고센 땅에서 양 떼를 치라고 허락한다.

"요셉은 자기 아버지와 형제들을 고센 땅에 살게 하고 바로가 지시한 대로 그 땅에서 가장 좋은 곳, 라암세스 지역을 그들의 소유로 하였다. 요셉은 자기 아버지와 형제들과 아버지의 온 집 안에 식구 수에 따라서 먹을거리를 대어 주었다"(창세 47:11-12).[8]

가나안 땅에서처럼 이집트에서도 야곱과 그의 종족은 외국인들이다. 바로가 그들을 고센 지역에 안주하게 함으로 그들은 야훼의 백성이라는 자이해를 가지고 인종적 분리 속에 살게 된다. 그들과 나란히 살면서도 다른 이집트 사람들로부터 분리되어 그들은 자기들만의 독특한 역사와 유산을 가진 사람들이라고 이해한다. 자신들이 야훼의 특별한 민족이라는 자이해를 가진다. 엘로힘과 겨루어서 이기고 이스라엘이라는 이름을 얻었지만 영구적으로 불구자가 된 야곱처럼 그들 역시 야훼 엘로힘의 무한대한 가능성에 자신들을 통합시킬 것이다. 하지만 그들이 인종적으로 분리되어 있기 때문에 "너로 인하여 땅위의 모든 민족들이 복을 받을 것이다"라고 아브라함에게 하신 야훼의 약속을 성취하는 그들의 발걸음은 절룩거리게 될 것이다.

기근이 계속되는 동안 요셉은 바로의 제2인자로서 야곱의 모든 가솔에게 먹을 양식을 제공하게 된다. 고센 땅에 분리 정착하고 바로의 직접적인 통치권을 벗어나서 살기에 그들은 요셉의 보호를 받아 다른 이집트 사람들처럼 노예가 되어 종살이하지 않는다.

기근이 점점 더 심해져서 "이집트 사람들과 가나안 사람들 모두가"(창세47:13) 기아에 허덕이게 된다. 요셉은 계속해서 그 모든 지역의 사람들에게 식량을 공급한다. 그러나 무엇보다 바로의 직접 통치 아래에 있는 이집트 사람들의 문제에 더 관심을 가진다. 그들이 기진 모든 자원이나 돈이 고갈된 상태가 된다. 자기들의 생존을 위해서 식량을 살 때 지불한 그들의 돈은 그의 권력과 소유의 대가로 모두 바로에게 바쳐야 한다.9 바로의 절대적인 왕권 아래서 요셉은 그의 직무를

---

8 고센과 라암세스는 동의어다. J문서는 고센이라고 서술한다. Speiser, *Genesis*, 351.

9 Coote and Ord, *The Bible's First History*와 달리 야비스트는 이집트에서 "바로가 빚

엘로힘과 '정체성 합일'을 가지고 수행한다. 그래서 그는 바로의 왕권을 침해하지 않는다. 바로의 절대적인 왕권이 세운 그 구조를 채택하고 왕적 소유권을 유지하도록 그의 임무를 수행한다. 그런 왕적 소유권이 보장하는 권한을 가지고 풍작이 계속된 7년 동안 요셉은 충분한 식량을 비축한 것이다. 따라서 기근이 계속된 7년 동안에도 그는 그 왕적 소유권에 따라 식량을 팔아 받은 돈을 바로에게 바쳐야 한다. 곡식을 재배한 땅의 소유권이 바로에게 있기 때문이다.[10]

식량 부족이 점점 심각해지고 식량을 살 때 지불할 현금이 고갈되자 가축으로 대금을 지불하게 한다. 그러다가 그 해가 가기 전에 가축들 역시 고갈된다. 식량을 살 재원이 다 떨어진 것이다. 그들이 요셉에게 다음 해가 시작되면서 왔을 때 그들이 가진 것이라고는 그들의 몸과 땅뿐이다.[11]

"돈은 이미 다 떨어지고 집짐승마저 다 당신의 것이 되었습니다. 이제 당신에게 바칠 수 있는 것으로 남은 것이라고는 우리의 '시체 같은 몸뚱아리'(그비아)와 밭뙈기뿐입니다. 우리가—우리와 우리의 밭이— 우리가 보는 앞에서 죽어야 합니까? 우리 몸과 밭을 가지시고 우리에게 먹을 식량을 주십시오. 우리의 밭과 함께 우리는 바로의 노예가 되겠습니다. 우리에게 씨앗만 좀 주십시오, 그러면 우리가 죽지 않고 살 것입니다.

때문에 종을 삼는" 제도를 만들었다고 서술하지 않는다. 야비스트는 요셉이 농경사회에서 왕적 소유권에 따라서 실시한 것을 서술했다고 보겠다.

10 Lenski, *Power and Privilege*, 216. "··· 농경사회의 지배자들은 그들이 가진 왕족의 소유뿐 아니라 그들이 조세를 거두어들이는 모든 땅이 그들의 소유였다."

11 여기에 사용된 히브리어 '그비아'는 몸이나 시체를 지시한다. 굶어 죽을 지경에 이른 상황이 암시되는 문맥에서 어떤 뜻이 더 가까운지는 모호하다.

그리고 우리의 밭도 쑥대밭이 되지 않을 것입니다"(창세 47:18-19).

기근이 이어지는 동안 이집트 사람들은 살아남기 위하여 자신들의 몸과 땅을 식량과 바꿀 준비가 다 되었다고 말한다. 하지만 농경사회에서 사제들이 소유한 토지는 지킬 수 있다. 그들이 왕으로부터 일정한 토지를 하사 받기 때문이다.

요셉은 백성들로부터 그들의 몸과 토지를 바로를 위하여 사들인다. 따라서 "이집트의 이 끝에서 저 끝까지" 백성들은 바로의 노예가 된다. 그에 따라 바로는 모든 것을 소유한다. 돈, 가축, 토지, 그리고 백성들의 몸 ― 그 모두 바로의 것이 된다. 백성과 토지가 모두 왕의 소유가 되면서 그의 나라는 곧 그의 재물이 된다. 이 시기에 요셉은 바로의 제2인자로서 이스라엘 족속에게 식량을 공급해 주고 보호해 준다. 그런데 그들의 수가 불어난다. 바로의 제2인자로서 요셉은 또한 이집트 백성들에게 그들이 필요한 곡식을 공급해 주어 기아로부터 살아남게 한다. 요셉은 바로가 그에게 부여한 막강한 권한으로 흐트러뜨림 없이 그 두 공동체를 위하여 임무를 수행한다. 그런데 아이로니컬하게도 이집트 백성들은 노예로 전락했다. 그렇게 된 것은 왕적 소유권이 바로를 그가 조세를 부과하는 모든 것의 소유주로 합법화시킨 결과다.[12] 그것은 '에누마 엘리쉬' 창조 신화가 조성한 분리의 도덕적 질서가 가져다준 결과다. 요셉은 그런 왕권의 제2인자로서 이집트 백성들을 계속해서 구한다. 비록 노예가 된 상태이지만, 그는 백성들에게 씨앗을 주어 경작을 가능하게 한다. 이 일은 요셉이 죽은 후에

---

12 Lenski, *Power and Privilege*, 216.

이집트에 살고 있던 이스라엘 사람들이 노예가 된 경우와는 사뭇 대조적이다.

> "이제 내가 너의 몸과 너의 밭을 사서 바로께 바쳤다. 여기에 씨앗이 있다. 이것을 너희는 밭에 뿌려라. 그러나 곡식을 거둘 때에 거둔 것에서 오분의 일을 바로께 바치고 나머지 오분의 사는 너희가 가져라. 그걸로 밭에 뿌릴 씨를 만들고 너희 식솔들의 음식으로 하여라"(창세 47: 23-24).

이집트 백성들은 바로의 노예들이다. 돈도 땅도 더 이상 그들의 소유가 아니다. 그들은 '비존재'(non-being) 상태가 된다. 그 아무것도 가지지 못한다. 그들의 몸뚱아리까지 바로에게 속해 있다. 하지만 씨를 밭에 뿌림으로 곡식을 거들 수 있게 된다. 그리고 그들이 땀 흘려 일하는 밭이 그들의 생계를 유지시킬 것이다. 그들이 거둔 곡식 중에서 오분의 일만 바로에게 바친다. 그 오분의 일은 바로의 수입으로는 아주 제한된 것이 된다. 보통 농경사회에서는 백성들이 1년간 수확한 것에서 지배층에게 바치는 조세가 삼십에서 70%였다.[13] 요셉이 그들에게 씨앗을 주어 계속 경작하게 하고 수확의 오분의 사를 가지게 함으로써 그는 이집트 농민들을 위하여 깊은 동정심을 발휘하여 농경사회의 조세 정책에 개입한 것이다. 그는 장차 그들로 하여금 경제생활을 원만하게 영위할 수 있도록 한다. 그들에게 요셉은 그 남은 수확으로 씨를 제치고 식솔들의 식량으로 가지라고 말한다. 결국 그들은 그것으

---

13 앞의 책, 267.

로 가축을 살 수 있을 것이고, 보다 나은 생계를 유지할 수 있게 될 것이다. 여기서도 죽은 사람들의 부활을 우리가 보게 된다.

이집트 백성들이 감격한다: "당신께서 우리를 살리셨습니다! 우리가 우리의 주인께 감사드립니다. 우리는 기꺼이 바로의 종이 되겠습니다." 여기서 야비스트는 부연한다: "요셉이 이렇게 이집트의 토지법, 곧 밭에서 거둔 것의 오분의 일을 바로에게 바치는 법을—지금까지도 그 법이 유효하다— 만들었다." 외국인 이집트에서 왕의 제2인자의 권좌에 오른 이스라엘의 아들 요셉은 '하나'이며 '여럿'이고, '여럿'이며 '하나'인 상호 의존적 관계 속에서 그의 형제들과 연합하여 엘로힘과의 '정체성 합일'을 과시함으로 계속해서 아브라함의 후손임을 확인시킨다. 그가 이스라엘과 인종적 아이덴티티를 성취하면서 이집트 땅 안에 있는 모든 사람에게 복이 되는 아브라함의 후손인 그의 세계적 정체성을 또한 드러낸다.

야곱은 이집트에서 십칠 년을 살았다. 그의 임종이 임박하자 야곱이 요셉을 불러 자신에게 충성을 맹세하라고 당부한다: "나를 이집트에 묻지 말아라. 내가 눈을 감고 조상들에게 돌아가면 나를 이집트에서 옮겨 조상들이 누우신 그곳에 나를 묻어 다오"(창세 47:30). 요셉은 반드시 그 약속을 지키겠다고 말한다. 요셉의 맹세를 듣고 야곱은 "그의 침상 맡에 엎드려 그의 머리를 숙였다." 다시 한번 그의 생애 마지막 순간에 이스라엘은 요셉이 꾼 꿈을 이룬다. 곧 그의 아버지와 어머니와 형제들이 요셉에게 머리 숙여 절을 하는 꿈을 요셉이 일찍이 꾸었다. 야곱이 병상에 있을 때 요셉에게 그의 두 아들, 에브라임과 므낫세를 양자로 들이겠다고 말한다. 그들의 이름을 이스라엘의 족보에 기록하겠다고 한다. 임종이 다가왔을 때 그의 모든 아들들을 불러 족장으로서의 축복의 유언을 남기고 요셉에게 했던 말, 곧 막벨라 밭에 있는 동굴에 조상들과 함께 묻어 달라는 말을 남긴다.

야곱이 죽고 난 후 요셉의 형들은 여전히 그들에 대하여 억울하게 생각하고, 그들이 그에게 한 것처럼 앙갚음을 할지 모른다는 두려움을 가진다. 그러나 요셉은 그들을 안심시킨다. 전혀 그들을 해할 생각이 없다고 말한다.

"형님들이 나를 해치려고 했지만 엘로힘께서 오히려 그것을 선하게 바꾸시어 오늘과 같이 수많은 사람들의 생명을 구하셨습니다"(창세 50:20).

평생토록 요셉은 '하나' 속의 '여럿', '여럿' 속의 '하나'의 관계 속에서 그들과 연합한 삶을 살아왔다. 그의 아버지처럼 요셉도 그들이 자기를 그의 조상들과 함께 묻어 주겠다고 맹세하게 한다. 동시에 그들을 이집트에서 구출시키겠다고 약속한다. 요셉은 백십 년을 살고 죽는다. 그들은 그의 시체에 방부제 향 재료를 넣어 이집트에서 입관한다.

야비스트는 이렇게 이스라엘 족장사를 끝내는데, 이는 요셉이 바로의 제2인자로 일한 이야기가 다윗 왕조에게 거울이 되기를 의도한 것 같다. 곧 왕이 자기 백성과 외국인들을 어떻게 취급할 것인지를 거울삼아 보게 한 것 같다. 시편 2편 7절에 야훼께서 그를, "너는 내 아들, 내가 오늘 네 아버지가 되었다"고 하신 것은 그 자신을 야훼의 제2인자로 보게 하려고 한 것이다. 그렇다면 다윗의 왕조는 요셉의 통치를 방불하게 할지를 어떻게 결정할 수 있을까? 요셉이 그랬던 것처럼 다윗왕도 과연 인종적 차원에서 세계성을 가진 왕정을 성취할 수 있을까?

10장

이스라엘의 이집트 노예 생활과 엑소더스

출애굽기 2-14장

요셉이 죽은 후에 새 바로가 즉위한다. 새 왕은 요셉을 모른다. 그래서 그 바로는 이스라엘이 고센 땅에 살아 온 특권을 박탈시킨다.[1] 그때 이스라엘의 수가 많이 늘어서 "그 땅에 가득 퍼졌다". 그렇게 급속하게 이스라엘의 인구가 증가함에 따라 바로는 위협을 느끼고 그 수를 줄일 방도를 찾는다. 바로는 이스라엘을 자기에게 종속시켜서 그들의 부(富)와 노동력을 착취하려고 한 것이다. 그래서 그들을 이집트 밖으로 나가지 못하게 하고 감독관을 두어 그들을 강제노동에 투입시킨다. 곡식을 비축하는 비돔과 라암셋이라는 곡창 저장 도시를 건설하는 데 이스라엘을 징용한다. 그런데도 이스라엘의 인구는 줄어들기는커녕 오히려 점점 늘어가기만 한다. 그에 위협을 느낀 바로는 이스라엘을 더 혹독한 노동에 투입시킨다.

---

1 참조. Lenski, *Power and Privilege*, 231-232.

그런 맥락에서 모세가 나타나고 어느 날 이집트 사람이 "모세의 친척"[2]이라고 표현된 히브리 노예를 구타하는 광경을 본다. 그것을 본 모세는 분개한 나머지 주변을 살펴보고 아무도 보지 않는 틈을 타서 그 이집트 사람을 살해하고 그의 시신을 모래 속에 묻어 버린다. 그다음 날에는 히브리 사람끼리 싸우는 것을 보고 잘못한 사람에게 가서 그를 나무란다. 그러자 그 히브리 사람은 모세에게, "누가 당신을 우리의 지배자나 재판관으로 세웠는가? 이집트 사람을 죽인 것처럼 나도 죽일 셈이오?" 하고 달려든다. 그가 저지른 살인이 들통이 나고 그렇게 되면 바로가 자기에게 복수하게 될지 모르겠다고 우려한 모세는 미디안으로 몸을 피한다. 그곳에 있는 우물가에서 모세는 미디안 사제의 일곱 명의 딸들을 만난다. 그 딸들이 양 떼에게 물을 먹이는 동안 다른 목자들에게 괴로움을 당하는 광경을 보게 된다. 모세가 사제의 딸들을 도와 봉변을 모면하게 해준다. 그래서 그녀들이 무사히 양 떼에게 물을 먹이게 해 준다. 사제의 딸들은 모세를 그들의 아버지 이드로에게 소개시킨다. 이드로는 모세를 자기 집에 함께 살게 하고, 십보라라는 자기의 딸을 모세와 혼인시킨다.

십보라가 사내아이를 낳자 모세는 그 아이에게 게르솜이라는 이름을 지어 준다. 그 이름은 "내가 낯선 땅에서 나그네가 되었다"라는 뜻이다. 모세는 히브리 사람인데, 고향은 이집트이다.

그가 이드로의 양 떼를 돌보면서 하루는 "엘로힘의 산"이라는 뜻의 호렙으로 향하는 사막을 지난다. 거기에서 "야훼의 한 천사가 그에게 떨기 가운데 이는 불꽃 속에" 나타난다. 떨기에 불이 붙어 있는데도

---

2 한글번역이 "동족"이라고 번역하고, NRSV는 "one of his people"이라고 번역한 히브리어 '아치우'는 '형제'라는 뜻의 말이다.

타지 않는 광경을 보고 모세는 신기하게 여기고 가까이 가서 더 자세하게 보려고 한다. 그때 야훼께서 그의 이름을 부르시며 신고 있는 신발을 벗으라고 하신다. "네가 서 있는 그 땅은 거룩한 땅이다"라고 말씀하신다. 생전 처음으로 야훼와 마주친 모세는 즉시 그의 얼굴을 가리고 "엘로힘 뵙기를 두려워한다". 엘로힘께서는 야훼로서 모세에게, "나는 너의 아버지의 엘로힘이고 아브라함의 엘로힘이며, 이삭의 엘로힘이고 야곱의 엘로힘이다"라고 말씀하신다. 그의 아버지의 엘로힘이기 때문에 자연히 모세와도 관계를 가진다는 사실을 바탕으로 야훼께서는 그의 아버지를 이스라엘의 족장들의 엘로힘과 연계시키신다. 따라서 모세는 강제노동에 동원되어 노예 생활을 하는 히브리 사람들의 지난 역사 속으로 통합되고 그들의 타고난 권리를 공유하고 있음이 확인된다. 야훼께서 자기의 백성들을 그들의 조상들에게 하신 약속을 성취하기 위해서 해방시키겠다는 열망에서 모세가 그들과 가지는 동족성을 더 확연히 하신다.

> "나는 이집트에 있는 나의 백성이 고통받는 것을 똑똑히 보았다. 또 억압 때문에 괴로워서 부르짖는 소리를 들었다. 그러므로 나는 그들의 고난을 분명히 안다. 이제 내가 '내려가서' 이집트 사람의 손아귀에서 그들을 구하여 이 땅으로부터 저 아름답고 넓은 땅 젖과 꿀이 흐르는 땅으로 '데려가려' 한다"(출애 3:7-8).[3]

이스라엘의 울부짖음에 감동 받아 야훼께서는 모세를 자기의 대

---

3 고딕체로 "내려가서"와 "데리고 산다"는 표현은 영어로 "coming down"과 "bring them up"으로 내림과 올림의 상관관계를 표명한다.

리인으로 부르신다: "이제 나는 너를 바로에게 보내어 나의 백성 이스라엘을 이집트에서 이끌어 내겠다"(출애 3:10).

그러나 모세는 자기가 그런 사명을 감당하기에 합당한 사람인지 의아해 한다: "제가 누구라고 바로에게 가서 이스라엘을 이집트에서 이끌어 내겠습니까?" 모세는 자기의 신분이 한편으로는 "내부인"이면서 다른 한편으로는 "외부인"이므로 그런 엄청난 사명을 감당하기에 자기가 합당한 사람인지 의구심을 가진다. 어쩌면 이집트 사람을 살해한 그의 전력이 그런 거사를 망치게 할지도 모른다고 생각하였을 것이다. 야훼께서는 그와 함께하시겠다고 약속하신다. 그리고 야훼가 그를 보내신 것을 증명할 표징을 그가 이스라엘을 이집트로부터 이끌어 내고 "이 산"에서 야훼께 예배드리게 된 후에 보여 주겠다고 약속하신다.[4]

그러면 과연 모세는 누구인가? 처음 그는 "자기의 동족/친족들"이 고통받고 있는 것을 본 사람으로 무대에 오른다. 그러면 어째서 그는 다른 친족/동족들처럼 노예가 되지 않았나? 그는 이집트인의 이름을 가졌다. 그의 국적은 이집트다. 하지만 그는 히브리 사람이다. 야비스트의 세계 역사 기술 속에 모세는 불가사의한 사람이다. 히브리 사람이면서 이집트의 국적을 가졌기 때문이다.[5] 야비스트는 모세의 등장

---

4 출애 3:13-15은 야비스트 전승이라고 보기 어렵다. 모세가 불붙은 떨기 속에 나타난 야훼와 줄곧 대화하였는데 3:13에 모세는 갑자기 '하-엘로힘'(하나님)과 대화한다. 엘로힘이 모세에게 응답하면서 야훼가 했던 자기 이름을 되풀이한다. 하나님의 이름인 "나는 나다"(I AM who I AM)와 그 줄임말 "나다"(I AM)를 "주"(Adonai)로 대치한 것은 사제 문헌이라고 하겠다.

5 J문헌은 모세의 출생이나 그 배경에 대하여 아무런 서술도 하지 않는다. J문헌에 따른다면 그의 이집트 이름은 설명하기 어렵다. 참조. Coote and Ord, *The Bible's First History*, 215-223. 이 책 217쪽에 저자들은 이렇게 설명한다: "J에게 있어서 모세의 중요성은 그의

이 불의와 학대를 그가 보았을 때 그에 대한 분노에 바탕을 가진 것으로 서술한다. 그의 출생이나 교육, 그의 사회적 계층에 대하여는 아무런 언급을 하지 않는다. 그러나 야훼께서는 그의 역설적인 '정체성'을 모세로 하여금 그 반란을 이끄는 지도자가 될 수 있는 자격으로 여기신다. 사회학적 분석에 따르면, "농민들… 그들 스스로는 혁명을 일으키거나 성공시킬 수 없었다. 그들이 혁명을 일으키기 위해서는 다른 사회계층으로부터 온 지도자들을 필요로 했다."[6]

야훼께서 그와 함께하신다는 약속과 함께 모세에게 이스라엘의 장로들을 소집하라고 하신다. 그리고 그들에게 공개적으로, "너희 조상들의 엘로힘이며 아브라함의 엘로힘이고 이삭과 야곱의 엘로힘께서 그에게 나타나셔서 '너희들을 이집트에서 이끌어 내라고' 위임하셨다고 알리라고 하신다." 모세는 그래서 장로들과 함께 바로를 대면하여 야훼가 위탁한 바를 전하여야 한다.

> "히브리 사람들의 엘로힘 야훼께서 우리와 만나셨습니다. 우리가 이제 광야로 사흘 길을 걸어가서 야훼 우리 엘로힘께 제사를 올리게 해 주십시오"(출애 3:18).

배경이나 족보 또는 혈연관계나 이스라엘의 족보와 어떤 특별한 연계에 의한 것이라고 보기 어렵다. 그 같은 사실은 그의 중요성이 다른 근거에서 기인했다고 보게 하려는 의도다. 그 다른 근거란 야훼께서 그를 임명하도록 한 그의 행동과 관련된 것이라고 할 수 있다."

6 Marvin L. Chaney, "Ancient Palestinian Peasant Movement," *Palestine in Transition: The Emergence of Ancient Israel*, eds., David Noel Freedman and David Frank Graf (Sheffield: The Almond Press, 1983), 65. 그는 그런 역할을 담당했던 가장 오래된 전승에서는 "레위인들"이 있다고 설명한다. 참조. Barrington Moore, Jr., *Social Origins of Dictatorship and Democracy: Lord and Peasant in the Making of Modern World* (Boson: Beacon Press, 1966), 479.

그러나 모세는 여전히 자기가 야훼의 위임을 받은 사람이라고 바로에게 말할 때 이집트 사람들이 과연 그를 믿는지 확신이 서지 않는다. 바로를 설득하도록 힘을 실어주기 위하여 야훼께서는 모세에게 이적을 사용하게 하신다. 그의 지팡이를 땅에 던지니 뱀으로 변한 것이다. 뱀의 꼬리를 잡아 드니 바로 지팡이로 변한다. 그의 손을 품에 넣으니 그의 손에 나병이 든다. 손을 다시 품에 넣었다가 꺼내니 온전하다. 그래도 바로가 믿지 않으면 나일강의 물을 떠다가 땅바닥에 쏟아 마른 땅에서 피가 되게 한다. 그래도 모세는 아직 야훼의 대리자가 되는 확신이 서지 않는다. 그래서 이번에는 자기의 개인적인 이유를 들어 변명한다. 자기는 말을 잘 못 한다는 것이다. 다른 사람들을 감동시키거나 설득시키는 능변술이 자기한테 없다고 말한다. 맡긴 사명을 받아들이지 않고 발뺌만 하려는 모세를 보고 짜증이 나신 야훼께서는 모세의 형 아론을 그의 대변인으로 삼으라고 말씀하신다.

"그가 너를 대신하여 백성들에게 말할 것이다. 그가 너의 말을 대신 전달할 것이며 너는 그에게 엘로힘 같이 될 것이다"(출애 4:15-16).

더 이상 모세는 다른 구실을 만들어 발뺌할 수가 없게 된다. 그에게 모자란 것들은 아론의 능통한 언변술과 모세 자신의 신비스러울 정도의 외모가 합친 '정체성 합일'로 채워질 것이다.

야훼께서 이집트로 돌아가도 이제 안전하다고 말씀하신다. 그래서 모세는 장인의 허락을 받아 미디안을 떠난다. 자기의 아내와 아들은 나귀에 태우고 엘로힘의 지팡이를 손에 들고 모세는 이집트로 향하여 출발한다. 가는 길에 야훼께서는 모세에게 보이신 그 모든 이적들을 그가 바로 앞에서 할지라도 바로의 마음을 굳게 하셔서 이스라엘 백성들을 놓아주지 않을 것이라고 말씀하신다. 그래도 모세는 그 왕에게 말해야 한다.

> "나 야훼가 말한다. '이스라엘은 나의 맏아들이다.' 내가 당신에게 말한다. '내 맏아들을 가게 하여 나에게 예배하게 하라'고 했으나 듣지 않았다. 그러므로 이제 내가 너의 맏아들들을 죽게 하겠다"(출애 4:22-23).

그러나 야훼께서 바로의 마음을 굳게 한다는 말이 야훼의 목적 달성에 역행한다는 의미는 아니다. 야훼께서는 바로 스스로가 자초한 문제에 더 끌려 들어가서 그 결과를 맛보도록 하신다는 것이다. 바로가 이스라엘을 예속시켜 그들을 착취함으로써 엄청난 부를 자신을 위하여 창출할 뿐만 아니라 그의 권력을 확고하게 하여 왔다. 바로는 그 같은 상황을 영구 지속시키려는 것이다. 따라서 그 자신이 그런 야욕에 스스로 예속되는 결과를 맞게 된다. 그래서 야훼께서는 바로의 맏아들을 죽이지 않으면 안 되는 극한적 상황으로 그를 몰아가서 그의 굳은 마음의 대가를 받게 하려는 것이다.

이집트로 가는 길에 모세와 그 일행이 하룻밤 묵기 위하여 머물 때 거기서 모세는 그를 죽이려고 하는 야훼와 만난다. 모세는 이스라엘 사람이고, 야훼가 그에게 자기 백성을 해방시키라고 위임했다.

그런데 그는 이집트의 국적을 가진 사람이다. 할례를 받지 않은 사람인 것이다. 따라서 종족상으로 볼 때 모세는 아직 이스라엘에 속하지 않았다. 이제 모세는 그의 모국 이집트로 향하고 있다. 야훼께서는 모세와의 사이에 아직 정체성 합일이 수립되지 않았음을 보신 것이다. 그 둘 사이에 '정체성 합일'이 없는 한 그와 함께 일할 수가 없다. 그래서 야훼는 모세를 죽여 그들의 관계를 단절시키려고 한다.

어떤 경로에서인지 모세의 아내 십보라가 그런 위기를 알아챈다. 그리고는 부싯돌 칼로 자기 아들의 양피를 잘라 할례를 행한다. 그리고 그 양피를 모세의 '발'에 대고 "당신은 나에게 '피들의 남편'입니다"라고 말한다. 여기서 모세의 '발'은 그의 남근을 뜻한다. 히브리 말 '다민'은 '피들'이라는 복수형 명사인데, 아들의 양피를 자른 것과 남편의 남근을 할례한 것을 동일화시킨 것으로 해석할 수 있다. 따라서 이로써 십보라는 남편 모세의 할례까지 확인시킨다. 야훼께서 모세를 놓아주시자 십보라는 "할례받은 피들의 남편입니다!" 하고 말한다. 아들의 할례가 남편의 할례로 효과를 발생한다. 그런 십보라의 행동으로 모세는 이스라엘과 합일을 이루고, 이제부터 모세와 야훼는 계속해서 협력할 수 있게 된다.

야훼께서 이스라엘 백성을 이집트 노예 생활에서 구출하시기로 작정했다는 말을 그들이 신뢰하게 되자 모세와 그의 형 아론이 바로 앞에 가서 야훼의 메시지를 전달한다.

야훼에 대하여 아무것도 아는 것이 없다면서 바로는 이스라엘이 광야로 나가서 그에게 예배하는 것을 허락하지 않는다. 오히려 그런 요구에 보복하려고 바로는 이스라엘에게 더 큰 노동을 부과한다. 같은 양의 벽돌을 만들되 재료로 쓰는 짚을 이제부터는 자가 공급하라고 명한다. 히브리인 감독관은 바로의 명을 이행할 수 없게 되자 모세와 아론에게 불만을 토로한다. 오히려 더 극심한 곤경에 이스라엘 사람들이 빠지자 모세가 야훼를 향하여 왜 자기를 불러서 그런 난처한 곤경에 빠지게 했는지 호소한다.

그렇게 자기의 백성, 이스라엘을 구출하려는 모세의 첫 번째 시도는 실패하고 만다. 반대로 바로의 이스라엘에 대한 가혹한 처사는 더욱 심해진다. 바로가 이스라엘을 놓아주게 할 다른 방도가 필요하다. 그런데 야훼께서는 모세에게 전혀 다른 새로운 계략을 알려 주신다.

"이제 너는 내가 바로에게 하는 일을 보게 될 것이다. 틀림없이 그는 강한 손에 밀려서 그들을 내보내게 될 것이다. 강한 손에 밀려서야 그들을 이 땅에서 내쫓다시피 할 것이다"(출애 6:1).

그래서 모세가 바로를 나일 강변에서 만난다. 그리고 모세는 바로에게 이스라엘을 내보내지 않은 결과가 무엇인가를 보여 준다.

"이제 이로써 너에게 내가 야훼임을 알게 하겠다'고 야훼께서 친히 말씀하신다. 네 손에 있는 이 지팡이로 나일의 물을 치면 물이 피로 변할 것이다. 강에 있는 모든 고기들이 죽게 될 것이다. 그리고 강물은 고약한 냄새를 내어 이집트 사람들이 그 물을 마실 수 없게 될 것이다"(출애 7:17-18).

아론이 그의 손에 있던 지팡이로 나일강 물을 치니 물이 피로 변한다. "피가 온 이집트 땅에 고이게 된다."

일주일 후에 모세가 다시 바로에게 가서 같은 요구를 한다. 그러나 바로의 거절은 여전하고, 그에 따라 이번에는 개구리 떼가 나일강에서 올라와서 온 나라를 뒤덮고 왕의 궁전에까지 공략한다. 바로는 그 재앙을 끝내려고 모세를 불러 야훼로 하여금 "나와 내 백성들로부터 개구리 떼를 없애 달라고 청하라. 그러면 너의 백성들이 나가서 야훼께 예배하게 하겠다"고 약속한다. 하지만 개구리 떼가 사라지기가 무섭게 바로는 다시 마음을 바꾼다. 이스라엘 백성들이 떠나고 날 때 생길 경제적 손실과 그의 왕권의 불안정을 두려워하기 때문이다. 그래서 다시 이스라엘이 떠나지 못하도록 명한다. 이번에는 아론이 지팡이로 땅의 먼지를 친다. 그러자 온 땅의 먼지가 이로 변한다. 지금까지 행한 이적들은 바로의 마술사들도 따라 했지만 이번 만큼은 사정이 다르다. 그래서 그들은 바로에게 고한다: "이것이야말로 신의 손가락(능력)입니다." 그렇지만 바로의 굳어진 마음에는 동요가 없다. 야훼의 능력에도 그는 마음을 바꾸지 않는다.

다른 또 하나의 재앙이 일어나고, 뒤를 이어 여러 다른 재앙이 발생한다. 파리떼의 소동, 이집트에 있는 모든 가축의 죽음, 피부병 전염, 우박, 메뚜기 소동, 어두움의 재앙 등이 연달아 일어난다. 그 모든 재앙이 이집트의 경제 구조에 악영향을 주고 농산물 생산을 망가뜨린다. 마침내 바로는 이스라엘을 놓아주기로 결심한다. 그래서 야훼께 예배드리게 하겠다고 한다. 그러나 한 가지 조건을 붙인다. 이스라엘 사람들의 모든 가축만은 남기고 가라고 한다. 그래야 모든 종교적 의식을 마친 후에 다시 이집트로 돌아오게 되리라는 심산이다. 모세는 그 제안을 거절한다. 모든 가축도 그들이 드리는 제사에 꼭 필요하다는 이유를 말한다.

비록 바로가 이스라엘 백성들을 떠나게 하지 않은 죄를 인정하고 용서까지 구했지만(출애 10:16-17), 모세가 그들을 데리고 이집트를 떠났을 때 감수해야 할 엄청난 손실을 받아들일 수 없다고 생각한 것이다. 그래서 여전히 모세가 이스라엘을 이끌고 이집트를 떠나지 못하게 한다. 모세에게 말한 그 모든 조건을 거절 당하고 더 이상 그들을 붙잡아 놓을 수 없게 되자 바로는 격노하여, "어서 내 앞에서 썩 물러가거라! 다시는 내 앞에 나타나지 말아라. 다시 네가 나타나는 날에는 죽을 줄 알아라!" 하고 소리친다. 모세는 "말씀 잘하셨습니다. 다시는 나를 보시지 못할 것입니다" 하고 대답한다. 그런 마지막 대면이 있고 나서 야훼께서 모세에게 말씀하신다.

"내가 이제 바로에게와 이집트 땅 위에 한 가지 재앙을 더 내리겠다. 그
런 다음에야 그가 너희를 여기에서 내보낼 것이다. 그런 다음에야 너희
를 막 쫓아낼 것이다"(출애 11:1).

아홉 가지의 재앙이 일어났지만, 그것들은 노예로 속박된 이스라엘 백성들을 떠나게 하지 않고 오히려 그들의 고통을 더 극심하게 만들었다. 이제 마지막 재앙은 야훼께서 모세가 미디안을 떠날 때 그에게 예고한 대로 잔인한 재앙이 될 것이다. "네가 그를(나의 아들) 가게 하지 않음으로 나는 너의 맏아들을 죽일 것이다"라는 경고이다. 바로와 그의 백성들에게 모세는 그들에게 닥칠 그 재앙을 경고한다.

"야훼께서 말씀하시기를, '내가 한밤중에 이집트 사람 가운데로 지나갈
것이니, 이집트 땅에 있는 처음 난 것이 모두 죽을 것이다. 왕좌에 앉은
바로의 맏아들을 비롯하여 맷돌질하는 몸종의 맏아들과 모든 짐승의 맏
배가 다 죽을 것이다. 이집트 온 땅에서 이제까지도 없었고 앞으로도 없을
큰 곡성이 들릴 것이다"(출애 11:4-6).

이집트 사람과 이스라엘 사람이 확연하게 구별된 것을 언급하면서 모세는, "야훼께서 이집트 사람과 이스라엘 사람을 구별하였다는 것을 너희에게 알리려는 것이다"라고 부연한다.

야훼께서는 강요받다시피 그처럼 극심한 분리를 실행하시게 된다. 해방을 위해서는 죽임을 당해야 한다. 억압하는 압제자 밑에서 '산 죽음'(살아있으나 실상은 죽은)을 당한 사람들의 죽음이 죽어야 한다. 그래야만 종속 당한 산 죽음으로부터 구출 받는 사람들의 자유가 안겨진다.

이스라엘 사람들이 그들의 탈출(엑소더스)을 준비하면서 그들의 새로운 삶이 시작된 것을 기점으로 한 새 캘린더를 구성하게 될 것이다. 따라서 그 새로운 캘린더는 새로운 역사의 시작이 된다. 그렇게 그들은 이집트의 노예라는 신분과 '분리된' 야훼의 선택된 백성으로 재구성하게 된다. 이집트의 모든 맏배들을 죽이는 재앙을 피하기 위하여 모세는 이스라엘에게 양을 해 질 무렵에 잡아 그 피를 집의 두 문틀에 바르고 그 양의 고기를 불에 구워 해방의 식사로 먹으라고 지시한다.

"문틀에 피를 발랐으면 그것은 너희가 살고 있는 집의 표적이니 내가 이집트 땅을 칠 때에 문틀에 피를 바른 집은 그 피를 보고 내가 너희를 치지 않고 넘어갈 터이니 너희는 재앙을 피하여 살아 남을 것이다"(출애 12:13).

양은 반드시 불에 구워 누룩을 넣지 않은 빵과 쓴 나물을 곁들여 먹어야 한다. 양을 잡아 먹는 것은 속죄를 의미하고 문설주에 그 피를 바르는 것은 그들의 탈출과 해방을 상징한다. 그들은 허리에 띠를 띠고 발에 신발을 신고 손에 지팡이를 들고 속히 먹고 서둘러 떠날 태세를 가져야 한다. "서둘러 속히 먹어야 한다. 야훼의 유월절이다." 그러므로 그날은 "야훼 앞에서 지키는 절기로 삼아서 영원한 규례로 대대로 지켜야 한다." 따라서 모세는 백성들에게 선포한다: "너희는 이집트에서, 곧 너희가 종살이하던 집에서 나온 이 날을 기억하여라. 야훼께서 그의 강한 손으로 거기에서 너희를 이끌어 내신 날이다"(출애 13:3).

1 1 장
모세와 이스라엘의 출애굽 여정

출애굽 15장 - 민수기 24장

야비스트가 기록한 소위 "세계 역사" 속에서는 처음으로 이스라엘의 평민들이 이집트의 속박으로부터 풀려나서 모세와 아론의 지도하에 시내 광야를 거쳐 약속의 땅으로 들어가기 위한 대장정을 시작한다고 기록한다. 모세와 아론의 인도 아래 그 대장정이 시작되지만 그들이 억압에서 해방된 것은 전적으로 야훼 엘로힘께서 두 지도자를 통해서 하신 사건임을 야비스트는 주지시킨다. 그들이 향하고 있는 약속의 땅은 야훼께서 '엘샤다이'로서 아브라함과 사라와 그들의 후손들에게 그들 사이에 맺은 영원한 언약 속에서 약속하신 땅이다. 먼저 그들의 대장정을 맨 처음 시작한 이스라엘의 족장들을 길게 소개한다. 이제 자유의 몸으로 그들은 자기들의 조상들이 시작한 여정을 계속하게 되는데, 먼저 훈련의 기간을 광야에서 보내게 된다. 그들이 광야에서 사는 동안 창세기 2장 7절의 창조 신화가 제시한 대로 야훼의 창조로 만들어진 사람됨의 합일성을 가나안 땅으로 들어가기에 앞서서 이해할 뿐만 아니라 그들도 그 합일성을 가지도록 훈련 받게 된다.

이스라엘 백성들이 벽돌을 만들던 라암셋을 출발하여 숙곳으로 이동한다. 그 수가 남자 장정만 육십만 명이다. 어린이와 여자들과 가축들을 합하면 엄청난 행군 대열이다. 이스라엘이 이집트에 살아온 지가 사백삼십 년이다. 그들이 이집트를 떠나던 그날 "야훼의 모든 대열이 이집트 땅에서 빠져나왔다." "그리고 모세는 요셉의 유골을 가지고 나왔다."

바로가 "우리에게 종살이하던 이스라엘을 이렇게 풀어 놓아 보낸 것"을 후회한다. 그래서 병거 육백 대와 그의 직속 정예 부대를 편성하여 바닷가 에담에 장막을 치고 있던 이스라엘을 추격한다. 바로의 군대가 출현하자 이스라엘 사람들은 이집트에서 그들을 이끌어 낸 모세를 원망하기 시작한다: "광야에서 죽는 것보다 이집트사람을 섬기는 것이 더 나으니 그대로 내버려 두라고 하지 않았느냐?" 그들의 원망 소리를 무시한 채 모세는 야훼께서 지시하신 대로 그의 손에 든 지팡이로 바닷물을 친다. 그러자 물이 갈라져서 이스라엘이 마른 땅이 된 바다를 가로질러 갈 수 있게 된다. 한편 야훼께서 이스라엘을 추격하는 바로의 군대들의 마음을 굳게 하신다. (초월적 가능성의 하나님으로서 야훼와 합일된) '하-엘로힘', 야훼와 함께 모세는 이스라엘을 추격하는 원수들의 위협으로부터 구출한다.

이스라엘을 앞서 인도하던 '하-엘로힘'의 천사가 진 뒤로 옮겨가자 진 앞에 있던 구름기둥도 진 뒤로 옮겨가서 이집트 진과 이스라엘 진 사이를 가로막았다. 그 구름이 이집트 사람들이 있는 쪽은 어둡게 하고 이스라엘 사람들이 있는 쪽은 환하게 밝혀 주어서 밤새도록 양쪽이 서로 가까이 갈 수 없었다(출애 14:19-20).

이스라엘이 바다 건너편에 당도하자마자 모세가 팔을 다시 바다 위로 뻗친다. 그러자 바닷물이 본래의 상태로 되돌아와 이집트 군대는 한 명도 남기지 않고 다 물속에 잠겨 죽는다. 이스라엘 사람들이 야훼와 모세가 합일성을 가지고 일하는 것을 보고, "야훼를 두려워하고 야훼를 신뢰하며 그의 종 모세도 신뢰하였다." 모세는 이스라엘과 함께 야훼를 "용사"이시라고 찬양한다. 모세의 노래와 미리암의 노래로 야훼를 찬양한다. 여자 예언자 미리암은 소고를 손에 들고 모든 여인과 함께 야훼가 이끄신 승리를 노래하며 춤춘다(출애 15:1-21).

모세는 가나안 땅으로 가기 위하여 이스라엘을 빈 들로 인도한다. 야훼께서 그들이 가는 앞에서 낮에는 구름기둥으로 밤에는 불기둥으로 불을 비추어 밤낮으로 그들이 가는 길을 인도하신다. 그들이 가는 길에 쓴 물로 어려움을 겪고 빵과 고기가 없어 고생하기도 한다. 그리고 아말렉 사람들과 싸우기도 한다. 그런 여러 가지 난관에 부닥칠 때마다 이스라엘은 계속해서 모세에게 불평한다. 하지만 모세는 언제나 야훼와의 정체성 합일로 그들의 문제를 해소한다.

광야는 이스라엘에게 무엇보다 물 부족의 어려움을 안겨 준다. 그런 어려움 속에서 모세는 거듭 야훼의 지시와 인내하심에 의지하게 된다. 수르 광야에 있는 마라에 당도했을 때 마실 수 없는 쓴 물이 나온다. 야훼께서는 모세에게 나뭇가지를 꺾어 물에 넣으라고 하신다. 그렇게 하자 물이 단물로 변한다(출애 15:22-25). 이스라엘이 르비딤에 장막을 치게 되었을 때 거기에 물이 없자 야훼께서는 모세에게 "호렙의 바위를 치라"고 명하신다. 그러자 "거기에서 물이 터져 나왔다"(출애 17:1-7). 모세는 거기에 두 이름을 준다. 하나는 '시험'이라는 뜻의 '맛사'라는 이름이고, 다른 하나는 '다투다, 잘못을 보다'라는 뜻의 '므리바'라는 이름이다. 그곳은 이스라엘이 가나안 땅에 가까이 이르렀을 때 모세와 아론에게 그들을 "죽게 될 땅으로 데리고 왔느냐?", "씨를 뿌릴 곳도 못 되고, 무화과나 포도나 석류도 없으며 마실 물도 없는 곳이다"(민수 20:2-13)라며 비난한 곳이다.

미디안에 당도하여 그들은 모세의 장인 이드로를 만나 야훼께서 이스라엘을 이집트에서 구출해 내신 일을 말해 준다. 이드로는 "야훼께서는 그 어떤 신들보다 위대하시다"라고 말하면서 엘로힘에게 번제물을 드린다. 아론과 다른 이스라엘의 모든 장로와 함께 엘로힘의 임재하에 음식을 먹고, 이드로는 자기의 고장으로 떠난다.

이집트를 떠난 지 석 달이 될 때 모세는 이스라엘을 시내 광야로 인도한다. 그리고 시내산 아래에 진을 친다. 야훼께서는 시내산으로부터 모세를 불러 백성들에게 전할 바를 알리신다.

"너희는 내가 이집트 사람에게 한 일을 보았고 또 어미 독수리가 그 날개로 새끼를 업어 나르듯이 내가 너희를 인도하여 나에게로 데려온 것도 보았다. 이제 내가 너희가 정말로 나의 말을 듣고 내가 세워 준 언약을 지키면 너희는 나의 보물이 될 것이다. 온 세상이 다 나의 것이다. 그러므로 너희는 내가 선택한 백성이 되고 너희의 나라는 나를 섬기는 제사장 나라가 되고 너희는 거룩한 민족이 될 것이다(출애 19:4-6상).

야훼께서 내려오신 시내산은 이제 땅의 중심이 되고 야곱 가문이 탄생한 고향이 된다. 이스라엘이 하나님의 보화와 같은 민족으로 탄생한다. 여기서 전혀 새로운 민족이 그 존재를 드러낸다. 땅이 그의 창조물임을 확인하시며 야훼께서는 세상의 다른 모든 민족으로부터 분리된 이스라엘과의 관계를 수립하신다. 그리고 그들에게 "제사장 나라가 되고 거룩한 백성"이라는 '정체성'을 부여하신다. 그러면 그것은 무엇을 뜻하나? 이스라엘이 땅 위의 모든 다른 백성들과 왕국들에게까지 제사장의 임무를 가진 거룩한 나라가 된다는 말인가? 위대한 민족이 되어 야훼께서 아브라함에게 "너로 인하여 땅 위의 모든 사람들이 복을 받게 될 것이다"라는 약속의 가능성을 과연 이스라엘이 구현할 수 있을까?

이스라엘이 "제사장 나라"가 되려면 먼저 정결해져야 한다. 그래서 그들은 옷을 빨아 입고 "야훼께서 모든 사람들이 보는 앞에 시내산에 내려오시는 셋째 날"을 맞을 준비를 해야 한다. 야훼의 임재로 그 산이 거룩하게 된다. 따라서 사람들은 그 산에 오르거나 "아무것도 만져서는 안 된다." 양의 뿔로 만든 나팔을 불면 그때 이스라엘이 산에 올라갈 수 있다. 산에서 내려온 모세는 백성들에게 정결케 하여 그 셋째 날을 준비하게 한다. 셋째 날 아침이 되자 산이 심하게 흔들린다. 야훼께서 천둥과 번개와 함께 불 속에 내려오시는데 짙은 구름 속에 묻혀 있다. 그때 양 뿔 나팔이 울려 퍼지고 백성들은 모세의 인도로 장막에서 나와 엘로힘을 대면하게 되자 두려워 떤다. 뿔 나팔이 울려 퍼지는 중에 모세가 엘로힘에게 말하고 엘로힘은 천둥 속에서 그에게 대답하신다. 모세가 야훼 엘로힘과 '정체성 합일'을 이루는 순간이다. 이 '하나님-사람'[하늘과 땅이 하나되어]이 합일하는 경험을 보면서 이스라엘은 야훼 엘로힘께서 사람을 만들 때 목적하신바, 곧 깊은 상호 신뢰로 연합하도록 하신 것임을 목격하고 있다. 모세가 야훼 엘로힘과의 합일을 통해서 그것을 나타내고 있는 것이다.

해방된 이스라엘 백성들이 어떤 사람들이었는지는 이미 이집트 탈출 초반에 잘 드러났다. 탈출의 여정에 어려움이 닥칠 때마다 그들은 모세와 아론에게 이집트로부터 이끌어 낸 것에 대하여 심한 불평을 한다.

"차라리 우리가 이집트 땅, 거기 고기 가마 곁에 앉아 배불리 음식을 먹던 그 때에 누가 우리를 야훼의 손에 넘겨주어서 우리를 죽게 했더라면 더 좋을 뻔하였다. 그런데 너희들은 지금 우리를 이 광야로 끌고 나와서 이 모든 회중을 다 굶어 죽게 하고 있다"(출애 16:2-3).

시내산 기슭에서 여러 가지 놀라운 경험을 하지만 이스라엘 백성들은 가나안 땅으로 가는 그들의 여정에서 여전히 모세의 지도에 배치되는 행동을 쉬지 않는다. 노예 생활의 속박에서 벗어났다. 그리고 야훼와 언약을 맺어 자기 자신들만의 민족이 되어 세계 안에 있는 다른 민족들과 구별되었다. 자기들 서로 사이에서뿐만 아니라 야훼 엘로힘과 관계된 민족이 된 것이다. 그들 역시 약속받은 땅에 들어가서 야훼 엘로힘과 '정체성 합일'을 가지게 될 것이다. 그런데도 그들에게는 그 모든 특권이란 이집트에 남기고 온 물질에 비할 바가 못 된다.

모세가 백성들에게 "언약의 책"을 발표한 후 다시 산으로 올라오라는 지시를 받는다: "야훼께로 올라와라. 너는 아론과 나답과 아비후와 이스라엘의 장로 일흔 명과 함께 와서 멀리 떨어진 곳에서 나에게 경배하라." 그런데 여기 언급된 일흔 명의 장로들은 누구인가? 그들은 창세기 10장에서 야훼께서 무지개 언약을 세우신 칠십 개의 민족들을 대표하는가? 확실하지 않다.[1] 모세와 함께 가면서 아론과 그의 두 아들 나답과 아비후와 장로들이 "이스라엘의 엘로힘을 보게 된다. 하지만 아무런 해도 당하지 않는다.

"그 발 아래에는 청옥을 깔아 놓은 것 같으며 그 맑기가 하늘과 꼭같았
다. 엘로힘께서는 이스라엘의 지도자들을 치지 않으셨다. 그들은 엘로
힘을 뵈오며 먹고 마셨다"(출애 24:10-11).

그들은 이스라엘의 "초월적 가능성의 하나님"을 보고 그 앞에서 엘
로힘과 더불어 먹고 마시며 모두 함께 평등한 친교를 가진다. 하지만
모세만 산에 올라가서 야훼와 합류한다. 모세 혼자서만 이스라엘과
그 일흔 명의 장로들에게 야훼께서 새기신 돌판을 받아 백성들에게
전달한다. 아직 모세가 야훼와 함께 산에 있을 동안 엘로힘과 함께 먹
고 마시던 모세의 형 아론이 송아지 모양의 우상을 만들고, 제단을 그
앞에 세우고 야훼의 절기를 지키자고 한다. 그리고 번제와 화목제를
올린다. 이스라엘 사람들이 앉아서 먹고 마시며 흥청대었다. 야훼께
서 그것을 보시고 노하시어 그들을 멸하려 하시지만 모세가 그들을
대신하여 애원한다.

"어찌하여 이집트 사람이 '… 산 위에서 죽게 하고 땅 위에서 멸절시켰
구나'하고 말하게 하시렵니까? 진노를 거두시고 뜻을 돌이키시어 이 백
성에게서 재앙을 거두어 주십시오"(출애 32:12).

1 누가 10:1에서 예수께서 "다른 일흔 명을 그보다 앞서 그들에게 두 명씩 짝지어서 자신이
가려고 한 모든 곳과 고을로 보내셨다"고 서술한 대목을 주목하게 된다. "이스라엘의 장로
일흔 명"은 예수의 죽음과 부활로 이루게 되는 새로운 엑소더스를 통해서 있게 될 새 이스라
엘을 준비하려는 "다른 일흔 명"(제자들)과 어떤 관계를 가지는가?

창세기 17장 8절과 22장 17절의 말씀을 반영하듯이 모세는 야훼께서 아브라함과 이삭과 이스라엘에게 약속하신 바를 상기시킨다. 모세가 이스라엘을 대신하여 간절히 애원하자 야훼께서는 그의 결심을 바꾸신다. 그 대신 야훼께서는 새로운 지시를 하신다.

"너는 가서 네가 이집트에서 데리고 올라온 이 백성을 이끌고 여기를 떠나서 내가 아브라함과 이삭과 야곱에게 맹세하고 그들의 자손에게 주겠다고 약속한 그 땅으로 올라가거라. 내가 한 천사를 보낼 터이니 그가 너를 인도할 것이다. 내가 가나안 사람들을… 쫓아내겠다. 너희는 이제 젖과 꿀이 흐르는 땅으로 들어간다. 그러나 나는 너희와 함께 가지 않겠다. 너희는 목이 곧은 백성이어서 내가 너희와 함께 가다가는 너희를 없애 버리게 될지도 모르기 때문이다"(출애 33:1-3).

이미 "젖과 꿀이 흐르는 땅"으로 들어갈 준비를 시작한 이스라엘 백성에게 그들이 우상을 만든 죄 때문에 가나안 땅에 축제처럼 들어가지 못한다고 말씀하신다. 그리고 야훼께서 그들과 함께 그리로 가시지 않겠다고 한다.

이집트 탈출을 시작할 때 이미 모세는 "회막"(the Tent of Meeting)을 설치하였다. 진의 장막 밖에 회막을 설치한 것이다. 모세가 그 안에 들어오면 백성들은 모두 일어나 자기들의 장막 입구에 선다. 그리고 구름기둥이 회막 입구에 내려오는 것을 본다. 그 구름이 야훼의 임재를 대표하기에 그들은 그때 예배드린다. 회막에 들어오신 야훼께서는 모세와 그 사이에 거리가 없이 얼굴과 얼굴을 대하여 "마치 친구끼리 그렇게 하듯이" 서로 대화를 나누고 "정체성 합일"을 이룬다. 그런 모임이 끝나면 모세는 이스라엘의 회중에게 돌아온다.

모세는 이제 야훼가 함께 하시지 않는 여정을 하게 됨으로 전혀 새로운 미래의 영역으로 걸어가게 된다. 그는 자신이 무방비해지고 부적절하게 느껴진다. 그래서 야훼와 회막에서 대면하면서 "나와 함께 가도록 누구를 보내시겠습니까?" 하고 묻는다. 야훼는 모세와의 돈독한 관계 때문에 이미 이스라엘을 거부한 사실을 잊어버리고 말씀하신다: "내가 너의 가는 길에 함께 하겠다. 내가 너에게 쉬도록 하겠다." 하지만 모세는 그보다 더 원한다. 이스라엘과 그가 계속해서 야훼의 백성이려면 그리고 야훼께서 그들의 조상들에게 하신 약속을 성취하려면 반드시 야훼께서 그들을 가나안 땅까지 함께 가야 한다고 말한다. 그래야만 이집트의 속박에서 해방된 그들이 "땅 위의 모든 다른 백성들과 다른" 구별된 사람들이라고 확신하게 될 것이라고 말한다. 야훼는 모세의 간청을 받아들이고, "나는 너를 잘 알고 네가 나의 총애를 받으니 네가 말한 것들을 그대로 행하겠다"라고 약속하신다. 그제야 모세는 안심한다. 그들의 여정이 계속되는 동안 모세와 야훼는 이스라엘 족장들에게 약속한 그 땅으로 이스라엘을 함께 인도한다.

그들이 야훼의 산을 떠난 후 야훼의 대리자인 모세는 여전히 가나안 땅으로 가는 여정에서 줄곧 백성들로부터 도전을 받는다. 사막으로 간 지 며칠 되지 않아 이미 매일 밤 이슬과 함께 내린 '만나'를 갈아 과자를 만들어 먹으면서 이집트에서 먹던 생선과 오이, 부추와 파와 마늘들을 그리워하며 모세에게 불평한다(민수 11:5). 모세는 야훼께 그 많은 사람에게 고기를 먹게 할 수 없음을 고한다. 야훼께서는 모세의 무거운 어깨를 가볍게 하려고 하신다. 모세에게 백성들의 장로 일흔 명을 회막 앞으로 데리고 오라고 말씀하신다. 여기서 다시 질문을 던지게 된다. 그 일흔 명의 장로들이 노아의 아들들에게 야훼께서 일흔 개의 민족들과 세우신 맨 처음의 언약을 대표하는가? 아무튼 구름기둥으로 내려오신 야훼께서 모세가 가진 약간의 영을 그들에게 주신다. 그래서 그들이 백성들의 짐을 모세와 공유하게 하신다. "그 영이 그들 위에 내려와 머물자 그들이 예언하였다"(민수 11:25).

백성들이 갈구하는 고기를 주시려고 야훼께서는 바람을 일으키시고, 바다 쪽으로부터 메추라기 떼가 날아와서 진을 빙 둘러 이쪽으로 하룻길 될 만한 곳에 떨어지게 하셨다. 그리고 땅 위로 두 자 정도 쌓이게 되었다.

> "백성들이 일어나 바로 그 날 온종일, 그리고 밤새도록, 그리고 그 이튿날도 온종일 메추라기를 모았는데 적게 모은 사람도 열 호멜은 모았다. 그들은 그것들을 진 주변에 널어 놓았다. 고기가 아직 그들의 사이에서 씹히기도 전에 야훼께서 백성에게 크게 노하셨다. 야훼께서는 백성을 극심한 재앙으로 치셨다"(민수 11:32-33).

모세는 백성들의 불평과 비난은 물론 자기 형제들로부터 받는 뻔뻔스럽고 보기 민망한 비난도 감수해야 했다. 모세가 구스 여인을 아내로 맞이하자 아론과 미리암이 그를 비방하면서 야훼의 대변인 자격에 의문을 제기한다.

> "야훼께서 모세와만 말씀하셨느냐? 우리와도 말씀하시지 않았느냐?"
> (민수 12:2)

야훼께서 그 세 남매를 회막으로 오라고 하신다. 그리고 구름기둥 가운데 내려오셔서 미리암과 아론을 앞으로 다가서게 하시고 야훼와 그들의 형제 모세가 가진 관계를 말씀하신다.

"너희 가운데 예언자가 있으면 나 야훼가 환상으로 그에게 알리고 그에게 꿈으로 말해 줄 것이다. 나의 종 모세는 다르다! 그는 나의 온 집을 충성스럽게 맡고 있다. 그와 나는 얼굴을 마주 바라보고 말한다. 명백하게 말하고 애매모호하게 말하지 않는다. 그는 나 야훼의 모습까지 지니고 있다. 그런데 너희는 어찌하여 겁도 없이 나의 종 모세를 비방하느냐?"(민수 12:6-8)

야훼께서는 그와 모세가 공유한 "정체성 합일"을 인정하시며 그들의 관계를 "그(모세)는 나 야훼의 모습까지 지니고 있다"고[2] 말씀하신다. 야비스트 기록에서 야훼께서 이렇게 "정체성 합일"을 인정하신 인물은 모세 하나뿐이다.

구름기둥이 진에서 사라지자 미리암은 피부병 환자가 되어 "눈처럼 희게 되었다." 아론이 미리암을 대신하여 모세에게 그녀를 회복시켜 달라고 청한다. 그리고 모세는 야훼께 그의 누이를 위해서 간구한다. 야훼께서는, 그녀의 아버지가 얼굴에 침을 뱉으면 이레 동안 부끄러워해야 하는 경우를 들어 이레 동안 진 밖에 두었다가 들어오게 하라고 말씀하신다. 그런 일이 있고 나서 이스라엘의 행군은 다시 시작된다.

---

2 한글번역 "그는 나 주의 모습까지 볼 수 있다"는 모호하다. 오히려 "그에게서 나 주의 모습을 볼 수 있다"라고 번역하였으면 한다.

이스라엘이 바란 광야에 있는 가데스에 도달하고 그들의 조상들이 약속받은 가나안 땅에 가까이 왔을 때 야훼께서는 모세에게 각 지파 중에서 지도자 한 명씩 골라서 가나안 땅을 정탐하게 하라고 이르신다. 모세는 야훼의 말씀대로 시행한다.

"너희는 저기 네겝 지방도 올라가 보고 산간지방에도 올라가 보아라. 그 땅이 어떤지 탐지하여라. 그 땅에 사는 사람들이 강한지 약한지, 적은지 많은지를 살펴보아라. 그리고 그들의 땅이 얼마나 좋은지, 그들이 사는 마을 들은 장막촌인지 요새화된 성읍인지, 토지는 어떤지, 기름진지 메마른지, 거기에 나무가 있는지 없는지를 살펴보아라. 담대하게 행동하여라. 그리고 그 땅의 과일을 가져오너라"(민수 13:17-20).

사십 일간의 탐사를 마치고 이스라엘의 정탐팀이 돌아와서 모세와 온 회중 앞에서 보고한다. 그들은 그 땅의 과일들을 수집하여 가져온다. 곧 그들은 수집해 온 포도와 석류와 무화과 등을 보이며 "그곳이 말 그대로 젖과 꿀이 흐르는 땅이다"라고 보고한다. 동시에 그들은 그곳 사람들이 강하고 성읍들은 견고한 요새처럼 되어 있다고 보고한다. 어떤 토론이나 의견 제시가 나오기 전에 정탐꾼으로 갔던 일행 중 하나인 갈렙이 백성을 진정시키면서 즉각 침범해 올라가자고 제의한다: "올라갑시다. 올라가서 그 땅을 점령합시다. 우리는 반드시 그 땅을 점령할 수 있습니다"(민수 13:30). 하지만 함께 갔던 정탐꾼들의 대부분은 갈렙과 의견을 다르게 말한다: "우리는 도저히 그 백성에게로 쳐올라가지 못합니다. 그 사람들은 우리보다 훨씬 더 강합니다." 견고한 요새처럼 성읍들이 만들어져 있을 뿐 아니라 강한 사람들이 살고 있다면서 탐지한 땅에 대하여 부정적인 소문을 퍼뜨린다.

"우리가 탐지하고 두루 다녀 본 그 땅은 그곳 사람들을 삼키는 땅이다. 그뿐만 아니라 우리가 그 땅에서 본 사람들은 키가 장대 같았다. 거기서 우리는 또 네피림 자손을 보았다. 우리들 스스로는 그들에게 메뚜기처럼 보였을 것이다"(민수 13:32-33).

그렇게 부정적인 보고가 더 우세하다. 따라서 거기 모인 회중들은 실망한 나머지 다시 모세와 아론를 질책한다. 믿기 어려운 상황이 벌어지자 모세와 아론은 참담한 심정으로 땅에 얼굴을 대고 엎드린다. 이집트의 속박에서 천신만고 끝에 해방되어 야훼께서 주시겠다고 약속하신 그 땅을 눈앞에 보고 있는데도 그 모든 발걸음이 물거품이 될 형편이다. 바로 그때 정탐팀의 한 사람인 여호수아가 일어나서 갈렙을 성원한다. 대다수 정탐팀의 보고를 반박하면서 여호수아는 야훼께서 함께 하시므로 그 땅의 사람들이 아무리 강하다고 하더라도 반드시 그 땅을 차지하게 될 것이라고 회중을 설득한다. 하지만 회중은 그런 말을 믿지 않고 오히려 여호수아와 갈렙을 돌로 치려고 한다,

회막에 야훼의 영광스러운 임재가 나타나신다. 백성의 반란에 노하시어 야훼께서는 그들을 멸하려고 하신다. 하지만 모세는 노하시어 백성을 멸하시려는 야훼께 반문한다. 이집트 사람들을 심판하신 야훼께서 자기 백성을 불기둥과 구름기둥으로 보호하면서 광야를 거쳐 가게 하셨다는 사실을 그 사람들도 다 들어 알고 있는데, "그 야훼가 자기 백성에게 주기로 약속한 땅으로 그들을 데리고 갈 능력이 없어서 그들을 광야에서 모조리 죽였다"고 말할 것이라며 반박한다. 모세는

야훼의 능력과 사랑을 근거로 이집트에서부터 지금까지 그랬듯이 백성을 용서해 주시라고 간구한다. 그래서 야훼께서는 그들을 다시 용서하신다. 그 대신 단서를 붙이신다.

> "나의 영광스러움을 보고도, 내가 이집트와 광야에서 보여 준 이적들을
> 보고도, 열 번이나 거듭 나를 시험하고 내 말에 순종하지 않은 사람들은
> 그 어느 누구도 내가 그들의 조상들에게 주기로 맹세한 그 땅을 보지 못
> 할 것이다. 나를 멸시하는 사람은 어느 누구도 그 땅을 보지 못할 것이
> 다"(민수 14:22 23).

사십 년 동안 광야에서 야훼의 근심거리가 될 때마다 모세의 중재로 어려운 국면들을 모면해 온 그 이스라엘의 첫 세대는 기어코 야훼를 전적으로 믿고 순종하지 못하였기 때문에 그들의 조상들이 약속받은 그 땅에 성공적으로 정착하지 못하게 된다.

특히 야훼의 능력을 믿지 않고 언제나 의존적으로만 살아온 사람들은 약속의 땅에 들어가지 못한다는 것이다. 야훼께서 그들에게 주시겠다고 하신 그 땅에 들어가는 것에 대하여 부정적으로 말했던 정탐꾼들은 재앙을 받아 죽고 만다.

야훼께서는 이스라엘 진지 앞에 있는 산 계곡에 사는 아말렉 사람들과 가나안 사람들의 견고함을 보시고 그들을 공략하지 말라고 하신다. 그래서 모세에게 홍해 쪽 광야로 돌아서 아말렉과 가나안 사람들을 피하여 가라고 권하신다. 그러나 바로 이튿날 이스라엘은 처음에 정탐팀이 부정적으로 한 말을 따른 잘못을 보상이라도 하려는 듯이 산으로 올라가서 가나안 사람들을 남쪽에서 공략한다. 모세는 그들의

불순종을 지적하면서 그들이 가나안 사람들의 칼에 쓰러질 것이라고 예고한다. 그런 모세의 경고를 무시하고 그들은 산간 지역으로 가나안 사람들과 아말렉 사람들을 공격하지만, 모조리 처참하게 죽고 만다.

이스라엘의 광야 행진이 거의 절정에 다다를 때 회중 안에 모세와 아론의 지도력과 관할권에 반기를 들고 일어나 복잡한 상황이 벌어진다. 레위의 증손인 고라와 르우벤 지파의 도단과 아비람이 이스라엘의 다른 남자들 이백오십 명과 합세하여 모세와 아론에게 반기를 든 것이다.

> "당신들은 너무 지나친 일을 하고 있소. 온 회중이 다 거룩하고 모두가 각각 다 거룩하오. 야훼께서 그들과도 함께 하시오. 그런데 어째서 당신들은 야훼의 회중 위에 군림하려 하오?"(민수 16:3)

가나안 땅에 들어가기 전 고라는 아론만이 제사장인 데 대하여 반기를 든다. 그리고 르우벤 지파는 모세가 온 백성들을 전체주의적으로 다룬다면서 항의한다.

겸손히 땅에 엎드려 모세는 그들에게 야훼께서 그들에게 나타나시어 "누가 그의 사람이고 누가 거룩하며 누가 그에게 가까이 갈 수 있는 가를 보이실 것"이라고 알려 준다. 고라와 그를 옹호하는 이들에게 모세는 아론의 제사장 권한을 빼앗으려고 한 계략을 책망한다. 모세는 또한 르우벤 지파의 사람들을 소집하는데, 그들이 거절한다. 자신들이 야곱의 첫아들의 후손이기에 전통적으로 누리는 장자권으로 모세의 지도력을 거부하며 소집에 응하지 않는다.[3]

"우리를 젖과 꿀이 흐르는 땅에서 이끌어 내어 이 광야에서 죽이는 것으로도 부족하단 말이오? 이제 당신은 우리 위에 군주처럼 군림하기까지 할 셈이오? 더욱이 당신은 우리를 젖과 꿀이 흐르는 땅으로 인도하지 못했소. 밭과 포도원도 우리에게 유산으로 주지 못하였소. 당신은 이 사람들의 눈을 빼 버릴 작정이오? 우리는 못 가오!"(민수 16:13-14)

이에 노한 모세는 야훼께 그들이 드리는 제물을 받지 마시라고 말하며, 그들로부터 그 자신도 나귀 한 마리도 받은 적이 없다고 말한다. 그리고 고라에게 그의 이백오십 명과 함께 각자의 향과 불을 담은 향로를 들고 야훼 앞에 나와서 심판을 받으라고 명령한다. 그들이 회막 앞에 모이게 되자 고라는 이스라엘의 온 회중과 함께 두 형제와 대결하게 한다. 야훼께서는 모세와 아론을 회중에게서 떨어지라고 하신다. "그들을 순식간에 없애버리겠다"라고 하신다. 충격을 받은 모세와 아론은 땅에 엎드려 야훼께 부르짖는다: "… 죄는 한 사람이 지었는데 어찌 온 회중에게 진노하십니까?" 그들의 반대에 야훼께서는 고라와 다단과 아비람의 거처에서 회중을 떠나게 하라고 명하신다. 회중이 물러가고 다단과 아비람이 그들의 아내들과 아이들과 함께 장막 어귀 밖에 서 있을 때 모세가 그들에게 말한다.

"너희는 이제 곧 이 모든 일이 내 뜻대로 된 것이 아니라. 이 모든 일을 하도록 야훼께서 나를 보내셔서 된 일임을 알게 될 것이다. 이 사람들이 보통 사람이 죽는 것과 같이 죽는다면, 곧 모든 사람이 겪는 것과 같은 죽음으로 죽

---

3 Coote and Ord, *The Bible's First History*, 281.

는다면 야훼께서 나를 보내신 것이 아니다. 그러나 야훼께서 너희가 듣도 보도 못한 일을 일으켜서 땅이 그 입을 벌려 그들과 그들에게 딸린 모든 것을 삼켜 그들이 산 채로 스올로 내려가게 되면, 그 때에 너희는 이 사람들이 야훼를 업신여겨서 벌을 받았다는 것을 알게 될 것이다"(민수 16:28-30).

그러자 그들이 서 있던 땅이 갈라지고 땅이 입을 벌려서 그들과 그 가족들을 모두 삼켜버린다. 그들은 모두 산 채로 스올로 내려간다. 향을 바치던 이백오십 명도 야훼께로부터 내린 불이 모두 태워버린다. 모세는 아론의 아들 엘르아실에게 향로를 망치로 두들겨 펴서 제단을 덮으라고 이른다. 야훼께 그들의 생명을 바쳐 드린 것인 만큼 그 향로는 거룩하다고 한다. 그렇게 한 것은, "아론 자손이 아닌 다른 사람들은 어느 누구도 절대로 야훼 앞에 가까이 가서 분향할 수 없다는 것과 누구든지 그렇게 하였다가는 고라와 그와 합세한 사람들처럼 된다는 것을 이스라엘 자손에게 상기시키려 한 것이다."

이스라엘이 가나안 땅의 경계로부터 떠나 계속 진군하면서 다른 위기들이 닥친다. 가데스에서 미리암이 죽어 잠시 멈추고 그녀의 장례를 치른다. 그런데 거기에는 회중이 마실 물이 없다. 전에 그랬던 것처럼 다시 이스라엘 회중은 모세와 아론을 비난한다: "어찌하여 너희들은 우리를 이집트에서 끌어내어 이 고약한 곳으로 데리고 왔느냐? 여기는 씨를 뿌릴 곳도 못 된다. 무화과도 포도도 석류도 없고 마실 물도 없다."

야훼께서는 회중에게 물을 주시기 위하여 모세에게 "그들이 보는 앞에서 저 바위에게 명령하거라"라고 말씀하신다. 그러나 모세는 화가 나서인지 그 전에 므리바에서 그랬던 것처럼 바위를 그의 지팡이로 친다. 이번에는 두 번을 내려친다. 바위에 명령하는 대신 지팡이로 두 번 침으로써 모세는 야훼의 명령을 지키지 못한다. 여기서 그가 야훼와 가진 상호 신뢰가 손상된다. 비록 바위에서 많은 물이 흘러나오지만 야훼께서는 모세와 아론에게 가나안 땅으로 이스라엘을 인도하여 들어가지 못할 것이라고 말씀하신다: "너희는 이스라엘 자손이 보는 앞에서 나의 거룩함을 나타낼 만큼 나를 신뢰하지 않았다. 그러므로 너희는 내가 이 회중에게 주기로 한 그 땅으로 그들을 데리고 가지 못할 것이다." 야훼께서 이르신 대로 바위에 명하지 않고 지팡이로 쳐서 모세는 야훼를 실추시킨 것이다. 그래서 이스라엘로 하여금 그들 사이에 가진 상호 신뢰적인 '정체성 합일'을 경험시키는 데 실패한 것이다.

가나안 땅으로 가기 위해서 그들은 에돔 땅을 거쳐야 한다. 그래서 모세는 사신들을 에돔에 보내어 그 왕에게 이스라엘이 그곳을 통과하도록 허락을 요청한다. 그들이 지나면서 밭이나 포도원에 절대로 손을 대지 않겠다고 약속한다. 거기서 물도 마시지 않겠다고 약속한다. 하지만 에돔 왕은 그 요청을 거절하고 그들이 그곳을 지나게 되면 칼로 맞설 것이라고 위협한다.

이스라엘은 하는 수 없이 가데스를 출발하여 호르산에 이른다. 거기에서 모세는 아론의 사제 옷을 벗겨 그의 아들 엘르아살에게 입힌다. 므리바에서 모세가 야훼의 명을 어길 때 아론도 합세하였기 때문에 그에 대한 징벌을 받는다: "아론은 그 산꼭대기에서 죽었다. … 아론이 세상을 뜬 것을 알았을 때 이스라엘 온 회중은 아론을 애도하여 삼십 일 동안 애곡하였다."

에돔 땅을 피하여 가기 위하여 모세는 이스라엘을 남쪽 홍해로 인도한다. 그러나 그들의 가나안 땅 입성이 자꾸 지연됨에 따라 이스라엘은 야훼와 모세를 다시 원망한다.

"어찌하여 우리를 이집트 땅에서 데리고 나왔느냐? 이 광야에서 우리를 죽이려고 하느냐? 여기에는 먹을 것도 없고 마실 물도 없다. 이 보잘것 없는 음식은 이제 역겹다"(민수 21:5).

그러자 야훼께서는 불뱀을 일으켜서 백성들을 물게 하고, 이에 많은 백성이 죽는다. 이스라엘 회중은 그들의 잘못을 뉘우치고 모세에게 와서 애원한다. 모세가 다시 야훼께 아뢰고 야훼께서는 뱀들을 물리치신다. 야훼께서는 모세에게 구리로 불뱀을 만들어 그것을 장대 위에 달고 뱀에 물린 사람이 그 불뱀을 보면 살게 한다. 모세가 그렇게 하자, "뱀이 사람을 물었을 때 물린 사람은 구리로 만든 그 뱀을 쳐다보면 살아났다."[4]

---

4 여기서 우리는 요한 3:14에서 예수께서 니고데모와 대화하면서 언급한 또 하나의 이미지를 본다. "모세가 광야에서 뱀을 든 것과 같이 사람의 아들도 들려야 한다. 그것은 그를 신뢰하는 사람마다 영원한 생명을 얻게 하려고 하는 것이다."

12장

발람의 축복

민수기 22-24장

결국 이스라엘은 "요단강 건너 여리고 맞은편에 있는 모압 평야에" 진을 친다. 이스라엘이 진을 치자 모압 왕 발락은 위기의식을 감추지 못한다. 이스라엘이 아모리 사람들을 공략했다는 소문을 들은 바 있고, 그들의 수가 많은 데 위협을 느낀 것이다. 그래서 발락은 그의 사신들을 브돌에 있는 발람에게 보내어 그를 불러와서 이스라엘을 저주하려 한다.

"한 백성이 이집트에서 나와서 온 땅을 뒤덮고 있습니다. 드디어 나의 맞은편까지 와서 자리를 잡았습니다. 이제 오셔서 나를 보아서 그 백성을 저주하여 주시기 바랍니다. 그들은 너무 강해서 나로서는 도저히 감당할 수가 없습니다. 그렇게만 해 주신다면 나는 그들을 쳐부수어서 이 땅에서 쫓아낼 수 있을 것입니다. 그대가 복을 비는 사람은 복을 받고 그대가 저주하는 이는 저주를 받는다는 것을 나는 알고 있습니다"(민수

22:5하-6).

그날 밤에 엘로힘께서 발람에게 발락의 요청을 받아들이지 말라고 말씀하신다: "너는 그 사람들과 함께 가지 말아라. 이집트에서 나온 그 백성은 복을 받은 백성이니 저주하지 말아라." 그래서 발람은 발락의 사신들에게 왕이 원하는 대로 할 수 없다고 전한다. 그러나 발락은 이스라엘을 저주하기를 고집하고 발람에게 후하게 보답하고 크게 대우하겠다고 약속한다. 하지만 발람은 왕의 요청을 거절하면서, "야훼 엘로힘의 명을 어기고서는 크든 작든 아무 일도 할 수 없습니다"라고 대답한다.

그날 밤에 다시 엘로힘이 발람에게 나타나셔서 이번에는 발락의 관리들과 함께 가도록 허락하신다. 단 엘로힘께서 허락하시는 말만 하라고 하신다. 그래서 자기 나귀에 안장을 얹고 발람은 발락의 관리들과 함께 간다. 그런데 엘로힘께서 앞서 반대하신 바를 다시 행하신다. 그의 천사로 하여금 그들이 가는 길을 막고 서게 하신다. 유머스러운 에피소드지만 발람의 생명을 위협한다. 발람을 태운 나귀는 천사가 검을 들고 길을 막고 서 있는 것을 보고 길을 벗어나서 밭으로 뛰쳐나간다. 천사를 보지 못하는 발람은 나귀를 채찍으로 때려 다시 길로 돌아오도록 한다. 이번에는 주의 천사가 양쪽에 벽이 있는 좁은 길에 서서 막는다. 나귀는 천사를 피하려다가 벽에 발이 긁히고 그에 따라 발람의 발이 상하게 된다. 발람은 다시 나귀를 때린다. 천사가 이제는 더 비좁은 길에 막아서서 오른쪽으로나 왼쪽으로 피할 수 없게 한다. 천사를 본 나귀는 그 자리에 그대로 주저앉는다. 나귀가 자기를 보호하려고 한다는 것을 알지 못하는 발람은 화가 잔뜩 나서 나귀를 지팡이로 때린다. 나귀로 하여금 주인에게 항의하도록 야훼께서 나귀의 입을 여신다: "제가 주인께 무슨 잘못을 저질렀다고 저를 세 번씩이나 때리십니까?" 발람이 나귀에게 소리를 버럭 지르며, "네가 나를 바보로 만들어서 그런다. 내게 칼이 있었으면 아마도 네 목을 쳤을 게다!" 나귀는 "저야말로 오늘까지 주인께서 평생 타시던 나귀가 아닙니까? 제가 언제 오늘처럼 버릇없이 군 적이 있습니까?" 발람은 "그런 적이 없었지!" 하고 대답한다.

그러자 야훼께서 발람의 눈을 열어 나귀가 그들이 가는 길에서 무엇을 보고 그랬는지 보게 하신다. 발람은 머리를 조아려 엎드린다. 그러나 천사는 발람의 생명을 구하려고 했던 나귀를 세 차례나 때린 것을 나무란다. 발람은 그의 잘못을 시인하고 집으로 돌아가려고 한다. 그러나 천사는 그에게 가던 길을 가서 발락을 만나라고 한다. 발락이 친히 발람을 맞이하고 이스라엘을 저주해 달라고 부탁한다. 자기의 나귀와 겪은 일을 통해서 발람은 그의 나귀처럼 어떤 모압 왕의 압력을 받을지라도 야훼의 통전함을 의식하도록 교훈을 얻은 셈이다. 그는 야훼와의 관계 안에 서 있는 자신을 확신하면서, "엘로힘께서 나의 입에 넣어 주시는 말씀, 그것을 내가 말하는 것입니다"라고 말한다. 그럼에도 발락은 모압의 헤게모니를 위협하는 이스라엘을 저주하도록 발람을 억류시킨다. 발락은 발람을 이스라엘 진영을 내려다 볼 수 있는 바못-바알 신당으로 데리고 간다. 발람은 바락에게 그곳에 제단 일곱을 만들어 달라고 한다. 그리고 거기에 수송아지 일곱 마리와 숫양 일곱 마리를 준비하라고 말한다. 그리고 자신은 더 높은 데로 올라가서 야훼의 지시를 받는다. 엘로힘께서 "그의 입에 말씀을 넣어 주시면서 축복하라고 하신다."

"발락이 나를 아람에서 데려왔다. 모압의 왕이 나를 동쪽 산중에서 데려왔다. 와서 자기에게 유리하게 야곱을 저주하라 하고, 와서 이스라엘을 규탄하라고 하였지만, '엘'(하나님)이 저주하지 않으시는데 내가 어떻게 저주하며, 야훼께서 꾸짖지 않으시는데 내가 어떻게 꾸짖겠는가? 내가 바위 꼭대기에서 그들을 내려다 본다. 언덕 위에서 내가 그들을 굽어본다. 그들은 자기들 스스로 사는 백성이다. 그들 스스로는 여느 민족들 가운데 하나라고 생각하지 않는다! 티끌처럼 많은 야곱의 자손들을 누가 셀 수 있겠느냐? 먼지구름 같은 이스라엘을 누가 셀 수 있겠느냐? 나로 하여금 의로운 사람이 죽듯이 죽게 하라. 나의 마지막이 의로운 사람의 마지막과 같게 하라"(민수 23:7-10).

광야에 진을 친 이스라엘을 보면서 발람은 이스라엘이 비할 데 없이 큰 복을 받은 데 경외감을 가진다. 그가 이스라엘에게 달리 복을 빌 필요가 없음을 본다. 그들은 이미 야훼께서 축복하신 백성이다. 이스라엘의 수와 독특함에 경외감을 가지면서 광야에 있는 그들을 "자기들 스스로 사는 백성이며, 여느 민족들 가운데 하나가 아닌" 백성이라고 여긴다. 그들이야말로 독특한 백성이며 특출한 종족이다. 그리고 그들이 이제 야훼의 백성으로 가나안 땅으로 들어가서 야훼가 그들의 왕이 되려 한다. 발람은 그래서 이스라엘을 저주할 수가 없다. 오히려 그들의 의로움에 자신도 빨려들어 간다. 여기서 앞서 말한 축복에서처럼 이스라엘의 구별된 종족성을 선언한다. 발람 자신은 그들에게 속할 수 없지만 그들처럼 의롭고, 그들처럼 의로운 생을 마치기를 원한다.

발람이 이스라엘을 저주하지 않고 오히려 축복하자 발락은 크게 분노한다. 하지만 발람은 "나는 다만 야훼께서 내 입에 주신 말씀을 마음대로 어길 수가 있나요?"라고 대답한다. 모압 왕은 이스라엘이 저주받게 되기를 고집하며 이스라엘 백성들을 내려다 볼 수 있는 곳으로 다시 발람을 데리고 간다. 발락은 거기에서 자기에게 조금이라도 유리한 예언을 하여 이스라엘에게 그 영향이 미치게 되기를 원한다. 비스가 산꼭대기에 일곱 개의 제단이 다시 만들어지고, 제단마다 수송아지와 숫양 한 마리씩 바치게 한다. 한편 발람은 떨어져 야훼를 만난다. 다시금 그가 말할 말씀이 주어진다. 그리고 발락에게 돌아가서 두 번째 예언을 선포한다.

"발락은 와서 들으라. 십볼의 아들은 나에게 귀를 기울여라: '엘'(하나님)은 사람이 아니시다. 거짓말을 안 하신다. 그는 사람의 아들이 아니시다. 변덕을 부리지도 않으신다. 어찌 말씀하신 대로 하지 않으시랴? 어찌 말씀하신 것을 이루지 않으시랴? 나는 축복하라 하시는 명을 받았다. 그가 축복하셨으니 내가 그것을 바꿀 수가 없다. 야곱에게서 아무런 잘못도 찾을 수 없다. 이스라엘에게 어떤 잘못도 볼 수가 없다. 그들의 '엘'이신 야훼께서 그들과 함께 계신다. 그들이 야훼를 그들의 임금이라고 소리를 지른다. 그들을 이집트에서 이끌어 내신 '엘'은 그들에게 마치 들소의 뿔과 같다. 야곱에게 맞설 아무런 술수가 없다. 이스라엘에 맞설 마술도 없다. 이제 야곱과 이스라엘에게 말한다: '엘'이 하신 일을 보라! 백성이 암사자처럼 일어난다. 그리고 수사자처럼 우뚝 선다. 짐승을 잡아 먹고 그 피를 마시지 않고서는 눕지 않는다"(민수 23:18-24).

발람의 두 번째 예언은 야훼께서 이스라엘을 얼마나 귀하게 여기시는가를 반영하며 창세기 12장 2절의 아브라함과 그 후손들에게 해 주신 축복을 다시 확인시킨다. 발락은 이제 야훼를 다시 이해하여야 하고 그에게 자신도 맡겨야 한다. 그가 이스라엘을 저주할 아무런 이 유가 없다. 그 백성들에게서 어떤 잘못을 찾을 수 없기 때문이다. 그들 은 어떤 마술이나 점도 치지 않았다. 그들은 독특하고 종족성에 있어 서 구별된다. 이제 그들이 야훼의 백성으로서 가나안 땅에 들어가고 있다. 그리고 야훼가 그들의 임금이 되신다. 동방에서 온 발람이 이스 라엘을 이집트에서 이끌어 내시어 자기의 백성으로 선택하신 '엘'을 칭송한다. 이스라엘 백성은 그 '엘'이 그들의 왕이라고 외친다. 발락에 게 '엘'은 자기의 백성을 들소의 뿔처럼 보호하신다고 알린다.

그럼에도 발락은 여전히 이스라엘을 저주하기를 고집하며 세 번 째 장소로 옮긴다. 이번에는 브올산 꼭대기로 간다. 발람은 거기서도 전과 마찬가지로 일곱 개의 제단과 제물들을 준비하게 한다. 발람은 지금까지 예언한 것들 때문에 자기를 야훼께서 좋게 여기신다는 것을 알고 있다. 그가 야훼와 합일하여 이스라엘을 축복했기 때문이다. 이 번에는 발람이 광야에 진을 친 이스라엘의 각 지파를 바라볼 때 엘로 힘의 영이 그에게 내려 세 번째 축복을 하게 된다.

"브올의 아들 발람의 말이다. 눈을 떠서 분명히 보는 사람의 말이다. '엘' 의 말씀을 듣는 사람의 말이다. 전능하신 분의 환상을 보고 넘겨졌으나 두 눈을 뜨고 있는 사람의 말이다: 야곱아, 너의 장막이 어찌 그리도 좋 으냐! 이스라엘아. 네가 사는 곳이 어찌도 그리 좋으냐! 계곡처럼 뻗쳤 구나. 강가의 동산 같구나. 야훼께서 심으신 침향목 같구나. 강가의 백 향목 같구나. 물통에서 물이 넘쳐흐르고 뿌린 씨는 물을 흠뻑 먹을 것이다. '그들의 임금은 아각보다 크고, 그들의 왕국은 드높아질 것이다. '그들을 이집트에서 이끌어 내신 '엘'은 그들에게 들소의 뿔과도 같다. 그들은 나라들, 그들의 대적들을 집어삼키고 그들의 뼈를 짓부수며 활을 쏘아 꿰뚫을 것이다. 그들은 웅크리고 앉아 있는 숫사자 같고 암사자처럼 눕는다. 누가 감히 그들을 일으킬 수 있으랴? 그대들을 축복하는 이마다 복을 받고, 그대들을 저주하는 이마다 저주를 받을 것이다"(민수 24:3-9).

발람의 세 번째와 네 번째의 예언은 엘로힘의 영이 감동시킨 것이다. 거기에 자기가 눈을 떠서 분명히 본다는 바를 더 강조한다. 전능한 분의 환상을 보고 넘어졌으나 뜬 눈으로 확실하게 보고 '엘'이 주신 말씀을 듣기에 이스라엘의 앞날을 예언한다는 것이다. 그는 가나안 땅을 마치 에덴동산의 실루엣으로 묘사한다. 정탐꾼들이 그곳을 다녀와서 보고한 대로 "젖과 꿀이 흐르는 땅"이다. 발람은 태초의 에덴을 보게 한다: 물이 동산에 넘쳐흐르고 야훼께서 나무들을 심고 그 씨들이 물을 흠뻑 먹는다. 그곳이 아브람과 사래가 "내가 너희에게 보여 줄 땅"으로 가려고 길을 떠났던 그들의 여정이 끝나는 땅이다. 거기가 야훼께서 그들과 그 후손들에게 맹세하신 땅이다. 그들은 야훼의 백성이다. 그리고 야훼께서는 그들의 엘로힘이시다. 그래서 백성들은 "그가 우리 가운데 임금이시다!"라고 소리쳐 외친다.

그러나 그 땅에서 이스라엘의 왕은 "아각보다 더 높을 것이다." 야비스트가 그의 "세계 역사"를 기술할 당시 이스라엘을 다스린 왕이 다윗이었다. 따라서 발람의 오라클에 의하면 다윗이 "아각보다 더 높고 그의 왕국이 더 드높아질 것이다"라는 말이 된다. 동방의 예언자 발람은 야훼께서 아브람과 사래에게 "너희를 축복하는 자마다 복을 받고, 저주하는 자마다 저주를 받는다"(민수 24:9)는 약속하신 바가 성취되었다는 말로 야비스트의 세계 역사를 끝맺는다.

13 장

왕권과 그 하이라키가 가져온 딜레마

사무엘하 1장 – 열왕기상 1장

아브라함과 사라의 긴 여정이 그 첫 번째 목적지에 도달하였다. 이스라엘이 약속의 땅에 들어가고 다윗이 그들의 왕이 된다. 야훼의 대변인 역할을 한 발람이 예고한 대로 다윗은 "아각보다 더 크고 그의 왕국은 더 드높을 것이다." 아각은 아말렉 사람들의 왕으로, 일반적인 왕이다. 사무엘상 8장에서 사무엘이 묘사하는 일반적으로 "다스리는 왕의 권한"의 차원의 왕이다.[1]

하지만 발람이 "아각보다 더 높은 왕"이라는 표현과 "그의 왕국은 드높아질 것이다"라는 표현을 나란히 사용한 것은 확연하지 않다. 아각보다 더 높은 왕이 도대체 누구이란 말인가? 또 높다면 얼마나 더 높다는 말인가? 아각이 그의 칼로 여인들의 아들들을 죽여서 이스라엘의 마지막 사사인 사무엘은 그를 "길갈에서 야훼 앞에서 아각을 칼

---

1 Coote and Ord, *The Bible's First History*, 296. 아각을 언급한 것은 다윗 왕조와 직접 연계한 축복이라고 설명하는데, 어떻게 비교가 되는지는 설명하지 않는다.

로 난도질하여 죽였다"(삼상 15:33-34). 이스라엘의 왕이 된 다윗은 그렇다면 얼마나 아각보다 더 높다는 말인가? 그리고 다윗의 왕권은 야훼 앞에서 볼 때 이집트에서 바로왕의 제2인자가 된 요셉과 어떻게 비교될 수 있을까? 요셉은 야곱의 아들로서 온 땅에 기근이 닥쳤을 때 그의 족속들을 구하였을 뿐 아니라 야훼와의 '정체성 결합'으로 이집트에 있던 그의 동족이 노예가 되지 않도록 보호하지 않았던가!

그런데 도대체 다윗의 왕권이 아각보다 얼마나 더 높다는 말인가? 다윗이 이스라엘과 유다를 합병하여 기름 부어 왕의 권좌에 오르자 맨 처음 한일은 폭력으로 자신의 수도를 만든 일이다. 여부스 사람들이 눈먼 사람들과 다리 저는 사람들을 방패 삼아 다윗의 침공으로부터 그들의 도성을 방어하려고 했을 때,2 다윗은 그 도시를 공략하며 말한다.

"누구든지 여부스 사람을 치려거든 물을 길어 올리는 바위벽을 타고 올라가서 다윗이 몹시 미워하는 다리 저는 자와 눈먼 자들을 쳐 죽여라!" (삼하 5:8)

---

2 마태 21:14-16에 "눈먼 사람들과 다리를 저는 사람들이 [성전에서] 예수께 다가오니 그가 그들을 고쳐 주셨다. 그러나 대제사장들과 율법학자들은 예수께서 하신 여러 가지 놀라운 일과 또 성전 뜰에서 '다윗의 자손에게 호산나!' 하고 외치는 아이들을 보고 화가 나서, 예수께 말하기를, '아이들이 무어라 하는지 듣고 있소?' 하였다." 대제사장들과 율법학자들은 거기에서 벌어지고 있는 일이 무슨 뜻인지 그 아이러니를 알게 된다. 삼하 5:8에 따르면 다윗은 눈먼 사람들과 다리를 저는 불구자들을 싫어한다. 그리고 예루살렘을 자기의 수도로 확보하기 위해서 그들을 모조리 살해한다. 그리고 "그러므로 눈먼 사람과 다리 저는 사람은 그의 집에 들어갈 수 없다"라는 속담을 부연한다: "그의 집"이 성전을 지시한다면 마태 21:14은 예수가 "다윗의 아들"이라고 말한 그리스도론적 정체성을 폄하한다고 하겠다.

그런데도 다윗이 아각보다 더 위대하다는 말인가?

어느 날 오후 다윗이 그의 궁전의 옥상에 올라가서 거닐고 있을 때 한 아리따운 여인이 목욕하는 것을 보게 된다. 다윗은 그녀의 남편이 요압 전선에서 복무 중인 헷 사람 우리아의 아내인 것을 알게 되지만 사람을 보내어서 그녀를 궁으로 불러들여 "그녀와 함께 눕는다." 그녀가 임신하게 되고 그런 사실을 다윗에게 알리자 우리아를 요압 전선에서 전투가 가장 격렬한 곳에 투입시켜 전사하게 한다.

그런 다윗이 아각보다 더 위대한 것이 무엇이라는 말인가? 그의 통치 기간 동안 그가 자기의 궁전을 건설하고 있을 때 다윗왕은 예언자 나단에게 아직 장막 안에 둔 하나님의 궤를 모실 집을 지으려고 논의한 바 있다. 하지만 나단은 야훼께서 오히려 다윗을 위하여 집을 지으려 하신다고 전한다:

"나 야훼가 말한다. 내가 살 집을 네가 지으려고 하느냐? 그러나 나는 이스라엘 자손을 이집트에서 데리고 올라온 날로부터 오늘에 이르기까지 어떤 집에도 살지 않고 오직 장막이나 성막에 있으면서 옮겨 다니며 지냈다. 내가 이스라엘 온 자손과 함께 옮겨 다닌 모든 곳에서 내가 나의 백성 이스라엘을 돌보라고 명한 이스라엘 그 어느 지파에게도 나에게 백향목 집을 지어 주지 않는 것을 두고 말한 적이 있느냐? … 나 만군의 야훼가 말한다. 양 떼를 따라다니던 너를 목장에서 데려다가 내 백성 이스라엘의 통치자로 삼은 것은 바로 나다. 나는 네가 어디로 가든지 언제나 너와 함께 있어서 네 모든 원수를 네 앞에서 물리쳐 주었다. 나는 이제 네 이름을 세상에서 위대한 사람들의 이름과 같이 빛나게 해주겠다. 이제 내가 한 곳을 정하여 거기에 내 백성 이스라엘을 심어 그들이 자기의 땅에서 자리 잡고 살면서 다시는 옮겨 다닐 필요가 없도록 하고 이전과 같이 악한 사람들에게 억압을 받는 일도 없도록 하겠다. 이전에 내가 나의 백성 이스라엘에게 사사들을 세워 준 때와는 달리 내가 너를 너의 모든 원수들로부터 보호하여서 평안히 살게 하겠다. 그뿐만 아니라 나 야훼가 너에게 집을 지어 줄 것이라고 나 야훼가 선언한다"[3](삼하 7:5하-11).

야훼께서는 다윗을 "내 백성의 통치자"가 되게 하셨음을 확인하신다. 그러나 다윗의 왕권이 전적으로 야훼의 개입으로 된 것임을 강조하신다. 따라서 다윗의 통치에 아각보다 더 위대한 것이 있다면, 그것은 전적으로 야훼의 중재적 개입에 기인한 것일 뿐이다. 사무엘하의 시라고 할 수 있는 다윗의 승전가는 다윗이 이스라엘을 통치하는 것이 야훼께서 그의 왕권을 보호하셨기 때문임을 노래한다.[4] 그 시는 아마도 후대 사독 시대에 지하에 숨어 살던 예언자가 쓴 것으로 보겠는데, 아무튼 다윗이 야훼와 가진 관계가 사무엘하 7장 5절 하반-16절의 언약을 유효하게 한다. 이 시에서 다윗은 "야훼께서 모든 원수와 사울의 손에서 그를 구원하여 주신 날"을 노래한다. 다윗은 그래서 "야훼께서는 나의 반석이시며 성이시고 구원자이시다"라고 고백한다. 그렇게 다윗은 야훼의 현존과 정체성 결합을 이루는 상호관계를 가지고 있음을 증언한다. 제2인칭 대명사 단수를 사용하여 그는 야훼를 "나의 구원자이시어 당신께서 저를 폭악에서 구하셨습니다"라고 노래

---

3 표준새번역은 "나 주가 너의 집안을 한 왕조로 만들겠다는 것을 나 주가 너에게 선언한다"라고 번역했는데, 지나친 의역이다. NRSV는 "… the Lord declares to you that the Lord will make you a house"로 원문에 가깝게 번역했다.
4 삼하 22장의 다윗의 승전가가 시편 18편에도 보존되어 있다.

한다:

"내가 고통 속에서 야훼께 부르짖고 나의 하나님께 호소했습니다. 야훼
께서는 그의 성전에서 내 목소리를 들으시고 나의 부르짖음에 귀 기울
이셨습니다"(삼하 22:7).

그는 자못 아포칼립틱한 야훼의 나타나심을 경험하였다고 노래하
는데, 야훼께서 하늘을 가르고 폭풍과도 같이 땅으로 내려오시는 것
으로 묘사한다.

야훼께서 하늘을 가르고 땅으로 내려오시니 그 발아래에는 짙은 구름
이 깔려 있었다. 야훼께서 세라빔을 타고 날아오셨다. 어둠이 그 주위를
둘러서 장막을 만드시고 빗방울 먹음은 먹구름과 짙은 구름으로 둘러
서 장막을 만드셨다. 야훼 앞에서는 광채가 빛을 발하고 그 빛난 광채
속에서 이글거리는 숯덩어리들이 쏟아졌다. 야훼께서 하늘로부터 천
둥소리를 내시며 가장 높으신 분께서 그 목소리를 높이셨다. 주께서 화
살을 쏘아 원수들을 흩으시고 번개를 번쩍이셔서 그들을 혼란에 빠뜨
리셨다. 야훼께서 꾸짖으실 때에 바다의 밑바닥이 모조리 드러나고 야
훼께서 진노하셔서 콧김을 내뿜으실 때에 땅의 기초도 모두 드러났다"(삼
하 22:10-17).

시인은 그렇게 땅으로 야훼께서 내려오시는 목적이 그를 원수들
에게서 구하시기 위한 것이라고 노래한다(삼하 22:17-20). 그의 시가 표
현하듯이 야훼와 다윗은 상호 신뢰의 깊은 관계를 가진다. 야훼께서

하늘을 가르고 땅으로 내려오셔서 마치 깊은 물속으로부터 다윗을 건져 올리시는 것처럼 구하신다. 그래서 다윗은 "그가 나를 구하셨다" 하고 노래한다. 그리고 자신은 그의 왕권 안에서 "야훼의 길"에 충실하겠다고 다짐한다(삼하 22:22-23, 29).

다윗이 시적으로 묘사하는 그와 야훼와의 관계는 야훼께서 자신의 무한대한 가능성으로 다윗의 원수들로부터 그를 구하기 위하여 땅으로 내려오심으로 증명된 "정체성 결합"에 근거한 것이다. 그래서 다윗은 그 자신도 그런 야훼의 무한대한 가능성에 이끌린다: "'주께서 나와 함께 계셔서 도와 주시면 나는 날쌔게 내달려서 적군을 뒤쫓을 수 있고 엘로힘과 함께 높다란 성벽을 뛰어넘을 수 있습니다"(삼하 22:30).

사무엘하 22장의 시는 지속적으로 구원하시는 야훼에게 의존하는 다윗에 대하여 자못 과장된 아포칼립틱한 묘사를 하여 자신을 드높인다. 그러면서 동시에 그가 의아스럽게도 야훼의 길과 법도를 준행한다는 자기 정당화를 하게 한다. 다윗이 이스라엘의 모든 지파를 연합시키고 강대한 민족을 세운 것은 사실이다. 그러나 그의 조상 요셉과는 달리 블레셋을 격파하고 에돔과 모압과 암몬 같은 약소왕국들을 점령하여 하나의 제국을 건설한 용전의 왕이었다.

발락이 이스라엘을 저주하여 주기를 바라면서 모시고 온 발람이 그의 네 번째 오라클에서 모압 왕에게, "이 백성이 머지않아 당신의 백성에게 하게 될 바"를 예고했다. 그는 밝히 듣고 보는 귀와 눈으로 말한다고 했다. '엘리온'(가장 높으신 분)을 알고 '샤다이'(전능자)를 보는 환상으로 "한 별이 야곱에게서 나올 것이다. 한 홀이 이스라엘에게서 일어설 것이다"라고 예고했다. 그러면 그때 발람은 다윗을 "별"과 "홀"

이라고 지칭했을까? 발람은 그것을 밝히지는 않았다. 하지만 그는 계속해서, "나는 한 모습을 환히 본다. 그러나 가까이 있는 모습은 아니다"라고 했다. 비록 야비스트가 이스라엘의 전(前) 역사를 기록할 당시 다윗이 왕이었지만, 발람이 예고하는 "별"과 "홀"은 앞으로 미래에 나타날 왕에 대한 비전이다. 다만 현재로서는 다윗이 "아각보다 더 높은 왕이 될" 그 사람이다.

솔로몬이 그의 아버지 다윗을 이어 왕위에 오른다. 그리고 그는 야훼의 이름을 모실 성전을 건설하겠다고 약속한다. 야훼는 솔로몬과 '아버지와 아들'처럼 친숙한 관계를 가지기로 약속하신다. 불순종이나 반항으로 그런 관계가 깨어질지라도 야훼께서는 그들을 책망은 하시겠지만 그들을 계속해서 사랑하신다고 하실 것이다.[5]

그러나 이스라엘의 통일 왕국을 다스린 왕은 다윗과 솔로몬뿐이다. 그리고 열왕기상 10장 26절-11장 13절이 서술하는 바처럼 솔로몬은 야훼와 가졌던 신뢰 관계를 지속하지 못한다.

> "솔로몬이 병거와 기병을 모으니 병거가 천 사백 대, 기병이 만 이천 명에 이르렀다. 솔로몬은 그들을 병거 주둔성과 왕이 있는 예루살렘에다가 나누어서 배치하였다. 왕 덕분에 예루살렘에는 은이 돌처럼 흔하였고 백향목은 세펠라 평원지대의 뽕나무만큼이나 많았다"(왕상 10:26-27).

> "솔로몬 왕은 외국 여자들을 좋아하였다. 이집트의 바로의 딸 말고도 모

압 사람과 암몬 사람과 에돔 사람과 시돈 사람과 헷 사람에게서 많은 외국 여자들을 후궁으로 맞아들였다. 야훼께서 일찍이 이 여러 민족을 두고 이스라엘 자손에게 경고하신 일이 있다. '너희는 그들과 결혼을 하고자 해서도 안 되고 그들이 청혼하여 오더라도 받아들여서는 안 된다. 분명히 그들은 너희의 마음을 그들이 믿는 신에게로 기울어지게 할 것이다' 하고 말씀하셨다"(왕상 11:1-2).

다윗하고 맺은 언약이 깨어지게 되자 야훼께서는 솔로몬에게 비록 그의 생전에 그런 일이 일어나지 않을지라도 그의 왕국이 갈라지게 하겠다고 통고하신다. 그러나 나라를 전부 남에게 주지는 않고 "나의 종 다윗과 예루살렘을 생각해서 한 지파만은 너의 아들에게 주겠다"(왕상 11:13)고 하신다.

솔로몬의 아들 르호보암이 백성들에게 감당할 수 없는 과도한 조세와 중노동을 부과함에 따라 북쪽의 요셉의 열 개 지파가 반란을 일으키고 남쪽 다윗의 집 유다로부터 떨어져 나간다. 북쪽의 지파들은 독립된 왕국이 되어 이스라엘 왕국이 되고, 남쪽 유다와 베냐민 지파들은 유다 왕국이 되어 다윗의 왕권을 계승한다.

열왕기상과 하는 이렇게 분열한 왕조의 역사를 기록한다. 하지만 그 두 왕국은 모두 호혜성에 입각한 신명기 법전에 따라 판정을 받는다. 그 법전은 인간 창조에서 암시된바 하늘과 땅 사이에 있는 불평등을 무시하고 서로 간에 평등한 관계를 가진다는 전제를 담은 이데올로기라고 할 수 있다. 신명기 17장 8-20절이 밝히는 것처럼 신명기 법전은 인종적 분리와 그에 따른 판단에 근거하여 분리의 도덕적 질서 아래에서 규범을 제시한다.

"왕위에 오른 사람은 레위 사람 제사장 앞에 보관되어 있는 이 율법책 [신명기]을 두루마리에 복사하여 평생 자기 옆에 두고 읽으면서 자기를 택하신 야훼 엘로힘 경외하기를 배우며 이 율법의 모든 말씀과 규례를 성심껏 어김없이 지켜야 한다"(신명 17:18-19).[6]

그 후로 수 세기 동안 그 남북 두 왕조는 서로 버텨 나간다. 어느 때는 친화적이다가 어느 때는 반목하고 전쟁을 하기도 한다. 북왕국 이스라엘은 왕을 백성들이 선출하도록 했지만 남왕국 유다는 다윗의 가문에서 세습하게 된다. 르호보암 이후로 유다 왕국 안에 아홉 명의 왕들이 등극하는데, 열왕기 상하에서 신명기적 저자는 그들을 각기 다르게 평가한다.

아비야는 "그의 조상 다윗의 마음과는 달라서 '야훼 그의 엘로힘' 앞에서 온전하지 못하였다"(왕상 15:3). 아사는 그의 조상 다윗과 같이 올바르게 행하였다. 그러나 그는 이스라엘 왕 바아사와 늘 전쟁을 벌린다(왕상 15:16). 여호사밧은 야훼가 보시기에 올바른 일을 하고 이스라엘과 평화를 이룬다(왕상 22:44). 여호람과 아하지아는 악행을 저지르지만, "야훼께서 아직 그의 종 다윗을 보아서 유다를 멸망하게 하시지 않는다. 야훼께서 이미 자기의 종 다윗과 그의 자손에게 왕조의 등불이 영원히 꺼지지 않게 하시겠다고 약속하셨기 때문이다"(왕하 8:19). 요아스는 제사장 여호야다의 지시를 받아 "일생동안 올바른 일을 하였다." 하지만 그는 자기의 신하들에게 살해당한다(왕하 12:20). 아사랴 또는 우지아는 야훼께서 보시기에 올바른 일을 하였다. 하지

---

6 하지만 모세의 유언이라고 된 신명기가 요시아왕 때까지(640~609 BCE) 알려지지 않은 사실을 간과할 수 없다.

만 신당을 제거하지 않아 "야훼께서 치셨으므로 죽을 때까지 나병환자가 되었다"(왕하 15:4-5). 요담은 자기의 "아버지 웃시아를 본받아 야훼께서 보시기에 올바른 일을 하였다"(왕하 15:34).

제3부

회복을 향한 예언 활동

14장 이사야서의 프롤로그 — 분리와 통합

15장 포도원의 비유

16장 이사야를 부르시고 위탁하심

17장 이사야, 왕권의 종식과 임마누엘 공동체의 탄생

18장 세계성으로의 전환

19장 이사야서 24-26장의 아포칼립스

20장 제2이사야: 야훼가 하시는 "새로운 일들"

21장 제3이사야: 예언자들과 제사장들의 반목

14장

이사야서의 프롤로그
— 분리와 통합

이사야 1장 1절 - 4장 6절

야비스트가 기록한 '세계사'는 가나안 땅의 정복과 사사 시대의 혼란스러웠던 시절은 수록하지 않는다. 그런 시대를 뛰어넘어서 다윗의 "드높은 왕정" 이야기에서 아브람과 사래가 시작한 긴 여정이 절정에 다다른 것으로 서술한다. 하지만 아브람과 사래의 여정은 두 개 중 한 가지 목표, 곧 "내가 너로 큰 민족을 이루겠다"는 목표에만 도달했다. "너에게서 땅위의 모든 민족들이 복을 받을 것이다"라는 그 왕국의 범(汎)인종적 차원은 아직 성취하지 못하였다. 북왕국 이스라엘이나 다윗 계보의 남왕국 유다 모두 그 같은 인종적 통합성을 보이지 않는다.

그 두 가지 목표 중 첫 번째 목표만 달성한다고 해서 "내가 너로 큰 민족을 이루겠다"라는 아브람과 사래에게 하신 야훼의 약속이 실제로 성취될 수 없다. 그리고 아브라함이 많은 민족의 아버지가 될 것이라는 영원한 언약은 그 두 가지 중 어느 하나만 독립적으로 이룬다고 해서 성취되는 것이 아니다.[1] 창세기 17장의 영원한 언약에 아브라함이 절대적인 헌신을 함으로써만 그 두 가지 목표가 모두 동시에 성취될 수 있음을 예시해 준다. 곧 창세기 2장에서 제시된바, 야훼 엘로힘께서 창조한 사람이 상호 평등한 관계 속에서 국한된 한 종족은 물론 더 넓게 세계적으로 하늘과 땅의 합일을 가지게 될 때 비로소 그 영원한 언약이 성취되게 된다.

아브람과 사래의 여정이 어디서 그리고 어떤 정황 아래 그 두 목표들을 함께 성취하기 위하여 계속되었는지를 알려면 유다 왕국의 문헌들 속에 그것이 어떻게 표출되고 있는가를 살펴야 한다. 우시아왕(783~742)과 요담왕(742~735) 시대, 즉 기원전 8세기에 소위 "문서 예언자들"(writing prophets)이 남왕국 유다와 북왕국 이스라엘에서 모두 나타난다. 아모스(786~742)와 호세아(752~721)는 이스라엘에서 활약하고, 이사야(742~701)는 유다에서 활약한다. 그런데 이사야만이 우리가 찾는 바를 충족시킨다. 그것은 66장으로 작성된 이사야서가 유다 왕국의 다른 네 역사적 기간을 통해서 넷 아니면 그보다 더 많은 예언자의 예언적 오라클들을 크게 네 책으로 수록하고 있기 때문이다. 역사적으로 네 시대란 앗시리아의 이스라엘 함락과 유다의 침공, 바빌론의 유다 침공과 바빌론 포로, 페르시아제국 하에서의 유다의 회복, 알렉산더 대왕의 정복과 프톨레미 1세와 셀레우코스 1세 간의 전쟁 기간을 모두 겪은 역사적 기간이다. 다시 말해서 이사야서는 자그마치 기원전 740년부터 302년까지 450년의 역사 기간을 다룬다.[2] 이사야

---

1 비교. 창세 17:1-27.

2 Ulrich F. Berges, *The Book of Isaiah: Its Composition and Final Form*. Translated by Millard C. Lind (Sheffield: Sheffield Phoenix Press, 2012), 508.

서의 문학적 구조는 아주 사려 깊게 짜여 있다. 그리고 새 시대에 대한 대망으로 그 절정을 이룬다.

이사야는 처음 39장에만 나온다. 하지만 그가 그 39장을 기록하지는 않았다. 때로 이사야가 야훼의 대리인처럼 제시되지만, 그는 다만 '익명의 나레이터'[3]이거나 이사야서의 네 책 속에서 줄곧 듣게 되는 '이사야적 목소리'일 뿐이다. 그런 점에서 이 책의 통일성을 엿볼 수 있다.

책의 제목이 『아모스의 아들 이사야가 유다 왕 웃시야와 요담과 아하스와 히스기야 시대에 유다와 예루살렘에 대하여 본 환상』[4] 이라고 되었다. 그러나 "유다와 예루살렘"이라는 표현은 역대 상하가 기록된 4세기적 표현이다. 따라서 이사야서의 표제는 4세기 후반에 그 책의 최종적 편집이 만들어질 때 붙인 것이라고 하겠다.[5] 그러므로 이사야의 '환상'이라고 표현한 것은 그 책 66권 전부를 망라한 것이다. 제1이사야서(1-39장)는 8세기기에 저술되었다. 제2이사야(40-55)는 6세기경, 제3이사야(56-66)는 4세기경에 쓴 것이다. 그리고 24-27장의 아포칼립스 역시 4세기의 저작으로 보인다. 하지만 이 책은 전체적으로 그것이 전승들을 편집하고 마지막으로 손질하여 오늘날까지 전해진 기원전 4세기의 역사적 안목에서 읽어야 한다. 이사야 24-27장의 아포칼립스는 비록 4세기에 지하에 숨어 있던 예언자가 쓴 것이지만,

---

3 Berges, *The Book Of Isaiah*, 43.

4 Brevard S, Child, *Isaiah, A Commentary* (Louisville, K.Y.: Westminster John Knox Press, 2001), 11. 이 저자는 '비전'(하존)이 오바댜와 나훔 1과 비교되면서 이사야의 생애에 국한한다고 설명한다. 하지만 이사 27-27장의 천년왕국적 아포칼립틱 오라클에도 비전이 적용될 수 있다. 참조. Berges, *The Book of Isaiah*, 44-45.

5 비교. 대하 20:5, 17, 18, 20; 21:11, 13. 이사야가 붙인 연대기는 "예루살렘과 유다"일 것이다. 이사 3:1, 8; 5:3; 22:21.

그 첫 책에 포함시킴으로써 이사야서 전체를 누가 최종적으로 저술했는지를 알게 해 준다고 하겠다.

1장 2-31절의 서언은 유다의 네 왕정, 특히 아하스왕과 히스기야왕과 그들의 백성들 그리고 바빌론에서 귀환한 후 에스겔의 성전 중심의 정치를 구현한 사독 제사장들에게 한 '매니페스토'이며, 이사야서 전체를 시작하는 말이다. 이 서언을 통해서 4세기의 세계성을 지향하는 한 이름 없는 예언자가 야훼의 말씀을 온 세상에 선포한다:

> "하늘아 들어라! 땅아 귀를 기울여라! 야훼께서 말씀하신다. 모든 피조물이 이스라엘을 향하신 야훼의 말씀을 들으라고 하신다. '내가 자식이라고 기르고 키웠는데 그들이 나를 거역하였다. 소도 제 임자를 알고 나귀도 주인이 저를 어떻게 먹여 키우는지 알건마는 이스라엘은 알지 못하고 나의 백성은 깨닫지 못한다"(이사 1:2하-3).

신명기 32장 8-9절에서 모세는 야훼께서 "인류를 갈라놓으실 때 민족들의 경계를 갈라놓으셨다." 그리고 그때 이스라엘을 "야훼의 몫"으로 삼았다고 하늘과 땅을 향하여 선포했다. 이제는 그 온 세상이 야훼께서 자기의 백성 이스라엘이 그의 가르침과 훈련을 거부하였다고 꾸짖으시는 소리를 들어야 한다. 온 세상이 야훼와 이스라엘의 유일무이한 관계에 금이 갔다는 소식을 듣게 된다. 이스라엘이 시내산에서 시작된 그들의 독특한 지위를 거부한 것이다. 야훼께서 어릴 적부터 장성하기까지 선택하시고 양육하신 노예들이 창조주께서 부여하신 특권을 거부한 것이다. 그들이 상업이나 농경에 부리는 집짐승들이 그들의 주인을 알고 따르는데, 야훼의 백성들은 그들의 사적인 삶이나 공적인 삶에서 야훼를 외면한 것이다.

> "아! 죄 지은 민족, 허물이 많은 백성, 흉악한 종자, 타락한 자식들! 너희
> 가 야훼를 버렸다. 이스라엘의 거룩하신 분을 업신여겨서 등을 돌리고
> 말았구나"(이사 1:4).

이 심판적 선고는 4세기 예언자가 그들의 지도력 밑에서 이스라엘
의 정체성을 지키도록 강요한 8세기의 유다 왕들과 4세기의 사독 신
정 정치를 겨냥한 것이다. 시내산에서 태어날 때 시작된 그들의 야훼
와의 결연 관계가 산산조각이 나버린 것이다. 그들이 야훼와 맺은 언
약 역시 그들의 배반으로 못 쓰게 된 것이다.

> "머리는 온통 상처투성이이고 속은 온통 골병이 들었으며 발바닥에서 정수
> 리까지 성한 데가 없이 상처 난 곳과 매 맞은 곳과 또 새로 맞아 생긴 상처뿐
> 인데도 그것을 짜내지도 못하고 싸매지도 못하고 상처가 가라앉게 기름을
> 바르지도 못하는구나"(이사 1:5하-6).

"발바닥에서 정수리까지" 병들었다는 표현은 8세기 왕정들과 4세
기 제사장들을 모두 포함하여 지적하는 것이다. 그들의 분리적이고
배타적인 도덕적 질서의 활동들이 야훼로부터 그들 자신을 다른 이들
과는 물론 자기 스스로까지 소외시켜서 그들의 영적이며 육체적인 정
체성을 깨뜨린 것이다. 그들의 모국과 백성들이 야만적인 제국들의
침략으로 폐허가 되고 고통 속에 빠진 것이다. 국토는 폐허가 되고,
도시들은 화염에 무너져 내렸다. "시온의 딸"인 이스라엘은 그것이 8

세기이든 4세기이든 "오이밭의 원두막"처럼 되었다.

그런데도 그들의 전통적 종교 활동은 야훼와의 언약 관계에 아무런 일이 없었던 양 계속되었다. 죄의 속죄를 위한 제물도 드리지만, 그 피는 그들이 자행한 살상으로 흘린 피를 섞은 것이다. 초하루 행사와 정한 절기들을 지키고, 축제를 벌이고, 기도를 많이 올린다. 하지만 그 모든 종교적 행사들은 아무런 의미가 없다. 그들에게 정의와 평등을 실천하려는 한 가닥 의지가 엿보이지 않기 때문이다.

그런데도 야훼께서는 그들과 맺은 언약을 파기하려고 하지 않으신다. 그래서 그들에게 정결하게 씻으라고 명하신다. 출애굽기 19장 10절에 의하면 이스라엘이 시내산에서 야훼와 언약을 맺어 그들의 야훼의 '값진 보화'가 될 때 그렇게 하였다. 그렇게 함으로 '정체성 합일'을 회복할 수가 있을 것이다. 그러기 위해서 그들은 경제사회적 약자들, 곧 빈곤한 이들, 고아들, 과부들을 반드시 포함시켜야 한다. 야훼와 변론을 통하여 그들의 언약 백성으로서의 '정체성'을 다시금 살릴수 있다. 야훼와 화해를 이룸으로써 그들이 시내산에서 언약한 대로정의를 수립하게 될 것이다. 그들과 야훼와의 관계가 가져다 주는 통합적이며 온전함이 그들이 삶을 영위하고 있는 땅에도 그 영향을 미칠 것이다.

"너희가 기꺼이 하려는 마음으로 순종하면 땅에서 나는 가장 좋은 소산을 먹을 것이다. 그러나 너희가 거절하고 배반하면 칼날이 너희를 삼킬 것이다. 이것은 야훼의 입으로 하신 말씀이다"(이사 1:19-20).

스스로를 야훼로부터 분리시키고 배반을 계속하는 사람들은 야훼

의 원수들이 될 것이다. 그 결과 그들은 영영 돌이킬 수 없는 '무존재'
와 '죽음' 속으로 빠져들 것이다.

> "기어이 너희는 잎이 시든 상수리나무처럼 될 것이며 물이 없는 동산과
> 같이 메마를 것이다. 강한 자가 삼오라기와 같이 되고 그가 한 일은 불티
> 와 같이 될 것이다. 이 둘이 함께 불타도 꺼 줄 사람 하나도 없을 것이
> 다"(이사 1:30-31).

이 매니페스토의 마지막 구절은 이사야서의 마지막 구절과 상응
한다. 그리고 그것은 이사야서를 끝내면서 아직도 해결되지 않은 어
두운 국면을 미리 예견케 한다. 이 책의 시작과 끝은 이렇게 저술상의
일관성을 가지고 용의주도하게 기록한 것임을 알 수 있다.[6]

> "그들을 먹는 벌레가 죽지 않으며 그들을 삼키는 불도 꺼지지 않을 것이
> 니 모든 사람이 그들을 보고 소름이 끼칠 것이다"(이사 66:24).

예루살렘으로 향하는 모든 민족

이사야 2:1-4:6

또 다른 종말적인 관점이 제시된다. 4세기의 예언자는 2장 1절에

---

6 Berges, *The Book of Isaiah*, 44; 참조. 이사 2:2-4과 60:1-6; 11:6-9과 65:25.

서 "아모스의 아들 이사야가 유다와 예루살렘에 관하여 본 '말씀'이다"라는 말로 시작한다. '환상, 묵시, 계시' 등의 말은 이사야서 전체를 포괄적으로 표현한다고 보는데, 여기서는 '말씀'이라는 제한적인 표현을 사용하였다. 아마도 그것은 세계의 모든 민족이 "내가 너를 통해서 땅위의 모든 사람들에게 복을 줄 것이다"라고 아브라함에게 하신 야훼의 약속이 성취되는 것을 들여다보게 하려는 의도라고 하겠다.

> "마지막 때에 야훼의 성전이 서 있는 산이 모든 산 가운데서 으뜸가는 산이 될 것이며 모든 언덕보다 높이 솟을 것이니 모든 민족이 물밀듯 그리로 몰려들 것이다. 많은 사람들이 와서 말하기를, '자, 가자. 우리 모두 야훼의 산으로 올라가자. 야곱의 엘로힘이 계신 집으로 올라가자. 그가 우리에게 그의 길을 가르치실 것이니 우리는 그의 길을 따를 것이다" (이사 2:2-3).

이 구절들은 그 세계적 성격을 분명하게 제시하면서 이사야 2장 1절부터 4장 6절까지가 이스라엘의 바빌론 포로기 동안 야훼 엘로힘께서 하시겠다고 하신 "새로운 일들" 모국 유다로 복귀하여 개시할 이사야의 예언적 복구 계획임을 엿보게 한다. 4장 2절에 소개된 "야훼의 새 가지"는 이사야 11장 1절의 "이새의 뿌리에서 나올 한 가지"를 예견케 한다. 그 같은 표현으로 미루어 보아 유다로 복귀한 이 예언자들이 누구인지 그 정체성을 알 수가 있다.

"낮에는 구름으로", "밤에는 타오르는 불길로 빛을 만드셔서"(이사 4:5)라는 표현 구는 출애굽기 13장 21-22절에서 이스라엘을 시내 광야를 거쳐서 약속의 땅으로 인도하신 그 "낮에는 구름기둥"과 "밤에는 불기둥"을 연상시킨다. 이사야 4장 5절은 그 이미지를 더 확대시켜서 세계의 모든 이교적 민족들까지 예루살렘으로 향하여 토라의 교훈을 받게 된다고 묘사한다.

이교도들이 야훼의 가르침을 받아들이게 됨으로써 이스라엘과 그들 사이에 있었던 모든 분쟁을 끝내고 갈등을 극복하여 평화를 이루게 될 것이다. "그들이 칼을 쳐서 보습을 만들고 창을 쳐서 낫을 만들 것이다"(이사 2:4). 야훼의 세계적 통치가 시작될 때 "나라와 나라가 칼을 들고 서로를 치지 않을 것이며 다시는 전쟁을 하지 않을 것이다."

그러나 시온산에 있는 성전이 "모든 산들 가운데서 으뜸이 가는 산"이 되어 세계의 모든 이방 나라들을 그리로 오게 하여 야훼의 토라의 가르침을 받게 하려면 예루살렘과 유다가 먼저 정결케 되어 회복되어야 한다. 이사야 2장 5절부터 4장 1절에 묘사된 "야곱의 집"은 8세기의 유다 왕들과 4세기의 사독파 신정 권력들이 야훼와의 관계를 문란케 하고 어지럽힌 사실을 제시한다. 그 같은 상황이 역대하 26장에서 27장에 기록된 것처럼 군사력을 강화했던 우시아왕과 요담왕을 지시하는지 아니면 이사야 56장에서 66장에 반영된 사독파의 성전 국가를 지시한 것인지 결정하기는 쉽지 않다. 사람들이 스스로 만든 우상들이 온 땅에 만연하고 그 우상들에게 머리 숙여 경배하여 야훼의 백성으로서의 독특한 자신들의 정체성을 훼손하였다. 오히려 야훼가 "낯설어진 까닭에" 이사야는 야훼께 "그들을 전혀 생각하지 마십시오"[7]라고 탄원한다.

야곱의 집의 배반을 야훼께서 그냥 간과하지 않고 "야훼께서 땅을

---

7 Christopher Seitz, *Isaiah 1-39, Interpretation* (Louisville: John Knox Press, 1993), 40-41. 표준새번역은 NRSV, NIV와 같이 "그들을 용서하지 마십시오"로 번역하였다.

흔들며 일어나실 때에" 그 야훼의 무시무시한 테러를 자초할 것이다(이사 2:21). 그때 사람들은 "그 두렵고 찬란한 영광 앞을 피하여 바위 동굴과 땅굴로 숨어 들어갈 것이다"(2:19).

그 같은 야훼의 테러는 이사야 24-26장의 묵시적 예언을 부연한 것이다. 4세기의 예언자들은 유다 지배자들과 그 백성들이 자초한 분리의 도덕적 질서에 대한 준엄한 심판을 경고한다.

"그 날은 만군의 야훼께서 준비하셨다. 모든 교만한 자와 거만한 자, 모든 오만한 자들이 낮아지는 날이다. 또 그 날은 높이 치솟은 레바논의 모든 백향목과 바산의 모든 상수리나무와 모든 높은 산과, 모든 솟아오른 언덕과, 모든 높은 망대와, 모든 튼튼한 성벽과, 다시스의 모든 배와, 탐스러운 모든 조각물이 다 낮아지는 날이다. 그 날에 인간의 거만이 꺾이고 사람의 거드름은 풀이 죽을 것이다. 오직 야훼만이 홀로 높임을 받으시고 우상들은 다 사라질 것이다"(이사 2:12-17).

"야훼께서 땅을 흔들며 일어나시는 그 날이 오면 사람들은 자기들이 경배하려고 만든 은 우상과 금 우상을 모두 던져버릴 것이다"(이사 2:20).

지금 "만군의 '주'(하 아돈) 야훼께서는 예루살렘과 유다에서 모든 빵과 물을 없애 버리신다.[8] 그와 동시에 지배층의 권력을 유지시키는 모든 군인과 재판관은 물론, 종교적 지도자들을 철부지 어린아이들로 대치시킨다. 그래서 그들 사이에 극심한 갈등이 생기고 혼란이 발생

---

8 이사 3:1.

하게 한다(이사 3:6-7).

야훼를 버린 결과는 자기 파멸과 자중지란을 초래한다. "자기들의 죄를 드러내놓고 말하며 숨기지 않은" 소돔 사람들처럼 "자기들 스스로에게 악을 행하고 재앙을 불러들인다"(이사 3:9).

그들이 정의와 평등을 추구하려 애쓰지만 혼란만 가중된다. 현재 권력을 행사하는 지배층의 남성들이 그들의 아내들에게 휘둘리고 있는 사실이 지적된다. 그들이 살고 있는 바로 그 집들이 가난한 사람들을 약탈한 증거가 된다.9 부인들은 남편을 조종하면서 거만스럽게 장신구를 길치고 사치스러운 옷차림을 히고 밖에 나다니면서 "호리는 눈짓을 하고 다니며 꼬리를 치고 걸으며 발목에서 잘랑잘랑 소리를 낸다"(이사 3:16).

그녀들의 남편이 가난한 사람들을 찬탈하였듯이 그녀들의 상위를 상징했던 모든 장신구도 박탈당할 것이다. 그래서 그들은 사회의 가장 밑바닥으로 떨어지고, 그들의 남편들은 전쟁터에서 쓰러지게 될 것이다. 그렇게 남자들이 죽어 나가면서 남편감이 모자라서 여자들 사이에는 심한 경쟁이 발생할 것이다. "우리가 먹을 것은 우리가 챙기고 우리가 입을 옷도 우리가 마련할 터이니 우리의 남편이라고 부르게만 해 주세요. 그래서 결혼도 못 한다는 수치를 당하지 않게 해 주세요"(이사 4:1).

예루살렘과 유다가 그들의 잘못으로 자초한 대가를 치르지만 "이

---

9 Marvin L. Chaney, "Bitter Bounty: The Dynamics of Political Economy Critiqued by the eighth-century Prophets," *Peasants, Prophets, and Political Economy: The Hebrew Bible and Social Analysis* (Eugene, OR: Cascade Books, 2017), 147-159, esp. 153.

스라엘에 살아남은 사람들"은 야훼께서 그들의 더러움을 깨끗하게 씻어 주셔서 '거룩하다'고 불릴 것이다. 그들의 이름이 살아 있다고 명단에 기록이 되고, 그들의 땅은 다시금 좋은 열매를 맺을 것이다. 그리고 마침내 예루살렘은 "시온산의 모든 지역과 거기에 모인 회중 위에 야훼께서 낮에는 구름을 만드시고 밤에는 타오르는 불길로 빛을 만드셔서 예루살렘을 그의 영광으로 덮으셔서 보호할 장막이 되게 하실 것이다." 그리고 세계만방의 백성들을 오게 하실 것이다. 예루살렘으로 토라를 배우기 위해서 올 모든 민족을 위하여 이집트 탈출 때처럼 '장막'(숙카)이 세워질 것이다.[10] 장막이 낮의 뜨거운 햇볕을 피하여 그늘을 만들어 주고 비바람을 막아 줄 것이다. 그래서 야훼의 정의로움을 배운 모든 민족은 이스라엘과 함께 야훼의 세계적 가족이 될 것이다.[11]

유다의 미래를 결정짓는 현실적 상황에 비추어 볼 때 이 예언의 '말씀'은 단지 종말적 가능성일 것이다. 하지만 그 의도는 아브람과 사래의 긴 여정을 완결시키고 아브라함이 "많은 민족의 아버지"가 되는 희망을 안겨 주려는 데 있다고 하겠다.

---

10 참조. 레위 23:34-43; 신명 16:16; 31:10.

11 Sweeney, *Isaiah 1-4, and the Post-Exilic Understanding of the Isaianic Tradition*, 134.

1 5 장

포도원의 비유

— 이사야 5:1-30

예언자가 본 환상은 유다와 예루살렘이 앞으로 토라를 배우는 세계의 중심이 되고 그에 따라 모든 전쟁을 종식시키며 모든 나라들이 무장을 해제하여 평화를 수립할 수 있다는 괄목할 만한 가능성을 보여 준 것이다. 그런데 우시아를 위시한 8세기 다윗 왕조와 4세기 사독 제사장 정권들이 과연 그러한 원대한 비전을 실현할 수 있을까?

이사야는 그 실현 가능성의 여부를 알 수 있도록 한 비유를 말해 준다. 유다와 예루살렘의 지도자들이 야훼 엘로힘과의 상호적 신뢰 관계를 깨뜨린 나머지 그 신뢰 관계가 안겨줄 무한대한 가능성을 어떻게 거부했는지를 볼 수 있는 비유를 말한다. 무명의 시인이 "포도원의 노래"를 부른다:

"내가 사랑하는 이에게 노래를 해 주겠네. 내가 사랑하는 이가 가꾼 포도원을 노래하겠네. 내가 사랑한 이가 기름진 언덕에 포도원을 갖고 있었지. 땅을 일구고 돌들을 골라내고 아주 최상급 포도나무를 심었다네.

그 한가운데에는 망대를 세우고, 거기에 포도주를 담을 커다란 통도 만들어 놓았지. 그리고 좋은 포도가 열리기를 기다렸지. 그런데 열린 것이라고는 들포도뿐이었다네!"(이사 5:1-2)

이 포도원의 노래를 부른 사람이 누구인지 모른다. 비록 이름을 밝히지 않았지만 그의 청중인 유다 왕들에게는 사랑하는 이가 심은 포도원에 대하여 이사야의 목소리가 노래한 것을 쉽게 짐작하게 한다. 유다 지배자들은 포도원을 세운 이가 야훼라고 쉽게 알 수 있을 것이다. 그리고 그 자신들은 포도원을 가꾸는 자들이라고 이해할 수 있을 것이다. 이제 그들은 포도원을 만든 야훼께서 보시는 관점에서 "내가 포도원을 가꾸면서 빠뜨린 것이 무엇인가?"를 묻게 한다. 그리고 "좋은 포도가 열리기를 기다렸는데 왜 들포도가 열렸는가?" 하고 묻게 한다.

대답은 자명하다. 아무 쓸데 없는 들포도만 열리는 그 포도원의 장래가 없다는 사실이다. 따라서 버릴 수밖에 없다. 야훼께서는 그 포도원을 하나하나 망가뜨려 못쓰게 만드실 것이다. 그리고 그런 일은 머지않아 닥쳐올 심각한 현실이 될 것이다. 앗시리아가 이스라엘을 침략하여 성벽을 무너뜨리고 바빌론제국이 유다 땅과 예루살렘을 폐허가 되게 할 것이다. 그리고 야훼께서 비를 내리지 않게 하셔서 찔레나무와 가시나무만 왕성한 폐허의 땅이 될 것이다.

야훼께서 이스라엘과 세운 '정체성 결합'에서 기대하신 열매란 '정의'(미쉬팟)와 '올바름'(체데크)이었다. 하지만 그것들 대신 '피 흘림'(미쉬파)과 '울부짖음'(차카)뿐이라는 것이다. 여기서 우리는 예언자가 언어 플레이를 하는 것을 본다. 곧 '미쉬팟/미쉬파'와 "체데크/차카'의 언어

교차를 본다. 아무튼 피 흘림과 울부짖음이 어디에서 기인했는지 5장 8절이 잘 묘사한다: "너희가 더 차지할 곳이 없을 때까지 집에 집을 더하고, 밭에 밭을 늘려나가, 땅 한가운데서 홀로 살려고 하였다."[1] 부유층 엘리트들은 농민들의 집과 가옥을 빼앗아 자기 자신들의 부를 더 늘려가고, 토지는 물론 거기서 생산되는 곡식과 포도와 올리브오일들을 더 장악하기 위하여 살상까지 자행하였던 것이다.[2]

들포도 열매를 맺은 것은 이스라엘의 집도 포함된다. 유다 왕국이나 이스라엘 왕국 모두 "영문도 알지 못한 채 포로가 될 것이다."[3] 그들이 포로로 잡혀갈 때 지하의 스올이 입을 크게 벌려 침략군들에게 살상 당한 예루살렘의 거주민들과 지도자들의 피와 그들이 누리던 모든 특권과 영화스러움을 꿀꺽 삼키게 될 것이다. 산들이 진동하는 것으로 묘사된 아포칼립틱한 재난이 닥쳐와 시체가 널브러지고 그 시체들은 마치 길거리에 버려진 쓰레기와 같을 것이다. 그와 같은 야훼의 심판은 그들이 시내산에서 맺은 언약을 파기하여 자초한 결과다. 그들이 살상을 당하여 스올에 가든지 아니면 포로로 잡혀가든지 간에 이제 그들은 하나님의 선택 받은 백성들로서의 영광을 더 이상 누릴 수가 없게 된다.

그러나 야훼께서는 그들이 자초한 심판을 통해서 '정의'(미쉬팟)를 세우실 것이다. 그리고 그가 하신 심판의 '올바름'(체데크)을 증명하실

---

1 이에 대한 사회과학적 분석은 Marvin L Chaney, "Whose Sour Grapes: The Addresses of Isaiah 5:1-7 in the Light of Political Economy," *Peasants, Prophets, and Political Economy. The Hebrew Bible and Social Analysis* (Eugene, OR: Cascade Books, 2017), 160-174를 보라.

2 Chaney, "Bitter Bounty," 158-159.

3 한역, "나의 백성은 지식이 없어서 포로가 될 것이요"는 오역으로 보인다.

것이다. 그의 심판은 멀리 있는 나라를 불러서까지 행하실 것이다. 그 나라가 앗시리아든 바빌론이든 말이다. 무엇보다 이 포도원 비유는 이스라엘과 유다 왕국의 종말을 예고하면서 끝을 맺는다:

"그들이 달려오고 있다. 아주 빨리 달려온다! 그들 가운데 아무도 지쳐 있거나 비틀거리는 사람이 없고, 졸거나 잠자는 사람이 없으며, 허리띠가 풀리거나 신발끈이 끊어진 사람이 없다. 그들의 화살은 예리하게 날이 서 있고 모든 활시위는 쏠 준비가 되어 있다. 달리는 말발굽은 부싯돌처럼 보이고 병거 바퀴는 회오리바람과 같이 구른다. 그 군대의 함성은 암사자의 포효와 같고 그 고함 소리는 새끼 사자의 으르렁거림과 같다. … 그들이 전리품을 움켜 가 버리나 아무도 그것을 빼앗지 못한다. … 보아라! 거기에는 흑암과 고난만 있고 빛마저 구름에 가려져 어두울 것이다"(이사 5:27하-30하).

결국 앗시리아가 북왕국 이스라엘을 패망시키고 바빌론이 남왕국 유다를 폐허로 만들 것이다. 그렇게 다윗 왕조의 왕실은 유산(流産)되고 말았다. 그 역사 자체가 그것을 입증한 셈이다. 따라서 그 두 왕국은 이사야가 2장 1절에서 4장 6절까지 예언한, "유다와 예루살렘에 관하여 이사야가 본 말씀"을 성취시킬 왕국들로 더 이상 존재하지 않을 것이다.

16 장
이사야를 부르시고 위탁하심
— 이사야 6:1-13

이사야 1장 1절의 표제와 2장 1절에 이사야의 이름이 언급되지만 6장1절까지는 그의 모습이 등장하지 않는다. 하지만 그는 여전히 익명으로 제시된다.

"웃시아 왕이 죽던 해에 나는 높이 들린 보좌에 앉아 계시는 '아도나이' (주님)를 보았는데 그의 옷자락이 성전에 가득 차 있었다."

1인칭 단수 명사로 자신을 소개하고 "웃시아왕이 죽던 해"라는 역사적 맥락을 제시한다. 그때가 기원전 742년일 가능성이 높다.[1] 유다의 안정과 번영의 시대가 막을 내리고 근동 제국 시대의 막이 올라간 시기다. 유다 왕 웃시아와 요담, 이스라엘 왕 여로보함 2세의 시대에

---

1 Cf. Christopher R. Seitz, *The Book of Isaiah* (First Isaiah), The Anchor Bible Commentary.Editor-in-chief, David Noel Frredman (New York: Doubleday, 1992) III, 479.

앗시리아가 제국으로 등장하면서 두 왕조가 누리던 나름대로의 안정을 잃기 시작한다.[2] 웃시야왕이 죽고 앗시리아제국이 헤게모니를 잡기 시작한 그 역사적 맥락에서 이사야가 야훼의 대리인으로 위탁 받게 된다.

이사야 자신이 성전 안에 있었다고 증언한다. 아마도 야훼의 왕 되심을 축하하는 새해 축제인 '로쉬하사나'일 것이다. 이사야는 그때 성전 안에서 높이 들린 보좌에 앉아 계신 야훼를 보는 경험을 한다. "높이 들린 보좌"라는 표현은 성전이라는 제한된 공간을 훨씬 넘어 초월적인 차원을 묘사한다고 하겠다.[3] 하지만 무엇보다도 성전에 가득 찬 야훼의 옷자락이 예언자 이사야의 경외감을 불러일으키는데, 그것은 "성전에 가득한 향을 태운 연기"와 연계되었을 것이다.[4] 야훼가 앉은 보좌 위로 스랍들이 서 있는데, 저마다 날개를 여섯 개씩 가지고 있으며, 사람의 손과 발을 가지고 보좌를 지키고 있다. 그들은 성전 의식과 상응하는 노래로 화답한다: "거룩하시다. 거룩하시다. 거룩하시다. 만군의 야훼께서 거룩하시다. 온 땅이 그의 영광으로 가득하다." 그리고 그들이 부르는 소리가 문지방의 틀을 흔든다.

이렇게 천군에 둘러싸인 왕 야훼를 보고 신적 임재를 경험하게 된 이사야는 자기 자신이 아무것도 아닌 존재임을 깨닫게 된다: "이제 나는 죽게 되었구나! 내게 재앙이 닥치겠구나!" 그리고는 자신을 고백한다: "나는 입술이 부정한 사람이다. 입술이 부정한 사람들 가운데 살고 있다." 그 때 스랍들 중 하나가 부집게로 제단에서 빨갛게 달구어진

---

2 Chaney, "The Political Economy of Peasant Poverty," 123.

3 Seitz, *Isaiah 1-39*, 54; Childs, *Isaiah*, 55.

4 Clements, *Isaiah 1-39*, 74.

돌을 집어들고 와서 그의 입에 대며, "이것이 너의 입술에 닿았으니 너의 악은 사라지고 너의 죄는 사해졌다"라고 선언한다. 그렇게 부정한 입술을 가진 사람들로부터 떨어져서 죄의 용서를 받은 이사야는 신적 협의회를 대신하여 하시는 야훼의 질문을 듣게 된다: "내가 누구를 보낼까? 누가 우리를 위하여 갈 것인가?" 야훼의 대변인으로 예언 활동을 하도록 성화된 이사야는 자신을 야훼 앞에 드린다. 야훼께서는 유다의 "이 백성"들이 그들의 배반 때문에 받게 될 심판을 전하라는 사명을 주신다:

"너는 가서 '이 백성'에게, 너희가 듣기는 들어라. 그러나 깨닫지는 말아라. 너희가 보기는 보아라. 그러나 이해하지는 말아라. 너는 이 백성의 마음을 둔하게 하여라. 그 귀가 막히고 그 눈이 감기게 하여라. 그리하여 그들이 볼 수 없고, 들을 수도 없고, 또 마음으로 깨달을 수 없게 하여라. 그래서 그들이 마음을 돌이켜서 고침을 받지 못하게 하여라"(이사 6:9-10).

분별력을 잃고 보고 듣는 감각을 상실하여 회개하고 화해할 가능성을 박탈시키라는 말씀이다. 이사야는 "야훼이시여! 언제까지 그렇게 하시렵니까?" 하고 묻는다. 그가 받는 대답은 그야말로 절망적이다:

"성읍들이 황폐하여 주민이 하나도 없어질 때까지, 사람이 없어서 집마다 빈 집이 될 때까지, 땅이 황무지가 될 때까지 야훼가 모든 사람들을 다 떠나게 하여 이 땅이 온통 버려질 때까지. 그렇게 하겠다. 주민의 십분의 일이 그곳에 남는다 해도 그들도 다 불에 타 죽을 것이다. 그러나 밤나무와 상수리나무가 잘릴 때에 그루터기는 남듯이 거룩한 씨는 남아서 그 땅의 그루터기가 될 것이다"(이사 6:11-13).

유다 왕국은 끝장이 날 것이다. 다만 그 그루터기만 남게 될 것이다. 바빌론에 포로로 잡혀갈 이사야의 '남은 자들의 공동체'가 그 "거룩한 씨"의 그루터기가 될 것이다.

포도원의 비유가 이사야의 부르심 앞에 수록된 것은 아이러니하다. 그 비유에서 이미 밝혀진 대로 독자들이라면 누구나 이사야가 야훼의 부르심을 받아 유다가 돌이켜 회개하고 고침을 받을 수 없다는 예언적 메시지를 전하기 전에 벌써 그 두 왕국의 미래가 없다는 사실을 알 수 있다. 그러면 왜 이사야의 부르심과 위탁이 필요했을까?

이사야가 그의 예언적 사명을 시작함에 따라 그는 야훼의 두 가지 상반되는 임무에 가담하게 된다. 한편에서는 아하스(742~727)와 히스기야(715~687)에게서 계승된 다윗 왕실과 야훼가 맺은 영원한 언약을 준수하면서 그들의 배신으로 인한 심판을 선언하는 일이다. 그러나 다른 한편으로 이사야는 이새의 그루터기에서 나오는 새싹과 그 뿌리에서 나오는 새 가지처럼 새로운 이스라엘의 역설적인 실체인 임마누엘의 왕정이 시작될 것을 예시해야 한다.

17 장

이사야, 왕권의 종식과 임마누엘 공동체의 탄생

— 이사야 7:1-8:18

요담의 아들 아하스가 735년 왕위에 오르자 시리아의 르신과 이스라엘의 베가가 연합군을 형성하여 아하스를 권좌에서 내리고 꼭두각시 왕을 세우기 위해 유다를 치려 함으로 이사야는 그의 첫 번째 위기를 맞는다. 그 '시로-에부라임' 연합은 유다를 자기들의 수중에 넣어서 앗시리아제국(BCE 746~609)을[1] 방어하는 데 힘을 실으려고 한 것이다. 이사야는 야훼의 말씀을 받아 그들의 침공이 절대로 없을 것이라고 아하스를 설득한다: "그 계략은 성공하지 못한다. 절대로 그렇게 되지 못한다." 하지만 아하스와 그의 백성들은 "거센 바람에 요동치는 숲의 나무들처럼 흔들렸다."

그런 난국에 야훼께서 아하스를 지지하고 계신다는 사실을 확신시켜 주려고 이사야는 야훼께서 하신 말씀을 전한다: "너는 너의 엘로

---

1 이사 7:1-7; 대하 28장.

힘 야훼께 징조를 보여 달라고 부탁하여라." 초월적 가능성의 하나님이신 엘로힘과 합일한 야훼께서는 아하스로 하여금 그의 신뢰성을 시험해 보게 허락하실 뿐 아니라 그의 능력에 어떤 제약이 있는지 도전하는 표징을 요구해 보라고 하신다. "깊은 곳 스올에 있는 것이든" 아니면 "높은 하늘에 있는 것이든" 그 어떤 표징이라도 요구해 보라고 하신다. 야훼 엘로힘께서 다윗의 집과 맺은 영원한 언약 아래 그 어떤 난국에서도 그와 함께하신다는 것을 확실히 보여 줄 표징을 요구해 보라는 것이다. 그런데 아하스는 그런 이사야의 권고를 거부한다: "나는 표징을 구하지도 않겠거니와 야훼를 시험하지도 않겠소." 유다의 왕으로서 자신의 왕적 권한에 더 확신을 가지고 야훼 엘로힘께서 무한대한 가능성으로 그를 지지하려 하시는 것을 입증시킬 표징을 필요하지 않다고 여기는 것이다. 그렇게 아하스는 자기 자신의 가능성에만 의존한다. 그리고 열왕기하 16장 7-9절에 서술된 것처럼 성전과 왕궁의 보물 창고를 열어 앗시리아 왕 디글랏빌레셋에게 엄청난 조공을 바쳐 자신의 왕권을 보존할 수 있게 된다.

이사야는 다윗 왕조의 대표인 아하스를 꾸짖는다: "다윗 왕실은 들으시오! 그대들(복수)이 사람들을 맥빠지게 한 것만으로는 부족하여 이제 당신들(복수)은 나의 엘로힘까지 맥빠지게 하려 하시오? 그러므로 '아도나이'(주)께서 친히 그대들(복수)에게 한 표징을 보이실 것이오."

"보시오. '그' 젊은 여인이 잉태하여 아들을 낳을 것인데 그녀가 그의 이름을 임마누엘이라고 할 것이오"(이사 7:14).

비록 아하스가 원하지 않았지만, 그것은 "깊은 곳 스올이나 높은 하늘에 있는"것과 같은 표징이 된다. 무엇보다도 그것은 심판을 예고한다. 그 아이가 버터와 꿀을 먹을 것인데 잘못된 것을 거절하고 올바른 것을 선택할 나이가 되기 전에 "당신이 두려워하는 그 두 왕의 땅이 황무지가 될 것이다"라고 전한다. 아하스가 두려워하는 시로-에브라임의 동맹은 근거가 없는 것이라는 말이다. 다윗 왕실과 세운 언약으로 야훼 엘로힘의 무한대한 가능성을 수용하지 않음으로 아하스는 야훼와의 동반자가 되지 못하고 그의 통치의 바탕인 다윗적 전통을 배반하고 말았다.[2] 성전과 자기 자신의 궁 안에 보관된 보화들을 앗시리아 왕에게 조공으로 바침으로 아하스는 그에게 자신을 종속시키고 유다 왕국의 장래마저 흔들리게 만들었다. 따라서 그의 왕권은 이제 야훼의 심판을 받게 되고 앗시리아가 그 야훼의 심판을 수행하게 된다.[3]

> "야훼께서 당신과 당신의 백성과 당신의 아버지의 집 안에 에브라임과
> 유다가 갈라진 때로부터 이제까지 겪어본 적이 없는 재난을 내리실 것
> 이다"(이사 7:17).

그렇지만 야훼께서 아하스의 조상들과 세운 언약을 파기하시지는 않으신다. 삼하 7장 14-15절에 기록된 것처럼 "나는 그의 아버지가

---

2 삼하 7:8-16. 참조. Seitz, *Isaiah 1-39*, 77.

3 Berges, *The Book of Isaiah*, 97. Berges는 8:17을 바빌론 포로를 지시한다고 해석하지만 앗시리아가 그 구절의 끝에 제시된 점에서 앗시리아가 야훼의 심판을 대행했다고 하겠다. 이사야는 왕하 16:1-20의 신명기적 역사가 내린 부정적인 판단을 하지 않는다. 다만 아하스 자신이 자초한 심판임을 제시한다. 특히 3절 "그[아하스]는 자기의 아들을 불에 태워 제물로 바쳤다. 이것은 야훼께서 이스라엘이 보는 앞에서 쫓아내신 이방 민족의 역겨운 풍속을 본받은 행위였다."

되고 그는 나의 아들이 될 것이다. 그가 죄를 지으면 사람들이 저의 자식을 매로 때리거나 채찍으로 치듯이 나도 그를 징계하겠다. … 사울에게서는 나의 총애를 거두어 가게 하였으나 너희 자손에게서는 나의 신실한 사랑을 거두지 아니하겠다." 야훼께서는 다윗과의 언약을 취소하지 않으실 것이다. 아하스 대신 그의 아들 히스기야가 유다를 공략한 앗시리아에게 고통을 당하지만, 그의 왕권만은 유지하게 될 것이다.

야훼께서 아하스에게 주신 표징은 또한 그의 심판을 암시한다. 7장 14절의 '그 젊은 여인'(하-알마)이라는 표현에서 정관사 '하'는 결혼 적령기의 한 특정한 여인을 지칭한다. '알마' 또는 '하-알마'라는 표현이 히브리성서에서 여덟 차례 나오는데, 전부가 그렇지는 않지만 대부분 소녀 또는 처녀를 가리킨다.[4] 7장 14절의 '하-알마'는 사춘기가 된 소녀가 임신하게 되어 처녀성을 상실한 상태를 지시한다. 그녀가 낳을 아들을 임마누엘이라고 부름으로써 그녀는 야훼와 상호적 신뢰 관계를 공공연하게 말한다. 그래서 시로-에브라임 동맹의 맥락에서 아하스왕과 근본적인 대조를 보인다. 7장 14절의 임마누엘 탄생 오라클은 "다윗 왕실에 새롭게 발생하고 있는 공동체에 대한 선언"이 된다.[5]

따라서 젊은 여인과 그녀가 잉태할 아들 임마누엘은 "스올처럼 깊고 하늘처럼 높은" 야훼의 표징임에 틀림없다. 4세기 예언자는 의도적으로 그 여인과 아이의 정체를 밝히지 않는다. '그 젊은 여인'(하-알마)은 "시온의 딸"을 지시하고 그녀와 그 아들 임마누엘은 그 이름이

---

4 '하-알마'의 단수적 사용은 창세 24:43; 출애 2:8; 잠언 30:19를 보라. 그리고 '알마'의 복수적 표현 '알라못'은 시편 46:1; 68:26; 대상 15:20 등을 참조하라.

5 Berges, *The Book of Isaiah*, 98.

지시하는 것처럼 "하나님이 우리와 함께하신다"[6]는 야훼의 무한대한 가능성과 통합된 왕적 공동체를 대표한다고 하겠다. 이 새로운 공동체가 다윗의 왕실과 그것이 야훼와 가지고 있던 근본적인 언약 관계를 대치시킬 것이다.[7] 이사야와 그와 함께하는 이들이 그 공동체를 이룰 것이다. "하나님이 우리와 함께하신다"는 신뢰적 관계 안에서 그들은 이사야 11장 1절에 제시되는 새 이스라엘로서 통합을 이루는 역설적 면모를 보일 것이다: "이새의 줄기에서 한 싹이 나며 그 뿌리에서 한 가지가 나온" 새로운 공동체다.[8]

시로-에브라임 동맹이 아하스를 물리치지는 않을 것이다. 하지만 그의 아들 히스기야도 그의 아버지처럼 다윗적 언약을 준수하지 않게 되어 이집트와 앗시리아군에 의하여 침공을 당하게 될 것이다: "그것들이 모두 몰려와서 거친 골짜기와 바위틈 및 모든 가시덤불과 모든 풀밭에 내려앉을 것이다"(이사 7:19). 이집트군보다 더 악랄하게 앗시리아군은 머리털과 발 털과 수염을 면도칼로 밀어버리듯이 모든 땅을 공략할 것이다. 엄청난 양의 포도를 양산하던 포도원들이 가시와 엉

---

6 Berges, 앞의 책, 100. 그렇게 본다면 70인역이 '하-알마'를 "시온의 딸"이라고 하고 '헤파르테노스'라고 바르게 번역했다고 하겠다. 참조. William Hugh Brownlee, *The Meaning of the Qumran Scrolls for the Bible with Special Attention to the Book of Isaiah* (New York: Oxford University Press, 1964), 279-281에서 70인역이 '알마'를 '파르테논'(처녀)이라고 번역한 것은 히브리성서와 70인역 모두 히브리어 '베툴라'(처녀)가 '공동의 어머니로서의 이스라엘을 뜻하는 "시온의 딸"을 뜻하기 때문이라고 설명한다.

7 Berges, *The Book of Isaiah*, 98; Seitz, *Isaiah 1-39*, 79.

8 Berges, *The Book of Isaiah*, 121. 수 세기가 지난 후 마태복음이 마리아가 대표하는 시온의 딸, 어머니 이스라엘과 그의 아들 예수가 '임마누엘'로서 새로운 이스라엘의 이미지를 성취했다고 서술한다. 참조. Herman C Waetjen, *Matthew's Theology pf Fulfillment, Its Universality and Its Ethnicity: God's New Israel as the Pioneer of God's New Humanity* (London: Bloomsbury T & T Clark, 2017), 26-28.

경퀴가 무성한 황폐한 땅으로 되고 버터와 꿀을 먹을 수 있도록 하던 농토와 목장도 폐허가 될 것이다. 하지만 왕국은 아직 존속할 것이다 (7:20-24). 8장 8절이 시사하는 바처럼 젊은 여인과 그의 아들 임마누엘은 기원전 701년의 제3차 위기의 절정에도 남아 있게 될 것이다. 야훼께서 내리는 심판을 유프라테스강의 물이 범람하여 "유다로 밀려들고 소용돌이치면서 흘러 유다를 휩쓸고 그 목에까지 찰 것이다"라는 은유적 표현으로 서술한다. 하지만 "'임마누엘!' 야훼께서 날개를 펴셔서 이 땅을 보호하신다. 강물이 목에까지만 차오르게" 하신 것이다.

유다의 왕국이 살아남기는 하겠지만 야훼와의 언약 관계 안에 있는 임마누엘 공동체가 무한대한 야훼의 가능성 안에서 살게 될 것이다. 8장 5-8절에 첨가된 8장 9-10절의 시가 "하나님이 우리와 함께 계신다"는 임마누엘의 의미를 잘 설명한다:

"너희 민족들아! 어디 전쟁의 함성을 질러 보아라. 패망하고 말 것이다. 먼 나라에서 온 민족들아, 귀를 기울여라. 싸울 준비를 하여라. 그러나 마침내 패망하고 말 것이다. 전략을 세워 보아라. 그러나 마침내 실패하고 말 것이다. 계획을 말해 보아라. 마침내 이루지 못할 것이다. 그것은 '하나님이 우리와 함께 계시기 때문이다'(임마누 엘)."

앗시리아가 이스라엘과 유다를 침공하려고 위협함에 따라 야훼께서는 그 두 왕국 모두 보호 하지 않으시겠다고 이사야에게 알리신다. 결국 두 왕국 모두 패망하게 된다. 앗시리아가 이스라엘을 721년에 패망시키고 유다는 701년에 찬탈한다. 그 기간동안 이사야와 그의 임마누엘 공동체는 공포와 두려움 속에서 온갖 음모를 꾀하는 "이 백성의 길을 걷지 않아야한다." 야훼께서 그들을 보호해 주시겠지만 이스라엘과 유다 왕국에게는 거치는 돌과 걸리는 바위가 될 것이다.

야훼께서는 다윗의 왕권을 유지할 새로운 이스라엘을 일으키실 것이다. 이사야와 그의 임마누엘 공동체가 그 같은 확실한 증언명부를 봉인하여 보호하라고 명하신다. 야훼께서 이스라엘과 유다를 외면하셨기에 이사야와 그의 임마누엘 공동체는 "시온산에 계시는 만군의 야훼께서 이스라엘에게 보여 주시는 살아있는 징조와 예표"가 될 때까지 희망 속에 살아야 한다.

그런 난국에 이스라엘과 유다 백성들은 신접한 사람들이나 무당에게 자신들의 절망적인 상황을 벗어날 어떤 미래의 징조라도 찾아보려고 애를 쓸 것이다. 이사야는 그것들을 "속살거림과 중얼거림"이라고 표현한다. 하지만 그들이 백성들에게 안겨주는 것이라곤 괴로움과 어두움뿐이다. 앗시리아의 침공이 안겨준 고통 속에서 백성들은 죽은 이들에게까지 물어보며 왕과 신들을 저주하게 될 것이다. 굶주림과 고통을 헤어나려고 몸부림치지만 그들은 매일 매일 공허감과 박탈감에 빠져들 뿐이다.

그러나 침략자 제국의 저편을 쳐다보는 사람들이 있다. 지나간 일들은 "옛적에 '그'가 스블론 땅과 납달리 땅으로 멸시를 받게 버려둔" 것들이다. 여기에 사용된 인칭 대명사 '그'는 누구인지 분명치 않다. 하지만 야훼를 지시한 것으로 추정할 수 있다. 이사야와 그의 임마누엘 공동체는 '중간 시기'에 처하여 미래를 바라보고 산다. 그리고 그들은 "'그'가 바다로부터 요단강 건너편 땅, 민족들이 살고 있는 갈릴리에 이르기까지 영화롭게 할 것임을" 믿는다. 여기서도 "영화롭게 할" '그'는 야훼임을 짐작할 수 있다. 하지만 야훼가 부재하신 시기에 처한

이스라엘과 유다, 두 왕국의 백성들에게 환상을 안겨주는 익명의 목소리라고 하겠다.[9]

"어둠 속에 헤매던 백성이 큰 빛을 보았고 죽음의 그림자가 드리운 땅에 사는 사람들에게 빛이 비쳤다. 당신께서 민족을 크게 번지게 하셨고 그들의 기쁨을 더하게 하였습니다. 사람들이 곡식을 거둘 때 당신 앞에서 기뻐하듯이 전리품을 나눌 때 즐거워하듯이 기뻐합니다. 당신께서 미디안을 치시던 날처럼 그들을 내리누르던 멍에를 부수시고 그들의 어깨를 짓누르던 통나무와 압제자의 몽둥이를 꺾으셨습니다"(이사 9: 2-4).[10]

환상 속에서 사람들은 "한 큰 빛"이 나타나서 "당신께서 미디안을 치시던 날처럼 그들의 멍에를 부수고" 구원의 손길을 속히 뻗치시기를 상상해 본다. 여기서도 '당신'이라는 인칭 대명사는 '그'처럼 야훼를 지칭한다고 하겠다. 야훼께서 아직 그들과 함께하신다고 가정을 한 것이다.

"미디안의 날"을 언급한 것으로 미루어 보아 그들이 환상적인 상상을 하고 있음을 엿볼 수 있다. 사사기 7장 1-23절에서 이스라엘의 사사였던 기드온이 미디안과 맞서 싸웠다. 하지만 그가 소집한 군대는 야훼의 무한대한 가능성을 구사하기에 너무 많은 병력이었다. 2만 명

---

9 Berges, *The Book of Isaiah*, 105-108에서는 9:1-7을 유다와 이스라엘이 머지않은 미래에 다윗 왕조의 회복이 이루어지리라는 환상으로 간주하지 않는다. 그는 "그렇기 때문에 9:1-6은 7:14의 임마누엘 예언으로 해석해야 한다"고 설명한다.

10 히브리 원문은 이 세 구절이 9장을 시작한다.

을 집으로 돌려보내고 1만 명만 남겨 놓았어도 그 역시 너무 큰 병력이었다. 결국 3백 명만이 야훼와 함께 싸움터로 나갔고, 미디안을 멸절시켰다.

유다와 이스라엘이 공포와 테러 속에서 야훼께서 미디안을 쳐부순 것처럼 앗시리아를 패망시키리라는 환상에 빠질 뿐만 아니라 새로운 아기 왕이 태어나기를 기대하기도 한다. 그가 "기묘자, 전능하신 하나님, 영존하시는 아버지, 평화의 왕"이라고 불리게 되리라고 염원한다.

> "그의 왕권은 점점 더 커지고 나라의 평화도 끝없이 이어질 것이다. 그가 다윗의 보좌와 왕국 위에 앉아서 이제부터 영원히 정의와 의로움으로 그 나라를 굳게 세울 것이다. 만군의 야훼의 영광이 그렇게 할 것이다"(이사 9:7).

그들은 야훼께서 다윗과 맺은 영원한 언약에 스스로 붙들어 매어 다윗의 집이 다시 소생하고 새 임금이 나와서 이스라엘을 재(再)연합하여 정의로운 나라를 영구적으로 세우리라고 믿고 있다. 만군의 야훼의 영광이 그렇게 할 것이라는 환상이다. 현재 그들이 처한 위기 속에서 야훼께서 아브라함과 시내산에서 이스라엘과 세우신 언약은 그들의 관심 속에 남아 있지 않다.

하지만 이스라엘이 다윗 왕권 아래 유다와 재통합하게 될 가망성은 전무하다. 얼굴을 숨기신 채로 야훼께서는 "이스라엘에게 이를" 야곱에게 심판을 이미 선언하셨다. 다만 백성들이 그 심판을 인정하려 들지 않을 뿐이다: "벽돌집이 무너지면 다듬은 돌로 다시 쌓고 뽕나무가 찍히면 백향목을 대신 심겠다"(이사 9:10).

하지만 야훼의 이스라엘을 향한 진노는 멈추지 않았다. 그들의 적을 일으키시고 원수들을 부추기실 것이다. 동쪽에서 시리아가 서쪽에서는 블레셋이 일어나 "그 입을 크게 벌려서 이스라엘을 삼킨다." 9장 8-21절에 네 차례나 반복하여 예언자는 야훼의 진노하심을 되풀이하여 확인한다: "그의 진노하심을 풀지 않으시고 심판을 계속하시려고 여전히 그의 손을 들고 계신다." 그것은 "에브라임과 사마리아가 그에게로 돌아오지 않았기 때문이다." 그래서 "야훼께서는 이스라엘의 머리와 꼬리를 잘라버릴 것이다. 장로와 고관들이 그 머리이고 거짓을 가르치는 예언자들이 그 꼬리이다." 앗시리아는 야훼께서 사용하시는 진노의 몽둥이다. 그 진노의 몽둥이로 에브라임을 "닥치는 대로 노략하고 약탈하게 하며 거리의 진흙같이 짓밟도록 하겠다"[11]는 것이다.

예루살렘도 예외가 아니다. 4세기의 예언자들은 8세기 히스기야 왕정 때 앗시리아 침공 시절에 있었던 사건들을 재조명한다. 이사야 28-31장에 왕의 이름이 밝혀지지는 않았다. 그들은 예루살렘에 있던 백성의 지배자들이 자신들이 저지른 배반을 스스로 방어하고 자랑한다:

"우리는 죽음과 언약을 맺었고 스올과 협약을 맺었다. 거짓말을 하여 위기를 모면할 수도 있고 속임수를 써서 몸을 감출 수도 있으니 재난이 닥쳐와도 우리에게는 절대로 미치지 않는다"(이사 28:15- 15).

---

11 이사 10:7.

히스기야는 앗시리아의 침공을 방어하려고 이집트와 군사동맹을 체결하였다.[12] 열왕기하 18장 7절에 의하면 705년 사르곤 2세가 죽자 앗시리아의 지배를 벗어나고 유다 침공을 항거하기 위하여 이집트와 군사동맹을 맺은 것이다. 하지만 사르곤에 이어 등극한 산헤립이 유다를 침공하여 모든 요새화한 도시들을 점령하고 은 삼백 달란트와 금 삼십 달란트를 요구하였다. 그래서 히스기야는 성전 금고에 있던 모든 은과 성전 문기둥에 있는 금들을 벗겨 바쳤다. 열왕기하 18장 3절에서 신명기 사가는, "그는 조상 다윗이 한 모든 것을 그대로 본받아 야훼께서 보시기에 올바른 일을 하였다"라고 기술하였다.

왕과 그의 신하들은 야훼를 속이려고 그들의 불신실함을 거짓으로 꾸며댄 것이다. 아버지 아하스처럼 히스기야 역시 야훼께서 다윗과 그의 후손들과 맺은 언약을 간과한 것이다. 그러나 이사야는 그를 정죄하는 대신 야훼 엘로힘께서 시온에 새로운 초석을 두시겠다는 선언을 그와 그의 신하들에게 한다.

"내가 시온에 주춧돌을 놓는다. 얼마나 견고한지 시험하여 본 돌이다. 이 귀한 돌을 모퉁이에 놓아서 기초를 튼튼히 세울 것이니 이것을 의지하는 사람은 불안하지 않을 것이다. 내가 공정한 심판으로 줄자를 삼고, 정의로 저울을 삼을 것이니 거짓말로 위기를 모면한 사람은 우박이 휩쓸어 가고 속임수로 몸을 감춘 사람은 물에 떠내려 갈 것이다"(이사 28:16-17).

---

12 더 자세한 논의는 참조. Berges, *The Book of Isaiah*, 189-190.

따라서 "시험하여 본 귀하고 견고한 주춧돌을 놓는다"라는 말은 이미 존재한 그 어떤 실체를 지시함에 틀림이 없다. 그것은 언약을 죽은 언약으로 만든 히스기야와 그 지배층 엘리트들을 대치하시겠다는 은유적 표현이다. 그 표징이란 야훼 엘로힘께서 앞서 아하스에게 주신 바 시온의 딸 젊은 여인이 아들을 "하나님이 우리와 함께하신다"는 뜻의 임마누엘이라는 이름을 주어 야훼의 대리자로서 그의 종말적 목표들을 성취하리라는 것이다.

자신은 물론 그의 백성들을 보호할 왕국을 변질시킨 히스기야는 앗시리아의 침공에 "우박"이 쏟아내리듯이 패배하게 될 것이다. 앗시리아제국의 엄청난 세력에 유다는 처참하게 패하고 이집트와의 군사 동맹이 아무런 효력을 가지지 못하게 될 것이다. 그리고 나서 유다와 예루살렘은 야훼의 진노하심을 깨닫게 될 것이다.

> "그러니 너희는 내가 경고할 때에 비웃지 말아라. 그렇게 하다가는 더욱 더 궁지에 몰리고 말 것이다. 만군의 야훼 엘로힘께서 온 세상을 멸하시기로 결정하셨다는 말씀을 내가 들었다"(이사 28:22).

두 번째 재앙의 경고가 "다윗이 진을 쳤던 아리엘"에게 주어진다. 해마다 거기에서 절기에 축제를 벌이지만 그들은 야훼를 경시하였다 (이사 29:1). 아리엘은 백성들을 대신하여 야훼께 희생 제물을 드리던 제단의 바닥이다.[13] 하지만 이제 앗시리아군이 쌓아 올린 탑들과 흙더미에 둘러싸여 예루살렘의 바로 그 제단에서 자기 백성들을 희생제

---

13 아리엘은 '아리'(바닥)와 '엘'(하나님)의 복합어다.

물로 바치게 될 형국이다. 그들은 날아오는 불길로 온 땅과 도시들을 폐허로 만들 것이다. 그리고 "유다의 땅은 낮아질 대로 낮아져서 땅바닥에서 하는 말소리는 유령의 소리와 같고 먼지 바닥 속에서 나는 속삭이는 소리 같을 것이다."

히스기야와 그의 관료들은 야훼께서 보내신 "깊이 잠드는 영"에 의하여 눈을 보지 못하게 되고 모든 예언자와 선견자들이 앞을 내다보지 못하게 되어 "이 모든 환상"을 이해하지 못하게 하실 것이다. 그 모든 묵시가 그들에게는 밀봉된 두루마리같이 되어서 그것을 읽을 수 있는 사람에게 가지고 가더라도 밀봉되어 읽을 수 없게 될 것이다(이사 29:11-12). 비록 그 환상이 후대에 알려지더라도 그에 대한 해석은 여전히 미궁 속에 남게 될 것이다. 따라서 유다 백성들이 야훼를 입으로는 가까이하고 입술로는 그에게 영광을 돌리지만 그들의 마음으로는 멀리하기 때문에 여전히 지혜로운 자에게서 지혜가 없어지고, 총명한 사람에게서 총명이 사라지게 된다. 그들이 야훼를 두려워한다는 것은 고작해야 계명의 조항을 암기한다는 데 그치고 이사야 28장 23-29절의 비유처럼 그들의 지혜란 가장 초보적인 교육적 진실에도 미치지 못한다.

더 큰 위협적인 힘을 피하려고 외국의 세력에 의존하는 것이야말로 야훼와 다윗 왕실이 맺은 언약을 근본적으로 파기하는 것이어서 예언자는 유다의 지배층 엘리트들에게 그에 따른 재앙을 선포한다. 처음 두 번의 경우처럼 마지막 세 번의 선언은 유다 지배층 엘리트들을 향한 것이다.

"거역하는 자식들아, 너희에게 화가 닥칠 것이다. … 너희가 계획을 추진하지만 그것은 나에게서 나온 것이 아니다. 동맹을 맺지만 나의 뜻을 따라 한 것이 아니다. 죄에 죄를 더할 뿐이다. 너희가 나에게 물어보지도 않고 이집트로 내려가서 바로의 보호를 받아 피신하려 하고 이집트의 그늘에 숨으려 하는구나"(이사 30:1-2).

이집트와의 비밀조약이 남쪽 경계선인 하네스에서 체결된 것으로 언급된다. 유다의 사신들이 앗시리아의 침공으로부터 이집트의 보호를 받기 위하여 사자들이 울부짖는 땅, 독사들이 우글거리는 위태로운 사막길을 지나서 나귀 등에 선물을 싣고 낙타 등에 보물을 싣고 가야 했다. 하지만 그들이 도착했을 때 그들은 이집트가 아무런 도움을 주지 못하는 "맥 못 쓰는 용 라합"과도 같은 사실에 직면한다.

마지막 재앙 예고 역시 유다와 이집트의 동맹에 관한 것이다. 31장 1절은 야훼와의 언약과 그의 무한대한 가능성을 저버린 미래 세대가 당면하게 될 바가 무엇인지 강조한다.

"도움을 청하러 이집트로 내려가는 자들에게 재앙이 닥칠 것이다. 그들은 군마를 의지하고 많은 병거를 믿고 기마병의 막강한 힘을 믿으면서 이스라엘의 거룩하신 분은 바라보지도 않고 야훼께 구하지도 않는다"(이사 31:1).

그 어떤 군사적 자원이나 전략도 앗시리아의 침공으로부터 유다를 구하지 못할 것이다. 그리고 모든 방어 수단들이 소모되고 유다와 그 백성들은 모조리 고립되고 처절한 상황에 빠지고 말 것이다.

하지만 야훼 엘로힘께서는 그의 시온 백성과 함께 근심하시면서

용기를 주신다: "앗시리아가 몽둥이를 들어 너를 때리고 이집트가 철퇴를 들어 너에게 내리친다 하여도 두려워하지 말라"(이사 10: 24-25)고 하신다. "시온에 있는 그의 백성"은 아마도 임마누엘 공동체를 지시한다고 볼 수 있다. 그들에게 야훼 엘로힘은 그들의 조상이 이집트에서 노예로 고생할 때 바다를 가르고 그들을 구출해 내신 그 역사를 회상시키시며 용기를 주신다. 그가 다시 그들의 고통의 멍에를 풀어 주실 것이다. 야훼께서 앗시리아 왕을 벌하실 것이고 앗시리아의 군대들이 역병으로 쓰러지면서 포위했던 도성들로부터 철수하게 될 것이다. 이사야 37장 35절에서 야훼께서는 이렇게 선언하신다: "나는 나의 명성을 지키기 위해서라도 이 도성을 보호하고 나의 종 다윗을 보아서라도 이 도성을 구원하겠다."

이렇게 예루살렘은 보존되고 다윗의 왕실이 향후 백십 년 동안 유다를 다스리게 된다. 그러나 이사야가 히스기야에게 그의 제1이사야의 마지막에 이렇게 예고한다:

"만군의 야훼의 말씀을 들으시오. 그 날이 다가오고 있다. 그 날이 오면 너의 왕궁 안에 있는 모든 것과 오늘까지 너의 조상이 저장하여 놓은 모든 보물이 남김없이 바빌론으로 옮겨 갈 것이다. 너에게서 태어날 아들 가운데서 더러는 포로로 끌려가서 바빌론 왕궁의 환관이 될 것이다"(이사 39:5-7).

이렇게 바빌론이 유다 왕국을 파멸시키고 다윗 왕실은 그 막을 내리게 된다:

"너의 파멸이 정의로운 판결에 따라서 이미 결정되었다. 파멸이 이미 결정되었으니 야훼 엘로힘께서 온 땅 안에서 심판을 강행하실 것이다"(이사 10:23).

이스라엘과 유다 두 왕국 모두 야훼 엘로힘의 정의로운 심판 아래 종식된다. 앗시리아에 포로로 잡혀간 "이스라엘의 남은 자들"처럼 유다 백성들도 바빌론에 포로로 잡혀갈 것이다. 거기서 그들은 "이스라엘의 거룩하신 분"에게 의지하게 될 것이다. 그리고 오직 남은 자들만이 바빌론 포로에서 돌아오게 될 것이다.

그러나 과거 미디안이나 이집트의 왕국들을 대표하는 앗시리아는 그 제국을 이어가지만 지존하신 야훼께서는 무한대한 가능성 안에서 그의 백성들을 지키실 것이다:

"보아라, 만군의 아도나이 야훼께서 그들을 나뭇가지 치시듯 요란하게 치실 것이니, 큰 나무들이 찍히고 우뚝 솟은 나무들이 쓰러지듯이 그렇게 쓰러질 것이다. 빽빽한 삼림의 나무를 도끼로 찍듯이 그들을 찍으실 것이다. 레바논이 전능하신 분 앞에서 쓰러질 것이다"(이사 10:33-34).

이사야 2장 12-17절에서 제시된 바대로 나무들은 왕국들의 높낮이를 상징한다. 그 왕국들의 고하를 막론하고 그들의 가지들이 모두 잘릴 것이다. 앗시리아보다도 더 강력한 "가장 큰 나무들"조차도 잘리게 될 것이다. "그 거대한 나무 레바논"도 쓰러질 것이다. 제국들이 그들의 궁전을 장식하기 위하여 백향목들을 잘라버리듯이 그 제국들 모두 잘릴 것이다.

"빽빽한 삼림의 가장 큰 나무들을 야훼께서 도끼로 찍어 넘어뜨리듯이 제국들을 멸망시킨다는 종말적 메타포가 '줄기'와 '그루터기' '가지'와 '뿌리' 같은 나무의 부분들을 메타포와 대조적으로 사용된 것은 결코 우연이 아니다: "이새의 '줄기'(게자)에서 한 '싹'(호터)이 나며 그 '뿌리'(샤라샤우)에서 한 '가지'(네쳐)가 자라날 것이다"(사 11:1).

"이새의 줄기에서 나올 한 싹"은 무엇이고 또 누구일까? 그리고 그 싹은 뿌리에서 자랄 가지와 어떤 관계를 가지나?[14] 그리고 이 오라클은 과연 무엇을 또 누구를 기대하게 하는가?

"줄기"에서 나온 "싹"과 "뿌리"에서 자란 "가지"가 하나의 같은 나무를 지시한다고 볼 수는 없다. 하지만 그 모두가 '이새'와 연결되어 있다. 그렇다고 해서 그것들이 결과적으로 다윗 왕실의 재건을 의미한다고 볼 수는 없다.[15] 그렇게 보면 에스겔 40-48장의 환상이 성취된바 바빌론 포로에서 귀환하여 세운 사독 사제들의 신정 정치에 압류당하게 된다. 여기서 미래에 일어날 것으로 조명한 것은 7장 14절에서 제시한 대로 하늘처럼 높고 스올처럼 깊은 야훼의 표징, 곧 다윗 왕실을 넘어선 이사야의 임마누엘 공동체가 그 정체라고 보아야 한다.[16] 그 공동체는 임마누엘, 곧 "하나님이 우리와 함께하신다"의 공동체로서 야훼의 무한대한 가능성을 가지면서 동시에 이새의 그루터기에서 나오는 한 싹과 종말적인 관계를 가진다. "줄기"에서 나오는

---

14 Jacob Stromberg, "The 'Root of Jesse' in Isaiah 11:10: Postexilic Judah, or Postexilic David King?" *JBL* 127/4 (2008): 668-669.

15 Berges, *The Book of Isaiah*, 113.

16 참조. Stromberg, "The 'Root of Jesse' in Isaiah 11:10…," 657.

"싹"은 새로운 시작을 지시한다. 동시에 과거와의 계속성을 가진다. "뿌리에서 자라는 가지"는 그 뿌리에서 새롭게 자라는 나무를 지시한다. 따라서 이새는 두 가지 대립적인 개념을 대표한다. 곧 한편에서 다윗이 시작한 그의 왕실의 줄기에서 돋아난 싹이 새로운 시작을 지시하고, 다른 한편에서는 "그의 뿌리"에서 "새로운 가지"가 자라난다는 의미를 지시한다.

이사야의 임마누엘 공동체가 이새의 줄기에서 나온 새싹이 되고, 그 왕적 주권이 그 공동체에서 계승된다. 이렇게 이 공동체가 과거와의 연속성과 단절을 동시에 지시하여 하나님의 새로운 백성이 가지는 역설적 정체성을 수립한다. 이 역설적 정체성을 가진 임마누엘 공동체는 이스라엘 안에서 '하나'이며 동시에 '많은'이들의 연합을 이룬다. 야훼의 무한대한 가능성을 가진 왕권이 된다.[17] 야훼의 영이 그들에게 임하시기 때문이다:

> "주의 영이 그에게 내려오신다. 지혜와 총명의 영, 모략과 권능의 영, 지식과 야훼를 경외하는 영이 그에게 내려오시니 그는 야훼를 경외하는 것을 즐거움으로 삼는다. 그는 눈에 보이는 대로만 판결하지 않는다" (이사 11:2-3).

이 새로운 공동체가 받는 하나님의 영은 다윗의 집과 모세나 엘리야가 받은 그 이상의 능력을 보일 것이다. "야훼의 영"이 이 공동체가 구사하는 힘의 원천이 되고, 이스라엘의 역사에 그 유례가 없는 것이

---

17 Berges, *The Book of Isaiah*, 116.

된다.[18] 그들이 야훼와 정체성 합일을 이루어 '하나'이면서 동시에 '여 럿'인 공동체로서 "지혜와 총명의 영", "모략과 권능의 영", "지식과 야훼를 경외하는 영"을 받게 될 것이다.[19] 이전의 이스라엘 왕들과는 달리 이 공동체는 원수들과 칼이나 창이나 병거를 내세워 전쟁을 벌이지 않는다. 야훼의 영을 받은 '많은' 이들이 '하나'를 이룬 공동체로서 이들은 이제껏 이스라엘이나 유다의 그 어떤 왕들도 이루지 못한 바를 이룰 것이다. 야훼가 화육한 공동체로서 그들은 "엄청난 힘으로 큰 가지들을 자르고" 가장 큰 나무들을 베어 빽빽한 삼림의 나무들을 찍어 내릴 것이다. '하나'이며 '많은' 그들이 입의 막대기로 땅을 치시고 그들의 입술의 숨결로 악한 자들을 죽이실 것이다. 그들은 '정의'(체데크)로 허리를 동여매고 '신실함'(에누마)으로 몸의 띠를 삼을 것이다.

'하나'로 연합한 '많은'이들인 "시온의 왕적 공동체"는 하늘과 땅이 하나가 되는 야훼의 거룩한 산과 연결되어 분리의 도덕적 질서를 합일의 도덕적 질서로 바꿀 것이다. 이사야 11장 6-9절이 그것을 시적으로 묘사한다:

"그 때에는 이리가 어린 양과 함께 살며, 표범이 새끼 염소와 함께 누우며, 송아지와 새끼 사자가 살찐 짐승이 함께 풀을 뜯고, 어린아이가 그것들을 이끌고 다닌다. 암소와 곰이 서로 벗이 되며, 그것들의 새끼가

---

18 Williamson, "The Messianic Texts in Isaiah 1-39," 258.
19 Williamson, "The Messianic Texts in Isaiah 1-39," 259. 11:3에 사용된 언어는 구약성서에서 그 유례를 찾을 수 없다고 설명한다. '미스마 호젠'이라는 표현은 다른 곳에 나오지 않는다. 그리고 '마에 엔냐임'은 가끔 사용되지만, 법적인 의미로는 사용되지 않는다고 설명한다. 6장에 표현된 이사야의 동시대와 앞으로 나타날 이상적 왕을 대조시키려는 목적이 분명하지만, 여기서는 특별히 법적인 영역에서 그 말들이 사용되었다.

함께 누우며, 사자가 소처럼 풀을 먹는다. 젖 먹는 아이가 독사의 구멍 곁에서 장난하고, 젖뗀 아이가 살무사의 굴에 손을 넣는다. '나의 거룩한 산 모든 곳에서 서로 해치거나 파괴하는 일이 없다.' 물이 바다를 채우듯, 야훼를 아는 지식이 땅에 가득하기 때문이다."

이리-어린 양, 표범-새끼 염소, 새끼 사자-송아지, 곰-암소, 사자-소, 독사-어린아이 등의 이항 대립의 해소는 아담과 하와가 모든 짐승과 평화롭게 공존하던 태초의 에덴동산을 기대하게 한다.

여기에 제시된 이항 대립적 구조는 은유적으로 이스라엘과 유다가 살아온 농경 세계의 성격을 지시해 준다. 곧 지배자와 피지배자, 착취자와 착취당한 자, 부자와 가난한 자, 권력을 휘두르는 자와 약한 자들의 사회적 대립을 은유적으로 묘사한 것이다.[20] 그 모든 파괴와 상해하는 세력들은 끝장이 날 것이다. 야훼를 아는 지식이 바다를 덮은 물처럼 온 땅에 가득하기 때문이다.

이 공동체는 "너에게서 땅의 모든 민족이 복을 받고", "많은 민족의 조상이 되리라"고 말씀하신 야훼의 무한대한 가능성을 구현시킬 것이다. 그들은 이사야 2장 2-4절에서 기대한 바 시온산으로 모든 민족을 오게 하는 세상의 빛이 될 것이다: "그 날이 오면 이새의 뿌리에서 한 싹이 나서 만민의 깃발로 세워질 것이며, 민족들이 그를 찾아 모여들어서 그가 있는 곳이 영광스럽게 될 것이다"(이사 11:10). 그리고 "그 날이 오면, "야훼께서 다시 손을 펴시어 그의 남은 백성들을… 그의 소유

---

20 Seitz, *Isaiah 1-39*, 105-107. 유다 묵시 사상에서 여기에 제시된 맹수들은 제국들의 침략 세력에 비교하여 사용하는 것을 본다. 다니 7:4-6에 제국들의 침략을 그 같은 맹수들로 묘사한다. 참조. 에녹1서 85-90.

로 삼으실 것이다"(이사 11:11).

이사야 11장 10절과 11절의 두 사건은 서로 다르면서도 연결되어 있다. 하나는 "이새의 뿌리"에서 자란 임마누엘 공동체가 새로운 이스라엘이 되어 모든 민족에게 토라를 가르치게 되는 사건이고, 다른 하나는 땅의 방방곡곡에서 이스라엘과 유다의 남은 자들이 고향으로 돌아오게 되는 사건이다. 야훼께서 이집트 바다의 큰 물굽이를 말리시고 스웨즈만을 말리셔서 사람들이 맨땅으로 건너게 하실 것이다. 앗시리아의 남은 자들이 돌아오도록 큰길을 내시고 이스라엘과 유다의 남은 자들이 돌아와서 화해하고 평화롭게 공존하게 될 것이다. 그리고 에돔과 모압과 암몬이 그들에게 복종하게 될 것이다.

화해를 이루고 재연합한 새로운 이스라엘은 야훼께 두 가지 감사의 기도를 드린다.[21] 12장 1절 상반과 4절 상반에서 각각 "그 날이 오면 너는 찬송할 것이다"라는 미래적인 시제로 시작한다. 그 시작 말로 두 개의 감사의 기도를 연결시킨다. 그 두 기도는 그렇게 두 왕국의 재결합과 구원의 우물에서 물을 퍼 올리는 것을 엮어서 노래한다:

"그 날이 오면, 너는 찬송할 것이다. 오, 야훼여, 전에는 당신께서 나에게 진노하셨으나, 이제는 당신의 진노를 거두시고 나를 위로하여 주십니다. 보시오, 엘로힘은 나의 구원이십니다. 내가 당신을 신뢰하고 두려워하지 않을 것입니다. 야훼 엘로힘께서 나의 힘이 되시고 나의 노래가 되십니다. 그가 나의 구원이십니다. 그러므로 너희는 구원의 우물에서 기쁨으로 물을 길을 것이다"(이사 12:1-3).

---

21 Berges, *The Book of Isaiah*, 39.

"그 날이 오면, 너희는 찬송할 것이다. 야훼께 감사하여라. 그의 이름을 불러라. 그가 하신 일을 만민에게 알리며, 그의 높은 이름을 선포하여라. 야훼께서 영광스러운 일을 하셨으니 그를 찬송하여라. 이것을 온 세계에 알려라. 시온의 주민들아, 소리를 높여서 노래하여라. 너희 가운데 계시는 이스라엘의 높으신 분은 참으로 위대하시다"(이사 12:4-6).

이 종말적 기도들로 "아모스의 아들 이사야가 유다와 예루살렘을 두고 받은 말씀"인 이사야서 2-12장을 끝맺는다.

1 8 장
세계성으로의 전환

이사야 13-23장

앗시리아제국이 721년에 이스라엘을 패망시키고 701년에는 유
다를 침공하였다. 그러나 612년 바빌론 왕 나보폴랏사르가 메데와 군
사동맹을 맺고 앗시리아의 수도 니느웨를 점령하였다. 그리고 609년
에는 하란에서 앗시리아의 마지막 왕인 아셔우발 2세를 제패하여 명
실공히 앗시리아제국을 멸망시켰다.

이사야 13장 17-19절은 위에서 언급한 역사적 사건들을 앞으로
있을 바빌론의 파멸과 함께 이렇게 서술한다:

"내가 메데 사람들을 불러다가 바빌론을 공격하게 하겠다. 메데 군인들
은 은 따위에는 관심도 없고 금 같은 것도 좋아하지 않는다. 그들은 활로
젊은이들을 쏘아 갈기갈기 찢어 죽이며 갓난아기를 가엾게 여기지 않
고 아이들을 불쌍히 여기지도 않는다. 나라들 가운데서 가장 찬란한 바
빌론, 바빌로니아 사람들의 영예요 자랑거리인 바빌론은 엘로힘께서

멸망시키실 때에 마치 소돔과 고모라처럼 될 것이다."

그러한 국제정세 속에 야훼께서는 "가장 큰 나무를 넘어뜨리고 빽빽한 삼림의 나무들을 도끼로 찍어 내리듯이" 그의 주권을 행사하실 것이다. 야훼께서는 유다와 이스라엘을 벌하시기 위하여 앗시리아제국을 그의 진노의 회초리로 사용하시고 노여움의 몽둥이로 사용하실 것이다. 하지만 그는 또한 제국들을 멸망시키기 위하여 다른 제국을 사용하실 것이다:

> "만군의 야훼께서 말씀하신다. '내가 일어나 바빌론을 치겠다. 내가 바빌론을 멸하겠다. 그 명성도 없애고 살아남아서 바빌론의 이름을 이어갈 자도 하나도 남기지 않고 멸종시키겠다.' 야훼께서 하신 말씀이다. '또 내가 그 도성 바빌론을 고슴도치의 거처가 되게 하고 물웅덩이로 만들며, 멸망의 빗자루로 말끔히 쓸어 버리겠다'"(이사 14:22-23).

바빌론을 악의 실체로 규정하고 악한 제국의 원형이라고 단정한다. 그 제국이 무너지는 때의 참상을 이사야 14장이 잘 묘사한다:

> "… 그렇게 말하던 네가 스올로 땅 밑 구덩이에서도 맨 밑바닥으로 떨어졌구나! 너를 보는 사람마다 한때 왕 노릇하던 너를 두고 생각에 잠길 것이다. '이 자가 바로 세상을 뒤흔들고 여러 나라들을 떨게 하며, 땅을 황폐하게 만들며 성읍을 파괴하며 사로잡힌 사람들을 제 나라로 돌려보내지 않던 그 자인가?' 할 것이다"(이사 14:15- 17).

한 제국이 일어나 다른 제국을 멸하고 왕국들이 서로를 무너뜨리는 악순환은 멈춰야 한다. 정복하는 나라나 정복을 당하는 나라 모두에 대하여 야훼께서 부담을 가지시기 때문이다. 그래서 바빌론은 이사야가 자기 자신의 역사적 한계를 넘어서 예언적으로 보는 그 첫 번째 '마사'(부담)가 된다. 15장에서 23장에 걸친 오라클은 바빌론제국에 의해서 패망한 왕국들에 대한 야훼가 부담을 가진다고 전한다.

이 오라클들은 4세기 묵시적 예언자들이 이사야의 아포칼립스인 24-26(7)장을 소개하기 위하여 채택한 포로 후기의 복합적인 전승들을 형성한다.

바빌론의 책임

'바빌론의 책임'이 정복자들과 피정복자들에 대한 야훼의 일련의 약속들을 소개한다(이사 13:1- 14:27). 처음에는 독자들에게 24-26(7)장의 아포칼립스를 예견케 하는 오라클이 주어지는데, "세상의 악을 징벌하기 위하여" 야훼께서 나라와 왕국들의 군대를 동원하시는 우주적 소요를 예견하게 한다.

"저 소리를 들어 보아라. 산 위에서 웅성거리는 소리다. 저 소리를 들어 보아라. 무리가 떠드는 소리다. 저 소리를 들어 보아라. 나라들이 소리치고 나라들이 모여서 떠드는 소리다. 만군의 야훼께서 공격을 앞두고 군대를 검열하실 것이다. 야훼의 군대가 먼 나라에서 온다. 하늘 끝 저 너머에서 온다. 그들이 야훼와 함께 그 진노의 무기로 온 땅을 멸하러 온다. 슬피 울어라! 야훼께서 오실 날이 가깝다. 전능하신 분께서 오시는 날, 파멸의 날이 곧 이른다. 날이 가까이 올수록 사람들의 손이 축 늘어지고 간담이 녹을 것이다. 그들이 공포에 사로잡히고 괴로워하고 아파하는 것이 해산하는 여인이 몸부림치듯 할 것이다. ··· 야훼의 날이 온다. 무자비한 날, 땅을 황폐하게 하고 그 땅에서 죄인들을 멸절시키는 야훼의 날이 온다. 하늘의 별들과 그 성좌들이 빛을 내지 못하며 해가 떠도 어둡고 달 또한 그 빛을 비치지 못할 것이다. 내가 세상의 악과 흉악한 자들의 악행을 벌하겠다. 교만한 자들의 오만을 꺾어 놓고 포악한 자들의 거만을 낮추어 놓겠다"(이사 13:4-11).

바빌론은 여기서 계속해서 이어지는 제국들을 상징적으로 대표할 뿐이다.[1] 다른 제국들과 마찬가지로 그들은 "먼 나라에서, 하늘 끝에서 온다." 그리고 그들은 온 세상을 파멸시키고 세상의 악을 끝장낼 야훼의 무기가 된다. 그날은 "하늘의 별들이 빛을 발하지 못하고 해가 떠도 어둡고 달도 그 빛을 비추지 못하는" 우주적 재앙의 날이다. 분리의 도덕적 질서가 그렇게 끝난다는 의미를 던진다.

야훼의 짐

이사야는 바빌론이 파멸시킨 여러 왕국과 나라의 처참한 현실을 고통스러워하며 야훼께서 담당하시게 될 '짐/부담'(마사)을 그의 오라

---

1 Seitz, *Isaiah 1-39*, 128. 후기 아포칼립틱 문서들인 다니 2-4장, 에스라 15:15, 계시록 18장에서처럼 바빌론은 세상의 정복 세력들을 상징적으로 대표한다.

클에서 천명한다. 앗시리아가 유다의 이웃이며 동시에 원수인 블레셋을 침공하지만 살아 존속하였다. 하지만 바빌론이 블레셋을 결국 패망시킬 것이다.[2]

또 다른 유다의 적대적 이웃인 모압은 열왕기하 3장 4-27절이 서술한 대로 앗시리아에게 전멸당했다(이사 15:1-16:14).[3] 절박한 상황에서 그들이 백성들의 망명을 요청하지만, 유다는 그들의 오만함을 이유로 거절한다. 모압의 신들에게 제물을 계속 드리고 기도하지만 모압 역시 다시 파멸을 모면하지 못한다. 앗시리아가 다메섹과 에브라임도 파멸시킨다. 하지만 이스라엘의 왕국 에브라임은 실오라기 같은 희망을 가진다. 그들의 처지를 곡식을 다 거두어들인 들판이나 열매를 다 따고 난 올리브나무와 견줄 수 있다고 서술한다(이사 17:1-14).

"벌레들이 날개 치는 소리가 나는 땅", "메뚜기와 파리떼가 득실거리는 땅" 에티오피아는 앗시리아의 위협을 피하려고 이집트에 사신을 보낸다. 그들이 야훼께서 그들의 목적을 인정하시는 것을 감지하고 시온의 성전에 예물을 가지고 올 것이다. 이집트의 다섯 성읍이 히브리말을 배우고 야훼께 충성을 다짐할 것이다. 이집트로부터 앗시리아로 큰 길이 만들어지고 이스라엘은 그들과 동반자가 될 것이다. 그 세 왕국이 "세상의 한복판에" 서서 복을 내릴 것이다. 야훼께서 그들에게 복을 내리시며 "나의 백성 이집트야, 나의 손으로 지은 앗시리아야, 나의 소유 이스라엘아, 복을 받아라!"라고 하실 것이다(이사 18-19장).

이집트가 에티오피아의 아스돗을 지지함으로 앗시리아가 그에 강

---

2 Seitz, *Isaiah 1-39*, 137.

3 J. Maxwell Miller, "Moab," *The Anchor Bible Dictionary*, eds. David Noel Freedman et at. (New York: Doubleday, 1992) IV, 890.

력한 보복을 하려는 것을 반영하기 위하여 야훼께서는 이사야에게 베옷을 벗어버리고 신발도 벗고 3년 동안 벌거벗고 다니면서 유다 백성들에게 징표가 되라고 하신다. "에티오피아를 의지하던 그들과 이집트를 그들의 자랑으로 여기던 자들이 실망하고 부끄러워할 것이다"(이사20:5). 여기서 인칭 대명사 "그들"은 히스기야와 유다의 지배층 엘리트들을 지칭한다. 이사야 30-31장에 서술된 것처럼 그들은 앗시리아를 두려워한 나머지 야훼 대신 이집트와 에티오피아와 동맹을 맺으려 했기 때문이다. 결국 유다 왕국은 "우리가 의지하던 나라, 앗시리아 왕에게서 구해 달라고, 우리를 살려 달라고 도움을 청한 나라가 이렇게 되었으니 이제 우리는 어디로 피해야 한다는 말인가!"라고 말할 것이다(이사20:1-6). 벌거벗은 예언자가 보여 주는 징표 앞에서 유다 백성들은 어떤 구원의 손길을 기대할 수 있을까? 그들이 피할 곳은 과연 어디인가?

야훼가 짊어진 엄청난 책임은 '미드마 얌'(21:1, 광야바다)[4]이다. 이 표현은 설명하기 힘들다. 보통 영어 번역으로 "the wilderness of sea"[5]라고 한다. 두 개의 명사가 함께 사용되었는데, "광야"나 "바다"는 경계가 없는 광활한 지역을 가리킨다. 그 두 명사는 종종 혼돈의 영역을 대표하는 표현으로 사용된다. "광야"와 "바다"는 모두 경계가 없고 원초적인 혼돈을 야기시키는 엄청난 세력을 지시한다. 이 "바다광야/광야바다"는 그 뒤에 따라온 구절로 이해가 가능해진다. 곧 "네겜의 회오리바람처럼, 그것이 광야에서 온다." 광야는 결국 바빌론을 상징한다. 그 제국이 예루살렘과 유다를 파멸시킨다.

---

4 표준새번역은 "해변광야"라고 번역했다.

5 Seitz, *Isaiah 1-39*, 158.

이렇게 바빌론이 야훼가 짊어진 짐(책임/부담)이다. 반역하는 반역자, 파괴하는 파괴자 바빌론이다. 그 같은 야훼의 부담이 끝나게 될 환상을 예언자가 본다. 야훼의 대리인으로 그의 목소리를 내어 명령한다. 엘람과 메데에게 "'공격하고", "에워싸거라!", 그래서 억압당한 자들의 탄식 소리를 그치게 하라고 하신다(이사 21:2).

예언자는 그런 사건에 깊이 영향을 받는다. "허리가 끊어지는 것처럼 아프고 아기를 낳는 산모의 산고"를 경험한다. 그것이 마치 사막에서 몰아쳐 오는 회오리바람처럼 일어나서 예언자에게 신체적으로나 정신적으로 영향을 끼친다. 산모의 산고는 묵시적 종말 사상에서 흔히 사용되는 이미지인데, 새로운 삶이 안겨지기 전 겪는 '죽음의 경험'/'무의 경험'을 지시한다.

이사야 26장 17절에서도 그런 이미지를 다시 사용한다. 바빌론의 파멸을 증언하는 예언자의 눈과 귀가 의심스러울 정도다. 전쟁이 다가온다! 메데와 페르시아가 그 전쟁을 준비한다: "사람들이 잔칫상을 차려 놓고 방석을 깔고 앉아서 먹고 마신다. 지휘관들아, 일어나거라. 방패에 기름을 발라라!"

예언자가 그 같은 재난을 증언하고 싶지 않지만 야훼께서는 "파수꾼을 세워라! 그리고 그가 보는 대로 보고하게 하라!"고 명하신다. 머지않아 망대에 세운 '사자'(아레)가 외친다, "아, 그들이 온다. 병거를 탄 사람들, 기마병들이 무리 지어 온다." 아주 신속하게 재난이 닥친다. 그리고 끝장이 난다. 이사야 14장 1절을 연상케 한다:

"바빌론이 함락되었다! 그들의 모든 신상들이 땅에 떨어져서 박살이 났다!"(이사 21:9)

한계가 없는 원초적인 무시무시한 세력, 바빌론이 파멸된 것이다. 야훼가 짊어지신 바빌론이라는 짐이 두 가지 관점에서 주어진다.

한편으로는 바빌론은 하나의 제국으로서 그것이 정복하고 함락시키는 모든 나라들과 왕국들을 황폐하게 만드는 무한대한 힘의 원조다. 따라서 바빌론은 인류의 적이며 하나님의 대적자다. 그러나 다른 한편으로는 바빌론 역시 야훼께서 그가 창조 때 만드신 인간들의 집단이고 사회라는 사실을 인정하지 않을 수 없다. 그 같은 관점이 이사 19장 23-25절에 이집트와 앗시리아와 이스라엘을 축복하신 오라클에 반영되어 있다. 그런 점에서 파괴자가 파괴당하는 무서운 정황을 목격하는 예언자가 21장 10절에서 함락당한 바빌론을 향하여, "짓밟히던 나의 겨레여, 타작마당에서 으깨지던 나의 동포여"라고 말하고 다만 그의 환상이 야훼께서 보이신 것이라고 전한다.

"환상 골짜기"(이사 22:1-25)는 "바다광야/광야바다"처럼 종말적인 모호성을 담은 표현이다. "환상 골짜기"는 언덕과 계곡이 있는 예루살렘이다. 하지만 이 환상에서 서술되는 것은 예루살렘 중에서도 가장 중심부를 가리킨다. "너희가 무슨 변을 당하였기에 모두 지붕 꼭대기에 올라가 있느냐?"라는 시작 말은 앗시리아의 침공을 지시하는지 아니면 바빌론의 느부갓네살의 포위를 뜻하는지 분명하지 않다. 그것이 무엇이든 간에 예루살렘은 "폭동으로 가득 찬 도시"이며 "법석과 소동으로 가득 찬 도성"이라고 서술한다. 산헤립이 예루살렘을 공략했을 때 예루살렘에서 죽은 사람들은 전투를 하거나 칼에 찔려 죽은 것이 아니었다. 22장 3절이 서술하듯이 바빌론의 느부갓네살이 침공했을 적에는 "너희 지도자들은 도망치기에 바빴고, 활도 한번 쏘지 않고서 그들을 포획하였다." 이 표현은 열왕기하 24장 12절에 서술된 여호야

김과 그의 왕족들이 바빌론 왕에게 항복한 것을 지시한다. 멀리 도망쳐 갔지만 붙잡힌 이들이란 열왕기하 25장 4-7절에 서술된 시드기야 왕과 그의 병사들이 두 성벽이 있는 틈새로 예루살렘을 빠져나갔지만 여리고에서 바빌론 왕에게 체포당한 사례다. 여기서 예언자는 "환상 골짜기"를 바빌론 홀로코스트(대학살)와 연결시킨다: "내가 통곡한다. 다들 비켜라! 혼자서 통곡할 터이니 나를 내버려 두어라! 내 딸 백성의 도성이 망하였다고 나를 위로하려고 애쓰지 말아라"(22:4).

바빌론이 예루살렘을 파멸시켰다. 그 참상을 "환상의 골짜기에 혼란과 학대와 소란이 일어난 날"이라고 묘사한다. 그 혼란스러웠던 정황을 "성벽이 헐리고 살려 달라고 아우성치는 소리가 산에까지 사무쳤다"라고 서술한다. 앞의 서술은 바빌론의 느부갓네살의 침략이 야기한 것이고, 후자의 서술은 예루살렘 거민들이 산에 있는 신들에게 살려 달라고 구원을 요청하는 긴박한 부르짖음이다.

농산물 생산을 가장 풍성하게 안겨주던 르바임 계곡(17:5)과 예루살렘의 "왕의 골짜기"(삼하 18:18)가 병거 부대의 주둔지가 되고, 기마 부대는 예루살렘 성문 앞에 주둔하였다. 그 같은 현실은 야훼께서 더 이상 유다를 지키시지 않고 예루살렘이 바빌론의 점령에 무방비하게 된 것을 말해 준다.

하지만 예루살렘을 바빌론으로부터 보호할 수 있는 방어력이 없는 것은 아니었다. "수풀 궁"에 저장된 무기들이 있었다. 그리고 예루살렘에서 가장 오래된 성벽 사이로 적들의 공격을 방어할 수 있었다.[6] 예루살렘의 집들을 허물어서 무너진 성벽을 재건하고 성벽 사이에 저

---

6 왕하 25:4에 의하면 그 성벽 사이로 왕과 그의 군대가 도망쳐 나갔다.

수지를 만들어 아마도 "실로암 못"7 에 물을 댈 수 있었을 것이다. 701 년 앗시리아의 예루살렘 침공을 대비하여 히스기야는 "위쪽 기혼의 샘 물줄기를 막고, 땅속에 굴을 뚫어서 그 물줄기를 '다윗 성' 서쪽 안으로 곧바로 끌어들인 적이 있었다"(대하 32:30; 왕하 20:20). 그러한 자원과 가능성들이 예루살렘을 바빌론으로부터 방어하게 할 수 있었지만, 문제는 야훼께서 더 이상 유다를 돌보지 않으시기로 작정했다는 것이다. 야훼께서 회개를 촉구하셨으나 예루살렘 거민들은 야훼를 외면하고 바빌론의 막강한 군사력에 체념하고 스스로 죽음과 파멸을 불러들인 것이다. 그들은 그러한 절망적인 상황 속에서도 "소를 잡고 양을 잡고 고기를 먹고 포도주를 마시며" 흥청거렸다. "내일 죽을 것이니 오늘이라도 먹고 마시자"고 하였다. 그러한 믿음과 신뢰를 깡그리 저버린 그들의 염세주의적 태도에 대하여 야훼께서 예언자의 귀에 말씀하신다: "이 죄는 너희가 죽기까지 용서받지 못한다"(22:14).

"민족들의 상인이며 그들의 무역 때문에 세상이 우러러보던" 두로 민족들에 대한 오라클로 야훼의 부담을 종결짓는다(이사 23:1-18). 앞서 언급한 모든 나라들과는 달리 두로는 상업 제국으로서 가깝게는 키프로스와 이집트, 멀리는 다시스(서반아)에 이르는 모든 지중해 지역의 도시국가들과 교역을 하였다. 하지만 두로도 멸망 당한다. 그래서 "다시스의 배들"이 자기 나라로 돌아간다. 배를 정박할 항구가 파손(破損)되었기 때문이다. 상업 제국 두로가 못 쓰게 망가졌다. 또 다른 무역의 도시 시돈 역시 크게 파손되었다. 바다의 요새가 수치를 당했다. "너는 산고를 겪지도 못하였고 이이를 낳지도 못하였다. 이들들을

---

7 이사 22:8하-11; 왕하 25:4.

기른 적도 없고 딸들을 키운 일도 없다"(23:4). 시돈에 배를 타고 나갈 사람이 없게 된 것이다. 그들의 몰락 역시 바빌론이 한 짓이다.

하지만 두로에는 장래가 있다. 단 "한 왕의 수명과 같은" 칠십 년이 지난 후에 창녀의 노래에 나오는 창녀처럼 재기하게 될 것이다: "너 잊혀진 창녀야, 수금을 들고 성읍을 두루 돌아다니며 노래를 불러 다시 너에게 돌아오게 하여라"(23:16).

칠십 년 후에 두로는 창녀처럼 다시 모든 나라와 바다를 통한 무역을 하게 될 것이다. 야훼의 돌보심 때문이다. 아이로니컬하게도 두로가 해상 무역을 통해서 벌어들인 소득은 야훼의 몫이 될 것이다. 자기 몫으로 간직하거나 쌓아 두지 못할 것이다. 두로가 벌어 놓은 것으로 야훼를 섬기는 사람들이 배불리 먹을 양식과 좋은 옷감을 살 것이다."

이렇게 제4세기 묵시적 예언자는 이사야의 목소리로 야훼의 책임이 바빌론에게 패망을 당한 나라와 민족들을 모두 포함시켜서 세계적인 책임으로 제시한다. 그것은 그 제국의 백성들까지 포함시킨다. 그러면 유다와 이스라엘의 장래는 무엇일까? 그리고 무엇이 정복을 당한 나라들은 물론, 정복 세력들 모두를 "바다를 덮은 바닷물처럼 야훼를 아는 지식으로 온 땅이 가득하게 되도록" 야훼의 산으로 오게 할 것인가?

1 9 장
이사야서 24-26장의 아포칼립스

이제 유다와 이스라엘의 장래 역시 다른 민족들에 대한 야훼의 부담 속에 영입되고 계속되는 제국들의 침략 여부에 달려 있게 된다. 그 두 왕국 모두 패망하여 그 백성들은 사방으로 흩어져 살게 되었다. 이스라엘은 721년 함락 당한 후 이교도 아시리아가 주둔하여 그들의 '야훼와의 정체성 연합'을 상실하였다. 남왕국 유다는 페르시아 왕 고레스에 의하여 바빌론으로부터 해방되어 모국으로 돌아와서 사독 사제들의 신정 정치에 돌입하였다.[1]

시실리의 디오드루스(기원전 약 80~20년)가 엮은 "역사관"(Library of History)에 유대인들이 성전 국가를 한동안 계속한 데 대한 기록이 나온다. 그 기록은 압델라의 헤카테우스가 기록한 『애집티카』(*Aegyptica*)

---

1 에스겔 40:46하는 "그들은 레위 자손 가운데서도 주께 가까이 나아가 섬기는 사독의 자손이다"라고 서술한다. 솔로몬 왕이 아비아달을 제거했을 때 레위족은 성전 제사의 중심에서 밀려났다. 그들이 예루살렘이 함락되기 전 우상을 숭배하고 이스라엘을 잘못 인도하였기 때문이다. 따라서 그들은 하위적인 위치에 처해야 한다. 사람들을 위해서 번제물로 드릴 짐승을 살육하고 성전 구역을 지키거나 성전 안에서 시중드는 일들만 하게 하였다. 그래서 성전 제단에서 제사를 드리는 역할을 하지 못하였다. 참조. 에스겔 44:10-14.

를 따른 것인데, 아마도 알렉산더 대제가 죽고 이집트를 305년에서 282년까지 다스린 프톨레미 1세 때 기록되었을 것으로 추정된다.

그것이 기록된 정확한 시기는 알 수 없지만 대략 320년에서 305년 사이로 추정된다. 그것은 헬라어로 기록된 최초의 유대인들에 대한 기록이지만, 역사적 사실과는 많이 동떨어지고 정확성을 가지지는 못한다.[2]

모세가 유다에 유다령을 시작했고, 예루살렘시(市)를 건설하고 유다 백성들을 위한 정치적 사회적 제도들을 만들었다고 기술한다:

"그는 가장 훈련이 잘되고 능력이 뛰어난 사람들을 선택하여 나라를 이끌게 하였다. 그리고 사제들을 임명하고 그들이 성전을 맡아 그들의 신에게 제사를 드리게 하였다. 그 사제들을 모세는 재판관으로 삼아서 분쟁을 중재하고 모든 법과 규례를 지키도록 하였다. 그래서 유대인들은 왕을 세우지 않고 백성들을 다스리는 권한을 사제들 중에서 지혜와 덕망이 가장 뛰어난 이에게 위임하였다. 백성들은 그 사제를 대제사장이라고 불렀고 그가 하나님의 계명들을 그들에게 전하는 메신저라고 믿었다. 그는 백성들의 모임에 무엇을 지켜야 할지를 선포하고 유대인들은 그런 일에 아주 익숙해져서 대제사장이 그들에게 계명을 하달할 때 모두 땅에 엎드려 경외감을 표하였다."[3]

헤카테우스의 기록은 4세기에 사독 사제들이 관장했던 신정 정치

---

2 Diodorus Siculus, *The Library of History*, XL 3-6; Josephus, Ant. XI, 111; Con. Ap. I, 186-209, 144.

3 Siculus, *The Library of History*, 40. 3-6; Josephus, Ant. 11.111; *Apion*, 186-209.

가 존재하였던 역사와 일치한다. 그들의 신정 정치가 바빌론 포로에서 귀환한 모든 유대인을 통합시키려고 하였다. 그러나 거룩함을 원칙으로 내세워서 종족의 분리를 강조하였다. 에스겔 44장 23절은 야훼께서 그런 명령을 하신 것으로 묘사한다: "제사장들은 온 백성이 거룩한 것과 속된 것을 구별하도록 백성을 가르치고, 부정한 것과 정한 것을 분별하도록 백성을 깨우쳐 주어야 한다." 족보에 따른 종족성에 근거하여 신정 정치를 실시하고 백성들을 레위 법전과 신명기 법전의 정결법에 따라 구분하여 온갖 부정과 더러운 것들을 철저하게 배격하였다. 대제사장이 유다 백성들을 정치적으로 대표하고 외국과의 외교 관계에서도 나라를 대표하였다. "유다 사람들은 왕을 세우지 않았다"라는 잘못된 서술은 에스겔이 받은 다윗의 왕실을 재건하는 역할을 무색하게 만들었다.

헤카테우스의 기록에 예언자에 대한 언급이 없는 점을 주목하게 된다. 아마도 그것은 에스겔이 본 이스라엘의 회복에 대한 환상에 예언자들이 없는 것과 일치할지 모른다.[4] 에스겔은 예언자들을 "폐허더미에 있는 여우"와 같아 "헛된 환상을 보고 속이는 점괘를 말하는 자들"이라고 규탄하였다. 야훼께서 그들을 치시겠다고 한 말씀을 근거로 사독 신정 정치가 예언자들을 배제시켰다고 하겠다.

"그러므로 나 아도나이 야훼가 말한다. 너희가 헛된 것을 말하고 속이는 것을 보았기 때문에 내가 너를 치겠다. 나 아도나이 야훼의 말이다. 헛된 환상을 보고 속이는 점괘를 말하는 그 예언자들을 내가 직접 치겠다.

---

4 에스겔 40-48장.

그들은 내 백성의 공회에 들어올 수도 없고 이스라엘 족속의 호적에 등록될 수도 없고 이스라엘 땅으로 들어올 수도 없을 것이다. 그 때에야 비로소 너희는 내가 아도나이 야훼인 줄 알게 될 것이다"(에스겔 13:8-9).

야훼께서 예언자들을 배격하신다는 에스겔의 증언과 사독 사제들의 성전 중심의 신정 정치가 결합하여 예언자들의 직위와 그 활동들을 중단시켰다. 스가랴서가 그런 사실을 수록하였다. 사제들의 '시온 신학'은 대제사장의 권위를 강조하고 사독파의 지배만을 인정하였다. 그렇게 그들은 "예루살렘의 사제적 지도권"[5]을 형성하였다. 샘 하나가 터져서 다윗 집안과 예루살렘에 사는 사람들의 죄와 더러움을 씻어 줄 것이라고 예고한다. 하지만 스가랴 13장 2절에 의하면 야훼께서 "이 땅에서 우상들의 이름을 지우고… 예언자들과 더러운 영을 없애겠다"라고 선언하신다. 예언자 제도가 사라지게 된 것이다. 예언자들에 대한 적대시가 너무 커서 부모들은 자식 중에서 예언하는 자가 있으면 죽여버릴 지경이 되었다.

"그런데도 누가 예언을 하겠다고 고집하면 그를 낳은 아버지와 어머니가 그 자식에게 말하기를 '네가 야훼의 이름을 팔아서 거짓말을 하였으니 너는 살지 못한다' 한 다음에 그를 낳은 아버지와 어머니는 아들을 그 자리에서 찔러 죽일 것이다"(스가 13:3).

---

5 Stephen L. Cook, *Prophecy and Apocalypticism: The Postexilic Social Setting* (Minneapolis: Fortress Press, 1995), 144-145.

물론 사독 사제들의 신정 정치 기간에 예언자들은 여전히 생존하였다. 하지만 그들은 자신들의 정체나 활동을 공공연하게 밝히거나 실행하지 못하였다.

"그 날이 오면 어느 예언자라도 자기가 예언자 행세를 하거나 계시를 본 것을 자랑하지 못할 것이다. 사람들에게 예언자처럼 보이려고 걸치는 그 거친 털옷도 걸치지 않을 것이다. 그리고는 기껏 한다는 소리가 '나는 예언자가 아니다. 나는 농부다. 젊어서부터 남의 머슴살이를 해 왔다' 할 것이다. 어떤 사람이 그에게 '가슴이 온통 상처투성이인데 어찌 된 일이오?' 하고 물으면 그는 '친구들의 집에서 입은 상처요' 하고 대답할 것이다"(스가 13:4-6).

예언자들이 지하로 숨어들게 되면서 유대교 역사의 중간기에서는 예언자들의 목소리를 듣지 못하게 된다. 사독 사제들의 신정 정치 기간에 예언자들의 활동이 멈춤으로써 가장 중대한 역사적 정황에서 살아있는 하나님의 목소리를 들을 수 없게 된 것이다. 기원전 165년 유다스 마카비가 성전을 숙청하고 번제를 드리던 제단의 더렵혀진 돌들을 제거하고 "예언자가 나타나 어떻게 하라고 지시할 때까지"[6] 성전 언덕에 보관하였다. 유다스 마카비가 죽은 후 셀류시드의 장군 바키데스는 "하나님을 믿지 않는 이에게 나라를 다스리게 하여" "이스라엘 안에는 예언자들이 그들에게서 사라진 후 처음으로 큰 근심거리가 되었다"(마카비 9:23-27). 말라기 3장 1절과 4장 5-6절이 예시한 대로 예

---

6 마카비 4.42-46.

언자들의 재출현을 사람들은 기대하게 되었다. 특히 쿰란 종파의 "공동체 법"(Community Rule) IQS 9.10-11은 "아론과 이스라엘의 예언자와 메시아의 도래"[7] 를 대망한다.

하지만 예언이 결코 끝이 난 것은 아니었다. 박해와 협박을 피하여 지하에 숨어서 새로운 종말적인 관점에서 익명과 가명으로 예언 활동을 이어간 것이다.[8] 그 가장 초기의 지하 예언 문서인 이사야 24-26(27)장은 제4세기에 기록되었지만, 제1이사야에 삽입되었다.[9]

"땅이 완전히 텅 비어 완전히 황무하게 될 것이다. 야훼께서 그렇게 된다고 선언하셨기 때문이다"(이사 24:3).

그 일은 "백성과 제사장에게 똑같이 미칠 것이며, 종과 그 주인에게, 하녀와 그 안주인에게, 사는 자와 파는 자에게 빌려주는 자와 빌리

---

7 미시나의 랍비와 토세프타와 탈무드는 말라기에게서 예언이 끝났다고 간주하였다. "후기 예언자들, 학개와 스가랴와 말라기가 죽자 성령은 이스라엘에서 끝이 났다"(t. Sot. 13.3). 참조. y. Sot. 9.13, 24하; b. Sanh. 11A; Cook, *On the Question*, 151, 152-64. 랍비들은 예언자들을 '바트 칼', 곧 마가 1:11에 나오는 하늘의 목소리가 대치시켰다고 믿는다.

8 Kenelm Burridge, *New Heaven-New Earth: A Study of Millenarian Activities*(New York: Schcken Books, 1969), 3-14, 105-107.

9 이사야의 묵시 또는 '가명 이사야'의 본래 역사적 맥락이 무엇인지에 대하여는 학자들 사이에 견해가 다양하다. 어떤 학자들은 586년 예루살렘이 함락당하던 해와 540년 페르시아가 바빌론을 패망시킨 시기의 중간인 6세기로 추정한다. 제1이사야와 상응하는 내용들 때문이다. Seitz, *Isaiah 1-39*, 174; Sweeney, *Isaiah 1-39*, 317; Hanson, *Dawn of Apocalyptic*, 313은 6세기 중간 또는 후기의 제2이사야의 제자라고 추정한다. 그런가 하면 다른 학자들은 3세기 중간이나 후기로 추정하기도 한다. Frost, *Old Testament Apocalyptic*, 143은 3세기 중반으로 추정하고 Otto Ploeger, *Theocracy and Eschatology*(Oxford: Basil Blackwell, 1968), 77은 프톨레미 시대, 특히 안티오쿠스가 팔레스틴을 점령하려고 하던 후반기로 추정한다.

는 자에게 이자를 받는 자와 이자를 내는 자에게 똑같이 미칠 것이다."
야훼의 심판은 이렇게 세계적이 되어 직업이나 계층에 상관없이 모든
사람에게 미칠 것이다.

> "땅이 메마르며 시든다. 세상이 생기가 없고 시든다. 땅에서 높은 자리
> 를 차지한 자들도 생기가 없다. 땅이 사람 때문에 더렵혀진다. 사람이
> 율법을 어기고 법령을 거슬러서 영원한 언약을 깨뜨렸기 때문이다. 그러
> 므로 땅은 저주를 받고 거기에서 사는 사람이 형벌을 받는다"(24:4-6).

그들이 파기한 "영원한 언약"은 창세기 9장 9-11절에 야훼께서
노아에게 하신 언약이라고 하겠다.[10] 이전의 피조물들이 저지른 악을
소탕하여 새로운 시작을 하였는데, 무적의 제국들이 일어나서 "하늘
의 군대"와 "땅의 왕들"을 규합하여 악을 행하므로 다시 땅과 그 거주
자들을 저주하게 된 것이다. "땅으로부터 하늘을 분리시켜" '하늘'에
속한 권력자, 지배자들을 섬길 사람을 창조했다는 '에누마 엘리쉬'의
신화적 세계가 되어버린 것이다.

도시는 하나님의 심판을 받아 황무지로 변한 땅이 된다. 도시란 문
명과 문화의 고장이요 정치, 경제의 센터다. 그리고 농민들의 농산물
과 노동을 갈취하는 힘의 중심이다. 농민들의 노동과 생산물만 갈취
하는 것이 아니고 그들을 부정한 사람들이라고 간주하고 무시한다.
그들은 생존하기 위하여 그들의 몸을 팔고 노동력을 제공한다. 이제
그 도시들이 타작마당에 남은 곡식이 하나도 없듯이, 올리브나무의

---

10 Seitz, *Isaiah 1-39*, 180; Sweeney, *Isaiah 1-39*, Childs, *Isaiah*, 179.

열매가 하나도 남지 않듯이 폐허가 될 것이다. 농락당한 거주민들을 대신하여 예언자는 하나님의 심판을 인정하며 이렇게 노래한다:

"오, 야훼이시여, 당신은 나의 엘로힘이십니다. 내가 당신을 높이며 당신의 이름을 찬양하겠습니다. 당신께서 예전에 세우신 계획대로 놀라운 일을 이루시었습니다. 성읍들을 돌무더기로 만드셨고 견고하게 요새화한 성읍들을 폐허로 만드셨습니다. 우리의 대적들이 지은 도성들을 더 이상 도성이라고 할 수 없게 만드셨습니다. 아무도 그것을 다시 일으키지 못할 것입니다"(25:1-2).

이제 바빌론이 무너지고 동서에 흩어진 이스라엘 백성들이 기쁨의 노래를 부를 것이다. 그들의 야훼, 이스라엘의 엘로힘을 찬양하는 노랫소리가 땅의 끝에서부터 울려 퍼질 것이다.

그런데 바빌론의 패망을 넘어서 묵시적 예언자들은 사제들의 신정 정치가 무력함과 기진맥진함을 안겨주는 약탈을 자행하는 것을 본다: "나는 갑자기 절망에 사로잡혔다. 이런 변이 있나! 약탈자들이 약탈한다. 약탈자들이 마구 약탈한다"(24:16하).

페르시아 왕 세륵세스가 신바빌론제국을 482년에 마지막으로 제패하였다. 그런 역사적 사건을 보며 시독 사제들은 그들이 세운 신정 정치가 야훼의 인정을 받은 것이라고 확신하게 되었다.[11] 흩어진 하나님의 백성들을 페르시아제국의 보호 아래 그들의 신정 정치가 장래 희망을 준다고 믿은 것이다. 하지만 사제들의 박해에도 불구하고 그

---

11 Berges, *The Book of Isaiah*, 162-163.

들의 사명을 계속해 온 예언자들은 신정 정치와 갈등을 계속했다. 그
런 정황을 "약탈에 약탈을 당한 것으로 묘사한다. 그러한 예언자들과
사독 사제들 간의 갈등을 제3이사야에서 줄곧 표출한다(이사 59:1-8
참조).

그 같은 맥락에서 더 큰 테러가 세상을 위협하게 된다고 예고한다:
"땅에 사는 사람들아, 무서운 일과 함정과 올가미가 너를 기다리고 있
다. 피하여 달아나는 사람은 함정에 빠지고 함정 속에서 기어 나온 사
람은 올가미에 걸릴 것이다"(24:17-18).

그 무서운 일은 속히 벌어질 것인데 예언자는 창세기 8장 2절의
내용을 빌려 경고한다: "하늘의 홍수 문들이 열리고 땅의 기초가 흔들
린다"(24:18하).

대홍수 후 물이 잦아들었을 때 "하늘의 문들이 닫혔다." 그런데 이
제 하늘이 다시 열린다고 한다. 그것은 땅의 기반이 흔들거리는 대혼
란이 다시 시작된다는 뜻이다: "땅덩이가 여지없이 부스러지며 땅이
갈라지고 몹시 흔들린다. 땅이 술 취한 것처럼 몹시 비틀거린다. 폭풍
속의 오두막처럼 흔들린다. 세상은 자기가 지은 죄에 짓눌려 쓰러질
것이니 다시는 일어나지 못할 것이다"(24:19-20).

술 취한 사람처럼 땅이 비틀거린다는 표현은 사독 사제들이 의지
하던 페르시아제국의 2백 년간의 상대적으로 안정을 누리던 때를 지
시한다고 보기는 어렵다. 여기에 서술된 무시무시한 파멸은 지금은
그 이름이 밝혀지지는 않았지만 알렉산더 대왕(334~323 BCE)의 군사
력 등장을 시사한다고 보겠다. 아무것도 그에 비교할 수가 없다. 그의
마케도니아 병력은 고대사에서 과히 그 기록을 세웠다. 그의 병력은
4만 8천 백 명에 달하였고, 1만 6천 명의 비(非)전투 요원과 군마 6천

백 마리에 군수물자를 운반할 2천 3백사십 마리의 수송마를 보유했다.[12] 그의 군사력은 페르시아제국을 점령할 뿐 아니라 두로와 다메섹과 사마리아와 가자의 왕국들까지 찬탈하였다.[13] 알렉산더의 침공이야말로 땅이 무너져 다시 일어나지 못한다는 묘사를 적중시킨다. 그리고 그것은 야훼의 심판이 마침내 실현된 것을 시사해 준다.

> "그 날이 오면 야훼께서 위로는 '하늘의 군대'를 벌하시고 아래로는 땅에 있는 '세상의 군왕들'을 벌하실 것이다. 군왕들을 죄수처럼 토굴 속에 모으시고 오랫동안 감옥에 가두어 두었다가 처형하실 것이다"(24:21-22).

'에누마 엘리쉬'가 태초에 세운 그 세계가 다시 등장한 것이다. 신적 협의회의 신들과 땅에서 그들을 대리하는 지배자들이 정체성 협약을 체결하여 중동 세계를 지배하게 된 것이다. 그들이 처음에는 네피림을 생산했으나 홍수로 멸절당했다. 그러나 시대가 바뀌면서 신적 협의회의 신들과 지상의 왕들 간의 정체성 계약은 저절로 형성되었다. 신적 협의회의 엘로힘께서 시편 82편 5절에 그들의 도덕성을 이

---

12 Donald W. Engels, *Alexander the Great and the Logistics of the Macedonian Army* (Berkeley: University of California Press, 1978), 18-19.

13 James Roman, *Alexander the Great: Selection from the Arrian, Diodorus, Plutarch, and Quintus Curtus* (Indianapolis: Hackett, 2005), 33-93; Engels, *Alexander the Great*, 18-19; Josephus, Ant. 11, 317-319에 의하면 알렉산더가 두로를 포위하면서 그곳의 대제사장에게 편지를 보내어 동맹 체결과 안전을 보장하라고 요구했다. 11일간의 팔레스틴으로의 진군은 그의 병력을 유지할 1천6백 톤의 양곡이 필요했는데, 그 물량을 에스드랄론과 제즈릴이 공급하기로 했다. 참조. Engels, 55-60; Yvon Garlan, *War in the Ancient World: A Social History* (New York: Norton, 1975), 138.

렇게 묘사한다: "그들은 깨닫지도 못하고 분별력도 없이 어둠 속에서 헤매고만 있으니 땅의 기초가 송두리째 흔들렸다."

땅의 기초가 흔들렸다는 표현은 신적 협의회의 신들과 지상의 왕들 간에 체결한 정체성 협약이 야기한 조직적 죄악에 대한 종말적 심판을 지시한다. 그 표현은 알렉산더의 정복 그 이상을 뜻한다. 알렉산더가 뜻하지 않게 죽자 그의 제국은 '이오도치'로 알려진 네 명의 장군들이 갈라서 차지하였다. 곧 카산더와 프톨레미, 안티고누스와 셀레우코스였다. [14] 그 네 장군들은 322년부터 281년에 걸쳐 수차례의 전투를 벌였다. 입수스 전투를 끝으로 프톨레미는 팔레스틴을 장악하여 이집트를 손에 넣고 셀레우코스는 시리아를 장악하게 되었다. 그 두 장군과 그들의 뒤를 이은 왕들은 스스로에게 신적인 이름을 붙이고 그들이 지배하는 백성들을 노예처럼 학대하였다.

이것이야말로 "하늘의 신들과 지상의 왕들" 사이에 맺은 또 다른 '정체성 결연'인데, 멈출 줄을 모르고 계속되었다. 그렇게 그들은 수많은 백성을 정복하고 노예화하여 자신의 세력을 지속시킬 수 있었다. 대홍수가 네피림을 파멸시켰었다. 이제는 야훼께서 신들과 제왕들의 정체성 결합을 한데 묶어 감옥에 가두고 영원히 파멸시키시기로 결정하셨다. 그들이 맞이할 최후의 심판이 에녹1서를 기록하는 목적이 된다.

새로운 통합의 시대가 펼쳐지는 것을 축하하기 위하여 만군의 야

---

14 프톨레미는 이집트를 차지하여 결국 왕이 되어 베니게와 팔레스틴-시리아를 320년에 합병시켰다. 그러나 후에 안티고누스가 315년에 그 두 곳을 탈환하여 302년까지 지배하였다. 그들의 전투에서 프톨레미가 후퇴하여 시리아는 셀레우코스에게 넘어갔다. 그는 팔레스틴을 잠시 동안 프톨레미에게 양보하였다.

훼께서는 "모든 사람들에게 풍성한 음식과 오래 묵은 포도주"를 제공하며 시온산에서 축제를 벌이신다. 이 절정의 순간 그의 무한대한 능력으로 야훼께서는 백성들이 걸친 수의를 찢으시고 세계 모든 민족이 걸치고 있는 애도의 옷을 벗기실 것이다.

> "야훼께서 죽음을 영원토록 삼키실 것이다. 아도나이 야훼께서 모든 사람의 얼굴에서 눈물을 말끔히 닦아 주시고 그의 백성이 온 세상에서 당한 수치를 소멸해 주실 것이다. 이것은 야훼의 말씀이다"(25:7-8).

"그날이 되면" 지하에 숨어 있던 예언자들이 야훼께서 그의 언약을 성실하게 지키신 데 대하여 놀라워할 것이다. 그리고 그들이 그토록 고대하며 기다려 온 바를 되새겨 볼 것이다: "그가 우리들을 구하시기를 여태껏 기다렸다." 그들의 간절한 기다림이 드디어 삶의 승리로 끝나게 되었다![15] 그리고 "그날이 되면" 예루살렘은 야훼의 승리로 보호받고 그 성벽과 방어벽이 구원을 받을 것이다. 그러한 맥락에서 예루살렘의 성문이 열리고 "믿음으로 의로운 민족이 들어가게 된다." 그들은 야훼의 토라로 민족을 가르치고 성숙하게 된 의로운 나라다.[16] "거룩한 씨앗"들이 그렇게 될 것이다. 그들이 예루살렘으로 들어오면서 야훼를 그들의 영원한 반석이라고 굳게 신뢰하고 인정하고 '샬롬'의 시를 부를 것이다.

---

[15] 이사 25:10하-12의 모압에 대한 저주는 후대의 삽입으로 보인다. Ploeger, *Theocracy and Eschatology*, 62.

[16] Berges, *The Book of Isaiah*, 172는 "믿음을 지킨 의로운 민족"은 "이스라엘의 야훼 경배자들이면서 또한 다른 민족들도 포함되었다"고 설명한다. 하지만 26:9-11은 "의로운 민족"이 야훼의 정의를 다른 민족들에게 가르치는 남은 자들을 지시한다.

하지만 예루살렘의 성문들을 여는 것은 종말적인 기대이고 희망이다. 역사적으로 본다면 페르시아 왕 고레스가 유다 포로들을 귀환시키고 에스겔 40-48장에 수록된 대로 사독 사제들의 신정 정치에 그들이 가담하게 되었을 때 예루살렘의 문들이 열렸다.

"그가 비천한 자들을 높이시고 교만한 도성을 비천하게 만드신다. 먼지 바닥에 폭삭 주저앉게 하신다. 가난하고 궁핍한 사람들이 그 성을 밟고 다닌다"(26:5-6).

가난하고 궁핍하던 자들이 야훼의 승리에 참여하여 먼지 바닥으로 낮아지게 하신 그 도성을 발로 밟고 다닌다는 것은 사독 신정 정치를 두고 하는 말이다.[17]

높고 오만한 것에 반대되는 정의로움은 수평적으로 곧바른 것이며, 그 길이 예언자들이 야훼를 기다리며 걷기로 정한 것이었다. "의인들이 사는 땅에 살면서도 여전히 옳지 않은 일만 하는" 사독 사제들을 대면하는 한 예언자의 영적인 목소리가 맹세처럼 들린다.

"나의 영혼이 밤에 당신을 사모합니다. 나의 마음이 당신을 간절하게 찾습니다. 당신께서 땅을 심판하실 때에 세상에 사는 사람들이 비로소 의가 무엇인지 배우게 될 것입니다. 비록 당신께서 악인에게 은혜를 베푸셔도 악인들은 옳은 일 하는 것을 배우려 하지 않습니다. 의인들이 사는 땅에 살면서도 여전히 옳지 않은 일만 합니다. 야훼의 위엄 따위는 안중

---

17 Ploeger, *Theocracy and Eschatology*, 65. 여기서 유다인들의 공동체 안에 분열이 있었음을 부인할 수 없다.

에도 두지 않습니다"(26:9-10).

야훼의 임재를 경험하고자 하는 그의 간절한 기도 속에서 이 예언자는 "세상에 살고 있는 사람들은" 야훼의 심판을 배우는데, "의로운 땅에서 살고 있는" 악인들은—사독 사제들임에 틀림이 없는데— 야훼의 은총을 받았음에도 "의로움을 배우려 하지 않는다"고 질타한다.

이들 묵시적 예언자들이 그들 사이에서 견지해온 상호 신뢰는 야훼께서 그들에게 보이신 신실하심 때문이라고 인정한다: "… 우리가 성취한 모든 일은 모두 당신께서 우리에게 하여 주신 것입니다." "당신 이외에 우리에게 다른 권세자들이" 그들을 지배하였음을 인정하지만 그들은 야훼의 이름만을 높여 왔다고 고백한다. 그 다른 제국의 권세자들은 이제 끝장이 났다. "당신께서 그들을 벌하시며 멸망시키시고 그들을 모두 기억에서 사라지게 하셨다."

그러나 야훼께서는 그 민족을 더 큰 민족이 되게 하시고 영토의 국경을 확장시키셨다. 그것은 아마도 312~296년 사마리아가 함락된 결과일 것이다.[18] 하지만 나라로서의 유다는 실패하였다. 그리고 그들의 예언자들은 굴욕을 받고 박해를 받아 기도조차 크게 드리지 못하였었다. 그들은 임신한 여인이 해산할 때가 닥쳐와서 고통 때문에 몸부림치며 소리 지르듯이 괴로워하였다."

"그렇게 우리도 야훼 당신 앞에서 괴로워했습니다. 우리가 산고를 치렀어도 아무것도 낳지 못하였습니다. 우리는 이 땅에 구원을 베풀지 못하

18 Berges, *The Book of Isaiah*, 178.

였고 이 땅에 살 주민을 낳지도 못하였습니다"(26: 17하-18).

그 같은 민족적 유산(流産)에 그들 자신도 방만하였다고 고백한다. 바빌론 포로에서 귀환할 때 회복시켰어야 할 세계성의 이념이 아무런 결실을 거두지 못하게 된 것을 지탄한다. 여기서 야훼께서 그들의 고백을 갑자기 중단하시고 죽은 자들이 부활하는 무한대한 가능성이 실현되어 그의 종말적 통치가 시작되리라는 서약성 노래가 주어진다.[19]

"너희 죽은 자들이 다시 살아날 것이며, 그들의 시체가 다시 일어날 것이다"(26:19).

25장 7절이 언급한 바처럼 야훼께서 죽음을 삼키실 것이다. 하지만 그것이 전부가 아니고 죽은 자들의 부활이 있게 된다는 것이다. "시체들이 일어난다"라는 표현으로 부활의 실체를 인정한다. 그것은 창세기 2장 7절의 창조 신화에서 시사된 것처럼 '영혼'과 '육체'가 야훼와 합일하는 것을 뜻한다고 보아야 할 것이다. 그것은 영혼불멸과는 반대되는 존재론적 구조라고 하겠다.

야훼의 신실하심에 대한 응답으로 예언자는 "당신의 이슬은 생기를 불어넣는 이슬이므로 오래전에 죽은 사람들을 다시 태어나게 하실 것입니다"라고 외친다. "오래전에 죽은 사람들"은 정확히 누구를 지시하는지 분명하지 않다. 그것은 침략 세력 제국들이 벌인 처절한 전쟁에 무력하게 죽은 사람들처럼 생존한 자들을 지시할 수도 있고 아니

---

19 Ploeger, *Theocracy and Eschatology*, 64.

면 죽어서 이미 스올로 내려간 사람들을 지시할 수 있다. 아무튼 모든 것이 완전히 패배한 그 절정의 순간에 야훼께서는 부활을 약속하신 것이다. 그 부활은 개인적이며 동시에 집단적이다. 살아 있으나 죽은, 남아 있는 사람들과 이미 스올에 내려간 사람들 모두가 부활하여 큰 민족을 이루게 된다는 것이다. 그래서 부활한 그 모두가 통합적 도덕 질서에 참여하게 된다.

그들이 종말적인 부활의 사건을 기다리는 동안 예언자는 기다리고 있는 남은 자들을 위하여 "마지막"에 일어날 아포칼립틱한 사건들에 관하여 언급한다.

> "나의 백성아, 오라! 방 안으로 들어가서 문을 닫고 그 진노가 지나갈 때까지 숨어 있거라!"(26:20)

야훼의 잔치에 참여할 사람들에게 잠시 방주와도 같은 방 안에 들어가서 숨어 있으라고 하신다. 그 옛적 야훼께서 노아에게 그의 가족들과 함께 방주에 들어가서 홍수의 난을 피했던 것처럼 말이다.[20]

그의 아포칼립스를 끝내면서 예언자는 24장 5-6절이 서술한 대로 온 세상이 영원한 언약을 깨뜨림으로 땅을 더럽힌 죄악을 다시 언급한다. 창세기 9장 5-6절의 우주적 무지개 언약에 앞서 "엘로힘께서 자기의 형상으로 만든" "사람들의 피를 흘리게 한" 대가를 치르게 하실 것이라고 진술한다: "야훼께서 그 처소에서 나오셔서 땅 위에 사는 사람들의 죄악을 벌하실 것이니, 그 때에 온 땅은 그 속에 스며든 피를

---

20 Berges, *The Book of Isaiah*, 176.

드러낼 것이며 살해당한 사람들을 더 이상 숨기지 않을 것이다"(26: 20-21).

이렇게 야훼의 우주적인 최후 심판이 있을 때까지 숨어서 기다리라는 메시지로 이사야 24-26장의 묵시적 드라마의 그 첫 부분이 끝난다.

이사야 27장의 묵시

이사야 27장은 24-26장과 비슷한 역사적 정황에서 기록되었으나 다른 묵시적 문서라고 볼 수 있다.[21] 그것은 이사야 24-26장의 결론이 되도록 첨가되었다고 하겠다. "그날이 오면"이라는 시작 말에 이어 야훼께서 악을 심판하신다는 내용이 주어지는데, 26:2-21과 매끄럽게 연결이 되도록 구성하였다.

그렇지만 모든 혼돈 세력들을 제어하는 야훼의 승리에 대한 신화가 여기서는 '에누마 엘리쉬'에서 파생한 "하늘의 신들"과 "땅의 왕들" 사이에 체결한 '정체성 협약'을 야훼께서 끝내시는 것으로 대치되었다. 리워야단은 날아다니는 꼬불꼬불한 바다의 용으로서 한계가 없는 혼돈의 세력을 상징하는데, 곧 제국들이 저지른 만행과 악행으로 표출되었다.[22] "그날이 오면" 야훼께서 그 리워야단을 처단하실 것이다. 그리고 바로 "그날" 아름다운 포도원이 나타날 것이다. 이 포도원의

---

21 Clements, *Isaiah* 1-39, 218. 그러나 Berges, *The Book of Isaiah*는 27장을 원래의 묵시에 속한 것이라고 주장한다. 27:2-6이 13-27장을 묶어서 보게 하는 근거라고 주장한다.
22 Wildberger, *Isaiah 13-27*, 574-580.

이미지가 노아와 그의 식솔들이 홍수가 끝난 후 방주에서 나와서 심은 그 포도원을 대치하는 것일까?[23] 아마도 그보다는 통합의 도덕적 질서를 가지는 이스라엘의 남은 자 공동체가 야훼와 '정체성 합일'을 이루어 풍성한 열매를 맺는다는 의미를 더 강하게 지시한다고 하겠다. 이사야 5장의 폐허가 된 포도원과는 달리 이 포도원은 야훼께서 보호하실 것이다: "아 야훼는 그 포도원을 지킨다. 언제나 포도나무에 물을 주고 밤낮으로 지킨다. 내가 포도원에 노여워할 일이 전혀 없다. 진노하지 않는다. 거기에 찔레와 가시덤불이 자라면 나는 그것들을 모조리 불살라 버릴 것이다. 하지만 그 대적들이 나의 보호를 원한다면 나는 그것들과 친화할 것이다. 그렇다. 나와 친화할 것이다"(27:3-5).

신 포도 열매를 맺었던 이스라엘의 왕국을 포도원으로 비유했던 일을 회상하면서 야훼께서는 이제 새로운 관계 설정의 필요성을 인정하신다. 야훼의 무한대한 가능성에 참여하는 새로운 관계 수립으로 앞으로는 야훼의 보호 아래 있게 될 것이다. 거기에 야곱과 이스라엘의 남은 백성들이 포함된다. 그들에게 초청의 손길이 두 차례나 되풀이해서 주어진다: "나와 친화하게 하여라! 그렇다. 나와 친화하게 하여라!"

예언자는 그들의 장래를 희망적으로 내다본다: "앞으로 야곱이 뿌리를 내리고 이스라엘이 싹을 내고 꽃을 피울 것이니 그 열매가 온 세상에 가득할 것이다"(27:6).

그런데 과연 그런 일이 실제로 일어날까? 그런다면 그것은 어떻게 일어날까? 그들의 왕국이 재건된다는 말일까? 야훼께서 그 두 왕국을

---

23 창세 9:20.

모두 치시지 않았던가! 그 후로 그들은 각기 다른 역사를 만들어 가지 않았던가? 그렇다면 도대체 그들의 미래란 무엇일까?

4세기 역사적 정황의 관점에서 묵시적 예언자들은 그들의 장래를 각기 다르게 조명한다. 에브라임 또는 이스라엘은 알렉산더 대왕의 군대와 그의 네 장군의 싸움에 다시 패망 당한다. 17장 4-11절이 서술하는 대로 그들의 장래에 생존 가망성은 그리 밝지 않다. 그들의 상황에 그다지 변한 것이 없다. 그들이 야훼를 배반한 죄가 다만 야훼께서 "제단의 모든 돌을 헐어 흰 가루로 만들고 신상과 분향단을 없애버림으로" 용서받을 것이다. 지금 4세기의 맥락에서 사마리아인 에브라임은 알렉산더와 마게도니아 사람들의 지배 아래 "요새화된 성읍들이 적막해지고 성터는 버려져서 아무도 살지 않으니 마치 사막과 같다." 그런 곳에서 "송아지가 풀을 뜯을 것이고 송아지가 거기에 누워 나뭇가지들을 모두 먹어 치울 것이다. 나뭇가지가 말라 꺾어지면 여인들이 와서 그것들을 땔감으로 주워다가 불을 피울 것이다." 예언자는 27:11하-13절에서 결론적으로 사마리아가 "지각이 없는 백성"이라고 표현한다. 야훼께서 "그들을 만드셨지만 그들을 불쌍히 여기지 않으실 것이다. 그리고 그들에게 은혜를 베풀지 않으실 것이다." 여기서 모호하던 바가 확실해진다. 사마리아로서 에브라임은 사마리아 공동체를 현성해 감에 따라 장래 희망이 없게 된 것이다.[24]

야훼께서는 이제 유다 백성들에게 눈을 돌리신다. 그들이 이스라엘의 정체성을 찾기 시작했기 때문이다. 그들을 야훼께서 "유프라테스강으로부터 이집트 강에 이르기까지 알곡처럼 거두어" 모국으로 귀

---

24 *The Testament of the Twelve Patriarchs*에 있는 납달리의 언약이 에브라임/사마리아의 장래 문제를 다시 다루게 된다.

환하게 할 것이다. 그리고 예루살렘에서 그들이 집결하게 될 것이다.[25] "큰 나팔 소리가 울리게 되면 이제 마게도니아의 셀류시드가 지배하는 땅 앗시리아에 있던 사람들과 프톨레미가 지배하는 이집트에 있는 사람들을 일으켜서 예루살렘의 거룩한 산 시온에서 그를 예배할 것이다."

---

25 Berges, *The Book of Isaiah*, 178은 그와 정반대의 결론을 말한다.

20장

제2이사야: 야훼가 하시는 "새로운 일들"

이사야 40-55장

유다와 이스라엘 두 왕국은 더 이상 존재하지 않는다. 그 두 왕국의 백성들은 앗시리아와 바빌론 등지에 뿔뿔이 흩어져 포로 생활을 하게 되었고, 나머지는 점령 당한 자기 나라에 그대로 존속하였다. 바빌론이 587~586년에 유다를 멸망시켰는데, 그 이전인 597년에 이미 다수의 유다 상류층 사람들을 포로로 데려가서 바빌론에 정착시켰다.

그 포로들 가운데 이름이 밝혀지지 않은 예언자가 있었는데, 제2 이사야는 그에 대하여 아주 약간만 언급한다. 그는 함께 포로 생활을 하는 이들에게 야훼의 목소리로 말하는데, 그 서두에 포로 생활을 하는 자기 백성들을 위로하라고 하신다:

"너희들의 엘로힘(엘로헤켐)이 말씀하신다. '나의 백성을 위로하여라! 예루살렘 거민에게 말하라. 그리고 알려라. 그의 (예루살렘) 복역 기간은 끝이 났다. 그의 죄가 사해졌다. 지은 죄에 비하여 갑절의 벌을 받았

다고 외쳐라!"(40:1-2)

엘로힘께서는 이 명령들을 2인칭 복수 대명사를 사용하여 말씀하시는데, 그것은 유다인들이 그 말씀의 대상이 아니다. "너희는 위로하여라. 너희가 위로하여라"라는 명령은 신적 협의회의 일원들, 곧 민족들의 신들에게 자기 백성을 위로하여 다시 일으키라고 하신 말씀이다.[1] 그것은 하늘과 땅의 새로운 교류를 시사하는데, 이사야 1장 2-31절에 소개된 "죄악으로 짓눌린 백성"과 훼손된 야훼와의 관계를 하늘과 땅에 그가 선포하셨던 바를 대치시킨다.

그들의 왕국이 멸망 당하고 예루살렘은 초토화되었다. 하지만 시온을 형성하는 그 백성들은 그들의 죄를 용서받음으로 이제 위로를 받아야 한다. 그래서 엘로힘께서는 그의 신적 협의회에게 그를 대신하여 화해의 말씀을 말하라고 요청하신다. 인간을 갈라놓으실 때 자기의 몫으로 삼으신 예루살렘에 있는 시온과 성전이 여전히 그가 머무는 곳이기 때문이다:

"가장 높으신 분께서 여러 나라에 땅을 나누어 주시고 인류를 갈라놓으실 때에 신들의 수효대로 민족들의 경계를 갈라놓으셨다. 그러나 야훼의 몫은 그의 백성이니 야곱은 그가 차지하신 유산이다. 야훼께서 광야에서 야곱을 찾으셨고 짐승의 울음소리만 들려 오는 황야에서 그를 만

---

1 Walter Brueggemann, *Isaiah 40-66* (Louisville: Westminster John Knox Press, 1998), 16. 참조. 왕상 22:19; 시편 29:1; 95:3; 97:7; 103:21; 138:1; 148:1-6; 이사 24:21. Walter Wink, *Unmasking the Power: The Invisible Forces That Determine Human Existence. The Powers: Vol II* (Philadelphia: Fortress Press, 1986), 110-111.

나 감싸 주고 보호하고 당신의 눈동자처럼 지켜 주셨다"(신명 32:8-9).

따라서 엘로힘의 사신들인 신적 협의회의 신들은 세상의 나라들에게 그의 목소리를 전달해야 한다. 유다인들에게 계속해서 말하는 목소리가 바빌론을 대표하는 신인지는 결정적으로 말하기 어렵다.

"한 소리가 외친다. '광야에 야훼께서 오실 길을 닦아라. 사막에 우리의 엘로힘이 오실 큰 길을 곧게 내어라. 모든 계곡은 메우고 산과 언덕은 깎아 내리고 거친 길은 평탄하게 하고 험한 곳은 평지로 만들어라. 야훼의 영광이 나타날 것이다'"(40:3-5상).

포로 생활을 하고 있는 유다인들에게 그들과 합류하시려는 야훼 엘로힘이 다가오실 길을 준비하라고 명하신다. 죄의 용서와 은총을 받은 이들로서 그들은 이제 수치와 절망과 소외감을 떨쳐 버리고 야훼 엘로힘과 그들 사이에 펼쳐진 광야에 큰길을 내어 엘로힘과 그의 초월적 가능성들이 구현되도록 해야 한다. 절망과 슬픔과 모든 분노의 산과 골짜기들을 메워 엘로힘께서 그들에게 다가오시게 해야 한다. 그렇게 그들이 다시 연합하게 될 때 야훼의 영광이 나타나고 "모든 백성이 함께 그 영광을 보게 될 것이다."

다시 신적 협의회의 한 목소리가 외친다. "외쳐라!"라고. 예언자는 그에 즉각적으로, "무엇이라고 외쳐야 합니까?" 하고 반문한다. 낯선 땅에서 포로 생활하고 있는 처지에 무엇을 외쳐야 할 것인지 물음을 제기하는 것은 당연하다. 하지만 그는 잘 안다. 그래서 주저하지 않고 외친다:

"모든 육체는 풀이요 그의 모든 아름다움은 들의 꽃과 같을 뿐이다. 야훼께서 그 위에 입김을 부시면 풀은 마르고 꽃은 시든다. 그렇다 사람들은 풀일 뿐이다"(40:6-7).

이 외침은 유다 포로들에게 그들을 붙잡아온 바빌로니아 사람들이 말라버릴 풀이나 시들어 버릴 들판의 꽃들과 같다는 사실을 주지시킨다. 그들이 그들의 포로 생활에 합류하기 위하여 엘로힘께서 오시도록 광야에 길을 내며 준비할 때 그들 역시 그 같은 한계를 가진 사람들임을 인식해야 한다. 그들은 지금 전혀 새로운 환경에서, 전혀 기대하거나 경험하지 못했던 환경에서 살고 있다. 이제 그들이 엘로힘의 '초월적인 가능성'에 자신들을 연합시키기 원한다면 전혀 새로운 자기 이해를 하여 그들 맞이해야 한다. 이전의 유다 왕국에서는 그들이 상하 구조로 된 왕권 아래에 자신들을 종속시켜 지배자들의 야욕을 충족시키면서 살았다.

엘로힘께서 그들과 연합하시도록 하려면 그들 자신이 무방비하고 약한 사람들이라는 자기 이해를 가지고 그를 받아들여야 한다. 엘로힘 자신이 왕이나 '주'로 그들에게 다가오시지 않을 것이다. 그가 야훼로 오시든 엘로힘으로 오시든 간에 그들의 하나님께서는 창조 때 '현존의 존재'와 '초월적 기능성'을 그들에게 부여하시어 통합적 존재로 만드셨던 창조자로 오실 것이다. 그래서 그들의 유한성이 엘로힘의 상호성과 통합을 이루게 될 것이다. 그것은 어느 왕적인 지배 아래서 경험하지 못했던 바가 될 것이다. 그 같은 통합의 관계가 하늘의 무한성과 땅의 유한성을 재결합시키고 야훼 엘로힘과의 그 같은 '정체성 합일' 속에서 포로 생활을 하던 이들이 아브라함과 사라가 미래 속으로 걸어가기 시작한 그 여정의 목표들을 마침내 구현하게 될 것이다.

그러한 새로운 시작을 알리라는 목소리가 주어진다. 높은 산에 올라가서 예루살렘과 유다 성읍들로부터 온 포로들에게 기쁜 소식을 전하라고 하신다.

> "보아라, 여기 너희의 엘로힘이시다! '아돈 야훼'께서 권능자로 오신다.
> 그가 권세를 잡고 다스릴 것이다. 보아라, 그가 백성에게 주실 상급을
> 가지고 오신다. 백성에게 주실 보상을 가지고 오신다. 그는 목자와 같이
> 그의 양 떼를 먹이시며 어린 양들을 팔로 모으시고 품에 안으시며 젖을
> 먹이는 어미 양처럼 조심스럽게 이끄신다"(40:9하-11).

야훼께서 엘로힘의 초월성으로 오신다. 야훼께서 포로가 된 그들에게 오신다. 그리고 그는 권능자로서 그들의 왕들이 하지 못한 일을 하실 것이다.

동시에 야훼께서는 "양 떼를 먹이시고 어린 양들을 그의 팔로 모으시고 품에 안으시고 젖을 먹이시는 어미 양처럼" 그들의 목자가 되실 것이다. 이것이 야훼 엘로힘께서 포로 생활을 하고 있는 그의 백성들과 가지시려는 관계다.

예언자는 그의 동료 포로들에게 야훼께서 초월적인 엘로힘으로서 어떤 분인가를 은유적으로 말해 준다. 그분은 바빌론제국의 신들이 과시하는 그 어떤 권세와 위용이라고 자랑한 바를 훨씬 능가한다.

> "누가 바닷물을 손바닥으로 떠서 헤아려 보았으며 뼘으로 하늘을 재어
> 보았느냐? 누가 온 땅의 티끌을 되로 되어 보고 산들을 어깨 저울로 달

아 보고 언덕들을 손저울로 달아 보았느냐?"(40:12)

"너희는 알지 못하느냐? 너희가 듣지 못하였느냐? 태초부터 너희가 전해 들은 것이 아니냐? 너희는 땅의 기초가 어떻게 세워졌는지 알지 못하였느냐? 땅 위의 저 너머에 계신 분께서 세상을 만드셨다. 땅에 사는 사람들은 메뚜기와 같을 뿐이다. 그는 하늘을 마치 엷은 휘장처럼 펴셔서 사람이 사는 장막처럼 쳐 놓으셨다. 그는 왕자들을 아무것도 아닌 것으로 만드시고 통치자들을 허수아비로 만드신다"(40:21-23).

"그렇다면 너희가 나를 누구와 견주겠으며 나를 누구와 같다고 하겠느냐? 너희는 고개를 들어서 저 위를 바라보아라. 누가 이 모든 별을 창조하였느냐? 바로 그분께서 천체를 군대처럼 불러내신다. 그는 능력이 많으시고 힘이 세셔서 하나하나 이름을 불러 나오게 하시니 하나도 빠지는 일이 없다"(40:25-26).

엘로힘으로서의 야훼의 무한대함이 바빌론에 포로가 되어 살고 있는 유다인들에게 어떻게 적합한지 제시한다.

"그는 피곤한 사람에게 힘을 주시며, 기운을 잃은 사람에게 기력을 주시는 분이시다. 비록 젊은이들이 피곤하여 지치고 장정들이 맥없이 비틀거려도 오직 야훼를 소망으로 삼는 사람은 새 힘을 얻으니 독수리가 날개를 치며 솟아오르듯 올라갈 것이요 뛰어도 지치지 않으며 걸어도 피곤하지 않을 것이다"(40:29-31).

포로가 된 그의 백성들과 재결합하실 야훼 엘로힘께서는 41장 8 절에서 그들을 "내가 택한 나의 종 야곱이며 나의 친구 아브라함의 씨앗"이라고 하신다. 여기서 야곱은 그들의 종족성을 대표하고 아브라함은 세계성과 종족성의 결합을 상징하는데, 그 둘이 야훼 엘로힘의 종으로서 '정체성 통합'을 구성한다. 그러한 정체성 결합을 엘로힘께서 다시 되풀이하여 말씀하신다.

"… 너는 나의 종이다! 내가 너를 선택하였고 버리지 않았다. 내가 너와 함께 있으니 두려워하지 말아라. 나는 너의 엘로힘이니 떨지 말아라. 내가 너를 강하게 하겠다. 내가 너를 도와주고 내 승리의 오른팔로 너를 붙들어 주겠다"(41:9하-10).

엘로힘의 종으로 불린 그들은 그들의 정체성을 근거로 위탁받는다. 바빌론 포로가 된 그들이 야훼의 종으로서 이스라엘의 두 족장과 결합하게 된 것이다. 엘로힘의 초월성과 야훼가 '정체성 결합'을 함으로써 그들은 이제 그들의 원수들을 무찌르고 산과 언덕이라고 은유적으로 묘사된 바빌론의 왕적 지배와 구조를 무너뜨리도록 힘을 얻는다.

"내가 너를 날이 날카로운 새 타작기로 만들 터이니 네가 산을 쳐서 부스러기로 만들 것이며 언덕을 겨로 만들 것이다. 네가 산들을 까불면 바람이 그 가루를 날려 버릴 것이며 회오리바람이 그것들을 흩을 것이다"(41:15-16).

야곱과 아브라함의 후예들로서 그들은 이제 이스라엘의 거룩하신 분 야훼께 영광을 돌리고, 야훼께서는 포로가 된 그들의 가련하고 빈궁한 처지에도 버리지 않으실 것이다(41:17-20).

엘로힘께서 나라들의 백성들에게 그가 세운 법정에서 그가 동쪽에서 온 한 사람이[2] "그가 의로운 일을 하였다"고 말하게 하는 소송을 일으킬 것이다.

"누가 이런 일을 일어나게 하였느냐? 태초부터 나 야훼가 거기에 있었고 끝날까지 내가 거기에 있을 것이다"(41:4).

'예언자'는 야훼의 대변인으로서 41장 27절과 44장 28절에서 다시 그 예고를 되풀이한다. 44장 28절은 그 동쪽에서 온 사람을 페르시아의 고레스라고 밝힌다. 그를 가리켜서 "너는 내가 세운 목자이다. 내가 세운 모든 뜻을 이룰 것이다"라고 한다.

"야훼께서 기름 부어 세우신 이에게 말씀하신다. '고레스에게 말한다. 내가 그의 오른손을 굳게 잡아 열방을 그 앞에 굴복시키고 왕들의 허리띠를 풀어 놓겠다. 그가 가는 곳마다 한 번 열린 성문은 닫히지 못하게 하겠다. 고레스는 들어라. 내가 너보다 앞서가서 산들을 평지로 만들고 놋쇠 성문을 부수며 쇠빗장을 부러뜨리겠다. 안 보이는 곳에 간직된 보화와 감추어 둔 보물을 너에게 주겠다. 그 때에 너는 나 야훼, '이스라엘의 엘로힘'이 너를 지명하여 불렀다는 것을 알게 될 것이다. 내가 너를 지명하여 부른 것은 나의 종 야곱, 내가 택한 이스라엘을 도우려고 함이

---

2 한글번역은 "북쪽에서 온 사람"으로 되었다. "해뜨는 곳에서 오게 하였다"는 이어지는 말과 상치된다(41:25).

었다. 네가 비록 나를 알지 못하였으나 내가 너에게 영예로운 이름을 준 까닭이 바로 여기에 있다. 나는 야훼이다. 나밖에 다른 이가 없다. 나밖에 다른 엘로힘이 없다. 네가 비록 나를 알지 못하였으나 나는 너에게 필요한 능력을 주겠다."

고레스는 이렇게 야훼의 심판을 수행하여 바빌론제국을 끝내게 할 것이다. 43장 5절이 시사하는 것처럼 고레스가 다른 왕국들과 백성을 칠 때 야훼께서는 허락하실 것이다. 다만 자기의 백성 하나만은 구하는 조건으로 그렇게 하실 것이다.

그러므로 그들의 역사에서 과거로 흘러간 "지난 것들", 곧 그들이 시내산의 언약을 어기고, 그들의 왕들이 배반하고, 그에 따른 왕국의 파멸과 포로 생활, 그 모든 지난 일들은 이제 더 이상 큰 의미가 없다.

"너희는 지나간 일들을 기억하려고 하지 말아라. 옛일도 생각하지 말아라. 보아라, 내가 이제 새 일을 하려고 한다. 이 일이 이미 드러나고 있는데 너희가 그것을 알지 못하느냐? 내가 광야에 길을 내겠으며 사막에 길을 내겠다"(43:18-19).

그들이 구원을 기다리는 동안 그들이 야곱과 아브라함으로부터 이어받은 것과 야훼 엘로힘께서 "새로운 일"을 시작하시어 그들과 다시 결합을 이루는 사건을 경험할 수 있을 것이다.

첫 번째 종의 시(이사 42:1-9)

"나의 종을 보아라. 그는 내가 붙들어 주는 사람이다. 내가 택한 사람, 내가 마음으로 기뻐하는 사람이다. 내가 그에게 나의 영을 주었으니 그가 뭇 민족에게 정의를 베풀 것이다. 그는 소리치거나 목소리를 높이지 않으며 거리에서는 그 소리가 들리지 않게 하실 것이다. 그는 상한 갈대를 꺾지 않으며 꺼져가는 등불을 끄지 않으며 진리로 정의를 베풀 것이다. 그는 쇠하지 않으며 낙담하지 않으며 끝내 세상에 정의를 세울 것이니 먼 나라에서도 그의 가르침을 받기를 간절히 기다릴 것이다"(42:1-4).

야훼의 종으로서 그들은 다 함께 "뭇 민족에게 정의를 베푸는"상호적 신뢰 안에 통합될 것이다. 그래서 그가 선언하신 대로 "새로운 일"을 구현하게 될 것이다.[3] "먼 나라들까지도" 야훼의 가르침을 기다린다. 그리고 야훼의 영을 받아 그들은 소리를 내거나, 목소리를 내지 않더라도 정의를 수행하게 될 것이다. 그들은 자연히 이방의 우상들과 미신들을 퇴치하면서 사람들이 겪을 걱정과 불안을 마음에 담을 것이다. 그들이 야훼의 정의를 말과 행동으로 조용히 실천할 때 연약한 사람들을 짓밟지 않을 것이다.

하지만 아브라함과 야곱의 집을 승계한 자들로 그들은 그들의 종족상의 고유함을 유지시켜야 한다. 그래서 그들은 그들의 조상들인 아브라함과 사라와 야훼가 세운 언약 안에 굳게 서게 될 것이다. 그런

---

3 Childs, *Isaiah*, 323-325; Brueggemann, *Isaiah 40-66*, 141-142.

언약 아래에서 "땅의 모든 민족들이 복을 받게 될 것이다." 그러나 아 브라함과 사라와 그들이 연합하기 위해서는 야훼께서 '현존적 존재'와 '초월적 가능성'의 합일로 그들을 창조하신 그 통합적 도덕 질서에 반 드시 굳게 발을 붙여야 한다. 그래야만 그들의 종족상의 분리에 따른 모든 '차이'를 그들의 '정체성'에 연계시킬 수가 있을 것이다. 그렇게 통합을 이룰 때 그들은 야훼와 하나되어 야훼께서 선언하신 "새로운 일들"을 구현시키는 '정체성 연합'을 이루게 될 것이다.

'야훼 그 하나님(하엘)'이 말씀하신다: "그가 하늘을 만드시고 그것 을 펼치시고, 땅을 펼치시며 거기에 사는 온갖 것을 만드신 이시다. 땅 위에 사는 사람들에게 생명을 주시고 그 위에 걸어 다니는 사람들 에게 영을 주셨다. 나 야훼가 정의를 세우려고 너를 불렀다. 내가 너를 언약의 백성이 되어 이방 사람들의 빛이 되게 하였다"(42:5-6).

야훼께서 42장 9절에 그의 종에게 주신 위탁을 이렇게 끝맺는다: "보아라, 전에 예언한 일들이 다 이루어졌다. 이제 내가 '새로운 일들' 을 예언한다. 그 일들이 일어나기 전에 내가 너희에게 일러준다."

두 번째 종의 시(이사 49:1-6)

그러나 이스라엘 안에 야훼께서 시작하실 '새로운 일들'을 점차로 거부하는 움직임이 보인다. 야훼의 종이 되어 그의 언약을 세계의 다 른 민족들에게 펼치는 사명에 대하여 두려움과 걱정을 하는 것이다. 그렇게 될 때 야훼의 분리된 백성으로서 그들이 가지는 배타적인 정체성을 상실할 것이다. 그들의 포로 생활 속에서 그들이 야훼를 배반하여 바빌론에 포로가 된 것을 시인할 수밖에 없었다. 그리고 엘로힘의 신적 협의회의 신들을 통해서 그들이 벌을 모두 받았다고 통보 받았다. 이사야적 예언자를 통하여 페르시아의 고레스를 일으켜서 그들을 해방시키고 고국으로 귀환하게 되리라는 예고도 받았다. 그런데 야훼께서 그들에게 위탁하시는 "새로운 일들"은 불합리할 뿐 아니라 용납하기 어려운 것이다. 그것은 야훼께서 시내산에서 체결한 언약에 배치되기 때문이다. 레위 정결법과 신명기 법전의 규례들은 그들로 하여금 모든 공해적 더러움과 이교적 부정으로부터 격리해야 한다. 그들에게는 모국으로 귀환하는 그 일보다 더 중요한 것이 없다. 돌아가서 그들의 정결하고 거룩한 삶을 재건하는 일이 무엇보다 급선무다.

그들의 용납치 않는 태도를 인지한 야훼의 예언자는 46장 3절에서 "야곱의 집안아!"라는 표현으로 그들의 정체성을 강조하여 부른다. 그리고 그 말에 덧붙여서 48장 1절에서는 "이스라엘이라는 이름으로 불리는 자들"이라고 말한다. 곧 야곱이 엘로힘과 씨름하여 이겨서 얻은 그 이름을 일컫는다. "야훼의 이름으로 맹세를 하고 이스라엘의 엘로힘을 섬긴다고 말하는 야곱의 허리에서 나왔다고" 자신들의 정체성을 강조하는 표현을 구사한다. 그들이 그런 사람들이다. 그런 만큼 그들은 "거룩한 도시" 예루살렘과 자신들을 연계시킨다. 그리고 그들은 이스라엘의 엘로힘과 만군의 야훼를 의지한다. "그러나" 그들에게 "진실이나 정의라고는 전혀 없다"고 예언자는 질타한다.[4] 그 모두가 속임

---

4 Brueggemann, *Isaiah 40-66*, 101은 48:1-2에 대하여 이렇게 설명한다: "이스라엘을 특히 야훼와 밀접하게 연결시키는 아주 특별한 표현이다. 이스라엘이 야훼와 가져온 아주 풍성한 기억을 담은 표현이다. 다만 그 모두를 비틀어 버리는 걸맞지 않은 표현이 1절 마지막

수이고 거짓이라는 것이다. 그들이 야훼와의 관계에서 배웠어야 할 상호 신뢰를 저버렸기 때문이다.

"내기 이미 '옛적의 지난 일들'을 말해 주었다. 그 말들을 내가 직접 나의 입으로 알려 주었다. 그리고 그것을 홀연히 이루었다. 그것들은 지나가 버렸다"(48:3).

모든 "옛적의 지난 일들"을 미리 그들에게 알려 주어 근심과 의심으로 살지 않도록 했다는 말이다. 그들과 상호 신뢰를 가지도록 야훼께서는 언제나 그들이 무엇을 해야 하고 그가 그들에게 무엇을 했는지를 공유하셨다.

이제 포로 생활하는 유다 백성들과 야훼께서 공유하시면서 그가 "새로운 일들을" 시작하실 것이라고 선언하신다. 그들이 알고 준비하도록 미리 알려 주신다. 그들은 야훼께서 말씀하신 것을 행하시리라고 알 뿐만 아니라 반드시 이루시리라는 것을 안다. 그것이 그들 사이의 관계의 초석이었다. 하지만 그들이 아직 그것을 확실하게 인지하지 못하여서 야훼께서는 다시 한번 그들에게 말씀하신다:

"옛적부터 내가 네게 알리고 아직 그 일이 일어나기도 전에 네게 들려준 까닭은 네가 '내 우상이 이 일을 이루었으며 내가 조각한 신상과 부어 만든 신상이 이 일을 명령한 것이다' 하고 말하지 못하게 하려는 것이었

부분에 나온다. 이스라엘과 야훼의 관계가 좋은 믿음으로 된 것이 아니고 그 긍정적인 면이 변질되었다." 그 역시 이 구절의 모호성을 본다. 하지만 그 아이러니를 충분히 설명하지 않는다.

다"(48:5).

　이것이 그들을 하나되게 하는 것이며, 그것은 그가 그들을 자기의 가족과 같이 여기시는 사랑에 근거한다. 그 사랑이 그들로 하여금 그가 행하신 일을 그들이 섬기던 우상들이 한 것이라고 잘못 이해하고 불안과 불확실함에 빠지지 않게 한 것이다.

　"네가 이미 들었으니 이 모든 것을 똑똑히 보아라. 네가 인정하지 않겠느냐? 이제 내가 곧 일으킬 '새 일'을 네게 알려 줄 터이니 이것은 내가 네게 알려 주지 않은 '은밀한 일'이다. 이것은 이제 비로소 내가 일으킬 일이다. 옛적에 일어난 것과는 다르다. 지금까지 네가 '들어 본 일이 없는' 일이다. 네가 전에 들었더라면 '아, 바로 그 일, 내가 이미 알고 있는 일!' 하고 말할 수 있었겠지만 이번 일만은 그렇지 않다"(48:6-7).

　그들은 과연 이 통합적 관계를 지속하고 그분께서 시작하실 '새로운 일'에 함께 참여할 준비가 되어 있을까?
　그들의 고집과 꺾이지 않는 태도로 보아 그들이 처음부터 공유했던 그 유례가 없는 상호관계를 전혀 이해하지 못하는 것 같다. 그래서 "옛적부터 네 귀가 트이지 못하게 한 것이다"라고 말씀하신다. 그럼에도 야훼 자신의 인티그리티를 위해서 그는 화를 참으시고 그들을 단절시키지 않으신다. "내 이름 때문에 내가 분노를 참고, 내 영예 때문에 내가 자제하여 너를 파멸하지 않겠다. … 왜 내 이름을 욕되게 하겠느냐?"고 하신다. 그들의 꺾지 않는 고집에도 불구하고 그의 인티그리티를 위해서 그들에게 다시 말씀하신다: "야곱아, 내가 불러낸 이스라엘아, 내가 하는 말을 들어라. 내가 바로 그다. 내가 곧 시작이요 끝이다. 내 손으로 땅의 기초를 놓았고 내 오른손으로 하늘을 폈다. 내가 하늘과 땅을 부르기만 하면 하늘과 땅이 하나같이 내 앞에 나와 선다"(48:12-13). 그들이 우주를 창조하신 그분과 '정체성 통합'을 할 때 그들은 그분의 무한대한 가능성을 경험할 수 있을 것이다.

야훼께서 알리시는 '새로운 일들'을 그들이 받아들이지 않는다는 관점에서 두 번째의 종의 시를 그 종 자신이 노래한다. '하나'이며 '여럿'인 야훼와 '정체성 연합'을 계속해서 유지하는 사람들은 야곱의 후손으로서의 종족성을 가질 것이다. 그리고 동시에 아브람과 사래의 후손들로서 세계성도 가질 것이다.

그 종은 남성명사로 표현되는 개인인데, 야훼의 종이 된 것은 아브람과 사래가 시작한 것처럼 이스라엘을 야훼께서 그들이 아직 어머니의 태 안에 있을 적에 부르신데 기인했다는 것이다. 그것이 많은 사람을 대표하는 한 사람으로서의 정체성이다. 그는 "멀리서부터 오는 너희 민족들"과 "모든 나라들"이 알게 되기를 원한다. 그가 자신의 일을 시작하기 전에 멀고 가까이 있는 모든 사람이 그가 야훼의 무한한 가능성을 공유하여 힘을 얻게 되었음을 알기 원한다.

"내 입을 날카로운 칼처럼 만드셔서 나를 그의 손에 숨기셨다. 나를 날카로운 화살로 만드셔서 그의 화살통에 감추셨다. 그리고 내게 말씀하셨다, '이스라엘아, 너는 내 종이다. 네가 내 영광을 나타낼 것이다'"(49:2-3).

지금까지 그 종은 숨겨져 있었다. 그가 과거에 한 일들은 별로 열

매가 좋지 않았었다: "내가 한 일들이 모두 헛수고 같고 쓸모없고 허무한 일에 내 힘을 허비한 것 같다"고 인정한다. 그럼에도 불구하고 그가 새로 부르심을 받아 "… 야훼께서 나의 편이 되시고 엘로힘께서 나를 정당하게 보상하셨다"고 고백한다.

"내가 태어나기도 전부터 나를 그의 종으로 삼으신" 야훼와 '정체성 합일'을 이루어 그는 "야곱을 다시 그분에게 돌아오게 하고 이스라엘을 그에게 모으는" 사명을 받아들인다. 그 사명이야말로 즐겁고 기쁜 일이다. 그가 "야훼의 귀한 종이 되고 '나의 엘로힘'께서 나의 힘이 되실" 것이다.

그러나 여기에 종의 사명으로 첨가된 "새로운 일들"은 이미 첫 번째 종의 시 42장 1-9절에 밝혀진 바다.

"땅 끝까지 나의 구원이 미치게 하고 내가 너를 '뭇 민족의 빛으로 삼았다'"(49:6).

그 사명을 실행하는 것은 실로 순탄하지만은 않을 것이다. 그 종으로부터 이탈한 사람들이 그를 반대할 뿐 아니라 어둠의 감옥에 앉아 있는 자들과 "멸시와 천대를 당하고 통치자들에게 종살이하는 사람들"로부터 배척을 받을 것이다. 그럼에도 이방 사람들에게 전하는 구원의 소식은 그들을 높일 것이다: "왕들이 너를 보고 일어나서 왕자들이 부복할 것이다. 이는 너를 택하신 이스라엘의 거룩하시고 신실하신 야훼 때문이다."

세 번째 종의 시 (이사 50:4-9)

야훼께서 포로로 잡혀간 그들을 버리셨다고 주장하는 사람들을 문책하시고 나서 세 번째의 시가 주어진다.

"내가 너희 어머니를 쫓아내기라도 하였느냐? 내가 너희 어머니에게 써 준 이혼증서가 어디 있느냐? 내가 너희를 채권자에게 팔아넘기기라도 하였느냐?"(50:1)

야훼께서 이혼을 하신 것도 채권자들에게 그들을 팔아넘긴 것이 아니다. 그들이 유다 왕국에 살고 있을 때 야훼를 배반하여 분리가 시작된 것이다. 그들이 범죄를 저질러서 그 때문에 포로로 잡혀 오게 된 것이다. 아무도 야훼와 연합하려고 하지 않았었다. 야훼께서 무한대한 가능성을 그들에게 제시해 주셨을 적에도 아무도 응답하지 않았던 것이다.

"내가 왔을 때에 왜 아무도 없었으며 내가 불렀을 때에 왜 아무도 대답하지 않았느냐? 내 손이 짧아서 너희를 속죄하지 못하겠느냐? 내게 힘이 없어서 너희를 구원하지 못하겠느냐? 내가 꾸짖어서 바다를 말리며 강을 광야로 바꾼다. 그러면 물고기들이 물이 없어서 죽을 것이며 썩은 고기들이 악취를 낼 것이다. 내가 흑암으로 하늘을 입히며 굵은 베로 하늘을 두르겠다"(50:2-3).

여기서 종이 대화에 나선다. 자서전적으로, 그러나 익명으로 아도

나이 야훼께서 그에게 가르칠 힘을 주셨다고 증언한다:

"아도나이 야훼께서 나를 선생처럼 말할 수 있게 하셔서 지친 사람을 말
로 격려할 수 있게 하신다. 아침마다 나를 깨우쳐 주신다. 내 귀를 깨우
치시어 학자처럼 알아듣게 하신다"(50:4).

그의 동료 포로들을 격려해 주고 그들이 처한 억압적인 상황에서
힘을 북돋아 주게 하신다. 아도나이 야훼께서 "나의 귀를 열어 주셨
고", "아침마다 내 귀를 열어 주시어 학자처럼 알아듣게 하신다." 매일
듣고 배우면서 포로로 잡혀 있는 자기 동료들이 처한 비참한 현실에
자신도 무방비한 상태가 되어 새 힘을 불어넣을 수 있게 된다. 다른
이들과는 달리 그는 그가 맡은 사명을 열성적으로 수행한다: "나는 거
역하지도 않았고 등을 돌리지도 않았다." 그 때문에 그는 온갖 시달림
과 모욕을 당하였다.

"나를 때리는 자들에게 등을 맡겼고 내 수염을 뽑는 자들에게 뺨을 맡겼
다. 내게 침을 뱉고 나를 모욕하여도 내가 그것을 피하려고 얼굴을 가리
지도 않았다"(50:6).

야훼께서 하시려는 '새로운 일들'을 거부하는 이들이 그를 모욕한
다. 그러나 그의 사명을 감당하기 위하여 그는 세 번째로 이렇게 고백
한다: "주 야훼께서 나를 도우신다. 그래서 마음 상하지 않는다." 야훼
가 함께 하시기에 그는 당하는 모든 수모를 견딜 수 있는 자유를 가진
다. 그래서 그는, "나는 각오하고 모든 어려움을 견디어 내고 부끄러

움을 당하지 않겠다는 것을 안다"라고 말한다. 야훼와의 정체성 결합을 완수하겠다고 다짐한다. 그러한 다짐으로 매일매일 들을 수 있는 귀와 말할 수 있는 깨우침을 받아 모든 모욕을 견뎌낸다. 하나님께서 주시는 말씀에 확신을 가지고 "누가 감히 나와 다투겠는가? 함께 법정에 나서 보자"고 동료 포로들에게 제의한다. 그처럼 듣고 배우는 자세로 종의 사명을 공유할 그 누가 있을까? 그가 묻는다: "나를 고소할 자가 누구냐?" 그리고 그럴 사람이 있으면 그렇게 해 보라고 도전한다. 주 야훼께서 그들 도우시기에 그는 두려워하지 않고 확신을 가지고 가르칠 수 있다. "그 누가 나에게 죄가 있다 하겠느냐?"고 확신 있게 말한다.

네 번째 종의 시(이사 52:13-53:12)

그는 정의를 추구하고 야훼를 사모하는 이들을 적대시하는 세상에서 그들의 여정을 계속하였던 아브라함과 사라를 바라보라고 권고한다(51:1-2). 그들의 선구자들인 아브라함과 사라처럼 그들도 야훼와 상호 신뢰 속에서 살아갈 수 있고 그들이 귀환할 때 야훼께서 황폐한 광야와 같은 모국의 땅을 에덴동산처럼 변화시켜 주기를 기대할 수 있다고 말한다. 그들이 페르시아의 바빌론정복을 기다리는 동안 이미 야훼께서는 구원의 손길을 펼치셨다고 전한다.

그러므로 그의 종으로서 야훼와의 '정체성 통합' 안에서 야훼께서 땅끝까지 세계적인 구원을 시작하시는 '새로운 일들'에 그들도 몸 바치게 되는 일이야말로 의미가 크다. 그분께서 자기의 백성을 "그의 손의 그림자 안에" 보호하시는 동안 하늘과 땅이 사라져 갈 것이고, 그의 구원이 온 세상에 새 하늘과 새 땅으로 나타날 것이다.

"눈을 들어 하늘을 쳐다보아라. 그리고 땅을 내려다보아라. 하늘은 연기처럼 사라지고 땅은 옷처럼 해어지며 거기에 사는 사람들도 하루살이같이 죽을 것이다. 그러나 내 구원은 영원하며 내 구속은 끝이 없을 것이다"(51:6).

포로로 살고 있는 유다 백성의 심장인 예루살렘은 이제 깨어나야 한다. 그들은 야훼의 진노의 잔을 마셨다. 폐허와 배고픔과 칼날에서 고통스러워했다. 야훼의 시온인 이스라엘은 이제 야훼의 실존에 참여하여 세상을 다시 만들고 축하하여야 한다.

"너 시온아, 깨어라, 깨어라! 힘을 내어라! 거룩한 성 예루살렘아, 아름다운 옷을 입어라. 이제 다시는 할례받지 않은 자와 부정한 자가 너에게로 들어와 끼지 못할 것이다. 오, 포로가 된 예루살렘아, 먼지를 털고 일어나 보좌에 앉아라. 포로된 딸 시온아, 너의 목에서 사슬을 풀어라"(52:1-2).

그들이 값없이 원수들에게 팔려 갔으니 이제 값을 치르지 않고 풀려 날 것이다. 그들이 바빌론의 지배자들에게 계속해서 착취를 당하여 왔지만 "그날이 오면" 야훼의 무한대한 가능성을 경험하여서 "그의 이름을"(52:6) 반드시 알게 될 것이다. 그러므로 새 하늘과 새 땅의 구원의 기쁜 소식을 전하는 이들의 발걸음은 아름답다. 야훼의 무한대한 거룩한 팔인 페르시아가 바빌론을 패망시켜서 그 일을 이루실 것이다. 그러나 그들이 포로에서 귀환할 때 그들은 바빌론의 우상적인 문화를 버리고 깨끗하게 돌아가야 한다. 야훼께서 그들을 앞서가시고 엘로힘께서 그들의 뒤에 서서 가실 것이다.

이렇게 임박한 이스라엘의 귀환을 앞두고 야훼께서는 그의 종과의 '정체성 합일'을 확인하시고 그가 매사에 형통할 것이라고 말씀하신다.

> "나의 종이 매사에 형통할 것이다. 그가 받들어 높임을 받고 크게 존경
> 을 받게 될 것이다"(52:13).

하지만 그가 그것을 성취하기 위하여 무엇을 해야 할 것인가? 그리고 무엇을 하여서 그가 높임을 받게 될 것인가? 그가 성취한 것이란 42장 9절의 첫 번째 종의 시 마지막에 야훼께서 선언하신 '새로운 일들'과 연관된 것일까? 그는 49장 6-7절에서 말한 "뭇 민족들의 빛"이고 민족들에게서 멸시를 받으나 "왕들이 그 앞에 엎드려 부복하게 될" 그 종인가? 그래서 "그가 받들어 높임을 받고 크게 존경을 받게 될 것"이라고 말씀하신 것일까?

그가 자신을 그렇게 두드러지게 한 얼마 전의 행적이 있다. 그래서 "그를 보는 사람마다 모두 놀랐다"고 전한다. 그러나 그들이 그를 보고 놀란 것은 그가 성취한 것 때문이 아니다. 그는 아직도 성취할 일을 가지고 있다.

> "… 그의 얼굴이 사람의 몰골이 아니게 보여 안 되어 보였다. 어떤 산사

람의 모습이 아닌 것처럼 상해서 그를 보는 사람마다 모두 놀랐다. 이제는 그가 많은 이방 나라들을 놀라게 할 것이며 왕들을 그 앞에서 입을 다물 것이다"(52:14-15상).

"많은 사람들"을 놀라게 한 것은 그가 무엇을 성공적으로 이루었기 때문이 아니라 "어떤 산 사람의 모습이 아닌" 것 때문이다. 그의 신체적 모습이 사람들에게 충격을 준다. 하지만 "많은 이방 나라들을 놀라게 하고 왕들이 그 앞에서 입을 다무는 것"에 대하여는 좀 더 언급할 필요가 있다.

사람의 몰골이 아닌 '한 사람'이라면 그가 어떻게 "많은 사람들"을 지시할 수 있을까? 그 모든 "많은 사람들"이 그런 모습이라면 그것은 무엇일까? 그것은 공동체의 상태를 지시하는 것인가? 사람의 모습을 깡그리 이지러트리도록 그 어떤 질병이 그들을 그렇게 만든 것일까?

그렇지만 야훼께서 인정하시는 이 종의 모습은 '많은' 다른 사람들이 함께 공유하는 것이라고 볼 수 없다. 그 한 사람의 모습이라고 하겠다. 사람으로 알아볼 수 없을 정도로 그 한 사람의 모습이 그런 것이다. 왕들이 이제까지 듣고 보지 못하던 일을 그에게서 보고 듣고 그를 높인다면 그에 대하여 더 자세하게 들여다보아야 한다.

듣고 본 것들을 말하는 그들은 또 누구인가? 53장 1-6절에서 그들을 1인칭 복수 대명사로 '우리', '우리들에게', '우리들의'라고 말하는 사람들은 누구인가? 그들은 그들이 말하려고 하는 것을 아무도 믿지 못할 것이라고 말한다. 그래서 그들은 "우리가 들은 것을 누가 믿었는가?", "야훼의 팔이 누구에게 나타났는가?"라는 수사적 질문으로 그들의 이야기를 시작한다. 이 시작하는 질문들은 무엇을 의도한 것인가? 그리고 누구의 응답을 기대하는 것인가? 그들이 마침내 그들에게 알려지지 않았던 것을 보게 될 때 다른 민족들처럼 그들도 충격을 받을 것인가? 그들도 왕들처럼 "그 앞에서 입을 다물"것인가?

그의 이야기를 "마른 땅에서 나온 연한 순과 같이" 자란다는 말로 시작한다. 그는 바빌론 포로라는 메마른 땅에서 싹이 자란 젊은이 임에 틀림없다. 그 종과 자신들을 동일시하는 '많은' 사람들이 그의 이야기를 말해 주고 있다. 그들은 그를 안다. 그리고 그에게 그리 특출한 것이 없음을 안다. 그에게는 그리 잘난 모습이나 훌륭한 풍채도 없어서 "우리가 흠모할 만한 아름다운 것이 없다." 하지만 그에 대하여 말해야 할 바가 있다. 먼저 다른 사람들이 그를 어떻게 보았는지를 말한다.

> "그는 사람들에게 멸시를 받고 버림을 받고 고통을 많이 겪었다. 그는 언제나 병을 앓고 있었다. 사람들이 그에게서 얼굴을 돌렸고 그가 멸시를 받으니 우리도 덩달아 그를 귀하게 여기지 않았다"(53:3).

"다른 사람들"이 누구인지 밝혀지지는 않았다. 다만 그들은 그의 상태를 보고 기겁하여 그를 경원시하였다.5 그가 앓는 병으로 몹쓸 모습이 된 것이다. 그래서 다른 사람들이 그를 보려고 하지 않았다. 그들은 그를 멸시하고 거부하였다. 그리고 그의 이야기를 전하는 '많은' 사람인 "우리들"도 처음에 그를 별로 대수롭지 않게 여겼다고 인정한다.

"실로 그는 우리가 앓아야 할 질병을 앓고 우리가 받아야 할 고통을 대

---

5 Brueggemann, *Isaiah 40-66*, 145는 "우리들"과 "다른 사람들"을 다르게 보지 않는다. 그리고 "우리들"을 그 종이 암시하는 '하나'와 관계된 '많음'으로 해석하지 않는다.

신 받았다. 우리는 그가 징벌을 받아서 엘로힘에게 맞으며 고난을 받는다고 생각하였다"(53:4).

그들은 그가 앓는 질병이 엘로힘께서 징벌하신 결과라고 생각한 것이다. 말하자면 그가 지은 죄의 대가를 받는다고 여겼다. 그들은 그의 질병을 신명기 법전에 따라서 해석한 것이다. 병들고 멸시받는 사람으로서 그는 모세가 신명기 11장 26-28절에서 말하는 언약의 내용을 경험한 것이다.

"보아라, 내가 오늘 너희 앞에 복과 저주를 내놓는다. 오늘 내가 너희에게 명하는 야훼 너희 엘로힘의 명령을 귀담아듣는 사람은 복을 받을 것이며, 야훼 너희 엘로힘의 명령을 귀담아듣지 않고 오늘 내가 너희에게 명한 그 길을 떠나 너희를 알지 못하는 다른 신들을 따르는 사람은 저주를 받을 것이다."

엘로힘께서 그가 모세의 계명을 어겼기 때문에 벌하셔서 질병에 시달리게 되었다는 것이다.

그러나 이제 그들은 그의 질병이 바로 그들 자신을 대신한 것임을 깨닫는다. 그들 자신도 모세의 계명을 어겨서 그와 같이 질병을 앓았어야 했기 때문이다. 그와 그들은 모두 함께 죄를 지은 것이다. 그런데 그만이 엘로힘께서 벌하셔서 질병을 앓은 것이다. 그것은 그 자신 스스로 야훼 앞에서 그들을 대신하기로 선택한 것이다.[6] 그는 그들의 잘

---

6 Brueggemann, *Isaiah 40-66*, 145는 그것을 "기적"이라고 설명하는데 필자는 그에 동의하지 않는다.

못을 대신 짊어지려고 그 자신의 삶을 바친 것이다. 그것이야말로 상호성의 역설이고 불공평한 결과이다. 그들이 그에게 할 수 있는 일은 아무것도 없다. 그리고 그들에게서 그가 얻을 수 있는 것도 아무것도 없다. 하지만 그는 그들의 죄를 대신 짊어지기 위하여 자기 자신을 바친 것이다.

그들이 포로 생활하는 바빌론에는 그들의 죄를 대신하여 번제물을 바칠 성전이나 제단이 없다. 염소 두 마리로 속죄물을 바칠 대제사장도 거기에는 없다. 거기에는 한 마리는 속죄물로 야훼께 드리고, 다른 한 마리는 광야에 있는 비존재적 사람들의 죄를 대신하는 것으로 드리는 성전의 대제사장이 없다.7 그러나 그들이 포로로 잡혀 있는 바빌론에 야훼께서 "나의 종"이라고 정한 한 사람이 있다. 그가 죗값으로 병이 들어 알아보기 어려운 정도로 몸이 상하고 제사장을 대신하여 자기 자신을 죄의 속량물로 바친 것이다. 그가 병에 들어 '광야'에 포로로 잡혀 있는 이스라엘의 죄를 속량하기 위하여 드리는 대속물이 된 것이다.

> "그가 찔린 것은 우리의 허물 때문이고 그가 상처를 받은 것은 우리의 악함 때문이다. 그가 징계를 받음으로써 우리가 온전해지고 그가 매를 맞음으로 우리가 고침을 받았다"(53:5).

자기 자신을 그들과 동일시하고 그들의 허물을 대신 짊어져서 그는 공평성을 잃어버린 상호관계를 지킨다. 다른 사람들의 죗값을 대

---

7 참조. 레위 16:7-10.

신 치름으로 엄청난 고통과 죽음을 경험한다. 이제 그 야훼의 종과 연합히는 "많은 사람들"인 그들이 그의 대속적 희생으로 얻게 된 결과가 무엇인지 깨닫는다. 그의 희생을 통해서 그들은 야훼와의 '정체성 합일'을 회복하고 화해하게 되었다. 그와 같은 불공평한 희생을 깨닫게 되면서 "많은 사람들"인 그들은 이렇게 고백한다:

> "우리는 모두 양처럼 길을 잃고 각기 제 갈 길로 흩어졌으나 야훼께서
> 우리 모두의 죄악을 그에게 지우셨다"(53:6).

그들은 야훼께서 그들 모두의 죄악을 그에게 지우셔서 그가 그토록 고통을 당하게 된 자신들의 과오를 인정한다. 이제 야훼께서 자기의 백성 이스라엘을 포로 생활로부터 귀환하게 하시면서 그의 종, 질병으로 이지러진 그를 대속물이 되게 하신다. 야훼께서 대제사장의 역할을 하시어 자기 백성들의 죄를 그 종이 짊어지도록 하신다. 따라서 그것을 깨닫는 "많은 사람들"은 "야훼의 팔"이 그의 종이 취한 행동으로 나타나심을 확실히 알고 고국으로 돌아가게 될 것이다. 그렇게 깨끗해져서 야훼께서 시작하시는 "새로운 일들"을 성취하기 위하여 고국으로 가게 될 것이다.

그 종이 그들을 대신한 속죄물이 되어 이룬 구원을 깨닫는 "많은 사람들"은 그가 야훼의 종으로서 멸시를 받으며 야훼와의 '정체성 통합'을 이룬 것을 증언한다.

> "그가 굴욕을 당하고 고문을 당하였으나 아무 말도 하지 않았다. 마치
> 도살장으로 끌려가는 어린 양처럼, 마치 털 깎는 사람 앞에서 잠잠한 암

양처럼, 끌려가기만 할 뿐, 아무 말도 하지 않았다. 정의가 망가져 그가 끌려갔지만 그의 앞날을 그 누가 상상했겠는가? 그가 사람 사는 땅에서 격리되었고 내 백성의 허물 때문에 형벌을 받았기 때문이다"(53:7-8).

그는 엘로힘에게 징벌을 받아 질병에 시달리지만, 그가 경험하는 왜곡된 정의에 희생물이 되기를 거부한다. 침묵을 지키며 자기를 변호하려 들지 않는다. 도살장으로 끌려가는 어린 양처럼 사형을 당했다! 그러나 "많은 사람들"은 그가 사형당하리라고 상상하지 못했다. 하지만 이제 그들은 그것이 "내 백성의 허물 때문"이었다고 인정하게 되었다.

지금에야 그가 야훼의 종으로 무덤에 묻힌 사실이 알려진다. "그가 폭력을 휘두르지도 않았고 거짓말도 하지 않았지만, 사람들은 그에게 악한 사람과 함께 묻힐 무덤을 주었고 부자와 함께 묻히게 하였다"(53:9). 그야말로 아이러니의 극치다. 그가 엘로힘에게 징벌을 받아 질병에 걸려 사람의 모습이 아닐 정도로 그의 몸이 일그러졌으나 '많은 이들'이 그에게 사형을 선고하고 집행할 정도로 모세의 계명을 어기지 않았다. 그의 질병은 '많은 이들'을 대신하여 받은 징벌이었을 뿐이다.

"… 그는 죽는 데까지 자신을 내맡기고 다른 죄인들과 같이 죄인으로 여겨졌다. 그는 많은 사람의 죄를 대신 짊어졌고 죄지은 사람들을 살리려고 중재에 나선 것이다"(53:12).

"악한 사람"과 "부자"는 나란히 농경사회에서 농민들을 불법으로 갈취하는 상류층 계층을 대표한다. 아이로니컬하게도 신명기 법전에 따르면 그들의 부(富)가 그들의 의로움의 결과라고 주장할 수 있다. 신명기 법전이 인정하는 것처럼 그들의 의로움에 근거하여 그들과 그들의 죄를 대신하여 징벌을 받은 "사람의 모습이 아닌" 그 종이 서로 다르지 않다고 여길 수 있다. 하지만 그가 어떤 폭력도 휘두르지 않고, 거짓말을 하지 않았지만, 그들과 같이 무덤에 묻힌 것이다.

> "야훼께서 그를 상하게 하셨다. 그가 그를 병들게 하셨다. 그가 그 자신을 속죄물로 드려 그의 자손을 보게 되고 오래 살 것인지 보시려고 했다. 야훼께서 세우신 뜻을 그가 이루어 드릴 것인지 보시려고 하였다"(53:10).

야훼께서 그를 병들게 하셨다는 것이다. 그것은 그들이 그의 생애와 죽음이 안겨준 의미의 진실을 이해하게 되면서 내린 결론이다. 그리고 그 결론적 심판을 그들 자신과 모든 사람의 죄악에 적용시킨다. 그것이 처음부터 야훼께서 뜻하신 것이기에 그 종이 야훼와 가진 '정체성 합일' 안에서 야훼의 징벌을 받게 자신을 내어주었다는 결론을 내리게 된다.

그것은 신명기 법전의 호혜성을 간과하면서 야훼께서 시작하시는 "새로운 일들"을 성취할 수 있는 문을 열어 준다. 그렇게 된 까닭은 신명기 법전이 지정하는 배타적인 종족성으로부터 한 걸음 더 나아가 이스라엘이 이제는 세계의 다른 민족들과 함께 구원의 세계성을 가지게 하려는 이유에서다.[8] 단 아브라함처럼 야훼와의 '정체성 합일' 안에서 그 종 자신이 그 같은 희생을 받기로 동의하여야 했다.

그의 희생적 삶과 죽음을 통해서 야훼의 뜻이 펼쳐질 것이다. 하지만 야훼의 종의 미래는 무엇일까? 야훼께서는 그 종의 사명을 밝히시면서 그가 높임을 받으리라고 하셨다. 이제 그의 "많은 사람들"이 그가 한 일을 다시 말하면서 그의 높임이 다시 되풀이된다.

> "그러므로 나는 그가 존귀한 자들과 함께 자기 몫을 차지하게 되며 강한 자들과 함께 전리품을 나누게 하겠다. 그는 죽는 데까지 자기의 생명을 서슴없이 내맡기고 남들이 죄인처럼 여기는 것도 마다하지 않았다. 그는 많은 사람의 죄를 대신 짊어졌고 죄 지은 사람들을 살리려고 중재에 나선 것이다"(53:12).

그러나 그 같은 높임은 그의 후손, 이스라엘의 미래 세대에서야 이루어질 것이다. 그의 높임은 그가 "위대한" 자들 가운데 대표하는 것으로 나타날 것이다. "많은 사람들"이 야훼께서 실현하실 '새로운 일들'을 구현하는 "강한 자들"과 동일시하여 제국들의 억압을 끝내고 야훼의 정의를 민족들에게 구현할 때 그가 높임을 받게 될 것이다. 민족들이 일어나 그들이 그에 대하여 듣지 못하던 일을 듣고 알지 못했던 바를 보고 놀랄 것이며, 왕들이 경이함으로 그들의 입을 다물게 될 것이다.

따라서 그 종과 함께하는 "많은 사람들"이 비록 그들이 아직 야훼의 '새로운 일들'을 성취하지 못하여 아기를 낳지 못한 여인과 같지만 "환성을 올리고 소리 높여 노래할 것이다." 이제 그들은 "아기를 못 낳

---

8 Brueggemann, *Isaiah 40-66*, 149는 "이 시가 이사야나 포로기의 역사적 맥락과 밀접하게 연관되지 않았다"고 설명하는데, 필자는 동의하지 않는다.

아 버림받은 여인처럼 슬픔에 젖어 있지만" 그들을 야훼께서 '아내'라고 부르시고 그들을 버리시지 않겠다고 약속하신다.

"내가 잠시 너를 버렸으나 큰 긍휼로 너를 다시 불러들이겠다. 분노가 북받쳐서 나의 얼굴은 잠시 너에게서 가렸으나 나의 영원한 사랑으로 너에게 긍휼을 베풀겠다. 너의 구원자 야훼의 말이다" (54:7-8).

그들은 자신들의 상황이 노아의 때와 같다고 보아야 한다. 태초의 인간들의 악을 홍수로 섬멸시킨 후에 다시는 땅 위에 물로 소멸하지 않겠다고 야훼께서 맹세하신 것처럼 이제 그는 그들을 다시는 꾸짖거나 노하시지 않겠다고 약속하신다.

"그러므로 그들은 부끄러워하거나 실망하지 말아야 한다. 버림받은 여인이 낳은 아이들이 결혼하여 남편과 함께 사는 여인보다 더 많은 아이들을 가질 것이다"(54:1하).

결과적으로 그들이 유다로 귀환하여 그들이 살게 될 조국을 더 확장시킬 것이다:

"네가 좌우로 퍼져 나가고 너의 자손이 이방 나라들을 차지할 것이며 황폐한 성읍들마다 주민들이 가득할 것이다"(54:3).

한편 그들의 남편이신 야훼께서는 왕들이 그들의 왕좌를 드높이기 위하여 획득한 보석들로 그들을 영화롭게 하실 것이다.

"너, 고난을 당하고 광풍에 시달려도 위로를 받지 못한 예루살렘아, 이제 내가 홍옥으로 벽을 쌓고 청옥으로 성벽 기초를 놓겠다. 홍보석으로 흉벽을 만들고 석류석으로 성문을 만들고 보석으로 성벽 둘레를 꾸미겠다"(54:11-12).

그들의 모든 자녀가 야훼의 가르침을 받고 번성하게 될 것이다. 그들이 야훼의 종으로 세상의 모든 민족에게 '야훼의 토라'를 가르칠 것이기 때문이다. 그러한 목적을 완수하고 그들의 장막을 넓힐 수 있게 하기 위하여 야훼께서는 그들에게 "영원한 언약"을 세우신다. 그것은 "내가 다윗에게 베푼 확실한 사랑"의 언약이다.

"내가 그를 많은 민족 앞에 증인으로 세웠고 많은 민족들의 인도자와 명령자로 삼았다. 네가 알지 못하는 나라를 내가 부를 것이다. 너를 알지 못하는 나라가 너에게 달려 올 것이니 이는 '야훼, 너의 엘로힘, 이스라엘의 거룩하신 이가 너를 영화롭게 하기 때문이다"(55:4-5).

그들의 바빌론 포로에서 모국 귀환에 앞서 야훼께서는 그가 다윗과 맺으신 원래의 영원한 언약을 갱신하신다. 이스라엘의 왕은 다른 왕국들과 민족들을 정복하여 그들의 장막을 넓힐 것이다. 그들의 죄를 대신 짊어지고 희생한 야훼의 종과 함께한 "많은 사람들"이 야훼의 무한대한 가능성을 이용하여 세상의 다른 민족들에게 야훼의 정의와 진실을 깨우칠 것이다.

"비와 눈이 하늘에서 내려서 땅을 적셔서 싹이 돋아 열매를 맺게 하고 씨뿌리는 사람에게 씨앗을 주고 사람에게 먹을거리를 주고 나서야 그 근원으로 돌아가는 것처럼 나의 입에서 나가는 말도 내가 뜻하는 바를 이루고 나서야 내가 하라고 보낸 일을 성취하고 나서야 나에게로 돌아올 것이다"(55:10-11).

'한 사람'이며 '많은 사람인' 그의 종에게 야훼께서 축복을 하시는 것으로 결론을 짓는다:

"참으로 너희는 기뻐하면서 바빌론을 떠날 것이며 평안히 인도받아 나아올 것이다. 산과 언덕이 너희 앞에서 소리 높여 노래하며, 들의 모든 나무가 손뼉을 칠 것이다. 가시나무가 자라던 곳에는 잣나무가 자랄 것이며 찔레나무가 자라던 곳에는 화석류가 자랄 것이다. 이것은 영원토록 남아 있어서 야훼께서 하신 일을 증언할 것이다"(55:12-13).

2 1 장
제3이사야: 예언자들과 제사장들의 반목

사독 사제들과 그들의 재건 이념

바빌론 포로에서 모국으로 귀환한 유다 공동체는 불행하게도 두 갈래로 갈라진다. 귀환과 함께 무질서와 온갖 혼동이 야기되었고, 그 와중에 사제들과 예언자들 사이에 이스라엘 재건을 놓고 경쟁을 벌이게 된다. 결국 그들 사이에 균열이 생긴 것이다. 페르시아제국의 통치 아래 아직 자국의 주권이나 왕이 없는 상황에서 어떻게 이스라엘을 재건할 것인지를 놓고 두 그룹 사이에 이념적 차이를 드러내게 되었다. 사제들이 에스겔 40-48장의 비전에 따라서 신정 정치를 구성한 반면에 예언자들은 제2이사야의 종의 시에서 야훼께서 선언하신 대로 "새로운 일들"을 시작해야 한다고 주장하였다.[1]

그 두 그룹 사이의 이념적 대립이 제3이사야에 반영된다. 제3이사야만이 그 이념적 대립을 말하고 있는데, 56-66장에 서술된 내용의

---

1 이사 41:25; 44:28-45:13; 에스라 1:1-11. 고레스가 메데를 550년에 정복하고 바빌론을 539년에 패망시켰다.

시기를 결정하기는 매우 어렵다. 그 같은 대립과 반목의 배경을 학개와 스가랴 그리고 에스라와 느헤미야가 어느 정도 반영하지만, 제3이사야의 오라클이 반영하는 것만큼 목소리를 내지는 않는다.

야훼께서 "내 뜻을 이룰 나의 목자"라고 부르신 페르시아 왕 고레스가 기원전 538년에 칙령을 발표하여 유다 백성들이 모국으로 귀환하도록 하였다. 처음에는 유다의 총독으로 임명된 세스바살과 함께 소수만이 귀환하였는데, 그들은 바빌론 왕 느브갓네살이 587~586년 탈취하여 가지고 갔던 성전에 속해 있던 그릇들을 가지고 돌아올 수 있었다.[2] 그 첫 번째 귀환 그룹에 야훼의 종을 따르던 이들이 합류했을 가능성이 높다. 그들은 바빌론에 있을 때 모국의 재건을 함께 모색했을 것이다. 그들은 통합의 도덕성으로 야곱의 지파들을 다시 일으키고 이스라엘의 살아남은 자들을 회복시켜서 "민족들의 빛이 되게 하는" 작업에 예언자들과 함께 연루하였을 것이다. 야훼께서 "나의 다윗을 향한 견고한 사랑"으로 그들과 세운 새로운 영원한 언약으로 페르시아의 지배 아래서 다른 민족들과 관계를 형성하려고 하였다. 야훼의 정의를 그들 '외국인들'에게 가르쳐 그들이 대표하는 도덕적 통합으로 영입하려고 하였을 것이다. 그리고 그때 성전 재건이 시도되었을 것이다. 하지만 그 노력은 재건 이념과 부합해야 했다.

두 번째 귀환이 얼마 후에 있게 된다. 새로 임명받은 총독 스룹바벨을 따라 더 많은 유다인들이 돌아오게 되었는데, 그때 사독파 대제사장과 예수아가 귀환하였다. 에스라 2장 68절-3장 13절에 의하면 그들은 특별히 이스라엘의 신정 정치의 기반이 되도록 성전을 재건하

---

2 에스라 1:7-11.

는 일에 몰두하였다.[3] 그들이 아직 바빌론 포로로 있을 때 사제-예언자였던 에스겔이 포로에서 귀환하여 다시 살아난 이스라엘을 야훼가 예루살렘 성전의 보좌에 왕으로 등극하여 통치하는 비전을 보았었다(에스겔 37:1-14).

> "이곳은 내 보좌가 있는 곳, 내 발을 딛는 곳, 내가 여기 이스라엘 자손이
> 한가운데서 영원히 살 곳이다"(에스겔 43:7).

성전 재건은 515년에 끝났는데, 에스겔 44장 15-16절에 따르면 사독의 제사장들만이 "나의 성소에 들어오고 내 상에 가까이 와서 나를 섬길 수 있고 내가 맡긴 직책을 수행할 수 있다"라며 야훼 엘로힘께서 지정하신 것으로 나타난다(에스겔 40:46하). 이렇게 사독 사제들이 바빌론 포로 귀환 후의 성전 예식과 그 제사를 관장하고 엘로힘과 그의 백성들 간의 언약 관계를 유지하였다.

사독 사제들은 야훼께서 성전 안에 왕으로 등극하여 임재하시어 '지금 여기서' 현재적으로 경험하는 구원 조직을 구성하였다. 구원이 현재적으로만 경험되어 미래에는 아무것도 기대할 수가 없게 되었다. 예언자들의 미래를 향한 비전이나 예언적 분석 따위가 설 자리를 잃은 것이다. 구원은 오직 제사장들이 하나님과 이스라엘 사이에서 화해 관계를 유지하기 위하여 드리는 제사 행위를 통해서만 구현되었다. 구원을 주시는 하나님과 구원을 받는 이스라엘 그리고 그 구원을 중재하는 사제들만이 규합된 구원 조직이었다. 하지만 이 신정 체제

---

3 Lester L. Grabbe, *Judaism from Cyprus to Hadrian* (Minneapolis: Fortress Press, 1992) I, 127.

는 그 백성들에게 분리의 도덕적 질서에 머물게 하였다.

야훼의 신정 정치의 보호자들인 사제들은 에스겔 44장 23절이 명시하는 것처럼, "내 백성이 거룩한 것과 속된 것을 구별하도록 백성을 가르치고 부정한 것과 정한 것을 분별하도록 백성을 깨우쳐 주어야 한다." 족보로 형성된 종족성에 근거한 신정 정치 체제는 거룩한 백성들을 그 어떤 부정한 것이나 공해적 형태로부터 분리시키게 하였다. 그것은 나아가 그들을 중재하는 사제들에 의하여 백성들을 야훼 엘로힘으로부터 분리시켰다. 대제사장이 장악한 왕적인 권력을 행사한 신정 정치는 페르시아제국과의 관계에서도 신적인 지시 아래에서 실시한다는 명분으로 상당한 보호를 받았다.

"모세의 율법에 능통한 학자"인 에스라는 사제이기도 하였는데, 458년 팔레스틴에 도착하여 에스겔의 신정 정치 비전을 구현하는 사독 사제들의 주요 인물이 되었다. 에스라 7장 6, 21-28절에 의하면 그는 페르시아 왕 아닥사스 1세로부터 많은 양보를 받아 성전 제사와 이스라엘의 재건을 위하여 일하였다.

> "하늘의 하나님의 율법에 통달한 학자 에스라 제사장이 너희에게 요청하는 것은 무엇이든지 어김없이 그에게 주도록 하여라. 은은 백 달란트까지, 밀은 백 고르까지, 포도주는 백 밧까지, 기름은 백 밧까지 주고 소금은 제한 없이 주도록 하여라"(에스라 7:21-22).

그리고 아닥시스는 사제들과 성전에서 일하는 사람들에게 조세를 면제하여 주고, 에스라에게 법관들과 판사를 뽑도록 허락하였다. 그 역사적 사실성이 무엇이든 간에 페르시아제국과 사독 사제들의 성전 국가가 아주 긴밀한 관계를 가졌고 에스라가 대표하는 신정 정치가 인정을 받아 계속되었음을 시사한다.

학자이며 사제인 에스라는 바빌론에서 돌아올 때 경전화된 모세의 오경을 가지고 왔다. 느헤미야 8장 1절은 이스라엘 백성들이 예루살렘 "수문 앞 광장"에 모여 "모세의 율법책"을 들은 것으로 서술한다.

> "일곱째 달 초하루에 에스라 제사장은 율법책을 가지고 회중 앞에 나왔다. 거기에는 남자나 여자나 알아들을 만한 사람은 모두 나와 있었다. 그는 수문 앞 광장에서 남자든 여자든 알아들을 만한 모든 사람에게 새벽부터 정오까지 큰소리로 율법책을 읽어 주었다. 백성은 모두 율법책 읽는 소리에 귀를 기울였다"(느헤 8:2-3).

에스라 4장 11-13절에 의하면 성전 재건축이 시작되고 나서 신정 정치의 배타적인 유다 종족성이 인근 지역, 특히 사마리아의 도시들에게서 위협을 받은 것으로 나타난다. 그들은 스룹바벨과 예수아에게 자기들도 성전 재건에 참여하게 해 달라고 요청하였다. 그들은 "우리들도 당신들과 마찬가지로 앗시리아의 에살핫돈이 우리를 여기로 데려올 때부터 지금까지 당신들의 엘로힘을 섬기며 줄곧 제사를 드려 왔으므로" 그들과 연계하게 해 달라고 요청한 것이다. 그들은 앗시리아의 도시들로부터 와서 사마리아에 정착한 외국인들인 셈인데, 북왕국의 사제들이 야훼께 어떻게 예배드릴지 가르친 사람들이다. 하지만 사독 사제들은 그들의 요청을 거절한다. 그 이유는 에스겔의 환상에 근거한 분리의 이념이 외국인들에게는 유다 공동체로 들어올 수 없도록 했기 때문이다.[4]

족보에 따른 종족성 수립이 이스라엘에 합법적으로 소속할 사람이 누구인지를 결정하게 하였다(에스라 2:29; 느헤 7:5). 그것은 종족성을 담은 '몸'이 자아의 정체성을 결정짓게 하는 요인이 되고, 그에 따라 '영혼'은 그 자아로부터 떨어져 나가서 그 세계성에 연계하지 못하게 되었다. 하지만 인종적인 성결이 사제직과 성전 제사에 있어서 사독 신정 정치의 바탕으로 무엇보다 중요한 것이었다.

> "호바야 자손과 학고스 자손과 바르실래 자손도 제사장 자손 가운데 있었는데… 족보를 뒤저보았지만 그들은 그 조상이 확인되지 않았다. 그래서 제사장 직분을 맡기에 적합하지 않았다"(에스라 2:61-2).[5]

에스라는 그러한 종족상의 정결을 사제들뿐만 아니라 백성들에게까지 적용시켰다. 에스라 10장 9절에 의하면 유다와 베냐민 사람들이 모두 예루살렘에 모여 "엘로힘의 집 앞 뜰에서 큰 비가 내리는데도 그 일로 떨고 있었다." 그때 에스라는 그들이 이방인들과 혼인한 것을 비난하였다.

> "그대들이 이방 여자들과 결혼하여 배신자가 되었소. 그것 때문에 이스라엘의 죄가 더 커졌소. 이제 우리 조상의 엘로힘 야훼께 죄를 자백하고 그의 뜻을 따르시오. 이 땅에 있는 이방 백성과 관계를 끊고 그대들이

---

4 에스라 4:3은 "스룹바벨과 예수아와 그 밖의 이스라엘 각 가문의 우두머리들이, '우리 엘로힘에게 집을 지어드리는 일은 당신들과는 관계가 없는 일이오. 페르시아 왕 고레스가 명한 대로 이스라엘의 엘로힘 야훼께 성전을 지어드리는 것은 우리의 일이오'라고 대답한 것으로 서술한다.

5 참조. 에스라 8:15-20.

데리고 사는 이방인 아내들과도 인연을 끊어야 하오"(에스 10:10-11).

이렇게 순결한 종족만으로 성전 국가를 세우려고 하였다. 에스라가 야훼의 "거룩한 씨앗"인 순수한 종족성을 회복하려고 한 노력이 에스라 9장 1-15절에 수록되었는데, 그것은 종교적일 뿐만 아니라 정치적인 노력이었다. 그것은 페르시아가 그 제국적 지배를 유지하는데 정치적으로 필수적인 요인이 되었다. 에스라 1장 2-3절에 제시된 바대로 고레스의 칙령은 포로들의 종족성을 강조하고 그들이 예루살렘 거민으로 "이스라엘의 엘로힘"께서 지정하셨다는 것이다(에스라 8:30-36 참조).

"하늘의 야훼 엘로힘이 나에게 이 땅에 있는 모든 나라를 주셔서 다스리게 하셨다. 또 유다에 있는 예루살렘에 그의 성전을 지으라고 명하셨다. 이 나라 사람 가운데서 엘로힘을 섬기는 모든 사람은 유다에 있는 예루살렘으로 올라가서 그곳에 계시는 '하엘로힘', 곧 이스라엘의 야훼 엘로힘의 집을 지어라. 그 백성에게 엘로힘이 함께 하시기를 빈다"(에스라 1:2-3).

종족의 기원이 신정 정치의 바탕이 되어서 오고, 오는 미래에 이스라엘의 정체성을 결정짓게 한 것이다. 인류학적으로 그것은 창세기 2장 7절의 창조 신화의 빛에서 볼 때 신체적 출생이 어느 한 사회의 '정체성'을 결정하는 것은 사람됨의 단면일 뿐 그 전체가 아님을 알 수 있다.

이사야적 예언자들: 그 통합적 도덕성과 사제성 배격

제3이사야의 오라클은 그러한 맥락에서 야훼의 정의와 의로움을 촉구한다:

야훼께서 말씀하신다. "너희는 정의를 지키고 의로움을 행하여라. 나의 구원이 가까이 왔고 나의 구속하는 손길이 곧 나타날 것이다. 정의를 지키고 의로움을 철저하게 행하는 사람은 복이 있다. 안식일을 지켜서 더럽히지 않는 사람, 그 어떤 악행에도 손을 대지 않는 사람은 복이 있다. 이방 사람이라도 야훼께로 온 사람은 야훼께서 나를 당신의 백성과는 차별하신다' 하고 말하지 못하게 하여라. 고자라도 '나는 마른 장작에 지나지 않는다'하고 말하지 못하게 하여라. 이러한 사람들에게 야훼께서 말씀하신다. "비록 고자라 하더라도 나의 안식일을 지키고 나를 기쁘게 하는 일을 하고 나의 언약을 철저히 지키면 그들의 이름이 나의 성전과 나의 백성 사이에서 영원히 기억되도록 하겠다. 아들딸을 두어서 이름을 남기는 것보다 더 낫게 하여 주겠다. 그들의 이름이 잊혀지지 않도록 영원한 명성을 그들에게 주겠다." 야훼를 섬기려고 하는 이방 사람들은 야훼의 이름을 사랑하여 그의 종이 되어라. 안식일을 지켜 더럽히지 않고 나의 언약을 지키는 이방 사람들은 내가 그들을 거룩한 산으로 인도하여 기도하는 내 집에서 기쁨을 누리게 하겠다. 또한 그들이 내 제단 위에 바친 번제물과 희생제물들을 내가 기꺼이 받을 것이다. 나의 집은 만민이 모여 기도하는 집이라고 불릴 것이다"(56:1-7).

제2이사야의 예언자(들)이 제3이사야의 예언자(들)과 병합한 것처럼 보인다. 그들이 제2이사야에서 야훼께서 선언하신 "새로운 일들"을 구현하기 위하여 연합하였다. 그들은 유다와 이스라엘의 흩어졌던 생존자들을 그들의 모국으로 환영하여 이스라엘의 "장막"을 확장하려고 하였다. 특히 외국인들과 고자들까지도 포함한다. 그들은 '차이'에 대립하는 '정체성'의 이항 대립으로 결정하는 분리를 배격한다. 그 같은 종족성 수립이 세계성을 무산시키기 때문이다. 배타적으로 종족성을 세우다 보면 세계성을 좌시하게 된다. 종족성 수립은 페르시아제국과의 정치적, 경제적 관계에서 결국 의존적이 되고 말기 때문이다.

외국인들이 배제된 것은 레위법전과 신명기법전에서 부정한 사람들로 규정되었기 때문이다. 그러나 이제 "새로운 일들"이 일어나는 새 시대에 그들 역시 야훼의 선택받은 사람들로 이스라엘에 연합되어야 한다. 그들이 정의를 수행하고, 안식일을 지키고, "어떤 악한 일도 하지 않을 경우"에 말이다.6 레위기 21장 17-23절과 신명기 23장 1절은 고자들이 야훼의 회중에 들어갈 수 없다고 지정하였다. 아들딸을 둔 부모들보다 오히려 야훼를 섬기는 고자들도 이제는 그들의 명성을 주겠다는 약속을 받는다. 다른 이방인들과 함께 그들은 야훼의 세계성에 포함될 것이다. 그래서 야훼께서는 "나의 집이 만민이 모여 기도하는 집"이라고 선언하신다.

야훼께서 56장 1절에서 "나의 구원이 가까이 온다"라고 하신 말씀은 종말적인 결의를 표명한 것이다. 현재의 피조물이 끝나고 새로운 도덕적 질서가 펼쳐질 것이라는 관점은 이미 바빌론 포로시기에 그의 종에게 알려진 바다.

---

6 에스겔 44:9에는 이스라엘 사람들과 사는 외국인들이 마음과 육체로 할례를 받았으므로 성전에 들어갈 수 있다고 서술한다. 참조 47:22.

"눈을 들어 하늘을 쳐다보아라. 그리고 땅을 내려다보아라. 하늘은 연기처럼 사라지고 땅은 옷처럼 해어지며 거기에 사는 사람들도 하루살이 같이 죽을 것이다. 그러나 내 구원은 영원하며 내 구원의 손길은 끝이 없을 것이다"(51:6).

사제들의 위상이 치솟고 사독 사제들의 신정 정치가 계속됨에 따라 이사야적 예언자들은 야훼께 그들의 무력함을 고백한다. 그들이 여기서 "당신의 종들"이라는 복수형을 사용한다.7 그들의 고뇌가 야훼와의 관계에도 영향을 미친다. 그들이 사제들과 반목을 더해가는 반면 자신들이 아무런 영향력을 끼치지 못하는 데 대한 좌절감에서 약탈자 페르시아제국이 그들과 우호적인 관계를 지속하는 에스라 같은 신정 정치 지도자들을 잡아먹기를 염원한다.

"들짐승들아 와서 나의 백성을 잡아먹어라. 숲 속의 짐승들아 와서 나의 백성을 삼켜라!"(56:9)8

한편 율법학자이며 사제인 에스라는 페르시아제국이 성전 제사와 사제들에게 유리하게 조치하게 하려고 성결법에 대한 그의 헌신에 타협적이 되었다.

---

7 Paul D. Hanson, *The Dawn of Apocalyptic* (Philadelphia: Fortress Press, 1975), 44. 제2이사야의 그 "종"이 여기서는 훨씬 더 민주화되어 참 이스라엘인 야훼의 "종들"이라고 자신들을 인정한다.
8 왕국이나 제국을 예언자들이 들짐승이라고 한 은유적 표현은 예렘 12:8-9; 에스겔 39:17-20; 다니 7:3-7을 보라.

"백성을 지키는 파수꾼이라는 것들은 눈이 멀어서 살피지도 못한다. 지도자가 되어 망을 보라고 하였더니 벙어리 개가 되어서 야수가 와도 짖지도 못한다. 기껏 한다는 것이 꿈이나 꾸고 늘어지게 잠자기나 좋아한다. 지도자라는 것들은 굶주린 개처럼 그렇게 먹고도 만족할 줄을 모른다"(56:10-11상).

눈먼 파수꾼인 사제들은 보지 못하고 예언자적인 분별력이 없거나 하나님의 살아있는 목소리로 말할 능력이 없어서 소리를 내지 못한다. 그래서 하나님의 백성들을 지키는 망을 보는 개로서 짖지를 못한다. 성전 국가라는 울타리 안에서 그들에게 부여된 임무만 꼬박꼬박 수행할 뿐 아무런 할 일이 없어 "늘어지게 낮잠이나 잔다." 그들의 신정 정치를 통해서 페르시아제국과 '정체성 합일'을 이루어 엄청난 이익을 챙기지만 여전히 더 많이 차지하려고 욕심만 부린다.

목자이어야 할 지도자들이 도둑이 되었다고 질타한다. 그들이 다윗 왕조의 후예들인 "이스라엘의 왕자들"인데, 에스겔의 신정 정치 이념에 따라서 성전 국가의 제사적 행위만을 수행하는 부왕으로 전락한 것이다.[9]

"백성을 지키는 지도자가 되어서도 분별력이 없다. 모두들 저 좋을 대로만 하고 저마다 제 배만 채운다. 그 도적들이 입은 살아서 '오너라, 우리가 술을 가져올 터이니 독한 것으로 취하도록 마시자. 내일도 오늘처럼 마시자. 아니, 더 실컷 마시자' 하는구나"(56:11하-12).

---

9 에스겔 44:1-3; 45:7-25.

성전 제사를 통한 '지금-여기서'의 구원은 영적으로 답보적일 뿐이다. 그날이 그날이다. 신정 정치 아래에서 살고 있는 보통 사람들을 "점쟁이의 자식들, 간통하는 자와 창녀의 씨들"이라고 질타한다. 그들은 "거역하는 자식이며 거짓말쟁이의 종자"라는 것이다. "모는 푸른 나무 밑에서 정욕에 불타 바람을 피우고" 갈라진 바위 밑에서 자식들을 죽여 가나안의 신 몰렉에게 제물로 바쳤기 때문이다. 그리고 성전으로 곡식 제물을 가지고 와서 야훼께서 받으시기를 기대한다.

성전 제사에 대한 이사야적 심판은 자못 조소적이다. '미스칸'(장막)이라는 말을 '미스캅'(침대/침상)이라는 말로 대치시킨다. 이것은 아주 의도적인 말장난인데, 비옥하고 생산력을 염원하는 농경신을 숭배하는 종교 행위를 풍자한다.

> "높은 산에 올라가서 너는 '미스칸'(장막)이 아닌 '미스캅'(침상)을 깔았다. 그리고 거기에서 제사를 올렸다. 너의 집 문과 문설주 뒤에는 우상을 세워 놓았다. 너는 나를 버리고 네 침상을 벗기고 그 위로 올라가서 자리를 넓게 폈다. 그들에게 화대를 지불하고 너는 그들의 침상을 사랑했다. 그리고 그들의 알몸을 지켜보았다. 너는 왕에게 기름을 가지고 가서 향수를 더 많이 받아 왔다. 섬길 신들을 찾느라고 먼 나라에 사신을 보내고 스올에까지 사절을 내려보냈다"(57:7-9).

그들은 성소를 창녀의 침상처럼 욕되게 하였다. "집 문과 문설주 뒤"라는 표현은 신정 정치가 페르시아제국 왕실과 거래를 흥정하여 온 것을 상징적으로 묘사한 것이다. 성전에 십일조로 바친 올리브기름을 페르시아에 가지고 가서 그곳에 있는 신전과 우상들에게 바친 향수와 교환해 왔다. 그러면서 사제들은 페르시아 왕실이 보낸 제물들을 야훼의 성전에서 제물로 바친 것이다.

무엇이든 페르시아 왕에게 요구하는 대로 다 받은 에스라의 활동이 야훼께서 보좌에 앉아 계시는 성전을 음란하게 만들었다(참조. 에스라 7:6-28). 야훼께서는 예언자들에게 사독 사제들의 부패를 알리라고 명하신다:

"목소리를 크게 내어 힘껏 외쳐라. 주저하지 말아라. 너의 목소리를 나팔 소리처럼 높여서 나의 백성에게 그들의 허물을 알리고 야곱의 집에 그들의 죄를 알려라"(58:1).

야훼께서는 신정 정치 아래에 있는 백성들이 그들의 종교적인 생활을 여전히 계속하고 있다고 시인하신다. 그들이 하나님의 규례를 저버리지 않고 잘 지키며 산다고 믿는다. 안식일을 엄수하고 겸손히 금식도 한다. 일상적인 삶에서 야훼를 찾고 그의 길을 알려고 한다. 그런데 하나님께서 그들을 돌보시지 않는다고 불평한다.

하지만 예언자들을 통해서 야훼께서는 그들이 안식일을 지키고 금식하는 것이 모두 위선으로 가득 찬 거짓 경건이라고 지적하신다. 그들의 사제들처럼 그들도 종교적 행위를 자신들의 이익만 챙기려고 한다는 것이다.

"내가 기뻐하는 금식은 부당한 결박을 풀어 주는 것, 멍에의 줄을 끌러 주는 것, 압제받는 사람들을 놓아주는 것, 모든 멍에를 꺾어 버리는 것, 바로 그런 것들이 아니냐? 또한 굶주린 사람에게 너의 양식을 나누어 주는 것, 떠도는 불쌍한 사람을 집에 맞이하는 것이 아니겠느냐? 헐벗은 사람을 보았을 때에 그에게 옷을 입혀 주는 것, 너의 골육을 피하여 숨지 않는 것이 아니겠느냐?"(58:6-7)

사제들이 신정 정치 체제에서 법적인 문제들을 관장하였는데 그들이 내리는 판결이란 진실을 왜곡시키고 거짓과 부정직이 판을 치게 하였다. 그들은 마치 독사가 독을 품어내어 죽이는 것과 같고 마치 거미줄로 만든 옷을 걸치는 것과도 같다(이사 59:2-8). 독사의 알을 먹으면 그 독에 죽게 되고, 거미줄로 옷을 해 입으면 그 불의와 악행으로 벌거벗은 것을 감출 수가 없다. 진실을 왜곡하는 병든 상태에서 "악을 외면하는 사람을 오히려 희생물로 만든다".

사제들의 잘못을 폭로하면서 예언자들은 그 자신들을 그 잘못에 포함시키기를 주저하지 않는다. 59장 2-16절의 고백에서 그들 자신도 눈이 멀어 넘어지게 되었다고 시인한다. 그들도 야훼와의 '정체성 합일'을 성취하지 못하고 있다고 시인하는 것이다.

"그러므로 정의가 우리에게서 멀고 의로움이 우리에게 미치지 못한다. 우리가 빛을 바라지만 암흑 속을 걸을 뿐이다. 우리는 앞을 못 보는 사람처럼 담을 더듬고 눈먼 사람처럼 더듬고 다닌다. 대낮에도 우리가 밤길을 걸을 때처럼 넘어지니 몸이 건강하다고 하나 죽은 사람과 다를 바 없다"(59:9-10).

용사이신 야훼, 그의 새 언약

그와 같은 이스라엘의 망가진 상태를 바꾸어 놓을 야훼의 대리자가 사제들 가운데나 백성 가운데서 보이지 않는다. 예언자들 역시 무력하다. 그들의 예언 활동이 불법이라고 판정을 받아 이스라엘 안에서 격리당했기 때문이다. 이스라엘의 족장들처럼 예언자들은 야훼와의 '정체성 연합'을 수용했지만 사독 사제들이 야훼께서 선포하신 '새로운 일들'을 거부함으로써 그들의 사명이 갈취당한 것이다.

예언자들이 무력해졌기 때문에 야훼께서는 홀로 행동하시게 된다. 그 홀로 신적인 전사나 용사로 일하시게 된다. 그가 "열심으로 겉옷을 입으시고" 그 상황에 개입하시려고 한다. 야훼 자신이 정의로 갑옷을 입으시고, 구원의 투구를 머리에 쓰고, 복수의 옷을 입으셨다. 신적인 용사로 그는 징벌하시고 구원하시려고 오신다(이사 59:17). 하지만 그의 구원은 "새로운 언약"에 그 바탕을 둘 것이다. 그리고 59장 21절이 시사하는 대로 그 언약 안에 들어가는 모든 사람은 야훼의 영과 그의 입에 담긴 그의 말씀을 받게 될 것이다.

그 새로운 언약을 전달하기 위하여 예언자들은 60-62장에서 시적 표현을 사용한다.[10] 새로운 언약에 가담할 준비가 된 모든 사람에게 이중적 명령으로 말씀하신다: "일어나라! 빛을 발하라!" 그들에게 부활을 선언하시고 부활한 그들이 빛을 발하라는 명령이다. 야훼의 영광이 그들을 창조 첫날의 그 빛으로 변화시키실 것이다. 땅 위에 어둠이 아직 뒤덮고 있기에 그들은 "뭇 왕들이 떠오르는 그들의 빛을 보

---

10 Hanson, *The Dawn of Apocalyptic*, 46-47, 59-71.

고 그들에게 올 것이다." 마침내 야훼께서 제2이사야의 종의 시에서 선포하신 "새로운 일들"이 성취되기 시작할 것이다.

> "눈을 들어 사방을 둘러 보아라. 그들이 모두 모여 너에게로 오고 있다. 너의 아들들이 먼 곳으로부터 오며, 너의 딸들이 팔에 안겨서 올 것이다. 그 때에 이것을 보는 너의 얼굴에는 기쁨이 넘치고 흥분한 너의 가슴은 터질 듯할 것이다. 풍부한 재물이 너에게로 오며 이방 나라의 재물이 들어올 것이다. 많은 낙타들이 너의 땅을 덮을 것이며 미디안과 에바의 어린 낙타기 너의 땅을 뒤덮을 것이다. 스바의 모든 사람이 금과 유황을 가지고 와서 야훼께서 하신 일을 찬양할 것이다"(60:4-6).

우리는 여기서 통합적 도덕성에 근거하여 펼쳐지는 종말적인 광경을 본다. 새로운 언약에 참여하는 이들이 포로 생활에서 돌아와 함께 모이고 많은 다른 민족들의 풍족한 재물이 그들에게 주어진다는 것이다. 야훼와 언약을 맺은 사람들이 깨우치고 구원한 외국인들이 그들의 성을 쌓도록 지원하고 그들의 왕들이 그 사업을 관장할 것이다. 갇혀 있던 어두움과 산 죽음에서 구원해 준 정의와 빛에 감사하여 외국인들이 그들에게 값진 금과 은과 동과 철로 사례할 것이다. 제국 안에서 그들이 이루는 정의와 평화가 그들의 나라에서 겪은 모든 폭력과 살상을 끝낼 것이다. 그들의 성읍을 파괴했던 나라들이 다시 그 성읍들을 재건해 주고, 그 성벽들을 "구원"이라고 하고, 그 성문들을 "찬송"이라고 부를 것이다.

야훼의 구원이 새로운 삶의 현실이 되고 세상을 다시 구성하게 될 것이다:

"해는 더 이상 낮을 비추는 빛이 아니며 달도 더 이상 밤을 밝히는 빛이 아닐 것이다. 오직 야훼께서 너의 영원한 빛이 되시고 엘로힘께서 너의 영광이 되실 것이다. 야훼께서 몸소 너의 영원한 빛이 되시며 애곡하는 날도 끝이 날 것이므로 다시는 너의 해가 지지 않으며 다시는 너의 달이 이지러지지 않을 것이다. … 나는 야훼다. 때가 이르면 이 일을 속히 이루겠다"(60:19-20, 22하).

구원이 새로운 창조로 임하게 될 것이다. 그 같은 구원은 해가 지고 어둠이 둘리는 순환을 단번에 끝내고 밤새도록 달이 빛을 발하는 것처럼 될 것이다. 야훼께서 이스라엘의 영원한 빛이 되셔서 그들이 세상에서 그들의 사명을 완수하도록 비춰 주실 것이다. 그 같은 새로운 일이 이미 이스라엘에게 전해졌다. 이스라엘을 그 역사를 배워 깨우쳐야 한다. 그리고 그 일이 앞으로 성취될 것이다: "나는 야훼다. 내가 때가 되면 이 일을 속이 이루겠다."

이스라엘의 새로운 세계, 그 종말적 실체

제3이사야서의 한 예언자가 61장 머리에 자신을 소개한다. 그는 자신이 야훼의 영을 받아서 새로운 피조물의 선봉이 되었다고 소개한다. 그렇게 그는 61장과 62장에서 중심적인 목소리를 낸다. 그리고 60장의 오라클에서 소개된 시의 형식으로 그의 백성들에게 말한다. 사독 사제들의 신정 정치 아래서 억압을 당한 모든 이들에게 그는 "야훼의 은혜의 해"[11] 를 선포한다. 그것은 바로 "희년의 해"다. 레위기

25장에 명시되어 있다. 이스라엘 역사에 한 차례도 실시되지 않은 것이지만 그것이야말로 포로 생활에서 모국으로 귀환한 이들과 슬픔에 눈물짓던 사람들에게 치유를 안겨줄 새로운 창조의 성취와 회복에 있어서 근본적으로 요청되는 바다.

새롭게 전개될 그들의 삶 속에서 그 같은 정의 구현이야말로 "황폐해진 곳을 쌓으며 대대로 무너져 있던 곳도 세울" 수 있도록 힘을 주게 될 것이다. 그들이 세우는 새로운 성읍들은 모든 사람이 평등하고 공평하게 참여하게 되는 정치체제가 될 것이고 포용성을 가진 구조가 될 것이다. 그 새로운 도덕적 질서에 바탕을 둘 때 과거에 주변으로 밀려나고 멸시받던 바로 그 "이방인과 외국인들"이 그들의 양과 염소를 기르는 목자들이 되고, 그들의 땅을 경작하고 포도원을 가꾸게 될 것이다. "오랜 세월 동안 착취를 해 온 나라들로부터 그들은 큰 재물을 받게 되어 영화롭게 될 것이다. 그들이 받은 수치를 갑절로 보상을 받고 부끄러움을 받은 대가로 받은 몫을 영원히 기뻐하게 될 것이다."

야훼께서 그들의 장래를 그렇게 지켜 주실 희망에 가슴이 벅차서 예언자는 자신을 자제할 수가 없다. 그래서 야훼의 말씀을 잠시 중단하고 새로운 창조의 시작을 결혼이라는 은유적 표현으로 묘사한다:

"신랑에게 제사장의 관을 씌우듯이. 신부를 패물로 단장시키듯이… 야훼께서 나에게 구원의 옷을 입혀 주시고 의의 겉옷으로 둘러 주셨으니

---

11 레위기 25장에 자세하게 소개된 회년을 지시하는데 이스라엘 역사 속에서 단 한 번도 실행되지 않았다. 그런데 여기서 구원과 회복의 이념으로 이스라엘이 다시 야훼와의 언약 관계를 정의 구현으로 실현시키는 것으로 적용되었다. 그것은 당시의 경제적 정치적 여건에서 이스라엘의 예언자들이 정의 구현으로 적절한 적용이다.

내가 야훼 안에서 크게 기뻐하며 내 영혼이 엘로힘 안에서 즐거워할 것이다. 땅이 싹을 내며 동산이 거기에 뿌려진 것을 움트게 하듯이 주 야훼께서도 모든 나라 앞에서 정의와 찬송을 샘 솟아나게 할 것이다"(61: 10-11).

'많은 이들'이며 '하나'인 이 예언자는 그가 이미 새로운 창조를 경험하고 있는 것처럼 그것에 참여하고 있다. 구원을 결혼의 이미지로 은유적으로 적용하여 그 자신이 신랑과 신부가 단장한 것처럼 상상한다. 곧 의로움을 상징하는 겉옷, 관을 상징하는 화환, 영광스러움을 상징하는 보석들로 감싸게 된다는 것이다. 그가 이미 참여하고 있다고 여기는 그러한 미래를 보면서 그는 자신을 억제할 수가 없다. 이스라엘과 세상의 모든 나라들이 그러한 새로운 변화를 맞이하게 되는 새 시대 앞에서 그는 침묵할 수가 없다: "예루살렘의 정의가 불길처럼 밝게 나가고 그 구원이 횃불처럼 타오르기까지 나는 쉬지 않겠다"(이사 62:1)고 말한다.

그러나 이 새로운 창조에서 제3이사야 예언자 공동체는 더 이상 이스라엘이라고 부르지 않을 것이다: "야훼께서 지어 주신 '새 이름'으로 부르게 될 것이다." 과거의 도덕적 질서가 끝이 났기에 그 백성들을 지칭했던 이스라엘이라는 이름은 이제 취소가 될 것이다. 더 이상 그들은 그의 미래를 향하여 절름발이로 절뚝거리며 걸어간 인종/종족으로 결정된 야곱과 같지 않을 것이다.

"또한 너는 야훼의 손에 들려 있는 아름다운 면류관이 될 것이며 엘로힘의 손바닥에 놓여 있는 왕관이 될 것이다. 다시는 어느 누구도 너를 두고

'아주바'(버림받은 자)라고 하지 않을 것이며, 너의 땅을 일컬어 '쉐마마'(폐허된)라고 하지 않을 것이다. 하지만 너를 '헵시바'(내가 기뻐하는 여인)라고 부르고 너의 땅을 '뿔라'(결혼한)라고 부를 것이다. 이는 야훼께서 너를 좋아하시며 네 땅을 아내로 맞아 주는 신랑처럼 될 것이다. 너의 아들들이 결혼하고 신랑이 신부를 반기듯이 너의 엘로힘께서 너를 기뻐 맞이하실 것이다"(62:3-5).

이스라엘이라고 계속해서 불릴 성전 국가와 구별하기 위하여 새로운 창조에 참여하는 이들을 '헵시바'라고 부르고 헵시바들이 차지할 땅을 '뿔라'라고 부른다는 것이다. 그 두 단어는 이스라엘이라는 남성 명사를 여성으로 표현한 것들이다. 그래서 현재의 상황을 근본적으로 뒤바꾸는 사실을 지시한다.[12] 단 그 새로운 창조를 경험하려면 준비가 필요하다. 그러한 조건을 강조하려고 예언자는 이중적 명령을 사용한다:

"나아가거라, 성밖으로 나아가거라! 백성들이 올 길을 만들어라! 닦아라, 큰길을 닦아라. 돌들을 없애라! 백성들이 볼 수 있도록 깃발을 올려라!"(62:10)

이사야 57장 14절에서 명한 바를 여기서 되풀이한다. 그 목적은 새로운 창조가 시작할 구원의 실현에 있다. 따라서 종의 공동체는 야훼께서 땅끝까지 선포하시는 기쁜 소식을 들어야 한다: "보아라, 너의

---

12 Brueggemann, *Isaiah 40-66*, 219; Berges, *The Book of Isaiah*, 429-431는 이에 대한 해석을 주지 않는다.

구원자가 오신다. 그가 구원한 백성을 데리고 오신다. 그가 찾은 백성을 앞장세우고 오신다." '헵시바'라는 여성명사를 사용하였기 때문에 종의 공동체를 "시온의 딸"이라고 부른다. 그리고 야훼가 구원하신 그 시온의 딸에게 속한 사람들은 "사랑하신 도성, 버리지 않은 도성"에 살게 될 것이다. 그들은 그 도성의 문들을 지나 야훼께서 버리시지 않은 예루살렘으로 가는 큰길을 돌들을 치워 만들어 세상 사람들이 올 길을 만들 것이다.

분리의 도덕적 질서에 대한 심판

야훼의 구원이 실현되기 위해서는 그의 원수들, 곧 이스라엘의 대적자들인 제국들이 멸망해야 한다. 그러한 목표를 향하여 예언자들은 일련의 질문을 제기한다:

"에돔으로부터 오는 이분은 누구인가? 붉게 물든 옷을 입고 보스라에서 오는 이분은 누구인가? 화려한 옷차림으로 권세 당당하게 걸어오시는 이분은 누구이신가? '내가 그이다. 정의를 말하고 구원의 권능을 말한다.' 어찌하여 당신의 옷이 붉으며 포도주 틀을 밟은 사람의 옷과 같습니까?"(63:1-2)

에돔으로부터 야훼께서 용사로 오신다. 그는 세상에서 야훼의 원수를 대표하는 나라로부터 걸어 오신다.[13] "야훼께서는 에돔의 수도인 보스라로부터 걸어 나오신다. 거기에서 이미 그가 무찌르신 원수들의 피가 그의 옷을 붉게 물들인 것이다."[14]그가 정복당한 자기 백성들과 그 제국에게 희생당한 다른 민족들을 대신하여 복수하기 위해서 오신다. 마치 포도를 수확하여 발로 으깨듯이 분노의 손길로 적들을 쳐서 그의 옷이 피로 붉게 물들게 되었다.

> "나는 혼자서 포도주 틀을 밟듯이 민족들을 짓밟았다. 민족들 가운데서 나를 도와 함께 일한 자가 아무도 없었다. 내가 분내어 민족들을 짓밟았고 내가 격하여 그들을 짓밟았다. 그들의 피가 내 옷에 튀어 내 옷이 온통 피로 물들었다. 복수할 날이 다가왔고 구원의 해가 이르렀다는 생각이 들었으나 아무리 살펴보아도 나를 도와서 나와 함께 일할 사람이 없었다. 나를 거들어 주는 사람이 없다니 놀라운 일이었다. 그러나 분노가 나를 강하게 하였고 나 혼자서 승리를 쟁취하였다"(63:3-6).

이것은 지난 옛적 그 창조의 도덕적 질서에 대한 심판이다. 그 같은 심판을 위해서 이제는 바빌론을 정복한 고레스와 같은 메시아의 도움을 필요로 하지 않는다. 야훼 혼자서 포도주 틀을 밟듯이 행하신다. 인간의 협조가 배제된다. 인간들이 악을 영구화하고 불의를 계속하여 그들의 삶에 원인과 결과의 악순환 속에 갇혀 있기 때문에 그들의 인간적인 노력으로는 그 일이 불가능하다. 야훼께서는 그의 원수들의 운명을 그들 스스로의 손에 맡기신다.

---

13 Hanson, *The Dawn of Apocalypse*, 206. 에돔이 야훼의 적대 나라를 상징하게 된 것은 이스라엘의 역사 초기에서부터 시작되었다고 설명한다. 참조. 예렘 44:7-22; 오바, 에스겔 35:1-15.

14 히브리어 명사의 어근인 '보스라'는 '밧시르'라는 말과 언어 장난을 한 것인데, "지난 영광"이라는 뜻이다.

그가 택하신 사독 사제들의 신정 정치 아래에 있는 이스라엘 역시 그의 심판을 받아야 한다. 그들도 법을 어겼다. 그들은 시내산의 언약을 파기하고 계명들을 지키지 않았다. 그래서 야훼께서 그들의 원수가 되신 것이다. 제3이사야의 한 예언자가 야훼의 탄식에 함께 동조하면서 한 백성을 택하고 그 자신을 그들에게 바치시는 사실을 조명한다:

"야훼께서 이르시기를 '그들은 나의 백성이며 그들은 나를 속이지 않는 자녀들이다' 하셨습니다. 그런 다음에 그들의 구원자가 되어 주셨습니다. 그들이 고난 받을 때에 사자나 천사를 보내서서 그들을 구하게 하시지 않고 그가 친히 사랑과 긍휼로 그들을 구하여 주시고 옛적 오랜 세월 동안 그들을 치켜들고 안아 주셨습니다"(63:8-9).

이 내용은 이사야 52장 13절-53장 12절의 네 번째 종의 시에서 예언자가 포로 생활을 함께하는 동료 이스라엘 백성과 자신을 동일시하고 그들 대신 고난을 당한다고 한 내용을 잘 반영한다. 여기서는 야훼 자신이 그의 사랑과 긍휼로 잘못한 자녀들을 돌보신다는 것이다: "그들이 당한 모든 고난을 그가 당하셨다." 그의 은총과 자비가 그의 "변함없는 사랑"으로 입증되었다. 하지만 그의 자녀들은 그의 한이 없는 신뢰를 외면하고 그와의 언약 관계를 더럽혔다.

"그러나 그들은 반역하고 그의 거룩하신 영을 근심하게 하였다. 그러므로 그는 도리어 그들의 대적이 되어서 친히 그들과 싸우셨다. 그들은 지난 날 곧 그의 종 모세의 날들을 기억하였다"(63: 10-11상).

현재 이스라엘의 신정 정치와의 깨어진 관계 안에서 야훼께서는 그들과의 관계를 수립했던 그 처음으로 돌아가신다. 그의 종 모세를 기억하시며 이스라엘을 이집트에서 용사로서 구출했던 그때의 일을 회상하신다.

"그의 백성 곧 양 떼의 목자들을 바다로부터 올라오게 하신 그 분이 이제는 어디에 계시는가? 그들에게 그의 거룩한 영을 넣어 주신 그 분이 이제는 어디에 계시는가? 그의 영광스러운 팔로 모세를 시켜서 오른손으로 그를 이끌게 하시며 그들 앞에서 물을 갈라지게 하셔서 그의 이름을 영원히 빛나게 하신 그 분이 이제는 어디에 계시는가? 말이 광야에서 달리듯이 그들을 깊은 바다로 걸어가게 하신 분이 지금은 어디에 계시는가? 야훼의 영이 그들을 마치 골짜기로 내려가는 가축 떼처럼 편히 쉬게 하시지 않았던가? 그렇게 당신께서는 당신의 백성을 인도하셔서 당신의 이름을 영광스럽게 하셨습니다"(63:11하-14).

이것이 신적인 용사로서 야훼께서 하시는 일이다. 그러한 목적을 언제나 야훼께서 선언하시고 행하신다. 하지만 모세처럼 창조 때 만든 사람들이 가졌던 '정체성 결합' 안에서만 그렇게 하신다. 모세와 함께 야훼께서는 이스라엘을 노예 생활에서 구출해 내시어 홍해를 건너 광야를 거쳐 약속의 땅으로 인도하셨다.

그런데 지금 그 신적인 용사는 어디에 계신다는 말인가? 사독 사제들의 성전 국가의 시기에 "그의 변함없는 사랑"은 어찌 되었다는 말인가? 야훼께서 지금 다시 상호 신뢰로 그의 자녀들에게 다가오실 수 없을까? 그들의 고립과 무능을 직관하며 예언자들은 야훼께 호소한다.

"하늘로부터 굽어 살펴 주십시오. 당신이 계신 거룩하고 영화로운 곳에서 굽어보아 주십시오. 당신의 열성과 권능이 이제 어디에 있습니까? 당신의 자비와 긍휼이 그쳤습니다"(63:15).

아버지로서의 야훼 그리고 율법을 초월한 정의 수립

다시 제2이사야의 네 번째 종의 시를 연상하며 예언자는 신적인 용사로서 이집트 노예 생활에서 이스라엘을 구출하신 야훼께서 하신 과거의 역할을 신명기 법전의 호혜성을 취소하는 파격적인 관계로 전환시킨다. 예언자는 처음으로 야훼를 "우리의 아버지"라고 부르며 호소한다. 히브리성서에서 야훼를 아버지라고 부른 것이 15차례 나오는데, 여기서 두 번이나 그 이름이 사용되었다. 바로 63장 16절과 64장 8절 두 군데이다.

"당신은 우리의 '아버지'이십니다. 아브라함은 우리를 모르고 이스라엘이 우리를 인정하지 않습니다. 오직 당신, 우리의 아버지 야훼만이 당신의 이름이 예로부터 우리의 속량자이십니다"(63:16).

이사야적 예언자들이 아브라함-이스라엘에 연루된 부자(父子) 관계에서 배제되었기에 이스라엘의 신정 정치에서 그들은 설 자리를 잃었다. 에스겔의 환상을 성취했다고 믿은 사독 사제들의 신정 정치가 예언자들을 배격하고 그들의 역할을 중단시킨 것이다. 사제들이 예언을 불법으로 규정하였다. 사독 사제들이 구성한 힘의 재구성은 계속되는 이스라엘의 역사 속에서 예언자들이 야훼의 말씀과 뜻을 해석하는 역할을 못 하게 금지시켰다.[15] 제3이사야의 예언자들이 아브라함이 그들의 아버지가 아니게 된 정황에서 야훼와 '아버지-아들'의 관계를 가진다고 발견한 것은 아이러니가 아닐 수 없다. 그러나 그들이 성전 국가로부터 고립되고 그들의 사명을 수행할 수 없게 된 상황에서 그들은 그렇게 된 연유를 야훼께 하소연 한다: "야훼여, 어찌하여 우리를 당신의 길에서 벗어나게 하시며 우리의 마음을 굳어지게 하셔서 당신을 경외하지 않게 하십니까?(63:17상)

그들의 불행한 처지의 근원은 에스겔의 환상을 성취시킨 사독 사제들이 두 율법법전을 병합한 이념으로 예언자들이 추구하는 "야훼의 길들"을 결정한 데 있다. 따라서 이 신정 정치 안에서는 예언자들이 이룬 종의 공동체가 설 자리가 없게 된 것이다. 63장 18절에서 자신들을 아이로니컬하게도 "당신의 거룩한 백성"이라고 불러 사독 사제들의 신정 정치 세력과 구별한다. 그들은 정의를 실천하여 자신들의 거룩함을 확보한다. 하지만 정의를 실천하는 일은 계속적으로 바뀌고 있는 역사적 현실과의 관계 속에서 율법을 해석하도록 하나님께서 힘을 주셔야만 가능하다. 따라서 지금의 성전 국가와 제국에 종속 당한 현실 정황에서는 사제들이 적용하는 율법을 초월하여 야훼께서 요구하시는 정의를 세우는 일이 더 중요하다. 어쩌면 바로 그런 이유 때문에 사독 사제들이 예언자들의 활동을 중지시켰을 것이다. 그들이 수행해야 할 사명이 차단당하고 성전 국가로부터 소외당하여서 그들은 사독 사제들이 지정하고 부여하는 그 "야훼의 길들"로부터 벗어날 수

---

15 참조. Burridge, *New Heaven and New Earth*, 6-7.

밖에 없게 된다. 따라서 야훼의 종들로서 그들의 마음은 돌처럼 굳어져서 야훼를 더 이상 두려워하지 않게 된다. 그와 같은 소외와 박탈된 현실에서 예언자들은 비정상에 가까운 호소를 한다.

절망에 가까운 그들의 현실에서 야훼께 호소한다: "당신의 종들 곧 당신의 유산인 이 지파들을 보셔서라도 돌아와 주십시오!" 그러나 야훼께서 무엇으로 돌아오셔야 한다는 말인가? 예언자는 "당신의 거룩한 백성이 잠시 성소를 차지하였으나"라는 애매모호한 말을 한다. 그것이 구체적으로 무슨 말인지 설명하지 않는다.16 그리 멀지 않은 과거에 일어난 무슨 사건을 지시하는 것 같다. 하지만 그 사건을 사독 사제들이 제거한 것으로 보인다. 그래서 예언자는 "그러나 우리의 원수들이 당신의 성소를 짓밟았습니다"라고 서술한다. 이스라엘 재건을 독점하고 페르시아제국의 관리들의 지지를 받아 사독 사제들의 성전 국가를 세워 성소를 짓밟는 결과를 초래했다는 것이다.

따라서 이스라엘에게서 배척받은 예언자들은 그 사독 사제들의 신정 정치를 거부하면서 현재의 위기 상황을 말한다: "우리는 오래전부터 당신의 다스림을 전혀 받지 못하는 자같이 되었으며 당신의 이름을 부르지 못하는 자같이 되었습니다"(63:19).

그들은 자신들의 처지가 시내산 이전 이스라엘이 야훼와 언약 관계를 가지지 않아 아직 그의 백성이 되지 못했던 그 시절과 같다고 여긴다. 야훼께서 그들에게 그의 이름을 말씀하지 않고 그의 택한 백성이라고 말씀하시지 않았다고 여긴다. 야훼가 그들의 왕이 아니시고 그의 지배와 보호 아래 그들이 있지 않다고 생각한다.

---

16 Hanson, *The Dawn of Apocalyptic*, 95는 사독파들의 주요 표적이 레위인들이라고 잘못 설명한다.

그러한 '비존재'의 상황에서 예언자들은 시내산 언약으로 만들어진 '존재성'을 회복하기를 원한다. 전혀 새로운 언약으로 말이다. 그들이 야훼와 가질 언약의 관계는 정치적으로나 윤리적으로 화해를 가져다 주고, 그에 속한 모든 사람을 포용하고 평등하게 하는 구원의 과정이 되어야 한다. 그것은 이사야 52-53장의 야훼의 고난받은 종의 희생적 죽음으로 취소시킨 신명기 법전의 폐기로 구현해야 한다. 새로운 출애굽이 필요하다! 사독 사제들의 신정 정치 아래 현재의 상황은 마치 이집트에 속박된 이스라엘과 같기 때문이다.

"하늘이 갈라지는" 새로운 역사 속으로

그러므로 예언자들은 그들의 현존재 양식에 단 한 가지 대안으로 야훼께서 한번 다시 용사로서 역사에 개입하시라고 호소하기로 결의한다.

> "오, 당신께서 하늘을 가르시고 내려오시면 산들이 당신 앞에서 흔들릴 것입니다. 마치 불이 섶을 사르듯, 불이 물을 끓이듯 할 것입니다. 당신의 대적들에게 당신의 이름을 알게 하시고 이방 나라들이 당신 앞에서 떨게 하여 주십시오"(64:1-2).[17]

야훼께서 선언하신 새로운 언약을 수립하기 위하여 예언자들은

---

17 히브리 원문에는 이사 64:1이 63:19하가 되고, 64:2가 64:1이 된다.

야훼께 이스라엘 역사에 개입하셔서 시내산에서 맺었던 언약으로 갱신해 달라고 간구한다. 그들은 야훼께서 그의 이름을 사독 사제들과 성전 국가로 그들을 따라 추종한 자들에게 알게 하시기를 원한다. 그러나 부정하다고 밀어낸 이방 나라들도 그 언약에 포함되기를 원한다. 시내산에 있던 이스라엘 족속들처럼 이방 나라 민족들도 야훼의 임재를 경험하고 그의 놀라운 행위를 증거하며 떨게 되기를 원한다. 시내산의 언약 사건이 있은 지 수 세기가 지났지만, 그런 일은 예로부터 아무도 귀로 듣거나 눈으로 본 적이 없었다. 그래서 "자기를 기다리는 자들에게" 야훼께서 그런 놀라운 일을 행하신 것이다. 바로 이제 새로운 언약이 이스라엘에게 필요하다. 그러나 그 새 언약은 세계성을 가져야 한다. 그래서 이방 나라들을 포함시켜야 한다.

　성전 국가로서 이스라엘은 지금 갈림길에 서 있다. 신정 정치 아래에도 야훼께서 성전의 보좌에 앉아 계신다. 그리고 이스라엘은 야훼의 의뢰인들이 되고, 야훼는 이스라엘의 보호자가 되며, 사제들은 그 중재자들이다. 예언자들은 사제들처럼 중재자가 될 수 없다. 그들은 야훼와 직접 상호 신뢰의 관계를 가지기 때문이다. 63장 17절에서 시인한 것처럼 사독 사제들의 구원 과정에서 예언자들은 야훼의 길들로부터 이탈할 수밖에 없다. 그래서 야훼께서 그들에게 분노하시게 되었다고 믿는다.

> "당신은 정의를 기쁘게 실천하는 사람과 당신의 길들을 기억하는 사람을 '파그타'(마주침) 하십니다. [그러나] 보십시오. 당신께서 진노하시고 우리는 죄를 지었습니다. 당신께서 숨으셨으므로 우리가 죄를 지은 것입니다"(64:5).

히브리어 동사 '파그타'는 그 뜻이 모호하다. "친절하게 만나다"는 뜻도 있고 "적대적으로 만나다"는 뜻도 있다. 아마도 예언자들의 불확실한 상태를 시사하기 위하여 일부러 그런 모호한 표현을 사용한 것 같다. 아이로니컬한 순간이다! 그들은 기쁨으로 의로운 일을 하여 왔다. 그리고 "구원을 받기 위하여 언제나 그렇게 하여 왔다." 그러나 그들은 성전 국가의 인종적으로 구원을 결정하는 그 상황을 언제까지 그리고 어디까지 참고 견뎌야 하는지 고민한다. 그리고 그들의 그에 대한 불복을 시인한다.

> "우리는 모두 부정한 자와 같고 우리의 모든 의는 더러운 옷과 같습니다. 우리는 모두 나뭇잎처럼 시들었으니 우리의 죄악이 바람처럼 우리를 휘몰아칩니다. 아무도 당신의 이름을 부르지 않습니다. 당신을 굳게 의지하려고 분발하는 사람도 없습니다. 그러기에 당신께서 우리에게서 얼굴을 숨기셨고 우리 죄의 탓으로 우리를 소멸시키셨습니다"(64: 6-7).

그들의 비참한 현실이 그들로 하여금 자신들의 부정함을 시인하게 한다. 그리고 거기에 사제들까지 포함시킨다. 성전 예식이 어떤 구원 과정을 제공하든 간에 그들의 죄는 "우리들을 시들어 버린 나뭇잎" 처럼 만드는 질병일 뿐이다. 그들의 악함이 자유를 박탈하고 원인과 결과의 악순환 속에 가두어 버린다. 그러한 불구 상태에서 야훼께 구원을 요청할 수가 없게 된다. 그의 얼굴을 숨기셨기 때문이다. 그래서 모두가 자신들이 저지른 죄의 결과를 맛보게 된다.

그 같은 서글픈 상황에서 예언자들은 야훼와의 부자 관계를 상기시켜서 "오, 당신 야훼는 우리의 아버지이십니다. 우리는 진흙이며 당신은 우리를 빚으신 분이십니다"라고 시인한다. 야훼를 아버지라고 인정하면서 자신들을 진흙이라고 말하는 것은 그들이 그의 피조물임을 인정하는 것이다. 하지만 그 이상의 의미를 가진다. 자신들을 "진흙"이라고 말함으로써 그들은 야훼께서 토기장이처럼 그들을 새로운 사람으로 빚어 주시도록 내맡기겠다는 의지를 표명한다. 그들의 간구는 바로 창세기 2장 7절의 '하-아담'(사람)의 창조일 뿐이다.

새 창조의 언약

그러므로 이제 야훼께서는 더 이상 그들에게서 얼굴을 숨기시지 않아야 한다. 그들은 야훼께서 "극도로 노하시거나" 그들의 "죄를 기억하지 않으시기를" 간구한다. 그들이 야훼와 새로운 관계를 가지게 되면 그들만이 아니라 사독 사제들까지도 포용하기를 원한다. 그리고 야훼께서 그의 백성으로서 바빌론이 유다를 패망시킨 고통스러웠던 날들을 기억해 주시기를 간구한다. 성읍들이 광야로 변하고 예루살렘이 황폐해졌으며 성전이 불에 타서 초토화된 일들을 기억해 주시라고 한다. "오 야훼여, 형편이 이런데도 당신께서는 가만히 계시렵니까? 그렇게 잠잠히 계셔서 우리가 극심한 고통을 받도록 하시렵니까?"라고 예언자는 묻는다.

그의 물음에 대한 답변으로 야훼께서는 그가 언제나 구하는 자들에게 응답할 준비가 되어 있으시다고 말씀하신다:

"나는 응답할 준비를 하고 있었지만 아직도 내게 요청하지 않았다. 누구
든지 나를 찾으면 언제든지 만나려고 준비를 하고 있었지만 아무도 나
를 찾지 않았다. 내 이름을 부르지도 않던 나라에게 나는 '나 여기 있다.
나 여기 있다' 하고 말하였다. 제멋대로 가며 악한 길로 가는 반역하는
저 백성을 맞이하려고 내가 종일 팔을 벌리고 있었다. 이 백성은 동산에
서 우상에게 제사하며 벽돌 제단 위에 분향하여 내 앞에서 늘 나를 분노
하게 만드는 백성이다. 그들은 밤마다 무덤 사이로 다니면서 죽은 자의
영들에게 물어 본다. 돼지고기를 먹으며 이방 제삿상에 올랐던 고기 국
물을 마신다"(65:1하-3상).

그들이 이방신을 섬긴 데 대한 응징이 있어야 한다. 그래서 야훼께
서는 "내가 조용히 있지 않겠다. 나를 모독한 죄악과 그 조상의 죄악을
모두 보응하겠다"라고 말씀하신다. 그러나 익명의 포도주 상인이 "포
도송이에 신포도 알이 몇 개 있다고 하여 그 포도송이를 모두 버리지
는 말라"고 한다. "그 안에 복이 들어 있다"는 것이다.

"그래서 나의 종들을 생각하여 그들을 모두 멸하지는 않겠다. 내가 야곱
으로부터 자손이 나오게 하며, 유다로부터 내 산을 유업으로 얻을 자들
이 나오게 하겠다. 내가 택한 사람들이 그것을 유업으로 얻으며 내 '종
들'이 거기에 살 것이다"(65:8하-9).

야훼께서 사독 사제들이 그의 왕권으로부터 떨어져 나간 것을 통
렬하게 비난하시면서 '하나'이면서 '많은' 그의 종을 인정하시고 그들
에게 미래를 보장하신다. 하지만 그 일은 성전 국가의 신정 정치로부

터 그들을 구별시키기 위하여 그가 새롭게 주시는 다른 이름 아래 이루어질 것이다.

> "그러므로 아도나이 야훼께서 말씀하신다: '보아라. 내 종들은 먹겠지만, 너희는 굶을 것이다. 내 종들은 마시겠지만 너희는 목이 마를 것이다. 내 종들은 기뻐하겠지만 너희는 수치를 당할 것이다. 내 종들은 마음이 즐거워 노래를 부르겠지만 너희는 마음이 아파 울부짖으며 속이 상하여 통곡할 것이다. 너희의 이름은 내가 택한 백성이 저주할 거리로 남을 것이다.' 아도나이 야훼께서 너희를 죽게 하실지어다! 그러나 그가 그의 종들은 다른 이름으로 부르실 것이다"(65:13-15).

야훼께서 부르셨을 때 응답하지 않았던 자들과 그의 언약을 배반하고 그 앞에서 악을 행한 자들은 그들의 행동들이 가져다 주는 대가를 받게 될 것이다.

그들은 야훼께서 하늘을 여시고 내려오시어 예전의 분리의 도덕적 질서를 끝장내실 때 응징을 받게 될 것이다. 이스라엘은 야훼의 종들에게 저주받은 이름으로 남게 될 것이다. 그러나 야훼의 종들은 앞서 62장 4절에서 선포된 것처럼 새로운 이름을 얻게 될 것이다.

그 새로운 이름 아래 새로운 땅에서 '아멘'의 엘로힘, 진리와 신실하신 엘로힘께서 주시는 복을 누리게 될 것이다. 옛것은 이제 야훼 앞에서 잊혀지거나 숨겨지게 된다. 야훼께서는 그 절정을 이렇게 선언하신다:

> "보아라. 내가 새 하늘과 새 땅을 창조한다. 이전 것은 기억되거나 마음

에 떠오르거나 하지 않을 것이다"(65:17).

이것이야말로 야훼께서 바빌론 포로 때 예고하신 "새로운 일들"의 절정이다. 그리고 그것은 새로운 창조의 시작이고 모든 죄의 질병이 사라지는 지상에서 펼쳐지는 현실이다. 우는 소리나 곡하는 소리가 더 이상 들리지 않을 것이다. 상해하고 불행스럽게 하는 것과 수명을 다 채우지 못하고 죽는 일들이 말끔히 제거되었기 때문이다.

"그 안에서 다시는 울음소리와 울부짖는 소리가 들리지 않을 것이다. 거기에는 몇 달 살지 못하고 죽는 아이가 없을 것이며, 수명을 다 채우지 못하는 노인도 없을 것이다. 백 살에 죽는 사람을 젊은이라고 할 것이며 백 살을 채우지 못하는 사람을 저주받은 자로 여길 것이다"(65:19하-20).

경제적 피폐나 사회적 불평등과 정치적 억압이 끝나고 정의와 평화가 삶을 풍요하게 할 것이다:

"집을 지은 사람들이 자기가 지은 집에 들어가 살 것이며, 포도나무를 심은 사람들이 자기가 기른 나무의 열매를 먹을 것이다. 자기가 지은 집에 다른 사람이 들어가 살지 않을 것이며 자기가 심은 것을 다른 사람이 먹지 않을 것이다. 나의 백성은 나무처럼 오래 살겠고 그들이 수고하여 번 것을 오래오래 누릴 것이다. 그들은 헛되이 수고하지 않으며, 그들이 낳은 자식은 재난을 당하지 않을 것이다. 그들은 야훼께 복 받은 자손이며 그들의 자손도 그들과 같이 복을 받을 것이다. 그들이 부르기 전에 내가 응답하며 그들이 말을 마치기도 전에 내가 들어 주겠다"(65:21-24).

이 통합의 도덕적 질서에 사는 모든 사람에게 야훼는 언제나 함께 하시고 그의 영이 그들과 함께 거하시어 그를 부르고 찾을 때 즉각 응답하신다는 것이다. 또 그들이 말을 시작하기도 전에 그들의 말에 응답하신다는 것이다.

제3이사야의 예언자들은 새 하늘과 새 땅의 창조가 임박했다는 야훼의 선언을 11장 6-9절에서 기대한 내용을 요약하여 제시한다. 이 새 이스라엘은 야곱의 뿌리에서 나오는 가지가 보여 주는 성격을 가진다.

"'이리와 어린 양이 함께 풀을 먹으며 사자가 소처럼 여물을 먹으며 뱀이 흙을 먹이로 삼을 것이다. 나의 거룩한 산에서는 서로 해치거나 상하게 하는 일이 전혀 없을 것이다.' 이는 야훼의 말씀이다"(65:25).[18]

11장 6-9절에서처럼 맹수와 먹이동물 사이의 관계 변화는 새 하늘과 새 땅의 창조를 전제로 한다. 그것이 66장 22절에서 다시 강조된다:

"내가 지을 새 하늘과 새 땅이 내 앞에 늘 있듯이 너희 자손과 너희 이름이 늘 있을 것이다. 야훼의 말씀이시다. 매달 초하루와 안식일마다 모든 사람이 내 앞에 경배하려고 나올 것이다. 야훼의 말씀이시다"(66: 22-23).

---

18 11:6-7과 65:25절의 맹수들과 다른 초식동물들의 대립적 묘사는 유다 묵시 사상에서 기원한 것이라고 볼 수 있다. 다니 7:4-6에서도 그 예를 본다. 맹수들은 이스라엘을 억압하고 착취한 제국들을 상징한다. 에녹1서 85-90도 보라.

그렇지만 새 하늘과 새 땅이라고 해서 죽음의 실체를 배제하지는 않는다. 이사야서의 마지막 구절은 1장 2-31절과 흡사하게 예언자의 윤리적 이원론을 재삼 강조한다:

"그들이 나가서 나를 거역한 자들의 시체를 볼 것이다. 그들을 먹는 벌레가 죽지 않으며 그들을 삼키는 불도 꺼지지 않을 것이니, 모든 '육신들이'[19] 그들을 보고 소름이 끼칠 것이다"(66:24).

새 하늘과 새 땅의 새로운 창조와 그 통합적 도덕적 질서에 참여하는 "모든 육신"은 분리의 도덕적 질서에서 헤어나지 못하고 여전히 배반하는 자들이 죽지 않는 벌레가 그들의 육체를 먹고 그들을 삼키는 불도 꺼지지 않는 영원한 죽음을 당하는 것을 보고 소름이 끼치게 된다는 것이다.[20]

---

19 표준새번역은 "모든 사람이"로 번역했다.

20 Brueggemann, *Isaiah 40-66*, 260은 "… 논쟁적 끝이 끝나지 않았다"라고 설명한다. 그것은 유대교로부터 오늘의 기독교 교회에까지 계속되고 있다. 그 까닭은 창세기 2장의 창조 신화에서 시작된 존재론이 상실되었기 때문이다. Berges, *The Book of Isaiah*, 500은 이 끝을 '아포칼립틱' 첨가라고 보지 않는다.

제4부

새하늘 새땅의 비전

— 중간기 묵시문헌

22장 파수꾼들의 책: 에녹1서 1권
23장 신정 정치 이스라엘의 몰락: 다니엘서의 배경
24장 다니엘의 묵시
25장 납달리의 언약[유언]

22장

파수꾼들의 책: 에녹1서 1권

제1이사야 24-26(7)장에 바탕을 둔 이사야의 묵시가 신들과 그 대리인들인 "지상의 왕들"이 징벌받게 되는 것을 예고했다. 그것은 그들이 계속해서 땅으로부터 하늘을 격리시키고 다른 민족들을 정복하여 약탈을 일삼는 제국들을 형성하고 있었기 때문이다.

> "그 날이 오면 야훼께서 위로는 '하늘에 있는 하늘의 주인들'[1] 을 벌하시고 아래로는 땅에 있는 세상의 군왕들을 벌하실 것이다. 군왕들을 토굴 속에 모으시고 오랫동안 감옥에 가두어 두셨다가 처형하실 것이다"(이사 24:21-22).

"하늘에 있는 하늘의 주인들"은 신적 협의회의 신들인가? 신명기 32:8-9에 의하면 엘로힘께서 원래 '신들'(엘로힘)의 수에 따라서 민족들의 경계를 설정하고 이스라엘을 자기의 "몫"으로 삼고 "야곱을 자기

---

1 표준 한글성경은 "위로는 하늘의 '군대를'"이라고 번역했다.

유산"으로 만드셨다. 그에 따라서 엘로힘께서는 이스라엘을 전적으로
자기의 민족으로 인정하시고 다른 신적 협의회의 '신들'(엘로힘)은 엘
로힘의 대사들로서 그들이 대표하는 각 군왕과 그들의 왕국이 진리와
정의를 수행하게 가르치도록 하였다. 엘로힘의 몫인 이스라엘이 내부
적으로 불의를 행하고 그들의 왕권이 엘로힘께 반역을 저질러 두 개
의 왕국으로 분열하게 되었다. 그리고 그 두 왕국은 마침내 앗시리아
와 바빌론에 의하여 패망하게 되었던 것이다. 그러면 엘로힘께서 다
른 신적 협의회의 신들에게 지정하신 그 일들이 가져온 결과는 무엇
인가?2 그들이 그들의 대리자들인 세상의 군왕들과 그들의 왕국에서
하나님의 정의를 실천하도록 가르치는 일이 어디까지 성취하였나?

시편 58편이 그 문제를 직접적으로 제기한다:

"너희의 신처럼 높임 받는 통치자들아 너희가 정말 올바르게 판결을 내
리느냐? 너희가 공정하게 사람을 재판하느냐? 그렇지 않구나! 너희가
마음으로는 불의를 꾸미고 손으로는 이 땅에서 폭력을 일삼고 있구나."

시편 82편은 엘로힘께서 신적 협의회를 여시고 '신들'(엘로힘)을 심
문하시는 것으로 묘사한다: "언제까지 너희는 공정하지 않은 재판을
되풀이하려느냐? 언제까지 너희는 악인의 편을 들려느냐?" 엘로힘은
그들의 신성을 인정하신다. 하지만 그들을 질책하고 정죄하신다.

---

2 참조. 시편 29:1; 95:3; 97:7; 103:21; 138:1; 148:1-6; 이사 24:21. Walter Wink, *Unmasking
the Powers: The Invisible Forces That Determine Human Existence. The Powers: Vol
Two* (Philadelphia: Fortress Press, 1986), 110-111.

"너희는 모두 신들이고 '가장 높으신 분'의 자식들이지만 너희도 사람처럼 죽을 것이고 여느 군주처럼 쓰러질 것이다"(시편 82:6-7).

에녹1서 제1권의 묵시에서 하늘의 신들은 그들의 혼혈(混血)과 땅을 피폐하게 한 죄로 응징을 받아 무서운 무저갱에 떨어지게 된다.3
　그 역사적 맥락이 무엇인지 언급되지 않았지만 한 가지를 유추할 수 있다. 곧 프톨레미 2세가 이집트를 지배할 때의 정황에서 이 책이 쓰여졌다고 할 수 있다. 이집트를 지배하게 된 마게도니아의 프톨레미 소디 1세의 아들인 프톨레미 2세는 자신을 '암몬라'의 아들이라고 선언하고 이집트 전역의 신전에 그의 동상을 세우고 신처럼 숭배하게 하였다. 그렇게 하여 다른 신들 가운데 자기 자신의 입지를 확보하였다.4
　농경사회의 다른 왕들처럼 프톨레미 2세도 자신을 이집트의 모든 것을 소유했다고 생각하였다. 화육한 신이며 국가의 화신으로 그는 자신을 '빌라델푸스'라고 부르고 그 이름 아래 이집트 위에 절대적인 군주로 군림하였다. 그리고 그의 권세는 팔레스틴까지 뻗쳤다. 이집

---

3 에녹1서 제1권은 에녹1서의 다섯 권 중에서 두 번째로 오래된 책이다. 모두 36장으로 된 원본은 고대 에티오피아어인 '게에즈'로 보존되어 있다. 그러나 그것은 원래 아람어 사본의 헬라어역을 번역한 것이다. *1 Enoch 1: A Commentary on the Book of 1 Enoch*, Chapters 1-36, 81-108, by George W. E. Nickelsburg (Minneapolis: Fortress Press, 2001), 7-9. 사해문서 속에서 상당수의 아람어 단편이 발견되고 헬라어 단편들도 발견되었다. 참조. J. T. Milk, *The Books of Enoch: Aramaic Fragments of Qumran Cave 4* (Oxford: Clarendon Press, 1976). 하지만 그 단편들의 시기에 대하여는 논란이 많다.

4 M. Rostovtzeff, *The Social and Economic History of the Hellenistic World* I (Oxfprd: at the Clarendon Press, 1967), 267; Josephus, *Ant.*Xii, 2-11; Didorus Siculus xviii, 43-73; xix, 55-59, 79; *Loeb Classical Library*, trans Russel M. Geer (Cambridge: Harvard University Press, 1969).

트는 물론이고 그가 식민령으로 삼은 팔레스틴까지 그는 농업자본주의를 확장시켰다. 유대인들에게 부과된 지나친 정치 경제적 부담은 사독 사제들의 신정 정치 아래에서 지하로 들어가서 활동하던 예언자들의 반응을 불러일으키게 되었다.

하지만 그 스스로 신격화한 왕이 실시한 농업자본주의의 착취가 이 심판의 책에 언급되지는 않았다. 다만 프톨레미 왕조의 착취와 그의 백성들에게 부과한 정치경제적 제도 그리고 팔레스틴을 점령하면서 시작된 억압적인 식민화는 예언자들에게 경각심을 불러일으키고 하늘의 신적 협의회의 신들과 그 대리자 왕들 간의 '정체성 결연'을 타도하게 하였다.

그들이 보고 경험한 바를 지하 예언자들은 창세기 6장 1-4절에 나온 '네피림'의 귀환이라고 해석하였다. 그 규모가 비할 데 없이 커서 예언자들은 창세기 6장의 사건을 훨씬 더 확대한다. 그들을 "큰 거인" 신적 협의회의 신들의 "자식들"이라고 표현하고 그들의 키가 4천5백 피트에 달하는 "삼천 큐빗"이라고 표현한다.

> "그들(지배자들)과 다른 모두(2백 명의 파수꾼)가 그들이 원하는 대로 아내를 취하였다. 그리고 모두 함께 동거하며 그들을 더럽혔다. 그들에게 마법을 가르치고 나무뿌리와 풀뿌리를 자르는 법을 가르쳤다. 그들이 임신하여 '키가 삼백 큐빗이나 되는 큰 거인들'을 낳았다"(에녹1서 7:1-2상).

"큰 거인들"은 "파수꾼들"이 "사람의 아름다운 딸들"을 임신시켜서 낳은 사생아들이다.

"인간의 자녀들이 수가 많아지면서 그들에게 잘생기고 아릿다운 딸들
을 낳았다. 하늘의 자식들인 파수꾼들이 땅위의 아름다운 인간의 딸들
을 탐욕스럽게 바라보고 서로에게 말하였다: '오라. 저 땅 위의 딸들을
우리의 아내로 삼아 자식을 낳도록 하자'고 하였다. 그들의 대표인 '셈
하자'가 그들에게 말하기를, '두렵건대 나는 그렇게 하고 싶지 않다. 그
렇게 하면 내가 혼자서 벌을 받겠다.' 그러자 그들 모두 그에게 말했다:
'우리 모두 맹세하기로 하자. 그래서 우리 중 어느 누구도 이 계획을 실
행할 때까지 헤어지지 않기로 하자.' 그리고는 그들 모두 서로 맹세하고
실행하기로 허였다. 야렛 때에 헤르몬 산꼭대기로 2백 명이 내려왔다"
(에녹1서 6:1-6).5

"하늘의 자식들인 파수꾼들'은 신적 협의회의 신들이다. 그들의 이
름은 히브리말/아람어 동사 "깨어 있다"는 뜻의 '아울'에서 파생했다.6
에녹1서 제1권에서 그들의 정체를 밝히기 전에 에녹이 누구인지를 먼
저 살펴볼 필요가 있다. 에녹은 창세기 5장 24절에서 "엘로힘과 동행
하다가 사라졌다. 엘로힘께서 그를 데려가신 것이다"라고 소개되었다.
　에녹1서의 서두에 그가 "하나님께서 눈을 열어 주신 의로운 사람"
이라고 소개된다. 그는 "천사들이 내게 보여 준 하늘에 계신 거룩하신
분"을 보는 특권을 가졌다. 그는 그가 본 것들을 이해하였으나 그 일들
은 "이 세대가 아니라 먼 장래의 세대에서" 이루어질 일들이라고 말한
다. 하나님을 대신해서 그는 심판을 예고하여야 한다. 그는 하나님의

---

5 Black, *The Book of Enoch or 1 Enoch*, 27-27.
6 헬라어에서는 그들을 완료형 수동태 분사인 '에게고로이'라고 표현했다. "깨어 있는 자들",
　"항상 경계하는 자들"이라는 뜻이다. 참조. Black, *The Book of Enoch*, 106.

검사로서 파수꾼들이 저지른 악을 고소하고 판결하게 될 것이다. 그 파수꾼들이 맡은 일을 하지 않고 악을 행한 것을 정죄하여야 한다. 계절을 따라 잎과 열매를 내어 엘로힘을 변함없이 섬기는 나무들과는 달리 그들은 엘로힘의 계명들을 충실하게 따르지 않았다. 그들은 엘로힘의 중개자들로 세상의 왕국들에게 정의와 평등을 가르치는 그들의 임무에 충실하지 않았다.

신적 협의회의 신들인 2백 명의 파수꾼들이 에녹의 아버지인 야렛의 때에 땅으로 내려왔다는 것이다. 그들이 땅에 내려온 때를 언급하는 것은 야렛의 아들인 에녹이 그들의 악한 행동들에 대한 증인으로 나서기 위하여 필요하다. 에녹이 모든 일을 보았고 또 "이 세대가 아니라 먼 장래 세대에 말하도록" 그가 본 것들을 이해하였다는 점에서 그 신들이 땅에 내려온 것은 두 번째로 일어난 일인 것 같다. 창세기 6장 1-4절의 이야기는 신들이 땅에 내려온 것을 말하지 않고 2백 명이라는 숫자도 명시하지 않는다. 에녹1서 6장 1-6절에 상세하게 서술된 것은 지하의 예언자들이 본래의 신화를 더 확장시킨 것이라고 하겠다. 이를테면 파수꾼들과 그들의 대리자인 프톨레미 2세가 '정체성 결합'을 통하여 얼마나 엄청난 인간의 삶과 생산력을 파손시켰는가를 말하려고 한 것이다. 그들의 대표인 '셈하자'의 지도 아래 "2백 명의 파수꾼들이 여인들에게 마법과 말하는 것을 가르치고 나무뿌리와 풀뿌리를 자르는 법을 가르쳤다"고 한다. 그것은 바로 그들의 문화생활을 시사한다.7

---

7 이 파수꾼들의 지도자 20명의 이름은 그 독특한 뜻을 가졌다. '셈하자'는 "이름이 본다"라는 뜻인데, "이름"이 하나님(엘로힘)에게 핑계한다는 뜻이다. 곧 혼혈로 하나님을 배반하였다는 뜻이다.

그들이 낳은 거인들은 폭력적이고 "인간의 손으로 만든 모든 것을" 먹어 치워서 그들 밑에서 일하던 사람들은 그들을 지탱할 수가 없게 된다.

"그러자 그 거인들은 사람들을 거칠게 다루고 사람을 잡아 먹기 시작하였다. 그들은 모든 땅의 짐승들과 새들과 바다의 물고기들과 기어다니는 벌레들까지 모조리 잡아 먹기 시작하였다. 그리고는 그 피까지 마셨다"(에녹1서 7:4-5).[8]

그 거인들은 프톨레미의 행정조직 부서들과 그의 농업자본주의의 부서들을 인물화한 것이다.[9] 그 조직들과 부서들을 대표하는 거인들을 세상에 나타나게 하는 것은 관리들에 의하여 효과적으로 수행된다.[10] 그들의 키가 3천 큐빗이라는 묘사는 초월적인 힘을 상징한다.

그의 농업자본주의 정책으로 최대의 이익을 창출하기 위하여 프톨레미 정권은 새로운 종류의 식물과 과일류 그리고 가축과 모피 생산을 위한 양들을 대규모로 물색하였다.[11] 이집트와 팔레스틴에 있는

---

8 Black, *The Book of Enoch or 1 Enoch*, 28.

9 프톨레미가 지배하던 이집트에서 행정구역들을 '노메스'라고 불렀는데, 각 구역은 세 개의 지부를 두었다: 왕국부, '오이코노모스'(재정감찰부), '바실리코스 그람마테우스'(기록부)가 그것들이다.

10 W. Wink, *Naming the Powers*, 104-113. "힘은 물질의 내적 면모다."

11 Corpus *Papyrorum Judaicarum*, 128-129. 프톨레미 2세는 먼 나라들에서 알렉산드리아까지 관상동물들을 수입하였다. 디오니소스를 기념하여 알렉산드리아에서 코끼리들이 이끄는 24대의 병거 행진을 한 것으로 알려졌다. 사자, 표범, 호랑이, 낙타, 물소, 타조, 곰, 기린, 코뿔소 같은 짐승들이 행렬하였다. 대부분의 동물은 쌍으로 행진했는데, 타조는 여덟 쌍까지 행진했다고 한다. 보통 병거는 코끼리 한 마리가 끌었지만, 7척이나 되는 금 동상은 네 마리의 코끼리가 끌었다는 기록이 있다.

농부들에게는 과일나무와 뿌리의 접목법을 배우도록 하였다. 노예 무역이 이때 아주 성황을 이루었다. 팔레스틴이나 시리아에서 아주 헐값에 노예들을 사서 이집트에서 많은 이익을 남기고 팔아넘겼는데, 프톨레미는 후에 자유인 남녀들은 노예로 팔지 못하게 금하였다. 유다 관료였던 도비야는 요단강 동쪽에 큰 농장을 소유하고 있었는데, 그는 노예 무역에 가담하여 프톨레미 왕실의 특별한 보호를 받기도 하였다.[12]

"제논 파피루스"라고 불리는 문서와 편지들 속에 팔레스틴에까지 확장된 프톨레미의 농업정책이 기록 보관되어 있다. 그 문서와 편지들은 기원전 260~258년에 팔레스틴에서 아폴로니우스를 위해서 일한 제논이라는 관리가 수집하여 보관한 것이다. 그 문서와 편지들이 당시 이집트와 팔레스틴 간에 어떤 교역을 했는지를 보여 준다.[13] 프톨레미 2세가 아폴로니우스에게 선물로 하사한 갈릴리의 '벳 아낫'에 있는 거대한 농장이 팔레스틴에 이집트가 얼마나 크게 투자했는지 말해 준다. "왕의 땅"이라고 불린 이 농장은 거대한 양곡 농장과 함께 8만 그루의 포도나무를 재배한 포도원이었는데, 왕을 대신하여 유다인

---

12 Corpus *Papyrorum Judaicarum*, 126-127. 도비야는 암몬인 노예 도비야의 후손인데 느헤미야의 정책을 반대한 인물로 느헤미야서에 여러 차례 언급되었다. 도비야는 유다인들에 합류한 암몬 사람이거나 암몬 땅에 정착했던 유다인이거나 두 가지 가능성을 가지는데, 아무튼 고대 유다 가문이다. 도비야는 프톨레미 정부에서 세무원으로 일한 요셉의 아버지이기도 하다. 이 요셉은 3세기 유다 사회에서 아주 중요한 역할을 하였다.

13 제1차 세계대전 동안 바움(고대 필라델피아)에 있는 '답 엘거자'에서 발굴된 파피루스 가운데 야손이라는 사람의 문서 보관이 있었다. 참조. *Zenon Papyri: Business Papers of the Third Century B.C. Dealing with Palestine and Egypt*, ed. With Introduction and Notes by William Linn Westermann, Christian Walker Keyes, and Herbert Liebesny (New York: Columbia University Press, 1940).

소작 농부들이 일을 하였다.

같은 분리의 도덕적 질서에 바탕을 두었던 사독 사제들의 신정 정치는 스스로 신격화한 프톨레미의 제왕권을 수용하였다. 프톨레미의 농업자본주의가 유다인과 이집트 농민들을 착취·소외시키고 그들의 환경을 파손하는 데 대하여 사독 신정 정치가 어떤 반대를 했다는 기록이 없다. 더더구나 유다 관료가 이집트에서 자행한 노예 무역에 대하여도 아무런 반대를 하지 않았다.[14] 오히려 스가랴 11장 4-17절은 사독 신정 정치가 이집트의 노예 무역에 가담한 사실을 증언하고 있나. 거기서 예언자는 야훼를 대신하여 그러한 인신매매를 야훼께서 질타하셨다고 말한다. 야훼가 이스라엘과 맺은 언약을 상징하는 '은총'이라는 지팡이를 꺾어서 그 언약을 취소하셨다는 것이다. 예언자는 이스라엘이 받을 품삯에 대한 말로 그 문제를 언급한다:

"내가 그들에게 말하였다. '너희가 좋다고 생각하면 내가 받을 품삯을 내게 주고 줄 생각이 없으면 그만두어라.' 그랬더니 그들은 내 품삯으로 은 삼십 개를 주었다. 그러자 야훼께서 내게 말씀하셨다. '그것을 토기장이에게 던져 버려라.' 그것은 그들이 내게 알맞은 삯이라고 생각해서 쳐 준 것이다. 나는 은 삼십 개를 집어 야훼의 집에 있는 토기장이에게 던져 주었다. 그런 다음에 나는 둘째 지팡이 곧 '연합'이라고 부르는 지팡이를 꺾어서 유다와 이스라엘 사이에 가족의 관계가 없어지게 하였다(스가 11:12-14).

---

14 Martin Hengel, *Judaism and Hellenism: Studies in Their Encounter in Palestine during the Early Hellenistic Period* (Philadelphia: Fortress Press, 1974) I, 36-55.

'셈하자'가 2백 명 신들의 우두머리였고, 이름을 밝힌 20명의 대표 신이 프톨레미 2세와 '정체성 결합'을 한 것이다. 그들은 모든 산업과 천문과학을 발전시켜 달력을 만들고 점성술도 발전시켰다. 그들 중 열 번째 서열에 있는 '아리엘'이 특별히 주목을 끈다. 에녹1서의 다른 곳에서는 그의 이름이 '아사셀'이라고 표현된다. 그는 레위기 16: 8-10의 희생양과 동일시할 수 있는데, 이스라엘의 속죄를 위하여 대제사장이 광야로 보낸 사람이다. 아이로니컬하게도 그가 농사 짓는 연장들과 전쟁에서 사용할 철제 무기를 생산하는 산업에 종사한다. 그래서 그가 하는 일은 상류층의 방어와 안전을 보증해 준다:

아리엘은 인간에게 쇠로 칼을 만드는 법과 사용하는 법을 가르쳤다. 또 동으로 방패와 가슴막이도 만들고 전쟁에서 사용할 모든 무기를 만들었다. 그는 땅에 있는 재료들을 보여 주고 금과 은으로 어떻게 여인들의 장신구를 만드는지도 가르쳤다. 그리고 눈썹을 그리고 보석들을 다루는 법을 가르쳤다(에녹1서 8:1).

프톨레미의 정치적 지배를 확고하게 만들며 파수꾼들은 그 상류 계층들의 엄청난 재정적 부를 확대시키고 이집트와 사독 신정 정치 안에 있던 분리의 장벽을 영구화시켰다.[15]

네 명의 천사장 '미가엘', '사리엘', '라파엘', '가브리엘'은 하늘에서 파수꾼으로 지상으로 내려간 타락한 파수꾼들이 저지른 폭력과 악행을 보았다.[16] 하늘에 사무치는 "땅 위에 있는 자녀들"의 울부짖는 소리

---

15 참조. Josephus, *Ant.* viii, 45-46; 지혜 12:4.

16 "천사들"과 "타락한 천사들"에 관해서는 참조. Walter Wink, *Naming the Powers: The*

를 듣고 그들은 서로 근심하며 가장 높으신 분 앞에 나아가서 그들이 목격한 파수꾼들의 죄상을 알린다. 가장 높으신 분께서는 그들에게 그 파수꾼들을 최후 심판이 있기까지 어둠 속 무존재의 무저갱 속으로 사라지게 하여 땅이 더 이상 파손되지 않도록 하라는 위임을 하신다.

천사장들은 각기 맡은 임무를 수행한다. 이스라엘을 수호하는 역할을 맡은 미가엘은 반역을 주도한 셈하자에게 마지막 심판이 있을 때까지 그들이 땅의 계곡에 70세대 동안 묶여 있게 되리라고 통보한다.

"그들을 영원히 꺼지지 않는 무저갱의 불 속에 던질 것이다. 거기에 그들을 영원히 가두어 놓을 것이다"(에녹1서 10:13).

"파수꾼들의 책"을 익명으로 쓴 에녹은 처음에 "하나님께서 그의 눈을 뜨게 하신 의로운 사람"이라고 소개하고는 그 파수꾼들이 몰락하는 과정 내내 침묵하고 있다. 그러다가 에녹1서 1장 1절의 두 번째 설화에 다시 등장한다. 하늘로 데려간 자로 "정의로운 학자"인 에녹에게 네 천사장은 타락한 파수꾼들에게 "그들이 자비나 평화를" 누리지 못한다는 통보를 하라고 명한다. 신적 협의회의 신들로서 세상에 있는 민족들에게 하나님의 대사들로서의 임무가 끝장이 났다고 전하라고 한다.

그래서 검사로서 에녹은 타락한 파수꾼들에게 그 같은 운명을 전한다. 그들은 말을 잇지 못하며 큰 두려움 속에서 가장 높으신 분께 그들의 잘못을 용서하시고 화해하시도록 간청해 달라고 부탁한다. 그

Language of Power in the New Testament. The Powers: Vol One (Philadelphia: Fortress Press, 1984), 23-35.

들은 다시 하늘로 돌아가고 싶다고 말한다. 그래서 에녹은 그들의 청
원을 집행할 변호사가 된다. 헬몬산 남서쪽에 있는 '단'의 호수로 간다.
타락한 파수꾼들이 내려왔던 그 산으로 가서 그들의 악행을 변호하려
는 것이다. 그런데 거기서 그는 잠에 빠진다. 그리고 잠에서 꿈을 꾸고
환상을 본다. 그가 하늘의 문을 바라볼 때 음성이 들려 온다: "하늘의
아들들에게 말하여 그들을 꾸짖어라!" 잠에서 깨어난 에녹은 타락한
파수꾼들에게 다시 검사의 역할을 하여 그들의 화해 신청이 기각되었
다고 전한다. 그들은 하늘로 다시 올라갈 수 없게 되었고 "영원토록
땅 위에 묶여 있게 될 것이다"고 전한다(에녹1서 14:5).

그러나 에녹은 하늘로 가서 "높은 보좌" 위에 "위대하신 분"이 앉아
있는 광경을 보게 된다. 그리고 그는 "의로운 학자"라고 인정을 받는
다. 엘로힘께서는 그에게 타락한 천사들이 혼혈을 하고 사생아 자식
들을 생산한 잘못을 저지른 것을 알리라고 하신다. 신적 협의회는 이
제 끝장이 났고 세상의 나라들 안에 통합의 도덕성으로 정의를 펼칠
그의 대리인들이 더 이상 존재하지 않는다고 말씀하신다.

"영과 육체가 야합(野合)하여 생산된" 거인들은 "땅 위에서 강한 영
들이라고 불릴 것이며 그들은 땅에 살게 될 것이다." 분리의 도덕성에
바탕을 두고 그들은 계속해서 세계 안에서 정치와 경제, 군사 조직은
물론 종교적 제도와 세력으로 존속하게 될 것이다.

> 그들의 몸에서는 악한 영이 나올 것이다. 그들이 사람과 거룩한 파수꾼
> 들의 야합으로 만들어졌기 때문이다. 그들은 그렇게 시작된 것이다. 그
> 래서 그들은 땅 위에서 악령이라고 불릴 것이다(에녹1서 15:9).

그들은 심리적, 정신적 세력으로 사람들의 삶 속에서 "힘센 영들"로 존속할 것이다.[17] 신약성서의 복음서들은 그들을 '더러운 영', '악귀'라고 표현한다. 그 악령이 우리 사회 안에서 사람들에게 정신질환이나 절망감, 자기 증오, 박탈감은 물론 자살을 자행하게 한다.[18]

> "거인들이 뿜어내는 영들이… 못된 일을 하게 하고 부패하게 한다. 그들은 땅 위에서 공격하고 싸우고 분열시켜 온갖 슬픔을 야기시킨다. 그들은 음식을 취하여 먹지 않으나 여전히 배고파하고 목말라한다. 이 영들이 그들에게서 나온 남자와 여자들의 아들들에게 일어나 거역하게 할 것이다"(에녹1서 15:11-12).[19]

---

17 Fanon, *The Wretched of the Earth*, 55. 항상 잘못된 방향으로 가게 하는 악랄한 영, 범 인간, 뱀 사람, 발이 여섯 개인 개, 좀비같이 공포를 자아내게 하는 힘이라고 할 수 있다.

18 공관복음서들은 예수께서 악귀와 더러운 영에 시달리는 사람들을 치유하신 기적 이야기들을 서술한다: 마가 1:21-26; 5:1-20; 마태 9:32-34; 누가 4:31-36; 8:26-39 등.

19 *The Ethiopic Book of Enoch: A New Edition in the Light of the Aramaic Dead Sea Fragments*, eds. M.A. Knibb and E. Ullendorff (Pxford: Clarendon Press, 1978), 101-102.

2 3 장

신정 정치 이스라엘의 몰락

: 다니엘서의 배경

엘로힘의 신적 협의회는 이제 해체되었다. 그 천상의 대사들이 가지고 있던 사명이 그들의 대리자들인 지상의 왕들에게 정의 실천을 가르치는 것이었는데, 그 사명을 실천하지 못한 것이다. 따라서 엘로힘께서 이제 그의 대리자를 세상의 왕국들 안에서 갖지 못하게 하신 것이다. 게다가 제3이사야의 예언자들은 사독 사제들에게 박해를 받아 야훼께서 제2이사야에게 위탁하셨던 그 '새로운 일들'을 실행하지 못하고 있다.

이스라엘은 여전히 사독 사제들의 신정 정치 아래에 있다. 그리고 기원전 3세기에 걸쳐 지배 세력인 프톨레미의 제국에 여전히 종속되어 있다. 하지만 프톨레미 3세 유엘게테스와 프톨레미 4세 빌로파토의 통치 시절, 그러니까 기원전 239년에서 217년 사이에 유다 사회는 상당한 변화를 겪기 시작한다. 그 변화는 도비야의 아들 요셉이 시작한다. 요셉은 프톨레미 3세로부터 유다와 '콜-시리아'에 있는 조세 농경을 관장하도록 임명받는다.[1] 따라서 지금까지 성전 국가로서 대제사장의 권한이었던 조세 정책이 이제는 '이집트의 왕실'에게 넘어가고, 그에 따라서 유다인들에게 가해지는 조세부담은 훨씬 가중되어졌다. 이스라엘 백성들의 역사를 계속해서 주도하고 있던 사독 사제들의 신정 정치로서는 전환점을 맞게 된 것이다. 유다의 성전 국가에서 대제사장이 장악하고 있던 그 지위와 권력은 도비야 가문의 세속 관리에게 이양됨으로 인하여 그만큼 약화된다.

그러한 변화된 정치경제적 상승효과로 예루살렘은 상업의 중심이 되어 번성하게 된다. 주로 상인들과 특별한 무역인들과 일반 노동자들이 이 도시로 몰려들고, 그에 따라서 예루살렘은 경제적으로 성황을 이루었다.[2] 그렇게 예루살렘은 후기 농경사회에서 전기(前期) 산업 시대로 넘어가는 시기에 경제적 호황을 누린다. 한편 대제사장과 신정 정치는 자연히 세속적 관료들과 마찰을 가지게 된다. 그것은 세속 관리들이 이집트의 프톨레미와 시리아의 셀류시드 사이를 오가며 동요하였기 때문이다.

시리아의 안티오쿠스 3세가 기원전 198년 파니온 전투에서 프톨레미의 장군 스고파를 제패하면서 예루살렘과 유다는 셀류시드제국에 병합된다. 처음에는 그런 병합이 신정 정치 체제에 그다지 큰 영향을 주지는 않았다. 사독파 대제사장 시몬 2세는 "올바름"이라는 성을

---

1 Josephus, Ant XII, 154-236가 요셉과 그의 아들 히르카누스에 대하여 서술한다. Victor Tcherikover, *Hellenistic Civilization and the Jews* (Philadelphia: Jewish Publication Society of America, 1966), 128-142는 도비야 왕국에 대한 통찰력 있는 논의를 제공한다. 참조. Hengel, *Judaism and Hellenism*, I, 267-283. 270쪽에서 요셉과 그의 가족이 첫 번째 유다인 은행가가 되었다고 설명한다.

2 Joachim Jeremias, *Jerusalem in the Time of Jesus* (Philadelphia: Fortress Press, 1975). 3-51; Gideon Sjoberg, *The Preindustrial City: Past and Present* (New York: The Free Press, 1960), 108-142; Lenski, *Power and Privilege*, 248-256, 278-281.

가졌는데, 왕권에 해당하는 권한을 여전히 행사하였다. 그리고 그는 율법학자들과 함께 예루살렘과 유다에 야기된 새로운 경제사회적 여건들을 모세 율법을 적용하여 그런대로 처리하였다.[3] 동시에 그 도시를 통치하는 원로들의 기구인 '게루시아'가 예루살렘의 최고 시민 행정기구로 존속하였다. 사독 사제들은 그렇게 계속해서 향후 20여 년 간 그들의 신정 정치를 통한 정치적, 종교적 삶을 주도하였다.[4]

그러나 도비야 왕실이 예루살렘의 도덕적 구조와 시민 자유권을 변경하여 대제사장과 긴장 관계에 돌입하고 셀류시드제국과의 관계에서도 마찰이 발생하면서 위기가 조성되었다. 아버지 요셉을 이어 히르카누스가 프톨레미의 보호를 받으며 은행 업무를 인수하였다. 한편 다른 요셉의 아들들은 예루살렘의 친(親)셀류시드 엘리트들 가운데 강력한 도비야 세력을 형성하여 헬라적 문화를 진작시켰다. 그들의 이념적 갈등은 성전 국가인 예루살렘을 헬라적 도시로 변화시키고 대사제들의 기구가 스스로 신성화한 셀류시드 왕 안티오쿠스 4세의 통치 아래 더럽혀지게 된다.

아버지 '올바름' 시몬을 이어 오니아스 3세가 대제사장이 된다. 그리고 그는 히르카누스와 친프톨레미당과 연계한다. 그래서 친셀류시드 도비야에 대한 시민 항거를 잠재우려 하였다.[5] 그는 안디옥까지 가서 자신의 대제사장직을 확인하고 그가 왕권을 도전하여 음모한다는 유언비어를 잠재우려고 한다. 하지만 그가 자기의 목적을 이루기 전

---

3 Hengel, *Judaism and Hellenism*, I, 269.
4 안티오쿠스 3세의 편지와 칙령에 대하여는 Josephus, *Ant.*, XII, 138-153을 참조하라. 또 Tcherikover, *Hellenistic Civilization and the Jews*, 124-126을 참조하라.
5 마카비하 3:4-4:17을 보라.

에 셀레우코스 4세가 죽고 그의 아우인 안티오쿠스 4세가 왕이 된다. 친셀레우코스인 도비야가 그런 틈을 이용하여 오니아스가 예루살렘을 비운 사이에 그의 동생 요수아를 대제사장으로 임명한다. 그런 새로운 대제사장 임명은 왕의 승인을 받아야 했다. 그래서 헬라어 '야손'이라는 이름을 붙인 요수아가 안디옥으로 간다. 그는 오니아스를 제거하고 안티오쿠스에게 삼백 달란트의 조공을 정규적으로 바치기로 약속하고서 대제사장으로 승인받는다. 그는 그에게 "짐나시움을 설립하고 그를 위하여 청년 기구를 창설하며 예루살렘 시민들을 안디옥의 시민으로 등록하도록 재가해 주는 조건으로" 일백오십 달란트를 더 바치기로 약속한다.6

세습제이던 대제사장직이 이제 해마다 셀류시드 왕에게 바치는 조공으로 결정되고, 그에 따라 정치적 권한이 그렇게 한 제사장에게 이양된 것이다. 제사장직이 물량적인 돈으로 거래를 할 수 있는 상품으로 변질된 것이다. 그에 따라서 하나님을 보호자로 삼고 유다 백성을 그 의뢰인으로 하여 신적 중재를 한다는 제사장의 권위는 땅에 떨어져 쓸모없게 되었다. 야손이 그렇게 시작한 헬라화 개혁과 "예루살렘에 있는 안디옥"이라는 새 도시 건설은 신정 정치를 송두리째 흔들어 버렸고 땅에 있는 하나님의 보좌가 있는 곳으로서의 성전이 취소된 것이다.

안티오쿠스 4세로부터 예루살렘 시민들은 모두 안디옥의 시민으로 등록하게 하라는 야손이 받은 칙령은 예루살렘을 명실공히 헬라의 '폴리스'로 변화시켰다. 예루살렘은 더 이상 모세의 율법에 바탕을 둔

---

6 마카비하 4:8-10; Tcherikover, *Hellenistic Civilization and the Jews*, 160.

도시가 아니었다. 이 헬라화한 도시에 헬라법을 적용하여 도시 인구 수를 약 3천 명으로 제한시킨다.7 "예루살렘에 있는 안디옥"인 새로운 도시 예루살렘은 이제 셀류시드 왕실의 꼭두각시가 된 대제사장의 주도하에 있는 관료들이 다스린다. 야손은 부유층 시민들의 명단을 손수 작성하였는데, 그것이 훗날 시민권 취득을 위한 헬라적 기구인 '짐나시움'의 바탕이 된다.8 헬라법에 따라서 성전은 "예루살렘에 있는 안디옥"의 통치 기구인 새로 구성된 '게루시아'의 권한 아래 들어간다. 그리고 '짐나시움'에서 게루시아의 구성원들을 선정하였다. "예루살렘에 있는 안디옥"은 교육적, 문화적, 상업적으로 셀류시드 왕국의 다른 도시들과 연결되었다. 새로 제정된 법에 따라 제조된 동전을 유통하여 지역 간의 상거래를 육성하였다.

모세의 율법에 따라 시민권과 정치적 권리를 보장받았던 일반시민들은 이제 그들의 시민권을 박탈당하고 "그저 그 땅에 사는 거주민들"에 지나지 않게 되었다. 헬라화 개혁이 그들의 성전 중심의 전통적 종교 생활을 중단시키지는 않았지만, 그 같은 정황은 그들에게 이율배반적인 삶을 영위하도록 강요하였다. 한편으로 그들은 모세의 언약과 그 분리 이념에 계속해서 의무적으로 살았다. 하지만 이제 셀류시드의 관료가 된 대제사장이 새로운 "예루살렘에 있는 안디옥"의 원로원인 '게루시아'에 속해서 종족적으로 하나님의 분리된 백성을 주관하던 그의 직책이 타협됨으로써 프톨레미나 셀류시드나 다른 민족들과 자신들이 다르다는 의식을 가질 수 없게 된 것이다.9

---

7 Tcherikover,Hellenistic *Civilization and the Jews*, 162.
8 Tcherikover, *Hellenistic Civilization and the Jews*, 164.
9 마카비상 1:11은 헬라화 개혁자들의 "자기 차별의 종식"을 보고한다.

'에피파네스'(하나님이 나타나시다)라는 성을 스스로 붙인 안티오쿠스 4세가 173~172년에 "예루살렘에 있는 안디옥"의 수립을 축하하기 위하여 예루살렘에 왔다. 야손과 새로 안디옥의 시민이 된 사람들은 그를 대대적으로 환영하였다.[10] 그런데 어떤 이유에서인지 야손이 왕의 마음에 들지 않게 되었다. 야손의 사절로 메넬라우스가 안디옥에 갔을 때 그는 야손을 따돌리고 왕으로부터 대제사장으로 임명을 받는다. 결국 돈거래를 통해서 대제사장직을 매수한 것이다. 이번에는 "벨게아족"에서 나온 사람이 대제사장이 된 것이다. 그에 따라서 바빌론 포로기 이후 지배 세력이었던 시독 신정 정치는 그 막을 내리게 되었다.[11]

헬라법 아래에서 대제사장직에 집착하려는 이들의 행태는 말 그대로 가관이었다. 메넬라오스가 대제사장이 되자 야손은 "암몬 땅으로 도망을 쳤다."[12] 메넬라오스는 대제사장이 되었지만, 대다수의 예루살렘 시민이 직권을 남용하는 그를 싫어하고 배척하여 그의 책무를 이행하지 못하였다. 무엇보다 안티오쿠스에게 주기로 약속한 조공을 지불할 수가 없었다. 그의 채무불이행을 추궁하기 위하여 왕이 그를 불러들이자 그는 안디옥으로 가면서 그의 동생 리시마코스를 부대제사장으로 임명하였다. 다소와 말러스에서 일어난 시민 봉기를 진압하려고 갈 때 왕은 그의 관료 중 한 사람인 안드로니쿠스에게 그의 부재 기간 동안 정사를 맡긴다. 그런 틈을 타서 메넬라오스는 그의 동생 리

---

10 마카비하 4:21-23; Tcherikover, *Hellenistic Civilization and the Jews*, 164-165.

11 마카비하 4:23-24. 메넬라오스는 성전을 감독하고 오니아스 3세를 음모로 물러나게 하고 야손을 제사장이 되게 했던 시몬의 동생이다.

12 마카비하 4:26.

시마코스가 성전에서 그의 형을 대신하여 탈취한 금으로 만든 기물들을 안드로니쿠스에게 뇌물로 주어 대제사장직을 지키는 데 성공한다. 마카비하 4장 32절은 성전에서 다른 기물들도 훔쳐내어 메넬라오스가 두로와 이웃 도시에 팔았다고 부연하여 보고한다. 그러한 성전 금고 갈취는 금고의 공적(公的) 또는 사적(私的) 사용 여부가 확연하지 않았던 위험성을 항상 가지고 있던 차에 이제 완전히 세속화되고 사유화된 사실을 보여 주었다. 성전 금고가 예루살렘의 권력자의 사유물이 된 것이다.13

자기 형제 야손에게 대제사장직을 박탈당한 후 안디옥 근처에서 망명 생활을 하고 있던 오니아스 3세가 메넬라오스의 비리를 폭로하지만, 오히려 자신에게 해가 된다. 그가 다푸네에 있는 성전에서 메넬라오스가 뇌물을 준 안티오쿠스의 부관인 안드로니쿠스에 의하여 살해 당한 것이다. 한편 예루살렘의 군중은 리시마코스가 성전 금고를 불법으로 탈취한 것에 공개적으로 반기를 들고 일어나 시위를 벌인다. 리시마코스는 3천 명의 무장한 군인들로 그 봉기를 진압하려고 하지만 실패하고, 그 역시 성전 금고 근처에서 살해 당한다.14 메넬라오스는 재판에 넘겨지지만, 역시 뇌물을 주고 무죄로 풀려나서 대제사장직을 유지한다. 하지만 그를 재판에 넘겼던 예루살렘 원로원의 세 원로가 사형을 당한다.15

안티오쿠스가 죽었다는 유언비어가 유다에 돌면서 "예루살렘에 있는 안디옥"에서 그 도시의 모든 업무를 관장하던 헬라화 관료들과

---

13 Tcherikover, *Hellenistic Civilization and the Jews*, 172.

14 마카비하 4:39-42.

15 마카비하 4:43-50.

예루살렘의 일반 시민들 간의 갈등은 공개적인 투쟁으로 돌입하게 된다. 범(凡)요단의 히르카누스 도비야가 그런 틈을 이용하여 살해 당한 오니아스 3세의 형제이며 증경 대제사장인 야손을 예루살렘으로 보내어 그 도시를 장악하고 자기 자신의 재기를 꾀한다. 하지만 오니아스 3세의 예루살렘 입성은 오히려 시민전쟁의 도화선이 되었다. 그가 메넬라우스를 축출하고 그를 지지하던 사람들을 셀류시드가 장악 하고 있던 요새로 피신하게 하지만, 결국 실패하고 "암몬의 땅"으로 돌아가고 만다.

안티오쿠스는 알렉산드리아를 장악하려고 두 차례나 시도하지만 로마군들에게 굴욕적으로 패하고, 그 분풀이로 예루살렘으로 진격한다. 그리고 거기에서 봉기에 나선 시민들을 대량으로 학살한다.[16]

키팀[로마인들]의 배들이 그를[안티오쿠스] 치러 올 것이고 그 때문에 그는 낙심할 것이다. 그가 퇴각하는 길에 거룩한 언약을 맺은 사람들에게 분풀이를 할 것이고 자기 나라로 돌아가서는 거룩한 언약을 저버린 사람을 뽑아서 높이 앉힐 것이다. 그의 군대가 성전의 요새 지역을 더럽힐 것이며 날마다 드리는 제사를 없애고 흉측한 파괴자의 우상을 그곳에 세울 것이다(다니 11:30-31).

안티오쿠스는 메넬라오스와 그를 지지하던 도바야를 요새에서 나오게 하고 "예루살렘에 있는 안디옥"으로 돌아가서 메넬라오스를 대

---

16 그것은 안티오쿠스의 두 번째 방문이었다. Josephus, *Ant*, XII 242-244. 다니 11:30이 증언한다. 그 두 차례 모두 프톨레미를 공략하러 가는 길에 일어났다. 첫 번째는 170년 아니면 169년이었고, 두 번째는 168년이었다.

제사장으로 재차 임명하였다.17 안티오쿠스는 성전으로부터 일천팔백 달란트에 해당하는 물건들을 탈취하여 안디옥으로 돌아가고 프리기 사람 필립포스에게 그 도시를 맡겼다.18 얼마 후 시민들의 봉기가 일어나자 안티오쿠스는 미시안의 지휘관인 아폴로니우스를 예루살렘으로 급파하여 "유다 시민들"을 학살하게 한다. 안식일에 가장한 채 침입하여 일을 하지 않던 더 많은 시민을 죽인 것이다. 그렇게 그 도시를 다시 장악하고 요새 주변에 벽과 탑을 세워 방어진지를 구축하였다.19 예루살렘의 새로운 중심을 '아크라'라고 부르고, 헬라화를 동조하는 유다인들과 시리아의 군사적 하수인들이 거기에 주둔하여 살게 하였다.20

헬라적 개혁과 예루살렘이 "예루살렘에 있는 안디옥"이라는 헬라 도시로 바뀌면서 일반 시민들의 생활은 박탈감에 빠지게 된다. 아폴로니우스가 예루살렘에서 자행하는 야만적 행태와 시리아의 최고 신인 '바알 샤민'을 숭배하는 신상을 세우고 그것을 경배하게 함으로써 예루살렘 시민들의 종교 생활은 커다란 위기에 직면하게 된다. 다니엘서 9장 27절과 11장 31절은 "멸망의 가증한 것"이라고 표현한다. 따라서 그 같은 우상숭배를 견디다 못한 시민들은 그 시 전역에서 혁명적 봉기를 일으키게 된다.

그러한 민중 봉기에 대처하는 방안으로 안티오쿠스는 먼저 유다

---

17 Tcherikover, *Hellenistic Civilization and the Jews*, 188.

18 마카비하 5:21-22.

19 마카비하 5:24-26; Tcherikover, *Hellenistic Civilization and the Jews*, 188.

20 마카비상 1:29-36. Josephus, *Ant* XII, 248-253은 마게도니아 군부대라고 하지만 Tcherikover는 시리아군 하수인들이라고 설명한다. *Hellenistic Civilization the Jews*, 195.

인들의 종교를 박해한다. 마카비하 6:1-2의 라틴어역은 "왕이 안디옥의 한 노인을 보내서 유다인들에게 그들의 조상들의 율법을 버리고 하나님의 법에 따라서 더 이상 살지 말라고 강요하였다. 그리고 예루살렘 성전을 '올림피안 제우스'라고 부르도록 하였다"라고 번역하였다.

> "날마다 드리는 제사를 없애고 멸망의 가증한 것을 그 곳에 세울 것이다. 그는 속임수를 써서 언약을 거역하여 악한 짓을 하는 자들의 지지를 받을 것이지만 엘로힘을 아는 백성은 용기 있게 버티어 나갈 것이다. 백성 가운데서 지혜 있는 지도자들은 많은 사람을 깨우칠 것이다"(다니 11:31하-33상).

24 장

다니엘의 묵시

사독 사제들의 신정 정치가 무너지는 동안 그럼에도 "용기를 가지고 버티어 가며" "백성들 가운데 지혜 있는 지도자들이 "많은 사람들"을 깨우칠 것이다." 다니엘 11장 32-33절이 그들이 어떤 일을 하고 어떤 처지에 있었는지 서술한다. 그런데 그들이 누구인지는 밝히지 않는다.[1] 그들은 다니엘서에서 자신들을 인물화한 사람들로 보이는데, 아마도 예루살렘에 있던 묵시적 예언자들의 집단일 가능성이 높

---

[1] 하스모니 왕들을 존경하는 역사인 마카비상은 이들 경건한 하시딤들을 마카비와 관련시킬 것이다. 마카비하는 독자들에게 유다를 자랑스럽게 하는데, "예레미야가 그의 오른손을 뻗쳐 유다에게 금으로 된 검을 주었다"(마카비하 15:15)고 서술한다. 하지만 마카비하는 하스모니 왕들이 왕권과 대제사장직을 겸하여 행사한 것을 반대하였다. 두 마카비서는 안티오쿠스의 박해가 있은 지 적어도 60년이 지나서 기록된 것들이다. 아마도 알렉산더 야네스(BCE 103~76)의 통치 때 기록된 것으로 보인다. 그 충성스러웠다는 사람들이 헬라적 개혁 시절에 하시딤이라고 알려졌다는 아무런 기록이 없다. 참조 Collins, *The Apocalyptic Imagination*, 78는 다니엘서가 "전투적인 하시딤"에 의하여 기록되었다는 견해를 거부한다. 다니엘서의 분위기는 전투적이 아니라 조용한 편에 속한다. George W. E. Nicklesburg, *Jewish Literature between the Bible and the Mishnah* (Philadelphia: Fortress Press, 1981), 114-121. Tcherikover, *Hellenistic Civilization and the Jews*, 196는 그 문제를 적절하게 제기했다.

다. 그들이 집단적으로 기록한 이 책은 의도적으로 자신들의 정체나 시간과 장소를 밝히지 않는다. 하지만 시기적으로 얽히고설킨 사건들을 그들이 직접적으로 처한 역사적 맥락과 상관되도록 서술한다. 이 책이 기록된 시기를 대략 기원전 165년으로 보는 견해는 타당하다.

다니엘은 그와 같은 예언자 집단의 어느 한 예언자의 가명이다. 아마도 그는 헬라적 개혁을 단행할 때 "예루살렘에 있는 안디옥"으로 예루살렘을 헬라법으로 구성하는 과정에서 제외당했던 율법학자들을 대표하는 인물이라고 보겠다. 그들의 묵시문헌 기록에 그 대표적인 인물이나 그의 동료들이 율법학지들이라고 언급되지는 않았지만, 다니엘이 꿈과 문서들을 해석한 능력으로 보아 율법학자의 자질을 충분히 엿보게 한다.

이 책은 그 기원을 바빌론 포로기로 거슬러 올라간 역사적 정황을 그 시간과 역사적 맥락으로 삼는다. 다니엘이라는 이름은 아마도 에스겔 14장 14절과 28장 3절에서 채택한 것으로 보인다. 거기에 '다넬' 또는 '다니엘'이라는 인물이 언급되는데 그는 "의롭고", "지혜로운" 사람이다. 그런 인물이었기 때문에 이 묵시적 책의 이야기 세계가 그 이름을 채택하였다고 하겠다. 그의 인품은 그의 형들이 이집트로 팔아넘긴 야곱의 아들 요셉과 아주 흡사하다. 요셉처럼 다니엘도 망명 생활을 한다. 요셉처럼 다니엘도 꿈을 해몽한다. 요셉이 이집트의 총리가 된 것처럼 느부갓네살이 다니엘을 바빌론 지역의 통치자로 임명하고 벨사살왕은 그를 "바빌론 왕국에서 셋째 가는 통치자로 삼았다"(단 2:48, 49; 3:30; 5:29).

그런데 다니엘이나 그의 동료들의 성품이나 성격이 예루살렘에서 벌어지고 있는 혁명적인 예언자들과는 아주 판이하지 않은가? 다니엘서의 처음 여섯 장은 단연코 비폭력적 항거를 주창한다. 그리고 "사람의 손이 아니라" 하나님께서 네 제국들을 멸망시키시기를 기대한다. 그러한 비폭력적 정책이 헬라화 개혁 때 주도적이었나? 아니면 처음에는 비폭력적이다가 성전에서 시리아 신 '바알 샤민'에게 제사를 드리는 사태로 발전되면서 폭력적이고 혁명적이 되었나? 이 예언자들은 그들의 묵시문헌 마지막에서만 그들의 입장을 제시한다.

"백성 가운데서 지혜 있는 지도자들이 많은 사람을 깨우칠 것인데 얼마 동안은 그 지혜 있는 지도자들 가운데 얼마가 칼에 쓰러지고 화형을 당하고 사로잡히고 약탈을 당할 것이다. 학살이 계속되는 동 안에 그들은 조금은 도움을 받을 것이지만 많은 사람은 위선을 저지를 것이다. 또한 지혜 있는 지도자들 가운데 얼마가 학살을 당할 것이지만 그 일로 그들은 단련을 받고 순결하게 되며 끝까지 깨끗하게 남을 것이다. 하나님이 정하신 그 끝 날이 올 때까지 이런 일이 계속될 것이다"(다니 11:33-35).

거부와 항거가 있었다! 그리고 그들의 항거는 무력적이고 시가의 게릴라 전술도 포함시켰을 것이다. 그런 과정에서 마카비 혁명 세력으로부터 "조금은 도움을 받게" 되었을 것이다.[2] 하지만 안티오쿠스가 그러한 항쟁 운동을 진압하게 되면서 그들은 하나님께서 개입하게 되기를 기다리는 무저항적 양상으로 바꾸게 된다.

---

2 다니 11:34가 "조금은 도움을 받았다"라는 아주 모호한 표현을 한다. 하지만 33-34절은 지혜로운 사람들이 항거를 처음에 시작한 것으로 서술한다. 다니엘의 증언에 따른다면 마카비 혁명 세력은 묵시적 집단이 피해를 심하게 당하게 된 연후에 가담하였다.

"그가 가장 높으신 분께 대항하여 말하며 가장 높으신 분의 성도들을 괴롭히며 정해진 절기와 법을 바꾸려고 할 것이다. 성도들은 한 때와 두 때와 반 때까지 그의 권세 아래에 놓일 것이다"(7:25).

이 묵시적 책은 다니엘과 그의 동료 세 사람들을 "왕과 귀족의 자손들에 속한 이스라엘 사람들"(1:2)이라고 소개한다. 다니엘을 왕족이라고 한 것은 이사야 7장 14절에서 "그 젊은 여인이 아들을 낳을 것이고 그의 이름을 임마누엘이라고 할 것이다"라는 서술을 상기시킨다. 그리고 이사야 11장 1-2절에서 언급된 새로운 이스라엘의 왕권에서 비롯하는 공동체를 시사해 준다. 그 새 공동체는 "이새의 그루터기에서 나오는 새 싹"이며 "그의 뿌리서 나오는 새 가지"라는 역설적 기원을 가진다. 그 공동체는 "야훼의 영이 머무는" '하나'이면서 '많은' 통합적인 공동체이다. 그리고 그들은 "지혜와 통찰력"을 가진다. 다니엘 1장 20절에 느부갓네살왕은 그들이 "전국에 있는 어떤 마술사나 주술가보다 열 배는 더 나은" 지혜와 지식을 가지고 있었다고 확인한다. 다니엘 1장 4절은 그들이 "신체적으로 흠이 없고 용모가 잘생기고 모든 일을 지혜롭게 처리할 수 있으며 지식과 통찰력이 있고 왕궁에서 왕을 보좌할 능력이 있는 젊은이들"이라고 서술한다. 그들이 3년 동안 받는 바빌론 언어와 문학적 교육이 아주 인상적이다. 그것은 바빌론 포로기의 역사적 맥락에 상당히 부합하고 2장 4절 상반으로부터 7장 28절의 이 묵시문헌의 중심적 환상을 아람어로 전수하게 된 연유를 알게 해 준다. 2장 4-45절에서 다니엘이 느부갓네살의 꿈을 해석하여 주는 것으로 시작하여 7장 1-14절의 다니엘이 꿈에 보는 환상에서 그 절정을 이룬다.

이 묵시 책의 첫 부분은 다니엘과 하나냐와 미사엘과 아사랴에 관한 이야기를 수록한다. 그들이 "이스라엘의 왕족"이며 바빌론에 포로 생활을 하는 동안 함께 활동할 수 있도록 하나님과 '정체성 결합'을 가지고 있었음을 엿보게 한다. 그들이 우상숭배를 받아들이기보다 순교하기로 결심한 것은 "예루살렘에 있는 안디옥"의 헬라적 개혁을 수용한 유다 관료들과는 판이하다. 그러한 면모가 다니엘과 그의 동료들이 느부갓네살왕이 세운 금 신상에게 예배하기를 거부하고, 그 결과 그들을 불타는 화덕 속에 던져 타죽게 한다.

그들은 엘로힘께서 엘로힘이 되시도록 하여 그 자신의 신적 자유를 행사하실 것이라는 전적인 신뢰 속에서 자신들을 내어 맡긴다.

"만일 그렇게 된다면, 임금님, 우리들이 섬기는 우리들의 엘로힘께서 타오르는 화덕의 불길에서 우리를 구하셔서 임금님의 손에서 구해 주실 것입니다. 비록 그렇게 되지 않더라도 우리는 임금님의 신들을 섬기지 않고 임금님이 세우신 금 신상에게 절하지 않을 것입니다"(3:17-18).

네 사람이 결박이 풀린 채로 화덕 속에서 걷고 있고 아무런 상처도 입지 않은 것을 느부갓네살왕이 목격한다. 왕은 천사장 미가엘이 신의 아들의 모습으로 그들과 함께 서 있는 것을 보고 그들을 화덕 불에서 나오게 한다. 그리고 그들의 엘로힘을 축복하며 말한다: "저들은 몸을 바치면서까지 왕의 명령을 거역하고 저희의 하나님 말고는 다른 어떤 신도 절하여 섬기지 않았다"(3:28). 그들이 엘로힘과의 관계에서 경험한 '상호 신뢰'는 시리아의 신 '바알 샤민' 숭배를 용납하고 성전을 더럽힌 대제사장의 행위와 근본적으로 다르다.

그 후 다니엘은 메데 왕국의 정승들과 지방장관들이 왕에게 고하여 오직 다리우스왕에게만 기도를 올리고 그 어떤 다른 신에게 기도하지 못하게 한 것도 거부한다. 그것은 다니엘을 왕이 부왕으로 삼아 나라의 정사를 맡기려고 하자 그에게서 어떤 흠도 찾지 못한 관리들이 다니엘의 입지를 떨어뜨리기 위하여 만들게 한 법이었다. 그럼에도 불구하고 다니엘은 하루에 세 차례 그의 하나님에게만 예배한다. 그리고 그것이 왕의 명령과 법을 어긴 것으로 간주되어 사자 굴 속에 다니엘을 넣게 된다. 하지만 다리우스왕은 다니엘이 아무런 해를 당하지 않은 것을 보고 그의 하나님의 천사가 보호했다고 말한다. 그리고 왕은 "전국에 사는 민족과 언어가 다른 뭇 백성에게 조서를 내려 '내 나라에서 나의 통치를 받는 모든 백성은 반드시 다니엘이 섬기는 엘로힘을 공경하고 두려워하여야 한다'"고 선포한다.

"그는 살아계신 엘로힘이시고 영원히 다스리는 분이시다. 그 나라는 멸망하지 않고 그의 권세는 무궁하시다. 그는 구하시기도 하고 건져내기도 하시고 하늘과 땅에서 표적과 기적을 행하시는 분이시며 다니엘을 사자의 입에서 구하여 주셨다"(6:26하-27).

"이스라엘의 왕족"으로서 다니엘이 지닌 통합적 인격은 페르시아 제국을 다스리던 이교 왕과도 좋은 관계를 가졌다는 언급으로 이 묵시문헌의 첫 부분이 끝난다.

이 이교도 왕들의 명령에 복종하지 않아 다니엘과 그의 동료들은 엄청난 보복과 벌을 받게 되지만, 그들이 가진 엘로힘과의 '정체성 결합'을 통해서 엘로힘의 무한대한 가능성에 접하게 된 것이다. 그들이 크나큰 벌을 받는 중에도 그들과 '정체성 통합'을 가진 하나님께서 살아계시고 영원하신 분임을 보여 주게 된다. 아이로니컬하게도 온 세상을 구하시려는 하나님의 뜻을 범신적인 이교 왕들이 인정하고 선언하는 것이다. 반면 예루살렘 성전의 대제사장은 헬라적 범 신상 앞에서 그들이 물려받은 유산을 배반하고 만다.

이렇게 "이스라엘의 왕족 중 하나"인 다니엘은 이사야 11장 1-10절에서 예고된 새로운 이스라엘의 전위적 인물이 된다. 그는 "늑대가 새끼 양과 함께 살고", "표범이 어린아이들과 함께 눕는" 세상을 이루게 할 그의 사명을 잘 알고 있다. 느부갓네살 같은 제국의 군왕들이 정복시킨 나라들로부터 짓밟은 '주권'에 대한 다니엘의 분석은 공격적인 짐승들로부터 사람됨으로 변혁하게 되는 것을 잘 보여 준다.

느부갓네살왕은 "가장 높으신 분 하나님께서 나에게 보이신 표적과 기적을 모든 민족과 언어와 백성들에게" 증언한다:

"크도다, 그 이적이여! 능하도다, 그 기사여! 그의 '나라' 영원하고 그의 '주권' 대대에 이를 것이다"(다니 4:3).

적어도 현재로서는 자기가 다스리는 왕국이 궁극적으로는 하나님의 왕국이고 그의 통치와 주권은 하나님의 통치와 주권이라는 사실을 만천하에 인정하는 것이다. 그의 통치와 주권은 대대로 하나님께 속한다는 것이다. 따라서 '나라'와 '주권'은 대대로 하나님께서 원하시는 바에 따라 주시는 선물이 된다. 이것이야말로 바빌론 제국의 절대적인 군주가 시인하는 놀라운 사실이다. 그의 두 번째 꿈에서 그런 사실이 다시 검증되고, 왕은 다시 한번 다니엘의 해석에 의존하게 된다.

4장 10-17절에 서술된 왕의 꿈은 땅 한가운데에서 나무 한 그루가 하늘까지 닿도록 자라는데, 땅끝에서도 그 나무를 본다는 것이다. 짐승들이 그 아래에서 쉬고, 새들이 그 가지에 집을 짓고, 살아있는 모든 것을 먹여 살리는 것을 본다. 하늘에서 거룩한 파수꾼들이 내려와서 큰 소리로, "이 나무를 베고 그 가지들을 꺾어 버려라. 짐승들과 새들이 도망치게 하여라. 다만 그 뿌리의 그루터기만 땅에 남겨 두어라"라고 외친다. 그리고 이 감시자들의 선고가 그를 경악하게 만든다.

> "그의 마음이 변하여 사람의 마음과 같지 않고 짐승의 마음을 가지고서
> 일곱 때를 지낼 것이다"(4:16).

왕의 소환을 받아 다니엘은 왕의 꿈이 그의 적국들을 향한 것이라고 해석하여 준다. 그러나 다니엘은 그 꿈의 도전적인 뜻을 왕에게 말해준다: "나무는 바로 임금님이십니다. 임금님은 강대해지셨습니다. 임금님의 강함이 하늘에 닿았고 임금님의 통치가 땅 끝까지 이르렀습니다." 하지만 다니엘은 계속해서 느부갓네살이 인간 사회로부터 쫓겨나서 들짐승들과 함께 살며 소처럼 풀을 먹게 되리라고 설명한다. 그러나 일곱 때가 지나고 나서 가장 높으신 분께서 인간의 왕국들을 통치하신다는 것을 깨닫게 되고 그의 왕권이 회복될 것이라고 설명한다. 그런 맥락에서 다니엘은 왕에게 그의 번영을 지속시키기 위해서 죄 사함을 받고 정의를 실천하라고 권한다.

열두 달이 지난 후에 왕이 왕궁 옥상에 올라가서 거닐 때 바빌론의 찬란한 위용을 보며 중얼거린다: "내가 세운 이 도성, 이 거대한 바빌론을 보라! 나의 권세와 능력과 나의 영화와 위엄이 그대로 나타나 있

지 않은가!" 그 말이 채 끝나기도 전에 하늘로부터 소리가 들려 온다: "느부갓네살아, 왕권이 너에게서 떠났다!" 그 순간 느부갓네살은 짐승으로 변하여 소처럼 풀을 뜯어 먹고, 머리카락은 독수리의 깃털처럼 자라고, 그의 손톱은 새의 발톱같이 자란다. 한 제국의 통치자인 왕이 공격적인 성격으로 변한다. 이사야 11장 7절과 65장 25절에 언급된 "사자가 소처럼 여물을 먹을 것이다"라는 예고가 성취된 것이다.

일곱 때가 지나서 정신을 차리게 된 느부갓네살의 통치가 다시 회복된다. 그러나 단지 "'나라'와 '주권'은 대대로 가장 높으신 분께서 원하시는 바에 따라 주시는 선물이 된다"는 사실을 인정하고 나서 그렇게 된다. 앞서 그가 말했던 바를 다시 확인하게 된 것이다.

"그의 주권/통치는 영원한 것이고 그의 왕국은 대대로 이어진다"(4:34).

이사야 14장 12-17절에 서술된 것처럼, 바빌론 왕의 자만함이 이 묵시 책을 저술한 이들로 하여금 왕국과 그 권세와 관련한 주권/통치의 문제를 느부갓네살이 인물화한 것으로 묘사하게 한 것 같다: "네가 평소에 늘 장담하더니, 내가 가장 높은 하늘로 올라가겠다. '엘'의 별들보다 더 높은 곳에 나의 보좌를 두고 신들이 모이는 산 위에 자리 잡고 앉겠다. 내가 저 구름 위에 올라가서 가장 높으신 분과 같아지겠다."

그러한 느부갓네살의 주권/통치에 관한 호언장담을 '에피파네스' (하나님이 나타나다)라고 자신을 부른 안티오쿠스 4세에게 대입시킨 것이다. 그래서 다니엘 11장 36절은 안티오쿠스가 자기 좋을 대로 한다고 서술한다. 그가 자기 스스로를 높이고 다른 어떤 신들보다 더 위대하다고 말하며 엘로힘(신들, gods)의 엘로힘(하나님, God)을 조롱할 것이다. 진노의 때가 오기까지 그가 번성하지만, 정해진 일들은 성취되고 말 것이다.

신바빌론의 마지막 왕 벨사살의 폐위가 안티오쿠스 에피파네스의 통치가 끝장나는 그 예시가 된다. 벨사살이 천 명에 달하는 귀빈들과 그 아내들과 첩들을 불러 큰 잔치를 베풀고 예루살렘의 엘로힘의 집에서 갈취해 온 금그릇과 은그릇으로 실컷 먹고 마신다. 그들이 금으로 된 신들, 은과 동으로 된 신들 그리고 나무와 돌로 된 신들을 마시며 축제를 가질 때 한 사람의 손이 나타나서 궁전의 석고 벽에 글을 쓰기 시작한다. 겁에 질린 벨사살은 바빌론의 모든 지혜자에게 그 글을 해석하라고 명하지만 아무도 하지 못한다. 다니엘이 왕 앞에 불려오고 왕은 그가 포로 생활을 하는 사람임을 알고 그의 지혜와 지식을 인정한다. 다니엘이 그 글을 해석해 주기 전에 벨사살에게 그의 아버지가 '가장 높으신 분에게 속한 주권/통치'를 깨닫기 전에 들짐승들과 함께 살았던 굴욕적인 경험을 상기시킨다. 다니엘은 "하늘의 주"를 거역하여 자신을 더 높이고 "그가 누리는 권세가 바로 하나님의 권세"라는 사실을 망각한 왕을 질책한다. 그 글이 하나님에게서 비롯된 것이라고 말하며 다니엘은 그 글을 하나씩 해석해 준다.

> "'메네'는 엘로힘께서 이미 임금님의 나라의 시대를 계산하셔서 그것이 끝나게 하셨다는 것이고, '데겔'은 임금님이 저울에 달리셨는데 무게가 부족함이 드러났다는 것이고, '바르신'은 임금님의 왕국이 둘로 나뉘어서 메데와 페르시아에게 넘어갔다는 뜻입니다"(5:26-28).

그의 글 해석을 치하하여 왕은 다니엘에게 자색 옷을 입히고 그의 목에 금목걸이를 걸어 주고, 그 나라에서 세 번째 가는 통치자로 삼는다. 하지만 벨사살과 그가 통치하던 신바빌론제국은 끝장이 난다.

> "바로 그 날 밤에 갈대아의 벨사살 왕은 살해되었고 메데 사람 다리우스가 그의 나이 예순둘에 그 나라를 차지하였다"(5:31).

아람어로 전수된 2장 4절 상반부터 7장 2절까지의 묵시적 환상과 꿈들에서 중요한 문제들로 부각된 것이 바로 '주권/통치'와 '왕국'의 문제다. 그러나 네 제국들의 왕 중 첫 번째인 느부갓네살이 그 서두가 된다. 그가 꾼 두 번째 꿈이 그의 통치/주권과 왕국을 도전한다. 그가 꾼 첫 번째 꿈은 하나님이 시작하실 다른 '왕국'의 종말적 전망을 드러내지 않는다. 그러나 왕은 그가 꾼 꿈을 기억하지 못한다. 하나님께서 다니엘에게 꿈을 해몽할 수 있도록 환상을 보이시고 나서야 가능했다. 아무튼 왕은 꿈을 기억하지 못하여 마음이 답답하여 잠을 이루지 못하고 마술사와 주술가와 점쟁이와 점성가들을 모두 불러 그가 꾼 꿈이 무엇인지 알아내라고 명령한다. 그들이 왕에게 무슨 꿈을 꾸었는지 말해 달라고 하자 그들이 알아내지 못하면 그들의 몸을 토막 내어 마디마다 잘라버리고 그들의 집을 부수어 버리겠다고 위협한다. 대신 그들이 왕이 꾼 꿈을 알아내면 그들에게 보상하겠다고 말한다.

그러나 아무도 왕이 꾼 꿈이 무엇인지 알아내지 못한다. 그래서 그들 모두 처형을 당하게 된다. 다니엘도 그 처형에서 제외되지 않는다. 그런데 그날 밤 다니엘이 본 환상 속에 왕이 꾼 그 꿈이 나타나고, 다니엘은 "그의 조상들의 엘로힘"께서 그와 그의 세 동료가 간구하여 보여 주셨다고 감사의 찬양을 드린다. 왕이 명령한 바빌론의 모든 지혜자의 처형을 중단시키고 다니엘은 왕 앞에 나아가서 고한다: "하늘에 계시는 '엘라'(하나님, God)만이 비밀을 알려 주십니다. 하나님께서 느부갓네살 임금님에게 앞으로 일어날 일이 무엇이라는 것을 알려 주셨습니다." 다니엘은 왕이 꾼 꿈이 무엇인지 말해 주기 전에 자기 자신의 지혜가 아니라 하나님께서 그 비밀을 보이신 것이라고 분명하게 말한다.

그는 왕이 네 가지 다른 금속으로 만들어진 거대한 신상을 꿈에서 보았다고 말해 준다. 그 신상의 머리는 순금이고, 가슴과 팔은 은이고, 배와 넓적다리는 놋쇠이고, 그 무릎 아래는 쇠고, 일부는 진흙이었다고 말한다. 왕이 보고 있는 동안에 "돌 하나가 난데없이 날아 들어와서 쇠와 진흙으로 된 그 신상의 발을 쳐서 부러뜨렸다"는 것이다. 그렇게 부서진 신상은 바람에 날려 가서 그 흔적도 찾지 못하게 되었다는 것이다. 그런데 그 "신상을 부순 돌은 커다란 산이 되어 온 땅에 가득 찼다"고 말해 준다.

그 신상은 제국들이 계속해서 이어져 가는 것을 상징한다. 다니엘은 네 개의 금속이 각 제국을 상징한다고 설명한다. 하지만 그의 포로 생활의 맥락에서 그 네 제국 중 첫 번째인 바빌론만이 존재한다. 그래서 그는 느부갓네살왕에게 "오, 임금님, 당신은 금으로 된 머리이십니다"라고 고한다. 곧 다른 왕들보다 우두머리가 된다는 것이다. 그의 제국에 이어 메데와 페르시아, 마게도니아의 알렉산더 대제가 나타날 것이고 프톨레미와 셀류시드의 왕국이 이어질 것이다. 그러나 그 이름들은 밝히지 않고 그 성격만 언급한다. 은으로 된 왕국은 바빌론보다 강하지 못할 것이다. 그러나 동으로 된 왕국은 "온 땅을 지배할 것이다." 넷째 나라는 쇠처럼 강해서 모든 것을 으깨고 박살 낼 것이다.

그러나 쇠와 진흙으로 된 그 발은 갈라진 왕국을 상징하는데, 그 나라는 지속하지 못하게 된다는 것이다.

> "그 왕들의 시대에 하늘에 계신 '엘라'(하나님, God)께서 한 '왕국'을 세우실 터인데 그 나라는 영원히 망하지 않을 것이며 그 나라가 도리어 다른 모든 나라를 쳐서 멸망시키고 영원히 설 것이다"(2:44).

그 꿈의 절정으로 사람의 손이 아닌 난데없이 날아 들어온 돌인 '하나님의 나라'가 하나님의 백성들이 탄생한 원초적 고향 시내산처럼 산으로 되어 온 땅을 차지하게 된다는 말로 끝을 맺는다.

꿈의 해석을 마치면서 다니엘은 "위대하신 '엘라'께서 앞으로 일어날 일을 왕에게 알려 주시고 그 꿈은 반드시 이루어질 것이며 그의 해몽도 틀림이 없다"고 권위 있게 말한다. 느부갓네살왕은 땅에 얼굴을 대고 엎드려 다니엘에게 절하면서, "그대들의 엘로힘은 엘로힘(신들, gods)의 '엘라'이시고 '왕'들 가운데 '마레'(주)이시어 비밀을 드러내신다"고 고백한다. 그리고는 다니엘에게 푸짐한 선물을 하사하고, 그를 바빌론의 모든 지역을 통치하며 바빌론 안에 있는 모든 지혜자의 우두머리가 되도록 명한다. 그의 다른 세 명의 동료는 바빌론의 다른 지역을 관장하도록 하지만, 다니엘은 왕궁에 머문다.

2장 4절 상반부터 7장 28절에 이르는 아람어 전승이 느부갓네살의 꿈을 소개하면서 "세상의 끝 날에 일어날 일들"에 대한 문을 연다. 그리고 7장 1-14절의 다니엘이 꾼 꿈으로 끝을 낸다. 그 중간에 수록된 3-6장은 "이스라엘의 왕족"과 엘로힘 사이에 가진 상호 신뢰를 서술한다. 그리고 이스라엘의 왕족은 엘로힘께서 그들이 경험하는 무한

대한 가능성의 기원임을 확고하게 천명한다.

　다니엘이 본 꿈의 환상은 느부갓네살의 꿈에서 본 네 제국과 흡사하다. 다만 네 개의 금속 대신 그 제국들이 네 마리의 무시무시한 괴물들의 혼합체로 상징된다. 첫 번째 제국은 사자와 같은데 독수리의 날개를 가지고 있다. 그리고 그 날개들은 뽑힌다. 그 짐승은 사람처럼 발을 땅에 두 발을 디디고 서고 사람의 마음까지 가진다. 느부갓네살의 바빌론 왕국을 지시한다. 두 번째 괴물은 곰처럼 생겼는데 갈빗대 세 개를 입에 물고 있다. 이는 많은 사람을 살상한 것을 묘사하며, 메데 왕국을 지시한다. 이사야 13장 17-18절에 "메데 군인들은 은 따위에는 관심도 없고 금 같은 것도 좋아하지 않는다. 그들은 활로 젊은이들을 쏘아 갈기갈기 찢어 죽이며 갓난아기를 가엾게 여기지 않고 아이들을 불쌍하게 여기지 않는다"고 말한다. 페르시아제국은 등 뒤에 네 개의 날개가 있고 머리도 네 개나 되는 표범처럼 생겼다. 그것은 네 명의 왕, 곧 고레스, 아하수에로, 아닥사스와 다리우스를 대표한다. "그들에게 다스리도록 때를 주었다"는 표현대로 오랜 기간의 통치를 한 제국이다. 넷째 짐승은 사납고 무섭게 생겼으며 힘이 아주 강한 짐승인데 "쇠로 된 큰 이빨을 가지고 있었다." 알렉산더 대왕의 철제 무기 사용을 암시한다. 열 개의 뿔은 그의 장군들이 집합적으로 보인 큰 군사력을 은유적으로 표현한 것이고, 프톨레미와 셀류시드의 왕들이 번갈아 가며 유다를 지배한 것을 지시한다. "한 작은 뿔 하나가 먼저 나온 뿔 가운데서 나왔다"는 표현은 자기의 형 셀레우코스 4세를 살해하여 셀류시드 왕을 승계한 안티오쿠스 4세를 지시한다(다니 7:8).

　다니엘이 꿈에서 본 환상은 느부갓네살의 꿈보다 그 제국들과 제왕들의 공격적인 면모를 더 상세하게 전한다. 하지만 새로 돋아난 뿔이 "사람의 눈과 같은 눈들을 가지고 있고 입이 있어 거만하게 말하였다"고 마지막 부분에 덧붙이는데, 그것은 안티오쿠스 4세가 자신을 신의 화신이라며 '에피파네스'라고 부른 것을 시사한다. 그의 환상은 계속해서 하나님께서 하늘의 법정을 여시는 것을 본다. "옛적부터 계신 분"이 옥좌에 앉아 계시고 그 수하에 수천 명이 수종을 드는데, 그가 심판의 책들을 펼치는 것을 본다.

> "한 옥좌에 옛적부터 계신 분이 앉으셨는데 옷은 눈과 같이 희고 머리카락은 양 털과 같이 깨끗하였다. 옥좌에서는 불꽃이 일고 옥좌의 바퀴에서는 불길이 치솟았으며 불길이 강물처럼 그에게서 흘러나왔다. 수종드는 사람이 수천이요 모시고 서 있는 사람이 수만이었다. 심판이 시작되는데 책들이 펴져 있었다"(다니 7:9-10).

다니엘이 보고 있는 동안에 "작은 뿔이 떠드는 소리를" 듣는다. 그리고 "그 짐승이 살해되고 그 시체가 타는 불에 던져지는 것을 본다." 안티오쿠스 4세가 페르시아의 전투에서 패하고 기원전 164년 안디옥으로 돌아갔을 때 병에 걸려 죽게 되었을 것인데, 하늘의 법정의 판결로는 하나님이 보시는 가운데 그의 몸이 불 속에 던져지는 것으로 서술된다.[3] 종말적 실체의 관점에서 안티오쿠스 에피파네스의 통치는 그렇게 끝이 난다.

7장 13-14절의 다니엘이 밤에 본 환상이 2장 4절 상반에서 7장 28절까지의 아람어 전승을 종결한다.

---

3 안티오쿠스의 죽음에 대한 다른 서술은 마카비하 9:1-29를 보라.

"내가 밤에 환상을 보았는데 '한 사람과 같은 이'가 하늘의 구름을 타고 오는 것을 보았다. 그는 '옛적부터 계신 분'에게 나아가 그 앞에 섰다. 그에게 주권과 영광과 모든 다스리는 권세가 주어져 민족과 언어가 다른 뭇 백성이 그를 경배하게 되었다. 그의 통치/주권은 영원하고 사라지지 않을 것이며 그의 왕권은 결코 멸망하지 않을 것이다"(다니 7:13하-14).[4]

이름이 밝혀지지 않은 한 사람이 하늘로 올라가서 하나님 앞에 선 것이다. 그는 한 사람 예언자이지만 예루살렘에서 새 하늘과 새 땅을 바라보며 함께 했던 예언자들의 집단에 속한 사람일 것이다. 신적인 영감으로 함께 저항 운동에 가담하고 머지않아 실현될 역사 변화에서 "사람과 같은 사람"을 인물화할 수 있었을 것이다.[5]

다니엘은 그가 본 것들로 어리둥절해지고 두려워서 거기 시중드는 이들에게 "이 일의 참뜻"이 무엇인지 묻게 된다. 꿈과 환상을 해석하는 다니엘이지만 하늘에서 시중드는 이가 그 모든 일이 하늘에서 기원한다는 설명을 해준다. 처음에는 그 요약적인 내용만 듣는다. 그것은 느브갓네살의 꿈 내용과 일치한다.

7장 19절이 묘사하는 것처럼 다니엘은 특별히 열 개의 뿔을 가진 넷째 짐승에 대하여 관심을 가진다. 특히 "눈을 가지고 입으로 거만하게 말하며 다른 것들보다 힘이 센 것처럼 보이는" 그 뿔을 관심한다. 그 뿔에게 다니엘이 특별한 관심을 가지는 것은 그 뿔이 헬라화 개혁

---

4 '사람과 같은 이'가 복음서에서 '사람의 아들'이라고 예수께서 자신을 지칭한 것과 상관관계를 가진 것과 그 의미에 대하여 참조. 강요섭, 『사람의 아들 예수 그리고 그의 기적과 비유』(서울: Veritas Press, 2012), 40-53을 보라.

5 Burridge, *New Heaven and New Earth*, 111.

을 반대하고 그들의 종교적 신앙과 영적인 삶을 억누른 데 항거한 유다인들을 박해한 안티오쿠스 에피파네스를 역사적 맥락에서 인물화하였기 때문이다. 다니엘이 계속해서 볼 때 "이 뿔은 거룩한 사람들에 맞서서 전쟁을 일으키고 그들을 이긴다"(다니 7:21). 그의 묵시가 예루살렘의 맥락을 반영하기에 다니엘은 7장 13-14절의 환상을 셀류시드의 박해에서 고통당하는 사람들이 곧 구원을 받게 되리라는 기대를 갖게 한다.

다니엘은 아주 새롭고 전례가 없는 '사람과 같은 이'가 하늘로 와서 '옛적부터 계신 분' 앞에 선 것을 본다는 것이다. 그는 사람이 아니다. 다만 '사람과 같은 이'다. 그 말은 그가 '신포도를 먹고 그의 이가 상한 부모'에게서 난 사람이 아니라는 말이다. 그는 분리의 도덕적 질서에 속한 사람이 아니다.

그는 "사람과 같다." 그것은 그가 창세기 2장 7절의 창조 신화에서 야훼께서 창조하신 '사람됨'을 드러내기 때문이다. 그래서 그는 땅의 사람이라기보다는 하늘의 사람이다. 그가 야훼의 현존과 엘로힘의 초월적 가능성을 화육하였기에 그렇다. 옛적부터 계신 분에게 인도되어 그는 "주권과 영광과 통치"를 받는다. 그것들은 모두 엘로힘께서 부여하시는 것들이다. '사람과 같은 이'가 하나님에게 속한 그 주권과 영광과 통치를 선물로 받는 것이다. 아브라함과 같은 수평적 상호 신뢰 안에서 하나님과 연합한 '사람과 같은 이'는 엘로힘의 무한대한 가능성을 가지게 된다.

마치 다니엘이 그의 동료들, 곧 하나냐, 미사엘, 아사랴와 연합한 것처럼 이 익명의 사람도 안티오쿠스 에피파네스에게 박해 당하고 있는 예루살렘의 묵시적 동료 예언자들과 연합한 사람이다. 이 통합적인 공동체 안에서 하늘로 올라간 '사람과 같은 이'는 가명의 예언자다. 그는 '한 사람'이지만 7장 27절 하반에서 시사하는 "지극히 높으신 분의 거룩한 백성들"인 "많은 사람들"과 연합한 사람이다. "그 한 사람"처럼 그들이 모두 "모든 하늘 아래에 있는 왕국들의 통치/주권과 위대함과 나라들을" 받게 될 것이다. 그들 모두가 우주적인 정체성 결합의 관계 안에서 엘로힘의 새로운 신적 협의회의 대표들이 되어 하나님의 새 이스라엘인 왕적 가족을 구성할 것이다.

> "나라와 권세와 온 천히 열국의 위력이 가장 높으신 분의 거룩한 백성에게로 돌아갈 것이다. 그의 나라는 영원한 나라다. 권세를 가진 모든 통치자가 그를 섬기며 복종할 것이다"(7:27).

엘로힘의 주권과 통치와 그의 왕국이 '하나'이며 '많은 이'에게 주어질 것이다. 다니엘 7장 27절은 하나와 많은 이들이 통합하게 됨으로 "그 나라가 영원하다"고 증언한다. 더욱이 "모든 나라의 통치자들이 그를 섬기고 복종할 것이다"라고 한다. 가장 높으신 분의 거룩한 백성에게 온 하늘 아래에 있는 위대한 왕국들이 속하게 되기 때문이다.

하지만 그들이 누릴 하나님의 나라는 잠재적 가능성이다. 이미 이루어진 것이 아니다. 7장 13절이 시사하는 것처럼 그들의 주권이 전제되어 아람어 '말쿠'인 그들의 통치가 실시된다.[6] 그들이 통치할 주권을 받는다. 하지만 하나님께서 주실 왕국은 그들 자신이 세워야 한다. 그것은 그들의 왕국이기 때문이다. 그러나 하나님의 새로운 이스라엘

---

6 NRSV영역은 kingship으로 번역했다.

인 그들의 정체성 안에서 그들은 하나님의 무한대한 가능성과 통합된 왕국이 될 것이다.

'하나'이며 '많은' 이의 통합된 공동체가 시작할 왕국은 각기 나누어진 왕권들의 복합체가 아니다. 그것은 야훼의 창조로 된 그 '사람됨'을 이룬 각 개인이 조직적으로 구성한 것이다. 그 같은 우주적인 주권에 참여하는 모든 사람은 무방비함과 동시에 무력함으로 하나님의 무한대한 가능성에 접해야 한다. 그렇게 될 때 그들은 분리의 도덕적 질서에 갇혀 있는 모든 사람을 그들의 왕국으로 끌어들일 수 있을 것이다.

'에피파네스'라고 스스로 신격화한 안티오쿠스 4세를 인물화시킨 뿔이 예루살렘에 있는 안디옥이 당면하고 있는 현실이다. 그 현실은 "거룩한 사람들과 전쟁을 벌이고 그들을 이기고" 있다.

> "그가 가장 높으신 분에 대항하여 말하며, 가장 높으신 분의 성도들을 괴롭히며 성스럽게 정해진 계절과 때를 바꾸라고 할 것이다. 그들은 한 때와 두 때와 반 때까지 그의 권세 아래 있게 될 것이다"(7:25).

정해진 3년 반이 지날 때 하늘의 법정이 개정되고, 7장 9-12절에서 본 대로 안티오쿠스가 멸망하고 그의 주권이 끝나게 될 것이다. 그러나 8장 13-14절이 기대하는 것처럼 "멸망할 가증한 것"이 먼저 제거되고 "성소가 깨끗해져야 한다."

7장 28절에서 다니엘이 말하듯이 "여기서 말이 멈춘다." 그러나 그는 앞서 꿈에서 본 환상에 압도되어 고민하게 된다. 그리고 그의 근심스러운 고뇌 때문에 그의 얼굴이 창백하게 되지만 그저 마음에 담아 둔다. 이것이 2장 4절 상반부터 7장 28절까지의 아람어 전승을 결론짓는다. 아람어로 된 묵시적 꿈들과 해석들을 언어상의 거리를 두고 다시 말해 주어 이해하게 한 것이다. 아람어로 기록하여 거리를 가지게 한 것이 이제 히브리어를 사용하여 극복된다.[7] 사해문서 대부분이 히브리어로 된 것으로 보아 다니엘 8-12장의 히브리어 기록은 더 가까운 "소속감"을 주고 다니엘이 인물화하는 공동체의 맥락에 더 친근하게 소통하려는 의도로 보인다.

다니엘의 두 번째 환상이 8장에 서술되는데, 미래에 대하여 비슷한 전망을 제시한다. 이야기를 다시 되풀이하는 것은 필요하다. 그것은 당면하는 문제를 새로운 이미지로 되풀이하고 해석하는 것이 보다 폭넓은 이해를 줄 수 있기 때문이다. 다니엘이 "그 뿔"과 "그 백성"이 처한 마지막 날의 맥락에서 더 많은 것을 알게 되면서 포로로 살아가는 현실에서 감정이 더욱 격해진다. 그런 상태에서 그는 히브리어로 된 8-12장의 꿈에 대한 해석을 서술한다.

"이런 놀라운 일들이 끝나기까지 얼마나 더 있어야 합니까?" 하고 12장 6절에 다니엘이 묻는다. 가브리엘이 "모시 옷을 입고… 그의 오른손과 왼손을 하늘을 향하여 쳐들고 영원히 살아계시는 분에게 맹세하기를 '한 때'와 '두 때'와 '반 때'가 지나야 한다는 소리를" 내가 들었다고 증언한다. 그렇게 거룩한 백성이 받는 억압과 박해가 끝나야만 7장 13-14절과 27절의 환상이 성취된다는 것이다. 하지만 다니엘은 그보다 더 알고 싶어 한다: "주여, 그런 일들이 어떤 결과를 가져다 주겠습니까?" 하지만 그는 대답 대신 사명을 받는다:

---

7 Collins, *The Apocalyptic Imagination*, 89-90이 다니엘이 두 언어를 채택한 문제를 논의한다.

"다니엘아, 가거라. 이 말씀은 마지막이 올 때까지 은밀하게 간직되고 감추어질 것이다. 많은 사람이 성결케 되고 깨끗해질 것이다. 그러나 악한 사람은 이해하지 못하고 계속 악해질 것이다. 지혜 있는 사람들만이 이해할 것이다. 날마다 드리는 제사가 없어지고 멸망케 하는 가증스러운 것이 세워질 때부터 천이백구십 일이 지나가기까지 기다리면서 참는 사람은 복이 있을 것이다"(다니 12:9-11).

예루살렘에 있던 묵시적 예언자 공동체의 한 사람 예언자가 "사람과 같은 이"를 인물화한 사람일 것이다. 그가 이 묵시의 신비로운 비밀을 이해하고, 그 책의 내용이 그에게 알려진 것이다. 그가 아직 기다리는 동안 옛 도덕적 질서가 머지않아 끝나게 된다는 사실을 알게 된다. 하지만 묵시적 이념이 다 그렇듯이 그와 그가 속한 공동체는 그 시간을 다시 설정하지 않으면 안 된다.[8] 앞에서 "한 때, 두 때 그리고 반 때"라고 했던 시간 계산은 일천백오십일(8:14)과 같지 않다. 이제 마지막 날까지 일천이백구십일(12:11)을 기다려야 하고, 새로운 창조가 시작하자면 45일을 더 기다려야 한다.

"천삼백삼십오 일이 지나기까지 기다리면서 참는 사람은 복이 있을 것이다. 그러나 너는 네가 갈 길을 다 가서 쉬어라. 끝 날에 너는 일어나서 네가 받을 보상을 받을 것이다."

---

8 W. Sibley Towner, *Daniel: Interpretation. A Bible Commentary for Teaching and Preaching* (Atlanta: John Knox Press, 1984), 170-171.

2 5 장
납달리의 언약[유언]

납달리의 언약[유언]은 야곱의 열두 아들의 마지막 말씀들을 수집
한 것으로 알려진 '12족장의 언약' 중 하나다. 그 기록 연대는 2세기
기독교가 보충시킨 부분들이 있어서 논란이 많다. 하지만 하스모니
왕정과 안티오쿠스 4세가 죽은 후 마카비 왕들의 맥락에서 다니엘의
묵시를 언급하고 있는 점에서 150년에서 기원전 2세기 말에 기록되
었다는 견해가 유력하다.

다른 열한 형제들처럼 납달리도 초기 이스라엘에서 겪은 자신의
이야기를 자기의 지파에게 말해 주려고 한다. 자기의 지파에게 하나
님의 법을 지키고 해와 달과 별들의 운행을 따라서 살도록 권장한다.
바빌론 포로로 고통을 당하게 되고 하나님의 자비로 귀환하게 될 것
을 비연대기적으로 서술하는데, 그들이 모국에 돌아와서 다시 지중해
지역으로 흩어져 살게 되리라고 예고한다.

"그들이 조상의 땅으로 돌아온 후에 다시 주님을 잊어버릴 것이다. 그래
서 주께서는 그들을 온 땅 위로 흩어지게 하실 것이다."

납달리는 기원전 2세기의 역사적 맥락을 반영하고 다니엘서의 빛에서 이스라엘의 현재적 정황을 종말론적으로 분석한다. 그는 아버지 야곱의 메신저 역할을 한다고 말한다. 그는 아버지가 아들 요셉을 잃고 슬퍼할 때 그를 위로한다. 그리고 감람산에서 환상을 보며 요셉과 관계를 가진다. 납달리는 해와 달이 멈추어 있을 때 할아버지 이삭이 그와 그의 형제들에게, "달려가라. 힘껏 달려가서 그것을 잡아라. 붙잡는 사람이 그것을 차지할 것이다"라고 말한다. 아브라함이 아니라 이삭이 종족 간의 경쟁을 고무하는 것이 흥미롭다: "우리는 모두 뛰어갔다. 레위는 해를 붙잡았고 유다는 다른 형제들을 앞질러 달을 붙잡았다."

그래서 레위는 해처럼 되고 어떤 젊은이가 그에게 열두 개의 종려나무 가지를 준다. 한편 유다는 달처럼 밝게 되었다. 그들이 모두 합하여 열두 개의 영광스러운 빛을 비추게 되었다. 그런데 그 두 형제가 해와 달을 붙잡고 있을 때 두 개의 큰 뿔을 가지고 등에는 독수리의 날개가 달린 황소가 나타난다. 그들이 그 황소를 붙잡으려고 하였지만 잡지 못하였다. 그러자 갑자기 그들의 동생 요셉이 나타나서 그 황소를 붙잡아 하늘로 올라갔다: "내가 보았다. 내가 거기서 보았다. 우리는 거룩한 글을 보았다: '앗시리아, 메데, 페르시아, [갈대아?] 시리아가 이스라엘의 열두 지파들을 잡아갈 것이다.'"

납달리가 언급한 "거룩한 글"이 다니엘의 묵시임에 틀림이 없다. 네 제국의 마지막에 시리아를 언급한 "이스라엘의 열두 지파를 포로"로 잡아가는 것에 대한 환상과 꿈들은 다니엘의 묵시와 연결된다.

첫 번째 꿈은 이스라엘의 조상인 레위와 유다에 관한 것이다. 하나님께서 레위를 대제사장직에 선택하시고 유다에게 왕권의 보좌를 주셨다. 하지만 그의 후손들은 이스라엘 역사에서 지금의 하스모니 왕정 안에서 그들에게 맡겨진 임무를 수행할 수 없다. 에스겔 40-48장의 환상대로 해와 달과 그것이 지시하는 일들이 레위와 유다의 후손들에게 속한 것인데 뿔소가 나타나서 그것을 방해한 것이다.

마카비 형제들, 시몬과 요나단 그리고 그 뒤를 이어 요한 힐가누스가 대제사장직과 유다의 왕권을 모두 장악하였다. 대제사장직을 레위 지파와 그 후손들에게 제한시킨 율법의 지시를 무시하여 이스라엘이 셀류시드 지배로부터 가까스로 얻은 독립한 시기에 위기를 조성한 것이다.[1] 마카비 형제들이 황소의 인물화인 셈이다. 두 개의 뿔은 그들이 장악한 두 가지 권력, 곧 대제사장직과 왕권을 상징한다. 그리고 독수리 날개들은 유다 공동체로부터 당하는 모든 반대와 항거를 초월하는 힘을 상징한다. 요셉이 그 뿔소를 붙잡고 하늘로 올라갔지만, 과연 이스라엘의 대제사장직과 왕권을 다시 수립하려고 지상으로 돌아올까?

그리고 왜 요셉이 여기에 등장하나? 납달리가 다니엘서를 근거로 요셉이 이스라엘을 구원하리라고 여긴다. 요셉이 형들에 위해서 이집트로 팔려 가지만, 그 나라의 총리에 올라 야곱과 그의 열한 형제들과 모든 가솔을 기아에서 구하고 이집트로 오게 하여 이집트의 권력자로서 그들을 돌보았다. 야곱은 알지 못했지만, 납달리는 알고 요셉이 총리가 된 것을 야곱에게 알려 주었다. 이제 하스모니 마카비 왕권에서 납달리는 비슷한 정황에 처한다. 야곱은 요셉이 어디 있는지 모르지만, 납달리는 안다. 그리고 야곱이 알게 되도록 그의 두 번째 꿈을 말해 준다.

---

1 참조. 출애 28-29장; 민수 16장.

납달리 6:1-6

"이레 후에 나는 아버지 야곱이 얌니아 바닷가에 서 계신 것을 보았다. 우리도 그와 같이 있었다. 그런데 배 한 척이 오고 있었는데 선원이나 선장이 없었다. 그 배에는 '야곱의 배'라는 글이 쓰여 있었다. 아버지가 우리에게 말씀하셨다. '자, 가자 배에 오르자.' 우리들이 배에 오르자 큰 회오리바람과 함께 풍랑이 일어났다. 배의 선장이던 아버지가 떠나시고 우리 모두는 바다 한가운데로 표류하고 배에 물이 가득 차올랐다. 배는 파도에 밀리고 완전히 부서지게 되었다. 그런데 요셉은 작은 배를 타고 나갔다. 하지만 우리들은 아홉 개의 조각을 타고 각기 흩어졌다. 레위와 유다는 같이 있었다. 그렇게 우리는 모두 땅끝까지 흩어졌다. 레위가 베옷을 입고 주께 구하였다. 그리고 폭풍이 가라앉고 배는 온전하게 육지에 닿았다. 그런데 아버지께서 그리로 오셨다. 우리 모두는 한목소리로 기뻐하였다."

납달리가 다니엘의 묵시를 읽고 7장 1-28절의 환상을 알고 있었음에 틀림없다. 그는 "사람과 같은 이"가 하늘로 올라가서 주권과 영광과 왕권을 받은 종말적 사건을 서술한 것을 잘 알고 있었음을 암시한다. 그는 '사람과 같은 이'가 요셉이라고 해석했을 것이다. 요셉이 아니고 다른 그 누구겠는가? 이집트에서 요셉이 총리가 된 그 모습과 같지 않은가?

하지만 그 요셉이 뿔 달린 황소를 하늘로 데리고 간 그 요셉인가? 하늘로 데리고 가서 하스모니 왕권을 종식시키고 대제사장직과 왕권을 다시 수립한 것인가?

납달리의 두 번째 꿈은 다니엘 7장 13-14절의 해석으로 보인다. 야곱과 그의 열두 아들을 인물화한 이스라엘이 지중해 지역 세계로 흩어져 다니엘이 꿈꾼 그 세계적 종말을 성취하는 빛이 되려고 한다. "야곱의 배"라는 이름을 가진 배이기에 이방 세계에서 다니엘의 세계성을 성취하도록 야곱의 열두 아들을 초청하는 것이다. 하지만 그들이 배에 오르자마자 강렬한 풍랑에 휩싸인다. 그리고 선장의 자리에 있어야 할 야곱이 갑자기 사라진다. 이념적 필요에 의해서일 것이다!

야곱은 "많은 민족의 아버지"로 걸어간 아브라함의 미래와는 달리 이스라엘의 종족을 대표하는 그의 미래로 절뚝거리며 걸어간 인물이다. 그리고 야곱은 초월적인 엘로힘과 그의 무한대한 가능성과 연합하기보다는 자신의 가능성만을 추구하였던 사람이다. 그래서 야곱의 세계성은 세상의 혼란스러운 세력에 파선 당한 배에 비교할 수 있을 것이다. 그의 아들들은 이방 세계에 뿔뿔이 흩어진다. 아홉 개의 조각을 타고 각기 흩어져 가듯이 말이다. 납달리가 첫 번에 해와 달의 꿈에서 본 대로 레위와 유다는 파선된 배 조각에 함께 있다. 그로써 납달리는 전통적인 제사장직과 왕권이 따로 구분되어야 한다고 확신한다. 베옷을 입은 레위가 그의 제사장 임무를 수행한다. 왕권과는 별개로 흩어진 이스라엘을 대신하여 간구한다. 결국 폭풍이 끝나고 야곱의 배는 야곱의 열두 아들이 배 안에서 다시 만난다. 그리고 유다 모국 땅으로 돌아온다. 아버지 야곱, 이스라엘이 거기에서 그들을 기다리고 있을 것이다.

요셉이 거기에 그들과 함께 있게 될까? 야곱과 그의 아들들이 예언적 유산이 지닌 세계성을 성취하려고 하는 동안 요셉은 이스라엘을 구하려고 하늘로 올라간 '사람과 같은 이'일까? 그리고 이스라엘은 지금의 상황에서 다니엘이 본 종말적 환상을 과연 성취할 수 있을까?

납달리의 두 번째 꿈은 하스모니가 지배하던 이스라엘의 위기 상황을 은유적으로 묘사하며 신구약 중간기의 이스라엘의 세계를 구성한다. 대제사장직과 유다 왕권을 병합시킨 데 대한 반대 세력이 형성되는가 하면 다른 한편에서 하스모니 정권은 가까스로 쟁취한 독립이 여전히 셀류시드제국의 위협을 받고 있다. 요셉이 작은 배를 타고 그의 형제들에게서 떠나갔다. 그리고 야곱은 그가 어디에 있는지 모른다. 하지만 납달리는 알고 있다. 그가 아버지 야곱에게 무슨 대답을 주게 될까?

그러자 아버지께서 내게 말씀하셨다. "나는 하나님께서 그를 살리신다고 믿는다. 주께서는 언제나 그를 보살펴 주시기 때문이다." 그리고 울면서 그가 말씀하셨다. "아, 내 아들 요셉아. 살아 있거라. 비록 내가 너를 지키지 못하고 네가 너를 낳은 야곱을 보지 못하지만…." 그 말씀을 듣고 나도 울었다. 내 마음속이 불타는 것 같아 요셉이 팔려 가고 내 형제들을 내가 두려워한다고 외치고 싶었다.

요셉은 팔려 갔다. 하지만 이번에는 그의 형제들이 그런 게 아니다. 지금은 사마리아가 그를 판 것이다. 앗시리아가 북왕국을 점거하면서 그들의 범신론에 따라 혼혈혼을 통하여 백성들을 더럽혀서 이스라엘로부터 분리된 것이다. 납달리는 요셉이 어디 있는지 잘 안다. 그러나 형제들에게 말하기 두려워한다. 야곱은 요셉이 사마리아에 팔려간 것을 알까? 그리고 어쩌면 영원히 이스라엘로부터 분리될지를 알까? 그래서 다니엘 7장 13-14절의 환상이 성취되지 못하는 것을 알까?

하스모니 왕국은 로마의 장군 폼페이가 시민전쟁에서 로마를 장악하게 된 63년까지 지속한다. 그 왕국은 기원전 37년 로마의 원로원이 이두메 사람 헤롯 대제를 "유다인들의 왕"으로 임명하면서 막을 내린다. 그 후 로마의 꼭두각시 헤롯이 이스라엘을 통치한다.

제5부

여정의 성취

— 세례요한, 예수와 바울

26장 세례요한

27장 나사렛 예수

28장 마가복음서의 끝

29장 사도 바울과 아브라함 여정의 완결

30장 예수의 부활 — 그 존재론적 실체

2 6 장
세례요한

    세례요한은 아브람과 사래가 시작한 그 여정에 통합적으로 참여한 인물이다. 그러나 그런 통합적 여정이 "주의 길을 예비하고 그의 길을 곧게 하여라"라고 외친 '광야의 소리'의 역할을 수행하였을 때 바로 드러나지는 않는다. 하지만 이스라엘에게 하나님께서 곧 오시게 됨을 알리고 세례를 받아 회개하여 그 길을 준비하라고 하는 것은 이사야 40장 3절이 예언한 그 목소리임에 틀림없다. 그가 선포한 세례는 물속에 잠입하여 받는 물세례이다. 그리고 그 상징적 의미는 죽음과 부활의 경험이다. 세례의 결과는 창조자 하나님, 곧 '현존'이신 야훼와 '초월적 가능성'이신 엘로힘이 하나되어 땅의 흙으로 사람을 빚으시고 그의 숨결을 불어넣으신 그 사람됨을 회복하게 하는 것이다. 그래서 사람에게서 야훼의 역설적인 '현존'과 '엘로힘의 초월적 가능성'이 연합하게 하였다. 세례를 받아 죽음과 부활을 경험한 사람들은 바로 그와 같은 원래적 사람됨의 구조를 다시 얻게 된다. 따라서 그런 사람은 포괄적인 '세계성'과 '종족성'을 역설적으로 지니게 되고 하나님의 정의를 구현할 "주의 길을" 준비할 수 있다.

사독 사제들이 바빌론 포로에서 모국으로 돌아와서 신정 정치를 구성하고 이스라엘의 종교를 재건하였을 때 예언자들과 그들의 예언 직은 공식적으로 끝이 났다. 그 같은 예언자들의 활동이 없어진 시대는 암흑기였다. 하나님의 살아있는 목소리를 들을 수 없게 되었기 때문이다. 그러한 절망적 정황이 신구약 중간기였다. 요한이 출현한 때가 나사렛 예수와 다소 맞물리는 28년경으로 추정되는데, 그때는 예언 활동이 없다고 믿던 시기다. 그러나 예언 활동은 말라기 3장 1절이나 4장 5-6절에 야훼께서 하신 약속으로 예정된 바였다. 그리고 그것이 결코 폐지되지 않았었다. 예언 활동은 여전히 사람들의 희망이었고 쿰란 종파의 "공동체 규칙", 특히 1 QS 9.10-11에 "아론과 이스라엘의 예언자이며 메시아의 도래"를 명시하고 있다.[1]

예언자로서 요한은 직접적으로 말들이 끄는 병거를 타고 하늘로 올라가 있다가 말라기를 통해서 야훼께서 그가 다시 오게 된다고 말씀하신 그 엘리야와 직접 연결된다. 따라서 세례요한이 하나님께서 오실 길을 준비하기 위하여 회개하라고 선포한 것은 직접적으로 자기의 사자, "예언자 엘리야"를 먼저 보내시어 "주의 날"을 준비하게 하실 것이라고 하신 야훼의 선언과 상응한다.

"보아라. 야훼의 크고 두려운 날이 이르기 전에 내가 너희에게 엘리야 예언자를 보내겠다. 그가 아버지들의 마음을 자녀들에게로 돌이키고

---

1 미쉬나와 토세파와 탈무드의 랍비들은 예언 활동이 말라기에서 끝났다고 믿는다. "후기 예언자들, 이를테면 학개, 스가랴와 말라기가 죽고 나서 이스라엘 안에 성령은 끝이 났다"(t. Sot. 13:3)고 천명한다. 랍비들은 마가 1:11에 서술된 '하늘로부터 들린 음성', '바트 콜'이 예언자들을 능가했다고 믿는다.

자녀들의 마음을 아버지에게로 돌이킬 것이다. 내가 가서 이 땅을 파멸하도록 치겠다"(말라기 4:5-6).

마가, 마태, 누가 공관복음서는 말라기 3장 1절을 편집·인용하여 요한이 실시한 엘리야 같은 역할을 돋보이게 한다:[2] "보아라, 내가 너의 길을 닦을 내 사자를 너보다 먼저 보낸다."

마가복음 1장 6절과 마태복음 3장 4절에서 요한이 입은 옷은 엘리야와 같은 의상이다. 요한은 엘리야의 역할을 수행한다. 그러나 실제로 그는 엘리야가 아니다. 다만 광야에서 살고 있는 금욕자이다. 그러한 요한의 역설적인 모습은 창세기 2장 7절의 사람, 곧 '현존'과 '초월적 가능성'을 함께 지닌 그 사람됨과 상응한다.

누가는 처음부터 모든 것을 면밀하게 조사하고 정확하게 차례대로 기록했다고 주장하는데, 다른 복음서 저자들보다 세례요한의 출생에 보다 많은 지면을 할애한다. 요한이 사가랴라는 시골 제사장의 집에서 태어났다고 서술한다. 사가랴는 아비아 조에 배속된 제사장이었고, 그의 아내 엘리사벳은 아론의 자손이었다고 한다. 요한의 아버지 사가랴가 성전에서 연례적 제사장 의무를 수행하고 있을 때 가브리엘 천사가 그에게 나타나서 그의 아내가 아들을 잉태할 텐데 그 아이가 "엘리야의 영과 능력을 가지고 주의 선구자로 갈 것이고… 백성들로 하여금 주를 맞이할 준비를 하게 할 것이다"라고 전한다. 그리고 아들을 낳으면 요한이라고 부르라고 말해 준다. 아버지의 이름인 사가랴가 아닌 요한이라는 이름을 가지게 됨에 따라 아버지와 아들 사이에

---

2 마가 1:2; 마태 11:10; 누가 1:16-17, 76.

계속성이 깨진다. 그것은 요한이 성년이 되면서 명백해진다. 누가복음의 설화자는 "그 아기는 자라서 영으로 힘을 얻었다. 그리고 이스라엘 앞에 나타날 때까지 광야에서 살았다"고 서술한다.

제사장직은 세습제이었다. 요한 역시 아버지를 따라서 성전 제사를 맡아야 했다.[3] 제사장이 되어 그는 보호자이신 하나님과 의뢰인인 이스라엘 백성들 사이에서 중재자 역할을 해야만 했다. 그리고 그런 사제 임무를 분리의 도덕적 질서에 바탕을 둔 제도 안에서 시행했을 것이다.

하지만 요한은 그 제사장 직분에서 떠난다. 아마도 연세가 많은 그의 부모들이 세상을 떠나고 그가 광야로 가게 되면서 그랬을 것이다. 제사장이 되는 대신 예언자의 길을 선택한 것은 이스라엘의 구원 조직을 구성했던 사독 사제들의 신정 정치 체제에게 동기를 부여했던 에스겔 40-48장의 환상을 뒤집어 버린 아이러니라고 하겠다.

회개를 촉구한 그의 예언 활동은 광야와 연관된다. 아마도 그것은 엘리야가 역(逆) 출애굽을 하듯이 요단강을 건너 광야로 나아가서 하늘로 올라간 그 광야를 의미할 것이다. 그러나 요한이 광야에서 지낸 것을 마카비 시절 예루살렘 성전을 버리고 광야로 가서 쿰란 공동체를 세운 제사장들과 함께 기거한 것이라고는 볼 수는 없다. 세례를 베푸는 예언자가 된 것은 통합의 도덕성에 조직적으로 헌신한 것이다. 그는 결코 사해 광야에서 고립하여 분리의 도덕적 질서에 줄곧 참여

---

3 M. Stern, "Aspects of Jewish Society: The Priesthood and Other Classes," *The Jewish People in the First Century: Historical Geography, political History, Social Cultural and Religious Life and Institutions*, eds. S. Safrai and M. Stern (Philadelphia: Fortress Press, 1987), II, 582.

한 에세네 종파에 소속하려고 하지 않았을 것이다. 그런데도 요한이 지하에서 활동하던 묵시적 예언자들의 운동에 속했다던가 아니면 그에 영향을 받았다는 증거를 복음서에서 찾을 수 없다. 요한은 그 자신 독자적인 예언자이었다.

공관복음 전승에 따르면 요한의 세례 활동은 요단강에 집중된다. 그러나 제4복음서는 "요단강 건너편 베다니"도 포함시킨다(요한 1:28). 그곳이 어디인지 확실하지 않지만 "요단강 동쪽"이라는 표현은 예루살렘 가까이에 있는 잘 알려진 베다니와 구분 짓는 것이라고 하겠다. 요한 3장 23절에는 "살렘 근처의 애논"이라는 다른 장소를 세례를 베푼 장소라고 표현하는데, "거기에 물이 많았기 때문이다"라고 부연한다. "애논"이라는 말은 "샘물"이라는 뜻이다. 그리고 그곳은 오늘까지 그 이름이 보존되고 있는 팔레스틴의 '살림'이라는 마을4에서 파생된 '살렘'에서 보이는 그리심산 동쪽 자락에 있는 다섯 개의 샘이라고 할 수 있다. 이곳은 사마리아 지역이었다. 그렇다면 요한의 세례 사역은 유다 사람들뿐만 아니라 사마리아 사람들까지 포함시킨 것이었다는 결론에 도달한다. 더욱이 갈릴리 지역까지 포함한다. 갈릴리 지역의 사역은 헤롯 안티파스에게 투옥당하고 처형되면서 끝이 났다.

이사야 40장 3절의 목소리로 그리고 말라기 3장 1절과 4장 5-6절이 예고한 엘리야 같은 하나님의 앞선 자로 요한은 하나님께서 오실 준비를 하도록 죄의 용서를 위한 세례를 이스라엘 땅 방방곡곡에서 온 사람들에게 베푼다. 그리고 그에게 오는 군중에게 "회개에 합당한

---

4 Jerome Murphy-O'Conner, "John the Baptist and Jesus," *NTS* 36/3: 364-365; Carl H. Kraeling, *John the Baptist* (New York: Charles Scribners' Sons, 1951), 9; Charles H. H. Scobie, *John the Baptist* (Philadelphia: Fortress Press, 1964), 163-165.

열매"를 맺으라고 촉구한다. 그것은 바로 다른 사람들과는 물론이고 하나님과의 상호관계에서 드러나게 되는 통합적 도덕성을 수립하게 할 것이다.

그에게 오는 사람들에게 그는 자기가 물로 주는 세례는 하나님의 오심을 준비하는 회개의 징표이지만, 하나님께서 오셔서 베푸실 세례는 성령의 세례가 되리라고 선포한다.5

"나보다 더 능력이 있는 이가 내 뒤에 오십니다. 나는 몸을 굽혀서 그의 신발 끈을 풀 자격조차 없습니다. 나는 여러분에게 물로[물 안에서] 세례를 주지만 그는 성령으로 세례를 주실 것입니다"(마가 1:7-8).6

그 두 가지 세례는 모두 통합을 위하여 실행되는 것들이다. 물로 세례를 베푸는 것은 통합의 도덕적 질서를 구현하려는 것이다. 그리고 성령으로 세례를 베푸는 것은 성령이 화육하여 안겨주는 무한대한 가능성을 경험하게 하려는 것이다. 그런데 요한이 갈릴리에서 세례를 베풀고 있을 때 헤롯 안티파스가 그를 체포하여 옥에 가둔다.

"헤롯이 친히… 요한을 붙잡아 결박하고 옥에 가두었다. 그의 동생 빌립의 아내 헤로디아와 결혼한 일 때문이었다. 요한이 그에게 당신의 동생의 아내와 결혼하는 것이 잘못이라고 말했기 때문이다"(마가 6:17-18).

---

5 Scobie, *John the Baptist*, 70-71. "성령으로"라는 표현이 이사 44:3; 63:10; 에스겔 36:25-27; 시편 51:11에 나온다.

6 성령의 언급에 대하여 Scobie, *John the Baptist*, 70-71. 이사 44:3; 63:10, 11, 에스겔 36:25-27, 시편 51:11 등에서 "성령"을 언급한다.

마가복음 6장 20절은 계속해서 "헤롯은 요한을 의롭고 성스러운 사람으로 알고 그를 두려워하며 보호해 주었고 또 그의 말을 들으면 몹시 괴로워하면서도 오히려 달게 들었다"고 서술한다. 요한이 사형을 당한 것은 지배층 엘리트들의 부정부패의 결과였다.

술에 만취된 헤롯과 요한을 증오하는 헤로디아 그리고 그녀의 딸이 추는 춤이 서로 엉켜서 왕을 즐겁게 만들고 왕으로 하여금 "왕국의 절반이라도 주겠다"는 약속을 하게 만든다. 어머니의 사주를 받은 딸은 요한의 목을 쟁반에 달라고 요청하고 헤롯은 요한을 처단하게 된다.

요세푸스의 '안티퀴티스'(Antiquities)에 요한의 죽음에 관한 기록이 나오는데, 마가복음의 서술을 괄목하게 보충한다.[7] 요세푸스의 기록에 의하면 요한은 인기가 높은 도덕 선생이었고 "선한 사람"이었다. 그는 "유다 백성들에게 의롭게 살도록 가르치고 자기 동포들에게 정의를 실천하라고 가르쳤다. 그리고 하나님 앞에서 경건하라고 가르치며 세례를 베풀었다." 요한의 인품과 사역의 성격이 그가 베푸는 세례의 목적을 말해 준다. 이를테면 사람들로 하여금 회개를 통해서 '정체성'과 '차이'를 통합시켜서 그들의 삶 속에서 여하한 '다름'과 화해하고 정의와 경건을 실천하게 하였다는 것이다. 그러나 요세푸스는 그런 면모를 부정적으로 평가한다. 그는 오히려 헤롯이 요한을 두려워한 것을 정당화시키려고 한다. 말하자면 요한의 가르침과 회개의 세례가 헤롯의 체제를 무너뜨리려는 시도여서 헤롯이 그를 먼저 치게 된 것으로 설명한다. 하지만 요한이 그 어떤 종파적 공동체를 시도했다거나 안티파스를 제거하는 혁명을 주도했다는 증거를 찾을 수가 없다.

---

7 Josephus, *Ant.* 18.5.2; Scobie, *John the Baptist*, 183-184.

요한은 단지 이스라엘을 하나님의 오심에 앞서서 통합적 도덕적 질서
로 인도하려고 노력한 특이한 예언자였다.[8]

---

8 Josef Ernst, *Johannes der Taeufer: Interpretation-Geschichte-Wirkngsgeschichte*
  (Berlin: Walter de Gruyter, 1989), VII.

2 7 장
나사렛 예수

마가 1-15장

야훼께서 아브람과 사래에게 명하시어 시작된 그들의 여정은 "큰 민족을 이루게 하리라"는 약속을 향한 것이었다. 그들의 여정은 후에 아브라함과 사라가 "큰 민족"이 될 뿐만 아니라 그들이 "많은 민족들의 조상"이 되게 하겠다는 두 가지 약속이었다. 그러면 그 약속들이 성취될 그 장소는 어디인가? 그것은 가나안 땅으로 귀결된다. 그들이 거기에서 죽는다. 하지만 그것으로 아브라함과 사라의 여정이 끝났다고 할 수 없다. 그들에게 야훼께서 하신 약속들이 모두 이루어지지 않았기 때문이다. 그들이 시작한 여정은 그들의 후손들에게서 계속된다. 그들의 오랜 여정을 그들은 대대로 물려받은 그 약속들과 함께 계속한다. 그들의 여정은 이집트 노예 생활을 거치고 거기에서 해방되어 시내 광야를 거쳐 가나안 땅으로 들어와서 다윗의 통치 아래 위대한 왕국을 세우는 데까지 이른다. 하지만 다윗 왕조는 남과 북으로 분열되었고, 그들의 여정은 북왕국 이스라엘처럼 남왕국 유다가 바빌론

제국에 의하여 멸망하기까지 계속된 것이다.

이사야서가 사백오십 년간의 역사를 포괄하는 예언자들의 활동을 서술하는데, 바빌론 포로기와 유다로 귀환하여 사독 사제들의 신정 정치가 계속되는 동안 예언자들이 그 역사 속에서 아브라함의 통합적 도덕성을 견지하면서 그 여정을 계속한 것으로 묘사한다. 비록 박해를 당하고 지하로 숨어 들어가지만, 예언자들은 그들의 새 하늘과 새 땅을 향한 묵시적 환상 속에 그 민족의 역사 속에 이어온 야훼의 약속을 병합시켜서 유지하였다. 그들의 여정이 원래 가나안 땅이던 로마 제국이 점령한 팔레스틴에서 멈춘다. 그리고 바로 거기가 창세기 2장 7절의 인간 창조에서 의도된 통합적 도덕적 질서가 존재론적으로 성취될 "장소"가 된다.

그러면 그 긴 여정이 마침내 끝나고 아브람과 사래 또는 아브라함과 사라가 인간의 역사 속에서 모든 인간의 족장이 되고 땅 위의 모든 나라들이 복을 받게 되는 그 시간이 언제인지 정해졌나? 그 시간이란 그들의 여정이 엘로힘께서 아브라함과 맺으신 영원한 언약이 성취되는 그때일 것이다. 곧 창조주 하나님과 아브라함과 사라의 세계적 가족이 존재론적으로 상호 신뢰적 관계를 가지게 될 그때일 것이다. 그때에 모든 인간이 무한대한 가능성의 하나님이신 엘로힘과 아브라함과 같은 급진적인 상호 신뢰를 가지고 구원받은 세상에서 살게 될 것이다.

역사 속에서 그러한 성취가 일어났다. 신약성서의 복음서들 속에서 예언자라고 소개된 두 인물에게서 그 사건이 일어났다. 세례요한에게서 그 사건이 시작되고, 궁극적으로 나사렛 예수에게서 일어났다. 그 두 인물의 관계가 무엇이었는지를 비판적으로 들여다볼 필요가 있다. 동시에 요한에게서 파생한 나사렛 예수의 인성과 하신 일, 곧 그의 죽음과 부활이 어떻게 하나님의 통합적 도덕성을 견지한 아브람과 사래의 여정이 지향했던 그 목표와 때를 절정적으로 완성시켰는지 살펴보아야 한다.

신약성서의 네 복음서가 서술하는 예수가 이스라엘의 성서에 잘 언질되어 있다는 사실을 인정하지 않으면 안 된다. 이스라엘의 성서가 예수에 대하여 증언한다는 말이다: "이스라엘 성서를 통해서 그에 대하여 어떻게 말할 것인지 배우게 된다."[1]

네 복음서기 모두 그렇지만, 가장 먼저 저술된 마가복음서가 그 지설적이고 강력한 증언을 이스라엘 성서를 바탕으로 한 대표적 작품이라고 하겠다. 물론 특정한 장소와 시기에 살던 독자들을 향해서 저자가 그의 주관적이고 수사적 목적을 가지고 있었다는 사실을 감안하지 않을 수는 없다. 하지만 마가의 설화적 골격에 따르면 예수의 사역이 앞서 언급한 이스라엘의 여정을 절정에 달하게 하였음을 명확하게 보여 준다. 무엇보다 예수께서 십자가에 못 박혀 죽으시고 죽은 자들 가운데서 부활한 사건이 분리의 도덕 질서를 끝장내고 그토록 대망해 왔던 새 하늘과 새 땅의 존재론적 실체가 되었기 때문이다.

마가복음서에 따르면 예수가 요단강에서 회개의 세례를 받기 위해서 세례요한에게 왔을 때 그는 평범한 유다인이었다. 그는 결코 유별나거나 특별한 인물이 아니었다. 그가 갈릴리의 나사렛이라는 마을

---

1 Paul M. van Buren, *According to the Scripture: The Origin of the Gospels and of the Church's Old Testament* (Grand Rapids: Eerdmans, 1998), 65. Buren은 계속해서 "그렇기 때문에 우리는 이스라엘의 성서가 복음서들은 물론이고 바울이 받은 복음의 바탕이라고 말할 수 있다"고 설명한다.

에서 왔다는 것 외에 다른 특별한 그에 대한 설명이 없다. 다만 뒤에 그가 자기의 고향 마을로 돌아와서 무엇을 하고 그의 가족들이 거기에 있었다는 소개를 받는다. 그리고 그가 안식일에 회당에서 가르쳤는데 그의 가르침을 듣고 사람들이 놀라고 그를 잘 알던 사람들이 비판적인 태도를 보이게 되었다는 정보를 받는다.

> "이 사람이 어디에서 이런 모든 것을 얻었을까? 이 사람이 어디에서 이런 지혜를 얻었을까? 그의 손이 어떻게 저런 능력 있는 일들을 할 수 있나! 이 사람이 마리아의 아들이고 야고보와 요셉과 유다와 시몬의 형 목수가 아닌가? 그의 누이들도 우리와 같이 있지 않은가?"(마가 6:2하-3)

마가의 이야기 세계에서 우리가 얻을 수 있는 정보는 그게 전부다. 그의 아버지가 누구인지 모른다. 그리고 이 복음서에는 그의 아버지가 전혀 언급되지 않는다.

세례요한이 죄의 용서를 위한 회개의 세례를 선포할 때 예수가 나사렛으로부터 그에게 온다. 거기에 온 다른 모든 사람처럼 예수도 죄인 중의 한 사람에 불과하다. 그래서 그의 죄를 회개하고 세례를 받아 "주의 길을 준비하고 그 길은 곧게 하려고" 한다. 물로 세례를 베풀면서 요한은 "나보다 더 능력이 있는 분이 내 뒤에 오신다. 그는 성령으로 너희에게 세례를 줄 것이다"라며 하나님께서 오신다고 전한다. 물로 회개의 세례를 요한에게서 받은 예수는 이제 하나님이 베푸실 성령의 세례를 받을 준비를 갖춘다.

네 복음서는 한결같이 예수가 요한에게 요단강 물'속으로'(에이스, into) 잠입하여 세례를 받았다고 서술한다. 그는 강물 속으로 자신을 잠입시켜서 세례를 받은 것이다. 그래서 물속으로 잠입하여 종말적인 죽음을 경험한다. "물 밖으로 나올 때"라는 표현은 다름 아닌 부활을 의미한다. 이렇게 예수는 죽음과 부활을 통해서 야훼의 현존과 엘로힘의 무한대한 가능성의 하나됨이 회복된 본래적 사람됨을 회복한다. 그 즉시 그는 보게 된다: "하늘들이 갈라지고 성령이 그의 '속'(에이스, into)으로 내려오신" 것이다. 제3이사야 예언자들이 예고한 바대로 하늘들이 열려 엘로힘의 영이 역사 속으로 들어오신 것이다.

> 야훼께시 하늘을 가르시고 내려오시면, 산들이 당신 앞에서 떨 것입니다. 마치 불이 섶을 사르듯, 불이 물을 끓이듯 할 것입니다. 당신의 대적들에게 당신의 이름을 알게 하시고 이방 나라들이 당신 앞에서 떨게 하여 주십시오. 당신께서 친히 내려오셔서 우리들이 예측하지도 못한 놀라운 일을 하셨을 때에 산들이 당신 앞에서 떨었습니다"(이사 64:1-3).

예수가 '그 나라'의 사역을 하는 동안에 산들이 흔들리고 불이 섶을 사르는 일들은 벌어지지 않았다. 그런 일들은 그의 사역이 끝나고 십자가에 달려 죽고 부활할 때 절정적으로 일어난 묵시적 성격을 가진 사건들이다. 영으로 엘로힘께서 예수의 '속'으로 비둘기처럼 들어오신다. 그리고 '바크 코올'로 야훼께서 하늘로부터 예수에게 말씀하신다: "너는 내가 사랑하는 아들이다. 내가 너를 기뻐하기 시작하였다."[2] 하나님의 영으로 엘로힘께서 예수에게[그의 속으로] 내려오심으로 하늘

---

2 Εὐδόκησα는 과거형 동사인데, 어느 과거의 시점에서 현재까지 계속되고 있다는 뜻으로 읽는다. 곧 하나님께서 예수의 세례에서 죽음을 경험한 진정한 회개를 기뻐하기 시작했다는 의미를 던진다.

과 땅이 하나가 된 것이다. 이제 그에게서 엘로힘이 육신을 입으신다. 그래서 야훼께서 그를 "내가 사랑하는 아들"이라고 부르신다. 예수는 이제 야훼 엘로힘인 하나님과 '정체성 합일'을 가지고 그에게 맡겨진 일을 수행하게 될 것이다.

> "하나님의 영이신 엘로힘께서 이제 예수를 광야로 나가 시험을 받게 하신다: 그리고 성령이 즉시 예수를 광야로 내쫓으셨다. 그는 거기서 사십 일 동안 있으며 사탄에게 시험을 받았다. 그는 거기서 들짐승들과 지냈는데 천사들이 그의 시중을 들었다"(마가 1:13).

상상하기 어려운 사건들이다! 예수가 광야에서 사십 일을 계속적으로 시험을 받았다는 것이다. 그리고 들짐승들과 같이 지내며 천사들이 그에게 수종을 들었다는 것이다. 그러한 정황이 던져주는 바는 무엇인가?

"광야에서의 사십 일"은 은유적 시간 표현인데, 이스라엘 역사 속에서 두 가지 사건을 지시한다. 하나는 약속의 땅으로 모세의 인도 아래 사십 년이 걸려 오게 된 일이고, 다른 하나는 엘리야가 호렙산으로 사십 일을 걸려 간 일이다. 그 두 사건 모두 과거의 일이 끝나고 새로운 미래로 가는 전환기를 상징적으로 지시한다. 예수가 엘로힘께서 파기하신 신적 협의회의 타락한 신인 사탄에게 시험을 받음으로 중대한 국면을 맞이하게 된다. 마치 욥기 1장 6-12정에서 욥을 시험하였듯이 말이다. 타락한 신(神) 사탄은 실존적으로 위기를 맞은 사람들을 시험하여 그 자신에게 해를 입힐뿐더러 다른 사람들을 해롭게 하고 불행하게 만든다.[3]

그렇다면 광야라는 제한된 공간과 사십 일이라는 시간에서 예수가 당면한 곤경스러운 처지는 무엇인가? 그리고 사탄은 예수를 시험하여 무슨 해를 입히려고 하는 것일까? 그것은 엘로힘의 세례를 받아 야훼의 아들이 된 사람으로서 그가 누구인지 그리고 무엇을 해야 하는지의 정체성에 대한 시험이라고 할 것이다. 그가 무엇을 성취해야 할 것인가? 하나님께서 그에게 부과하시는 사명을 성취하기 위하여 어떤 모형을 따라야 할 것인가? 왕적인 모델일까? 당시 로마가 점령한 팔레스틴에서 이스라엘을 구원하려는 여러 형태의 다윗 왕과 같은 메시아들이 출현하고 있었다. 예수 역시 그중 하나로 등장할 것인가? 아니면 지하에 숨어 묵시적 환상으로 사람들을 가르치는 묵시적 공동체를 설립할 것인가? 아니면 로마제국에 아부하는 유다 엘리트들을 항거하는 저항 운동의 지도자가 될 것인가?

하지만 야훼 엘로힘께서 그에게 '왕국'을 주시지 않았던가? 요한에게 세례받을 때 엘로힘께서 그에게 오시고 하나님의 아들이 되어 '사람과 같은 이'가 되어 다니엘 7장 13-14절의 완성인 주권과 영광과 통치를 받게 된 것이 아닌가?

따라서 예수는 하나님의 대리인으로 '한 사람'이면서 "많은 사람들"인 공동체를 그 자신이 포용하게 된다. 다니엘 7장 27절과 같이 많은 이의 정체성이 그가 누구이고 무엇인지를 결정짓게 한다.

"나라와 권세와 온 천하 열국의 위력이 가장 높으신 분의 거룩한 백성에게로 돌아갈 것이다. 그의 나라는 영원한 나라다. 권세를 가진 모든 통

---

3 욥기는 사탄이 욥을 시험하여 그의 가족들과 재산을 모두 잃고도 여전히 하나님에게 충성스러운지 시험하도록 하나님을 도전한다.

치자가 그를 섬기며 복종할 것이다."

그가 그 왕국을 구현하기 시작할 것이다. 그리고 "가장 높으신 분의 거룩한 백성", "많은 사람"을 불러 그의 제자로 삼고 하나님과의 '정체성 연합'을 이루게 할 것이다. 예수는 이 묵시적 정체성을 갈릴리로 돌아와서 그의 사역을 시작함으로 구체화시킨다. 그가 실천하는 주권과 그가 이루는 왕국은 야훼께서 아브라함과 사라의 여정을 통해서 뜻하신 그 목적을 완수하는 것이다.

광야에서 사십 일간 사탄에게 시험을 받는 동안 예수는 들짐승들과 함께 지낸다. 물론 광야는 공격적인 맹수들이 있는 곳이다. 하지만 엘로힘의 화육이 되어 '사람과 같은 이'로서 진정한 사람됨을 회복하고 야훼의 영을 받아 그의 "아들"이 된 예수는 이제 이사야 11장 1-9절이 시사한 새로운 이스라엘의 왕이 된 것이다. "이새의 그루터기에서 나온 새싹"이며 "그의 뿌리에서 나온 가지"인 역설적 통합체가 된다. 따라서 "들짐승들과 같이 있었다"는 표현은 이사야 11장 6-9절과 65장 25절의 실체를 구현한 것이다. 왕국들과 제왕들을 대표하는 늑대와 표범과 새끼 사자 그리고 곰과 독사 같은 공격성 짐승들이 이제 종말적으로 변화하여 화해와 온전한 삶을 영위하는 새로운 세계를 펼치게 된다.

사십 일간 광야에서 들짐승들과 함께 지나면서 사탄에게 시험을 받고 날 때 "천사들(호이 앙겔로이)이 계속해서 그에게 시중을 든다." 그는 광야에서 줄곧 자신이 누구이며 무엇을 해야 하는지의 물음에 직면하면서 하나님의 함께 하심을 경험한다. 그의 광야 경험은 호렙산으로 가기 전에 광야에서 지내던 엘리야를 천사들이 돌보아 주던 것

과 유사하다.4

요한이 투옥되고 나서 예수는 갈릴리로 돌아와서 하나님의 기쁜 소식을 선포하며 그의 사역에 임한다: "그 [정한] 때 (호 카이로스)가 지금 여기에 이르렀다. 그리고 '하나님의 나라'가 다가왔다. 계속해서 회개하고 기쁜 소식을 믿어라"라고 선포한다. 그가 수행할 사명의 종말적인 성격이 무엇인지를 밝힌다. 그리고 그는 그가 수립할 왕국으로 사람들을 오게 하여 공동체를 형성한다. 갈릴리 바닷가로 가서 그는 다른 두 형제를 불러 그를 따르게 한다. 그 도래가 임박한 왕국을 선포함에 따라서 시몬과 안드레 그리고 야고보와 요한 형제가 자기들이 하던 직업을 버리고 예수를 따라 그의 제자들이 된다.

그들은 예수를 따라 가버나움으로 온다. 그리고 예수는 안식일에 회당에 들어가서 가르친다. 그의 가르침을 듣고 사람들은 다른 율법학자들의 해석보다 훨씬 권위가 있는 것을 보고 놀라워 한다. 더욱이 그 회당 안에는 더러운 영에 시달리는 사람이 있다. 그는 예수를 알아보고 "나사렛 예수여" 하고 부른다. 그리고서 "당신은 '우리'를 멸하려고 왔습니까" 하며 도전한다. 분리의 도덕적 질서를 수행하는 제도가 된 회당은 사람들에게 생명을 안겨주기보다 죽음을 조장하는 영적 실체가 된 것이다.5 예수가 악령을 꾸짖는다: "잠잠하고 그에게서 나오너라!" 경련을 일으키고 큰 소리를 지르며 악령이 그 사람을 떠난다. 이 악령 추방의 사건을 보고 그의 네 명의 제자를 포함한 모든 사람은 놀라서 서로 말한다:

---

4 비교. 왕상 19:4-8.

5 이를테면 회당이 악령을 뽑아내는 거인인 셈이다. 구조악을 말한다. _ 역자 주.

"이게 어찌 된 일이냐? 권위 있는 새로운 가르침이다. 그가 악한 영들에게 명하시니 그들이 복종한다"(1:27).

예수는 그의 가르침과 회복의 행동으로 '그 나라'의 주권을 드러내기 시작한다. 회당에서 그가 행한 일이 소문이 나서 갈릴리 지역에 퍼진다. 그는 계속해서 그들의 회당에서 가르치고 악령을 추방한다.

그러는 동안 어디에선가 문둥병자 한 사람이 예수에게 와서 그 앞에 무릎을 꿇고 살을 파먹고 사회로부터 따돌림을 당하는 그의 질병을 고쳐주기를 간청한다. 통합의 도덕성 안에서 예수는 그에게 손을 뻗쳐 만지며 "깨끗하게 되어라!"라고 하신다. 그러자 그 문둥병자는 즉시 온전하게 된다. 그런 와중에 예수는 그를 보내면서 "너는 '아무에게 아무 말도 하지 말고'[6] 가서 제사장에게 보이고 모세가 명한 대로 바쳐서 증거가 되게 하라"고 말한다. 그의 질병이 고침을 받아 사회로 귀속하게 된 그 사람은 예수의 분부를 어기고 자기가 경험한 치유를 열심히 전파한다.

갈릴리 지역의 시골 마을들에서 사역을 마치고 예수는 가버나움으로 돌아온다. 그곳이 그의 거주지였던 것으로 보인다. 그가 집에 돌아왔다는 소문을 듣고 그가 집 안에 있을 때 그의 가르침을 들으려고 사람들이 몰려와서 문밖 길거리에까지 북적거린다. 그때 네 사람이 몸이 마비된 사람을 침상에 들고 오지만, 사람들 때문에 예수에게 다가갈 수가 없게 된다. 그래서 그들은 지붕으로 올라가서 타일을 벗겨내고 구멍을 만들어 그 병자를 예수의 앞으로 내린다. 그들의 인내와

---

6 이것은 이중부정이다. '메데니 메덴'은 강한 부정을 뜻한다.

신뢰를 본 예수는 그 몸이 마비된 사람에게 "아이야, 네 죄가 용서되었다!"고 선언한다. 그 말을 들은 지방의 율법학자들이 "저 사람이 어찌하여 저렇게 말을 하는가? 하나님을 모독한다! 하나님 이외에 누가 죄를 용서할 수 있다는 말인가?" 하며 중얼거린다. 그들이 보기에 죄의 용서가 하나님만이 가진 특권인데, 그것을 예수가 남용한다고 여긴 것이다. 하지만 예수가 그에게 죄의 용서를 선언한 것은 그 사람이 과거에 저지른 그 어떤 죄라도 용서해 주어 그에게 새로운 미래를 열어주고 과거의 일이 안겨준 어떤 결과들이라도 폐기시킨다는 사실을 알게 하려는 것이다. 그들의 생각을 감지한 예수께서는 그들에게 도전적 질문을 던진다: "왜 그대들의 마음에 그런 생각을 하느냐? 몸이 마비된 사람에게 '네 죄가 용서되었다'고 하는 것과 '일어나 네 침상을 들고 걸어가라'는 말 중에 어떤 것이 더 쉬우냐? 그러나 그대들이 사람의 아들이 땅 위에서 죄를 용서할 권한이 있는 것을 알게 하기 위하여" 그렇게 한 것이라고 말한다. 그리고 그는 병자에게 "내가 그대에게 말한다. 일어나라, 그리고 네 침상을 들고 네 집으로 가거라" 하고 말한다.

예수는 '그 나라'를 시작하고 있다. 그것은 야훼 엘로힘이신 하나님께서 그에게 허락하신 특권이다. 하지만 그 특권은 하나이며 많은 이를 연합시키고 통합해야 한다. 그러기 위해서 예수는 '사람의 아들'이라는 이름을 사용한다.[7] 그 이름은 다니엘 7장 13절에서 '사람과 같은 이'라고 표현한 묵시적 인물에서 파생하였다. 그 이름이 언제 그리고 누구에 의해서 칭호가 되었는지는 결정적으로 말하기 어렵다. 하지만 네 복음서 안에 종종 사용된 그 이름은 예수 자신이 그렇게 사용한 것

---

7 참조. 강요섭, 『사람의 아들 예수, 그리고 그의 기적과 비유』 (Veritas Press, 2012), 30-91.

으로 간주하게 한다. 그 이름은 조직적 실체다. 다니엘 7장 13-14절과 27절에서처럼 그 이름은 하나이며 많은 사람인 통합된 공동체이다.

군중이 계속 그를 따른다. 예수는 언제나 그들에게 통합적 도덕성을 가르쳐서 그들의 삶이 연합하고 다른 사람들과 공동체를 구성하여 본래적인 사람됨을 회복하여 살도록 한다. 갈릴리 바닷가에서 그는 알패오의 아들 레위를 만난다. 그는 멸시받던 세리였다. 예수는 그를 자기 제자로 부른다. 당시 사회의 정결법을 수립시킨 성(聖)과 속(俗), 깨끗함과 더러움의 이항 대립이 예수의 공동체를 결정짓는 요인이 아니다. 그는 어떠한 분리의 도덕적 질서가 조장하는 구조도 인정하지 않는다.

어느 안식일에 예수와 그의 제자들이 밀밭을 지나간다. 그때 제자들이 밀 이삭을 자른다. 바리새파 사람들이 그들과 함께 간 것으로 보이는데, 그 광경을 보고 충격을 받는다. 그리고 분노에 찬 어투로 예수에게 "보시오. 왜 저들이 안식일에 해서는 안 되는 일을 하는 것이오?" 하고 묻는다. 예수는 안식일 법을 어긴 과거의 사례를 들어 그의 제자들의 현재적 과오를 변호한다. 다윗이 제사장 이외에는 먹을 수가 없는 제단의 빵을 성전에 들어가서 먹고 굶주린 자기의 부하들에게도 준 사례를 말한다. 안식일은 매주 오는 날로 중요하지만, 그 이상으로 사람의 삶이 중요하다는 뜻이다. 예수는 그 순간을 이용하여 바리새파 사람들에게 '그 나라'에서 살고 행동하는 모든 사람의 입지를 천명한다: "사람의 아들은 안식일의 주이기도 하다."

예수가 행하는 묵시적 사역의 결과들이 계속해서 사회-종교적 제도와 구조를 재구성하게 됨에 따라 그에 대한 지배층 엘리트들의 적대감이 점점 격화된다. 그래서 그들은 예수를 제거하려는 음모를 꾸민다. 하지만 예수는 갈릴리 바닷가로 퇴거하여 계속해서 가르치고 치유한다. 갈릴리와 유다와 예루살렘과 이두메, 요단강 건너편과 두로와 시돈 — 그 모든 지역에서 몰려온 군중에게 압도당할 처지까지 된다. 그래서 만약의 경우를 대비하여 배를 준비시킨다. 그는 당시의 사회적, 정치적, 종교적 혼란 속에서 통합의 도덕적 질서에 바탕을 둔 새로운 이스라엘을 형성하려고 한다. 모세처럼 예수도 "그 산으로 올라가서 그가 원한 사람들을 부른다." 그 산의 이름은 밝혀지지 않는다. 그러나 정관사가 붙은 산인 점에서 시내산과 견줄 수 있는 산이라고 하겠다. 곧 새로운 하나님의 백성이 탄생하는 장소이다: "그리고 그가 열둘을 택하여 자기와 함께 있도록 하고 그들을 보내어 전파하며, 악한 귀신을 쫓아내는 권세를 주었다."

시몬에게는 베드라는 이름을 주고 세베대의 아들 야고보와 그의 동생 요한에게는 '우뢰의 아들들'이라는 뜻의 보아너게라는 이름을 주었다. 그리고 안드레와 빌립과 바돌로매와 마태와 도마와 알패오의 아들 야고보와 다대오와 가나안 사람 시몬과 예수를 넘겨준 유다이다 (3:16-19).

예수가 구성하는 '그 나라'가 가족과 같은 포용적인 성격을 가지는 사실이 3장 31-35절에 잘 드러난다. 그가 어느 집 안에 군중과 같이 있을 때 예수의 어머니와 형제들과 누이들이 "밖에" 있다는 전갈을 받는다. 그때 예수는 "누가 내 어머니이며 내 형제들이냐?"고 묻는다. 그리고 그와 함께 앉아 있는 사람들의 얼굴을 쳐다보며 "보아라, 내 어머니와 내 형제들이다!"라고 말한다. "누구든지 하나님의 뜻을 행하는 사람이 내 형제이고 내 누이이며 내 어머니이다"라는 것이다. 그의 새로운 가족으로서 그들은 예수가 세우는 '그 나라'의 일원이 된다.

다시 갈릴리 바다로 오는데 너무 많은 사람이 모여들어 예수와 일행은 배에 오르고 "바다 위에 앉는다". 그런 맥락에서 "그는 많은 것들을 비유로 가르치기 시작한다." 하나님의 나라와 일상적인 경험들이나 아니면 특이한 활동들이나 사건과 나란히 비교하여 청중들에게 잘못된 관점을 시정하고 그가 구현하고 있는 통합적 도덕성의 관점을 밝힌다.

예컨대 하나님의 나라를 은유적으로 다른 씨앗 중에서 가장 작은 겨자씨와 비교한다. 겨자씨는 갈릴리 지역에서 흔하게 보는 토속적인 것이다. 팔 피트에서 십 피트까지 자란다. 예수는 "그것이 자라서 어떤 식물들보다 더 큰 가지들을 뻗어서 공중의 새들이 그 그늘에 깃들 수 있다"고 말한다. 이 비유의 마지막 구절은 앞에서 말한 두 가지 종말적 예고와 병행한다.

에스겔 17장 22-24절은 하나님께서 키가 큰 백향목(이 나무는 팔레스틴의 토속 나무가 아님)의 가장 높은 데 있는 가지를 꺾어서 "이스라엘의 높은 산 위에 심으면… 거기에서 가지가 뻗어 나오고 열매를 맺으며 아름다운 나무가 될 것이다. … 그리고 온갖 새들이 그 가지에 깃들이고 보금자리를 만들 것이다"라고 서술하였다. 다니엘 4장 10-12절에는 느부갓네살왕이 우주적인 나무를 꿈꾼 것을 말한다: "내가 보니 땅 한가운데 아주 높고 큰 나무가 하나 있는데 그 나무가 점점 자라서 튼튼하게 되고 그 높이가 하늘에 닿으니 땅끝에서도 그 나무를 볼 수 있었다. 나무는 잎이 무성하여 아름답고 열매는 온 세상이 먹고도 남을 만큼 풍성하였다."

상하 구조의 하이라키적인 것(큰 나무, 백향목)에 겨자씨를 은유적으로 비교한다. 에스겔에 나오는 백향목은 다윗 왕조의 회복에 대한 이미지이다. 그리고 느부갓네살이 꿈에서 본 우주적 나무는 그의 제국에 대한 환상이다. 예수가 구현하려는 '그 나라'는 그런 하이라키적인 실체가 아니다. 갈릴리에서 흔하게 볼 수 있고 토속적인 겨자씨처럼 그 시작은 미세하지만, 모든 새가 그 그늘에 깃들일 수 있을 만큼 크게 자란다는 것이다. 이로써 나라와 제국들의 이미지를 깨뜨리고 그가 시작하는 '그 나라'가 수평적 실체임을 밝힌다.

이어서 또 다른 사건이 발생한다. 비유에서 드러난 '그 나라'가 내포한 무한대한 가능성을 과시하는 사건이다. 기르치기를 미치고 예수는 제자들에게 갈릴리 바다 동쪽으로 건너가자고 한다. 그래서 그들이 "예수의 배"에 오른다. 그러자 곧 큰 폭풍이 불어닥친다.[8] 풍랑이 거세어 높은 파도가 일고 물이 배에 가득 차올라 그들의 생명을 위협한다. 그런데 예수는 선장 자리에 앉아 주무시고 있다. 제자들이 그를 깨우면서 나무란다: "선생님, 우리가 다 죽게 되었는데 아무렇지 않습니까?"

그가 일어나 바람을 꾸짖고 바다를 향하여 "고요하고 잠잠하라!" 그러자 바람이 그치고 아주 고요해졌다. 그들에게 그가 말하였다: "왜들 그리 무서워하느냐? 어째서 믿음이 없느냐?"

예수의 세계 구축 신화는 납달리 6장 1-6절의 신화와 완전히 다른 미래를 열어 준다. 마카비 통치의 혼란스러운 시기 동안 이스라엘 공동체를 대표한 야곱의 배는 바다의 혼돈에 완파하였다. 선장의 자리

---

8 복음서들 안에서 예수와 그의 제자들이 갈릴리 바다에서 타는 배를 지칭할 때 언제나 정관사를 붙인다. 은유적으로 그 배는 사람의 아들의 공동체를 상징한다. 예수의 배로서 납달리 6:1-6의 야곱의 배와 대조를 이룬다.

에 있으면서 이스라엘 종족을 대표하던 야곱은 배가 혼돈의 바다로 항해해 가다가 신기하게도 갑자기 사라졌다. 그리고 그의 열두 아들들은 파선된 배 조각에 겨우 생명을 유지하였다. 그리고 각기 뿔뿔이 "땅끝까지 흩어진다." 제사장을 인물화한 레위가 베옷을 입고 하나님께 기도를 드려 배가 다시 복구되고 이스라엘의 땅으로 착륙하게 된다. 그때 야곱이 나타나서 그들의 귀환을 환영한다.

예수의 배는 혼돈의 세력에 압도 당하지 않는다. 그리고 선장인 예수도 자리를 비우지 않고 여전히 그의 자리에 앉아 있다. 다만 폭풍이 거센 바다에서 잠이 들어 있다. 그래서 그의 손이 배의 조종간에서 떨어진 것이다. 폭풍에 압도 당한 그의 제자들이 그를 깨우자 그는 일어나서 바람과 바다를 꾸짖는다. 그리고는 제자들을 향하여 "왜들 그리 무서워하느냐? 어째서 너희들은 '신뢰'하지 않느냐"라고 꾸짖는다. 그들은 믿음을 가지고 있었다. 하지만 그들의 믿음은 예수의 주권에 '의존하는' 믿음이었다. 예수가 사용한 '피스티스'라는 헬라어는 '신뢰'라고 번역하는 것이 더 타당하다. 예수가 제자들을 인도한 통합의 도덕성 안에서 그들과 예수의 관계는 물론 그들끼리 가지는 관계는 수평적으로 구성된 것이다. 잠에 들지만 예수는 그들이 자기를 대신해서 파도를 제어하리라고 신뢰한 것이다. 적어도 그들 중 한 사람이라도 배의 조종간을 잡아 그 풍랑 속을 헤쳐 항해했어야 한다. 아니면 그들이 영입한 새로운 통합의 도덕성 안에서 그들은 예수와 함께 이룬 '정체성 합일'로 주권을 행사하고 바람과 바다를 잔잔하게 했어야 한다.

그들이 갈릴리 바다 동쪽에 도착하여 "거라사 지역으로" 간다. 거기서 더러운 영에 사로잡혀 무덤 가운데서 살고 있던 한 사람을 만난다. 무덤들이 그의 거처다. 그리고 그 자신이 악령들의 무덤이다. 그의 힘이 엄청나게 세다. 그래서 거라사의 전 사회가 그들 어떻게 할 수가 없다. 그가 예수에게 달려와서 소리 높여 말한다: "당신과 내가 무슨 상관이 있습니까? 가장 높으신 하나님의 아들 예수여!" 예수는 그에게 "네 이름이 무엇이냐?"고 묻는다. "내 이름은 '레기온' 입니다. '우리'가 많기 때문입니다"고 대답한다. '레기온'이라는 표현은 라틴어로 군사적 표현이다. 그리고 여러 가지 다른 의미를 가진다. 그 말은 동쪽으로부터 남쪽으로 가는 무역로를 지키기 위하여 로마제국의 전위부대를 주둔시킨 거라쉐에 있는 로마군들과 악령이 연결되어 있다는 암시를 준다. 이곳은 로미의 상인들과 사업가들이 거라쉐에 있는 상류층 사람들과 결탁하여 로마제국의 식민지 통치를 강화시켜 주고 있던 곳이다.

이 전위적 도시 안에서 사회 경제 군사적 경쟁 관계가 치열하고, 그에 따라서 하류층 사람들은 식민 세력의 억압과 착취에 시달리고 있었다. 그들은 살아남기 위해서 지신들만의 신화(神話)를 강화하였다.9 악령에 사로잡힌 사람은 그를 결박하는 사회적 제어 장치인 쇠고랑과 쇠사슬로 묶여 있다. 그리고 그는 그 도시에 속한 무덤들 가운데서 살면서 엄청난 폭력이 그 안에서 일어난다. 그는 '레기온'이다. 거기에는 그와 같은 많은 사람이 있다는 뜻이다.

악령은 그를 추방할 예수의 능력을 감지하고 타협하기를 원한다. 그들을 그 도시로 보내기를 원치 않는다. 그들은 예수에게 근처에 있는 돼지 떼 속으로 보내 주기를 간청한다. 예수가 그렇게 하라고 하자 더러운 영들이 돼지들 속으로 들어간다. 그리고 2천 마리나 되는 돼지

9 식민화의 맥락에서 정신질환을 앓게 되는 데 대한 분석을 위하여 참조. Franz Fanon, *The Wretched of the Earth* (New York: Grove Press, 1968-82), 55-61, 249-310.

떼가 바다로 질주하여 빠져 죽는다. 그래서 그곳에 주둔하여 곤경을 안겨 준 그 장본인들에게 엄청난 피해를 안겨 준다. 로마군들에게 필요한 육식 원(原)이 사라진 것이다. 돼지 떼를 치던 사람들이 마을로 가서 그 주인들에게 보고하자 그들이 예수에게 와서 악령에 사로잡혔던 사람이 "옷을 입고 제정신이 들어 앉아 있는 것"을 본다. 더 이상의 경제적 손실을 막기 위해서일지 모르지만, 그들은 예수에게 그곳을 떠나 달라고 간청한다. 사람의 회복이 경제적 손실보다 더 중요하고 더 큰 결과가 된다. 예수 일행은 아무런 저항이나 도전을 하지 않고 조용히 그곳을 떠난다. 예수는 떠나면서 악령으로부터 회복된 그 사람에게 그가 겪은 일들을 널리 알리라고 부탁한다.

갈릴리로 돌아오자 다시 큰 군중이 그에게 몰려온다. 그 군중 틈에 회당장 한 사람이 예수에게 와서 땅에 무릎을 꿇고 자기와 같이 그의 집으로 가서 죽을병을 앓고 있는 그의 딸에게 손을 얹어 달라고 간청한다. 그와 함께 가는 길에 군중도 함께 떠밀고 온다. 서로 몸을 부딪치고 자칫 넘어질 판국이다. 그런데 그 군중 속에 12년 동안 월경이 그치지 않고 계속 피를 흘리는 한 여인이 나타난다. 레위기 15장 25-27절의 모세 율법에 따르면 그녀는 그 십 이년 내내 부정한 여인이다. 따라서 사회로부터 격리하여 살아야 한다. 자기의 집에 격리되어 살아야 하고 가족들과의 신체적 접촉도 할 수 없다.

예수에 관한 소문을 듣고 그녀는 모험을 감행한다. 집을 나서서 어떻게든 예수와 접촉하여 그녀의 병을 나으려고 한다. 그녀가 군중 속에 있는 것 자체가 다른 사람들을 부정하게 만들고, 예수를 접촉하면 그들을 부정하게 만드는 것이다. 하지만 그녀는 군중 속에 숨어 들어와 예수의 옷자락을 만진다. 그러자 즉시 그녀의 몸이 회복된다. 자신의 능력이 빠져나가는 것을 느낀 예수는 돌아보면서 "누가 내 옷깃을 만졌느냐?"고 묻는다. 더 이상 자신을 감출 수가 없게 된 그 여인은 두려워 떨면서 자기가 그렇게 했다고 고백한다. 예수는 그녀가 가족과 사회로부터 격리된 것으로부터 회복되기 위하여 율법을 어기는 모험적인 행동을 한 것을 오히려 칭찬한다: "그대의 신뢰가 그대를 구했소. 평안히 가시오. 그리고 그 병에서 벗어나 건강하시오."

예상치 않은 일로 지연되고 아직 예수 일행이 회당장의 집으로 가고 있는데, 그 소녀가 죽었다는 전갈을 받는다. 한 사람을 치유하는 동안 다른 한 사람이 죽은 것이다. 예수는 "염려하지 말아라. 계속해서 신뢰하라!"고 회당장에게 말한다. 그리고 베드로와 야고보와 요한을 데리고 간다. 회당장의 집으로 들어가서 죽음을 슬퍼하고 애도하는 울음소리를 듣는다. 예수는 그들의 애도를 중단시키고 그 소녀가 죽은 것이 아니라 잠잔다고 말한다. 물론 사람들은 그 말을 믿지 않고 오히려 야유한다.

다른 사람들을 모두 밖에 내보내고 예수는 세 제자와 부모만 데리고 그 소녀가 누워 있는 방으로 들어간다. 그리고 소녀의 손을 잡고 그녀에게 말한다: "소녀야, 내가 너에게 말한다. 일어나거라!" 그녀가 일어나서 걸어 다닌다. 그 일을 목격한 다섯 사람들은 "아연실색한다." 예수는 밖으로 그 소문을 내지 못하게 한다. 모든 목적이 달성되었다. 지금 필요한 것은 그 소녀에게 먹을 것을 주어 먹게 하는 일이다.

예수는 죽음이란 단지 잠자는 것일 뿐이라고 말한다.[10] 그러니까 잠을 깨우게 하면 된다. 몸과 영혼이 분리하지 않는다. 죽음의 잠에서

---

10 참조. 요한 11:11-14; 살전 4:13-14.

일깨워 살게 한다는 것은 사람의 삶을 총체적으로 말하는 것이다. 그것은 창세기 2장 7절의 창조 신화에 따라 몸과 영혼이 통합된 구조임을 확인하는 것이다.

물론 예수가 그 소녀를 죽음에서 다시 살린 것은 하나님의 영을 받은 자로서, 엘로힘의 무한대한 가능성 속에서 한 것이다. 이 사건이 황당하게 보이지만, 그것은 하나님의 영인 엘로힘의 무한대함이 야훼의 사랑하는 아들에게 부여한 능력으로만 가능하다.

이 이야기가 전해 주는 의미는 통합의 도덕성 안에서는 적어도 하나님의 가능성이 무한대하다는 것이다. 이 부활 사건의 끝에 예수가 아무에게도 알리지 말라고 한 것을 주목하게 된다. 그가 세우고 있는 '그 나라'에서 그것은 불가능한 가능성이기 때문이다.

고향인 나사렛에 돌아와서 예수는 처음으로 자기의 제자들에게 회개의 복음을 전하고 더러운 영들을 쫓아내는 일에 참여하게 한다. 그들이 그 임무를 수행하고 와서 "그들이 행한 모든 일들과 가르친 일들을" 보고 한다. 예수는 그들에게 새로운 활력을 주기 위하여 한적한 광야로 가자고 한다. 그들만의 시간을 가지기 위하여 배를 타고 간다. 하지만 배가 육지에 닿기도 전에 큰 무리의 사람들이 발로 걸어서 그에게 몰려온다. 그들을 예수는 가엽게 여기고 "많은 것들로 그들을 가르친다."

저녁때가 되어 제자들이 예수에게 사람들이 먹을 것이 필요하니 근처의 들과 마을로 보내어 먹을 것을 구하도록 하자고 제의한다. 그들을 보내는 대신 예수는 제자들에게 "너희가 그들에게 먹을 것을 주어라!"라고 말한다. 하지만 제자들은 여전히 그들이 떠나온 도덕적 질서의 제한성에 머물러 있다. 이 백일의 임금에 해당하는 이백 데나

리온이 그 오천 명의 군중을 먹이자면 필요하다는 계산을 하게 된다. 오천 명의 어른 남자에게 속한 부인들과 아이들을 합하면 엄청난 숫자가 된다. 군중 가운데 가지고 있는 빵 다섯 덩어리와 물고기 두 마리가 전부인 것을 파악한 예수는 그의 제자들에게 오십 명씩 또는 백 명씩 그룹을 지어 푸른 풀밭에 앉게 하라고 부탁한다. 그리고 "축사를 하고 빵을 떼어 제자들에게 주며 사람들에게 나누어 주라"고 한다. 물고기도 마찬가지로 그렇게 한다. 그리고 "모든 사람들이 배불리 먹었다"고 서술한다. 그리고 남은 부스러기를 모았는데 열두 광주리에 가득 찼다.[11] 더 다른 언급이 없다. 하지만 다시 한번 예수가 하나님의 무한대한 가능성에 접속된 것을 알게 해준다. 이 이야기가 어쩌면 신화일는지 모른다. 하지만 그것이 던지는 의미는 예수와 그의 제자들이 하나이며 여럿인 '정체성 결함'으로 형성하는 '그 나라'에서 사람이 하나님의 무한함을 실현할 수 있다는 것이다.

군중을 먹이고 나서 예수는 제자들에게 "그보다 앞서서" 호수를 건너 벳세다로 가라고 한다. 제자들은 얼마 전 그들과 함께 가지 않고 호수를 건널 때 풍랑을 만나 고생했던 일을 기억하며 주저한다. 하지만 예수는 그들을 강요하다시피 "그 배"를 타고 바다를 건너라고 한다.

그런 후 예수는 산에 올라가서 기도를 드린다. 아마도 자기의 제자들을 위해서일 것이다. 그런 동안 배를 타고 바다를 건너던 제자들이 강한 역풍에 앞으로 나가지 못한다. 새벽 세 시경 아직 어두울 때 예수가 바다 위를 걸어서 그들에게 온다. "그는 그들을 지나쳐 가려고 한다." 제자들이 힘들어하지만, 예수는 개입하기를 원치 않는다. 그들을

---

11 여기에 사용된 헬라어 '코피노이'는 버드나무 광주리인데, 유대인들이 사용하는 종류다. 따라서 열두 '코피노이'는 그 군중이 유다 군중임을 시사한다.

염려하지만 그들의 초기 단계에 있는 제자직에서 예수가 없는 그 상황에서라도 통합적 도덕성으로 훈련받아서 스스로 사명을 감당하게 되기를 기대한다. 그들은 자신들의 유한성을 배워야 하지만, 동시에 하나님의 무한한 가능성에 접하기를 배워야 한다.

그들이 예수가 바다 위를 걸어 오는 것을 보았을 때 유령인 줄 알고 무서워 소리 지른다. 즉시 예수는 그들에게 "계속해서 용기를 가져라. '나다'(에고 에이미). 무서워하지 말아라!"라고 한다. 이 '에고 에이미'라는 표현은 자신을 알리는 이상의 말이다. 그것은 하나님의 현현 순간을 지시한다. '에고 에이미'는 출애굽기 3장 14절에 타오르는 가시덤불 속에서 엘로힘이 모세에게 자신의 이름을 알릴 때 사용한 칠십인역의 표현이다. 헬라어에서 "나다"라고 말할 때 '에이미'가 필요했을 따름이다. 욥기 9장 8절 하반의 엘로힘처럼 예수는 바다의 풍랑도 밟는다.

바다 위를 걸어 온 이 사건은 하나님이 사랑하는 아들로 화육한 엘로힘, 하나님의 영을 받아 "주권과 영광과 통치"를 받은 그의 정체를 여실히 드러내는 신화다. 그가 엘로힘의 무한하심에 접하여서 '그 나라'를 건설하는 사명을 감당하게 된 것이다. 제자들은 그들의 유한성에서 아직도 고분하고 있어서 역풍을 헤쳐 가는 데 어려움을 겪는다. 그들도 하나님의 무한한 가능성에 접하지 않으면 안 된다.

예수가 '그 배'에 오르자 바람이 그친다. 하지만 제자들은 그것을 보고 "몹시 놀란다."[12] 그들이 경험한 일이 무엇인지 이해할 수가 없다. 마가복음서의 설화자는 그 같은 상태를 "… 그들이 빵을 먹은 것을

---

12 헬라어 표현 "리안 엑 페르시우 엔 아우토이스 엑스탄토"는 "아주 극도로 그들은 그들의 느낌을 잃어버렸다"는 뜻이다. 극도로 놀라서 넋이 빠지는 상태를 지시한다.

이해하지 못하였고 마음이 굳어 있었기 때문이다"라고 덧붙여 말한다. 그들이 예수가 빵의 기적을 행한 일과 갈릴리 바다 위를 걸어 온 것 사이의 관계를 이해하지 못한 것이다. 엘로힘의 무한한 가능성에 접하여 하나의 기적을 행하는 사람은 그와 같은 다른 일도 가능한 것이다.

벳세다 대신 게네사렛에 닿아 예수는 "예루살렘으로부터 온 율법학자들"과 바리새파 사람들과 마주친다. 그들은 제자들이 손을 씻지 않고 빵을 먹는 것을 보고 그들이 정결법을 어겼다고 비난한다. 예수의 제자들이 "장로들의 전통"을 지키지 않았다는 것이다. 장로들의 전통은 당시로부터 지난 세기 동안에 발전해 온 구전으로 전해진 토라인데, 그 역시 모세에게 기원이 있다고 인정받아 소위 오경으로 기록된 토라와 동등한 권위를 가지고 있었다.[13]

예수는 이사야 29장 13절을 인용하여 그 종교 지도자들이 사람에게서 비롯된 관습만 가르친다고 반박한다. 구전 토라로 기록된 토라를 지키지 않는 잘못을 변명하려 든다는 것이다. '고르반' 제도를 그 예로 든다. "네 부모를 공경하라"는 율법의 네 번째 계명을 지키지 않는 근거로 이 고르반을 이용한다는 것이다. 고르반이라고 말하여 늙은 부모를 공양하지 않는 구실을 만든다는 것이다. 그리고 그들에게 말한다: "너희는 너희의 관습을 지키려고 하나님의 계명을 저버린다." 그뿐만 아니라 "그런 일을 많이 한다"고 질타한다.

군중도 그 같은 논쟁에서 배워야 한다. 그들 역시 장로들의 전통과 그 사회를 견지하고 있는 분리의 이항 대립에서 자유해져야 하기 때

---

13 참조. 미시나 Pirque Aboth, 1:1.

문이다.

"너희 모두 내 말을 듣고 깨달아라. 무엇이든지 사람 밖에서 그 몸속으
로 들어가서 더럽히는 것은 없다. 하지만 사람에게서 나오는 것이 그 사
람을 더럽힌다"(7:15).

그의 제자들이 예수에게 그 "비유"의 뜻을 묻는다. 그들에게 예수
가 말한 "비유"는 전통적 삶의 구조를 뒤엎는 것이어서 자못 불안해진
것이다. 사람의 배 속으로 들어가는 것과 사람에게서 나오는 것의 차
이를 이해시키기 위하여 예수는 확실하게 예를 들어 말해 준다. "안에
서부터 나오는 모든 악한 것들이 사람을 더럽힌다"는 것이다.

예수가 갈릴리를 떠나서 두로에 있는 한 집에 칩거한다. 예루살렘
에서 온 바리새파 사람들에게서 사주를 받는 갈릴리 지역의 엘리트들
과 더 마주치지 않으려는 의도로 보인다. 그러나 이제 그는 어디에도
숨을 수가 없다. 수로보니게 출신인 한 그리스인 어머니가 예수 앞에
달려와서 악한 귀신에게 시달리는 딸을 고쳐 달라고 애원한다. 예수
는 통합적 도덕성을 구성하는 그의 사역이 인종적 우선권을 가진다는
명목으로 그녀의 청을 거절한다.

"아들을 먼저 배불리 먹여야 한다. 아이들이 먹을 빵을 집어서 개들에게
던져 주는 것은 옳지 않다"(7:27).

그 그리스인 어머니는 예수의 인종적 우선권과 그것에 대한 그의
심정을 인정하고 자신이 그리스인이라는 "개"의 비하적인 정체를 그

대로 인정한다. 하지만 그녀는 돌아서지 않는다. 예수를 '주'라고 부르며 "집의 개들도 아이들이 흘리는 부스러기는 얻어 먹는다"고 응수한다. 그녀의 포용적 주장은 예수로 하여금 '그 나라'를 그녀와 그녀의 딸에게도 활짝 열어젖힌다. 그녀의 응답에 감동 받은 예수는 "그대가 그렇게 말하니, 악귀가 그대의 딸에게서 나갔다"고 선언한다. 그녀가 집에 돌아가서 온전해져서 의자에 앉아 있는 딸을 보게 된다.

자기의 고향 지역으로 가려고 예수는 의도적으로 직선거리를 택하지 않고 순회하여 간다. 시돈을 거쳐서 북쪽에 있는 두로를 지나 드가볼리의 헬리 도시들을 통과하여 갈릴리 바다 쪽으로 간다. 그야말로 상당한 디투어(detour)를 한다. 그런 디투어에서 어딘가 이교 지역을 지날 때 예수는 많은 군중과 사흘을 같이 보낸다. 그때 그들이 먹을 것이 없게 된다. 그런데 예수는 그들을 헤쳐 보내고 싶지 않다. 그대로 보냈다가는 중간에 그들이 쓰러질까 염려되어서다. 앞서서 군중을 먹게 한 일을 기억하지 못하는 제자들은 광야에서 그 많은 사람을 어떻게 먹일 수 있을까 의아해한다. 셋째 날에 빵 일곱 덩어리와 작은 물고기 다섯 마리가 있는 것을 보고 예수는 그 군중을 앉히고 감사기도를 드린 후 떼어서 제자들에게 물고기와 함께 나누어 주도록 한다. 그들이 배불리 먹고 일곱 개의 광주리에 가득히 부스러기를 거둔다.[14] 그들은 앞으로 예수가 죽음에서 부활하는 부활절의 사건을 미리 맛보게 된 것이다.

마침내 예수와 그의 제자들이 가이사랴 빌립보 마을로 들어온다. 거기에는 헤롯의 분봉 왕 빌립이 살고 있는 정치권력의 요새가 있다.

---

14 여기에 사용된 헬라어 "스피리스"는 헬라인들이 만들어 사용하는 바구니를 지시한다. 사람도 담을 정도의 큰 바구니다. 이 기적 이야기는 이교도들을 먹인 것을 시사한다.

예수가 그 지역을 지나면서 제자들에게 그의 정체를 사람들이 어떻게 생각하는지 묻는다: "사람들이 나를 누구라고 하느냐?" 세 개의 이름이 거론된다. 세례요한, 엘리야 그리고 평범한 예언자이다. 예수는 "그러면, 그대들은 나를 누구라고 하는가?" 하고 묻는다. 제자들의 대변인 격인 베드로가 선뜻 "당신은 그리스도입니다"라고 답한다. 제자들은 모두 지금까지 예수가 자기들의 상상을 초월하여 한 일들을 보고 또 그의 가르침을 듣고 그가 메시아, 곧 왕이라고 결론을 내린 것이다.

예수는 즉각적으로 조심시킨다. "그가 아무도 그에 대하여 그렇게 말하지 말라고 꾸짖었다." 자신의 바른 정체를 감추려는 것은 아니다. 하지만 그가 누구이고 무엇을 하는 사람인지 그의 사역에 대한 근본적인 오해를 불러일으키게 한 것이다. 지금까지 줄곧 그들이 함께 지내고 계속해서 자신을 "사람의 아들"이라고 말했다. 하나이며 많은 사람의 아들로 '그 나라'를 세우는 인물이고 사명을 가진 것을 보여 주었다. 그리고 그 정체성이 여하한 상하 수직적 구조를 배제한다는 사실을 주지시켰다.

그런데 제자들은 예수가 세례받을 때 경험한 바를 알지 못한다. 엘로힘에게 영으로 세례를 받고 야훼가 사랑하는 아들로 삼은 사실을 전혀 알지 못한다. 세례를 통해서 그는 사람의 아들의 정체성으로 승격하였고, 그의 가르침과 회복의 행동들을 통해서 하나님과 같은 주되심을 구사하게 된 것이다. 또한 그는 아브람과 사래가 시작한 그 여정을 완수할 존재론적 실체인 통합의 도덕성을 수립할 사명도 가졌다. 그래서 그 통합적 도덕성이 지니는 우주적 목적을 달성해야 한다.

"그리고 그는 '사람의 아들'이 반드시 많은 고난을 받고, 장로들과 대제사장들과 율법학자들에게 배척을 받아 죽임을 당하고서 사흘 뒤에 살아나야 한다는 것을 그들에게 가르치기 시작했다"(8:31).

아브라함으로서 아브람은 '엘 사다이'인 엘로힘과 언약 관계에 돌입하여 이룬 정체성 결합이 그의 삶의 절정이었다. 그리고 그 언약 관계를 입증하기 위하여 백 살에 얻은 아들을 엘로힘께 바치라는 명령을 받았었다. 엘로힘의 무한한 가능성을 신뢰하기에 아브라함은 그가 시작한 여정의 목적을 달성하려고 아들 이삭을 기꺼이 바친 것이다. 아브라함처럼 예수도 하나님과의 정체성 결합으로 하나님의 우주적 목적을 달성하도록 자신을 희생하기로 결정한 것이다. 그래서 분리의 도덕적 질서를 끝장낼 것이다.

그러나 베드로는 예수를 따로 불러내어 그가 선언한 것을 바로 나무란다. 예수가 말한 바는 자기가 기대한 것이 아니라는 것이다. 하지만 예수는 돌아서서 제자들을 바라보며 베드로를 야단친다: "사탄아, 내 뒤로 물러가라. 너는 하나님의 일은 생각하지 않고 사람의 일만 생각한다." 제자들과 군중에게 예수는 자기가 행할 사명의 역설적 성격을 강조한다. 예수는 그것을 그들이 이해하게 될 때까지 거듭해서 말할 것이다. 불행하게도 그들은 여전히 예수가 하는 말을 이해하지 못한다.

가버나움에 잠시 들렀을 때 예수는 오는 중간에 자기 중에 누가 가장 높은지를 놓고 제자들이 다툰 것을 꾸짖는다. 어린이 하나를 그들 앞에 세우고 '그 나라'가 이루어질 때 통합적 도덕성 안에서 수평적인 관계의 구조를 가진다는 것을 예시하여 제자들을 자못 굴욕스럽게 한다.

"누구든지 이런 어린이를 내 이름으로 영접하면 나를 영접하는 것이고, 누구든지 나를 영접하면, 나를 영접하는 것이 아니라 나를 보내신 분을 영접하는 것이다"(9:37).

그들이 갈릴리를 떠나서 "요단강 건너편 유다 지역으로" 가서 "남편이 자기의 아내와 이혼하는 것이 합당한지" 묻는 바리새파 사람들과 마주친다. 예수는 그들에게 질문으로 응수한다: "모세가 당신들에게 어떻게 명했는가?" 그들은 신명기 24장 1절을 인용하여 대답한다. 하지만 이혼의 특별한 사유에 관한 것은 배제하고 대답한다: "모세가 이혼장을 써 주고 이혼하는 것을 허락했다." 그래서 특별한 예외적인 이혼 사유를 배제하여 이혼을 법제화하려고 한다. 예수는 그들이 남성 주도의 이혼을 인증하는 것을 반박한다. 모세가 이혼을 허락한 것은 사람들의 약함 때문이라는 것이다. 곧 "그대들의 굳어진 마음 때문에 그 계명을 준 것이다"라고 대답한다.

"그러나 창조가 시작할 때부터 그가 남자와 여자로 만드셨다. 그렇기 때문에 사람은 그 부모를 떠나 둘이 한 육신이 된다. 하나님이 짝지어 주신 것을 사람이 갈라놓을 수 없다"(10:7).

창세기 2장의 창조 전승으로 돌아와서 예수는 창조 때 수립된 분리할 수 없는 결합으로서의 결혼 구조를 확인한다.

예루살렘을 향하여 길을 계속 가고 있을 때 한 부자가 예수에게 달려와서 무릎을 꿇고 "선하신 선생님, 내가 무엇을 하여야 영생을 얻을 수 있습니까?" 하고 묻는다. 예수는 그 자신의 질문으로 그에게 도전

한다: "왜 나를 선하다고 하느냐? 하나님 외에는 아무도 선하지 않다." 그리고 이어서 율법의 후반부의 계명들을 그의 물음에 대한 답변으로 인용한다. "그 모든 것은 내가 어렸을 때부터 지켰습니다"라고 그 부자가 답한다.

"너에게 한 가지 부족한 것이 있다! 가서 네가 가진 모든 것을 팔아 가난한 사람들에게 주어라. 그러면 네가 하늘에서 보화를 차지할 것이다. 그리고 와서 나를 따르라"(10:21).

그 같은 조건은 너무 실행하기 어려운 것이다. 자기의 것을 모두 포기하기란 불가능에 가깝다. 그래서 그 부자는 근심스러운 마음으로 그 자리를 떠난다. 예수는 제자들을 향하여 말한다:

"자녀들아, 재물을 가진 사람이 하나님의 나라에 들어가기가 참으로 어렵다. 부자가 하나님의 나라에 들어가기보다 낙타가 바늘귀로 지나가는 것이 더 쉬울 것이다"(10:24-25).

그들이 묻는다: "그렇다면 누가 구원을 받을 수 있겠는가?" 예수는 "사람으로는 불가능하다! 하지만 하나님은 그렇지 않다! 하나님에게는 무슨 일이나 가능하다!"고 말한다. 재물이 안겨주는 안전과 힘이 통합적 도덕성이 주는 자유와 무방비함으로 뛰어들도록 소유한 것을 포기하지 못하게 한다.

그럼에도 불구하고 베드로는 그 자신과 동료 제자들이 모든 것을 뒤로 하고 예수를 따른 대가가 무엇인지 알고 싶어 한다. 그에게 예수는 통합적 세계와 끝없는 포용성으로 그들을 이끈다.

> "내가 진정으로 그대들에게 말한다. 나를 위하여, 또 복음을 위하여, 집
> 이나 형제나 자매나 어머니나 아버지나 자녀나 논밭을 버린 사람은 지
> 금 이 세상에서는 박해도 받겠지만 집과 형제와 자매와 어머니와 자녀
> 와 논밭을 백 배나 받을 것이고 오는 세상에서는 영생을 받을 것이다.
> 그러나 첫째가 꼴찌가 되고 꼴찌가 첫째가 되는 사람이 많을 것이다."

예루살렘에 도착하기 전 예수는 마지막으로 그들이 경험하게 될
일을 준비하도록 무엇이 거기에 기다리고 있는지 상기시켜 준다. 그
는 계속해서 하나이며 여럿인 "사람의 아들"이라는 표현을 빌려서 그
들이 나눠야 하는 '정체성 결함'을 강조한다. 예루살렘 근처에 다다라
서 예수는 그의 제자들을 베다니로 보내어 "아직 아무도 타지 않은"
새끼 나귀를 끌고 오라고 한다. 누가 "무슨 짓을 하는 거냐?"고 물으
면, "주께서 필요하시다"고 하면 "즉시 그가 이리로 보낼 것이다"라고
한다. 그들이 그 새끼 나귀를 발견하고 예수에게 끌고 온다. 그들의
옷을 그 위에 안장으로 올리고, 예수는 그 나귀를 타고 예루살렘으로
들어온다. 사람들이 크게 환성을 지른다:

> "호산나! 주의 이름으로 오시는 분! 복되시다! 오시는 우리들의 조상 다
> 윗의 나라 복되시다! 가장 높은 곳에서 호산나!"(11:9하-10)

"우리를 구하소서"라는 뜻의 "호산나"를 함께 외쳐 사람들은 시편
118편에서 유래한 성전 예배 의식을 노래하고 그를 "주의 이름으로

오시는 이"라고 환호한다. 그가 그들에게 다가오는 "우리 조상 다윗의 나라"를 시작하여 구원할 것이다. 그는 그의 즉위를 위하여 나귀를 타고 온다. 그러나 열왕기상 1장 33절과 38절에 의하면 왕조의 권위를 강화하기 위하여 다윗의 아들 솔로몬이 다윗이 타던 짐승을 타는데, 예수는 아직까지 아무도 타본 적이 없는 어린 나귀를 탄다. 예수는 그렇게 다윗왕의 모형을 따라서 그의 사명을 수행하지 않는다. 그는 다른 차원의 즉위를 한다.

다음 날 아침 그는 예루살렘으로 돌아온다. 가는 길에 잎이 무성한 무화과나무를 보고 배고픔을 채우려고 열매를 찾는다. 그러나 열매를 찾지 못한다. 잎만 무성하다. 예수는 주저하지 않고 그 나무를 저주한다. 무화과 철이 아닌 것을 알면서도 그렇게 한다. 그의 제자들이 그렇게 불합리하게 저주하는 소리를 듣지만 아무도 의문을 제기하지 않는다.

그런 다음 예수는 성전으로 들어가서 유월절 기간에 번성을 이루는 상업 행위를 공격한다. 성전세를 내기 위하여 유다 화폐 반 세겔을 파는 환전상들의 책상을 뒤엎는다. 그리고 가난한 사람들에게 제물로 바칠 비둘기를 파는 사람들의 의자를 둘러엎는다. 그 같은 예수의 공격적 행동을 본 제사장들은 아연실색하지만, 아무런 손도 쓰지 못한다. 마가복음서의 설화자는 "그는 아무도 기물을 가지고 성전을 가로질러 지나가지 못하게 하였다"고 설명한다. 그가 성전의 모든 활동을 금지시킨 것은 성전 제도 자체를 폐쇄한 의미를 가진다. 그런 의미에서 예수는 이사야 56장 7절을 인용하여 성전의 본래적인 목적을 천명한다. 그리고 성전의 부패에 대한 그의 심판적 선언으로 끝을 낸다:

"기록된 바, '내 집은 모든 민족들이 기도하는 집이라고 불릴 것이다.' 그런데 너희들은 그곳을 강도의 소굴로 만들었다"(11:7).

그 전날 열매를 찾았던 무화과나무처럼 성전을 통한 하나님의 목적은 사람들의 필요를 충족시키는 것이다. 그런데 무화과나무는 그 철에만 열매를 맺지만, 성전은 항상 인간의 필요를 충족시켜 주어야 한다. 그러나 잎만 무성한 무화과나무처럼 성전이 그 본분을 다하지 못하고 있다. 그래서 예수는 성전에 대하여 신적 심판을 선언한 것이다.

예수가 무화과나무를 저주한 결과가 그 이튿날 나타난다. 그가 제자들과 함께 예루살렘으로 돌아갈 때 그가 저주한 무화과나무가 "뿌리에서부터 말라버린 것"을 보게 된다. 실제로 뿌리에서부터 말라버린 것을 볼 수는 없었겠지만, 그런 표현은 예수의 성전 거부가 최종적으로 가져다 줄 결과를 시사한다고 하겠다. 전날 예수가 무화과나무를 저주한 일을 기억하면서 베드로가 "선생님, 보십시오. 당신이 저주한 그 무화과나무가 말라 죽었습니다" 하고 말한다. 이스라엘 백성들의 종교 생활을 통해서 줄곧 성전이 유지해 온 효력을 잘 알고 있는 예수는 그들이 하나님에게 눈을 돌리도록 "하나님의 신뢰를 가져라!"라고 말한다. 제자들에게 한 이 말에서 전치사 '엔'을 붙이지 않는다. 따라서 그 말은 "하나님을 신뢰하라"는 말이 아니다! "하나님의 신뢰를 가져라!"이다. 예수가 갈릴리 바다 위를 걸어 온 것처럼 이제 그들의 관점이 재구성되어야 한다. 통합의 도덕성에 참여하게 된 그들 역시 그들의 주권을 행사하기 시작해야 한다는 말이다.

"진정으로 그대들에게 말한다. '누구든지 이 산더러 일어나 바다에 빠져라'고 말하고 마음에 의심하지 않고 그것을 믿으면 그가 말한 대로 이룰 것이다"(11:23).

"이 산" — 시온산 위에 성전이 서 있다. 그런데 하늘과 땅을 연합하는 그 시온산 위에 세워진 성전이 끝이 날 것이다. 그래서 거룩한 것과 속된 것을 구분하고 분리시키던 그 바탕 구조는 끝나게 될 것이다. 하나님과 통합함으로 그들의 주권 행사를 통해서 이제까지 경험하지 못했던 무한대한 가능성을 경험하게 될 것이다.

"그러므로 나는 그대들에게 말한다. 그대들이 기도하면서 구하는 것은 무엇이든지 이미 그것을 받은 줄로 믿어라. 그러면 그대들에게 그대로 이루어질 것이다"(11:24).

성전을 하루 폐쇄시킨 사건이 종교 지도자들을 자극한다. 그들은 "당신이 무슨 권한으로 이런 일들을 저지른 것이오?" 하고 묻는다. 예수는 그들에게 대응 질문을 함으로써 그들과 상하적인 관계에 자신을 영입시키지 않는다: "세례요한의 세례가 하늘에서 비롯된 것이오, 아니면 사람에게서 비롯된 것이오?" 그들은 숙고 끝에 대답을 거부한다. 세례요한의 세례가 하나님에게서 비롯되었고, 인정하고 싶지 않은 것이다. 그렇다고 사람에게서 비롯된 것이라고 한다면 세례에 참여하는 그 많은 사람이 두려운 것이다.

예수는 그의 대답 대신 악한 소작인들의 비유를 말해 준다. 이사야 5장 1-2절의 포도원의 노래를 배경으로 비유를 말한다. 포도원 농장의 주인이 농부들에게 세를 주고 멀리 떠난다. 포도를 수확할 때가 되어 주인은 그의 종을 보내어 세를 받아오게 한다. 하지만 농부들은 주인의 종을 때리고 상처만 입혀서 빈손으로 보낸다. 주인은 다른 종들을 다시 보낸다. 농부들은 어떤 종은 때리고 어떤 종은 머리를 때린다. 그리고 다른 종들은 죽인다. 주인은 마지막에 자기의 아들을 보낸다. 아마도 법적으로 문제를 처리하려고 그랬을 것이다. 하지만 농부들은 주인의 아들을 죽이고 그 시체를 바깥에 버린다. 그러고는 포도원을 차지한다.

예수는 비유를 질문으로 끝내는데 그들의 대답을 듣기 전에 "포도원 주인이 어떻게 하겠느냐?"라고 묻고 "주인은 와서 농부들을 죽이고 포도원을 다른 사람에게 줄 것이다"라고 말한다. 예루살렘의 종교 지도자들은 실제로 자신들이 떠나 있는 포도원 주인들이기 때문에 하나님이 주인이라고 인정하고 싶지 않다. 하지만 그들 자신이 포도원을 맡아 일하는 농부들이라고 시인하지 않을 수 없다.

그런 아이로니컬한 입장을 가진 그들은 결국 하나님께서 포도원을 가꾸라고 위탁하셨지만 반역을 저지른 농부들이라고 자신들을 스스로 심판할 수밖에 없다. 그래서 그들이 파멸되고, 포도원은 다른 농부에게 넘어갈 수밖에 없다. 예수는 비유를 이사야 28장 16절로 끝맺는다. 그래서 종교 지도자들에게 새로운 자기 이해를 하도록 한다.

> "집 짓는 사람이 버린 돌이 집 모퉁이의 머릿돌이 되었다. 이것은 주께서 하신 일이요 우리 눈에는 놀랍게 보인다"는 성서의 말씀을 읽어보지 못하였느냐?(12:10-11)

성전에서 마지막으로 가르치기를 마치면서 예수는 그의 청중들에게 기독론적인 질문을 한다: "어째서 율법학자들은 메시아가 다윗의

아들이라고 하느냐?" 그 물음에 대한 대답으로 예수는 다윗의 시라고 여기는 시편 110편 1절을 인용한다:

> "다윗이 성령의 감동을 받아서 친히 이렇게 말했다. '키리오스 에이펜 토 키리오 무'(주께서 나의 주께 말씀하였다). 내 오른편에 앉거라. 내가 네 원수들을 너의 발아래에 굴복시키겠다"(12:35하-36).

따라서 결론은 자명하다. "다윗이 그[예수]를 주라고 불렀는데 어떻게 그가 다윗의 아들이 될 수 있는가?" 그가 예루살렘에서 수난을 당하기에 앞서 예수는 마지막으로 많은 사람이 그를 다윗의 아들인 메시아, 곧 그리스도라는 정체로 이해하는 것을 거부한다.

유월절 축제가 다가오자 대제사장과 율법학자들이 흉계를 꾸며서 예수를 붙잡아 죽일 음모를 꾸민다. 그러나 그들은 예수를 따르는 수많은 군중을 의식하여 축제 기간에는 거사를 치르지 않기로 한다.

예수와 다른 사람들이 베다니에 있을 때 나병환자였던 시몬이 자기 집으로 예수와 일행을 초청하여 저녁 식사를 하게 된다. 그때 초청 받지 않은 이름도 없는 한 여인이 그들의 잔치 자리에 와서, 예수에게 다가와 값이 비싼 순수한 나드 옥합을 깨뜨려 예수의 머리에 향유를 붓는다. 거기에 있던 모든 사람은 그 값진 향유를 허비하는 그녀의 행동을 보고 분노를 표한다: "… 이 향유는 삼백 데나리온 이상을 받고 팔아서 가난한 사람들에게 줄 수 있겠다."[15] 그들은 화가 나서 그녀를 꾸짖는다.

---

15 삼백 데나리온은 한 사람이 삼 년 동안 받는 임금에 해당한다.

예수는 오히려 그들을 나무라고 그녀를 옹호한다: "그녀를 내버려
두어라! 왜 그녀를 괴롭히느냐? 그가 내게 좋은 일을 했다. 가난한 사
람들은 언제나 너희와 함께 있다. 언제든지 너희가 하려고만 하면 그
들을 도울 수 있다. 그러나 나는 언제나 너희와 같이 있지 않다." 예수
는 그녀가 한 행위가 그에게 아주 특별한 의미가 있다고 말한다: "그녀
가 내 몸에 향유를 부어 장례 때 할 일을 미리 한 것이다." 그녀가 향유
를 예수의 몸에 부은 것은 그의 장례를 위한 것만이 아니다. 그것은
전적으로 예언자들에게 베푸는 의식이고 또한 이스라엘의 왕들에게
주권과 통치를 부여하는 의식이다. 그녀는 예수에게 왕으로 향유를
부은 것이다. 하지만 그의 죽음을 통한 왕으로 그렇게 한다. 그녀는
예수가 죽음으로 그리스도가 되게 한다. 예수는 십자가에 달려 죽음
으로 즉위하는 이스라엘의 왕이다. 그는 자기의 왕권을 거부하고 백
성에게 그 주권을 돌려주어 이스라엘의 왕이 된다.

그녀가 예수를 죽음에서 이스라엘의 메시아가 되도록 기름을 부
은 예언적 행위를 칭찬한다. 따라서 그녀가 한 일은 복음이 전파되는
한 언제나 기억될 것이라고 한다. 그녀만이 예수가 십자가에 달린 "유
대인의 왕"이 되는 아이러니를 대망한 것이다.

이 사건이 가룟 유다의 배신을 촉발시켰는지 결정하기는 어렵다.
하지만 그가 제사장들을 만나서 금전을 요구하고 예수를 그들에게 넘
겨주기로 한 것이 그 사건이 일어난 후이다. 마침내 종교 지도자들은
그들이 원한 바를 이룰 기회를 만나게 된다. "그들은 기뻐하며 그에게
은돈을 주기로 약속한다. 그는 어떻게 예수를 넘겨줄지 기회를 엿보
고 있다."

유월절 아침에 예수는 두 제자를 보내어서 유월절 식사를 준비하

게 한다. 그날은 준비의 날이다. 그날 유월절 양을 잡는다.

> "성 안으로 들어가거라. 그러면 물동이를 메고 오는 사람을 만날 터이니
> 그를 따라가서 '우리 선생님께서 하는 말씀인데 내가 내 제자들과 함께
> 유월절 음식을 어디에서 먹을까' 하고 하였다고 하라. 그러면 그가 가구
> 들을 마련한 큰 다락방으로 안내할 것이다. 거기에서 우리를 위하여 준
> 비하라"(14:13-15).

그날 저녁 예수는 유월절에 이스라엘의 새로운 출애굽을 위한 시
사를 열두 제자들과 단독으로 가진다. 그러나 맹세하는 말로 "내가 진
정으로 너희에게 말한다. 너희 중 한 사람, 곧 나와 함께 먹고 있는 사
람이 나를 배반할 것이다"라고 한다. 근심하게 된 제자들은 제각기
"나는 아니지요?" 하며 예수에게 자신을 확인시키려고 한다.

예수는 "열둘 중 하나"라고 말하고, 그 배반자가 예수와 얼마나 친
밀한 교제를 가지고 있는지 말한다: "나와 같은 접시에 빵을 담그고
있는 사람이다." 그의 행위를 규탄하면서 예수는 제자들과 함께 통합
적 관계를 이룰 그 공동체로부터 그를 제외시킨다.

> "사람의 아들은 그에 관하여 성서에 기록된 대로 떠나가지만 사람의 아
> 들을 넘겨주는 그 사람에게는 화가 있다. 그 사람은 차라리 태어나지 않
> 았더라면 그에게 좋았을 것이다"(14:21).

사람의 아들의 사명을 스스로 담당한 예수는 하나님의 사랑받는
아들로서 그의 죽음과 부활을 통하여 세계를 새롭게 구성하는 운명의

길을 걷게 된다. 그러나 유다는 예수를 배반할 운명을 타고난 것은 아니다. 단 자기 스스로 자신의 자유의지에 따라 내린 결정이다. 그 시점에서 유다가 유월절 식사 자리를 떠났는지 그에 대한 언급은 없다.

그들이 먹고 있을 때 예수는 빵을 들어 축사하고 떼어 제자들에게 주며 말한다: "받아라, 이것은 내 몸이다." 빵은 '하나'이며 '많은' "사람의 아들"처럼 통합과 하나됨을 상징한다. 그 빵을 떼어 나눔으로 분리의 도덕적 질서가 종식되고 거기에 갇혀 있는 사람들이 자유하게 되어 서로의 관계 안에서 하나됨을 경험하게 하는 상징적 의미를 가진다. 온전한 한 덩어리의 빵을 떼어 나눔으로 예수는 자신을 갈라지고 조각난 세상과 동일시한다. 그리고 떼인 빵을 함께 나눔으로 그의 제자들도 예수와 함께 그 조각난 세상과 동일시하게 한다.

빵을 나눈 후에 예수는 포도주 잔을 들고 축사하고 제자들에게 준다. 그들과 같이 잔을 마시면서 말한다: "이것은 내가 '많은 사람들'을 대신해서 흘리는 나의 피다." 잔 속에 있는 포도주를 유월절 축제의 피와 동일시하여 예수는 이사야적 예언자들이 예고한 새로운 언약으로 그의 제자들을 영입시킨다. 그 언약의 피를 마심으로 그의 희생적 죽음이 시작하는 새로운 탈출을 경험하게 한다.

그는 그의 잔과 '그 나라'가 마침내 이루어질 새 시대에서 다시 갖게 될 식탁을 기대하는 종말적 사건과 동일시하면서 그 식사를 마친다: "내가 진정으로 너희에게 말한다. 이제부터 내가 '그 나라'에서 새 것을 마실 그 날까지 나는 포도나무 열매로 빚은 것을 마시지 않겠다." 하나이며 많은 "사람의 아들"이 온 세상에 통합적 도덕 질서를 세워 '그 나라'의 일을 끝내는 그때만이 그가 포도나무의 열매로 만든 것을 마실 것이다. 그것은 앞으로 있게 될 소위 예수의 재림인 내림에서 있게 될 것이다. 그때 사람의 아들의 일이 완성되고 역사가 절정에 이를 것이다.

그들은 식사를 마치고 찬송을 부르며 예루살렘을 벗어나서 감람산에 오른다. 거기에서 예수는 스가랴 13장 7절의 예언을 들어 제자들에게 말한다:

"기록된 것처럼 너희가 모두 나를 버릴 것이다. '내가 목자를 칠 것이니 양 떼가 흩어질 것이다.' 그러나 내가 살아난 뒤에 너희보다 먼저 갈릴리로 가겠다"(14:27-28).

예수의 십자가 죽음에 하나님이 개입한 사실을 뒤늦게 깨닫게 될 때 제자들은 충격을 받아 경악할 것이다. 하지만 그때 거기에 그들은 없을 것이다. 모두 도망쳐 가기 때문이다.

그러나 베드로가 제자들이 예수를 버리고 도망치게 되리라는 예고에 항의한다: "모두가 버릴지라도 나는 그렇지 않을 것입니다." 그러한 자만심에 넘친 베드로에게 예수는 '아멘'구를 사용하여 의식적으로 그가 부인하게 될 것을 말한다: "내가 진정으로 너에게 말한다. 바로 오늘 밤 닭이 두 번 울기 전에 너는 세 번 나를 모른다고 할 것이다." 하지만 여전히 자신만만하게 베드로는 "내가 선생님과 함께 죽는 한이 있더라도 절대로 선생님을 모른다고 하지는 않을 것입니다"고 말한다. 다른 제자들도 이구동성으로 그렇게 다짐한다.

겟세마네라고 하는 곳에 가서 예수는 제자들에게 앉아 기다리라고 말하고 베드로와 야고보와 요한 세 제자만 데리고 기도하러 간다. 그 셋은 회당장의 집에서 죽은 그의 딸을 살려냈을 때도 예수와 함께 했고, 예수가 하나님의 사랑하는 아들로 변모하는 그 산에도 함께 있었다. 그런데 이번에는 그 세 사람으로부터 예수는 혼자 떨어져 기도한다. "내 영혼이 괴로워 죽을 지경이다. 너희는 여기 있거라. 그러나 깨어 있어라!" 조금 떨어져서 예수는 땅에 엎드려 몸부림치며 기도한다.

> "아바, 아버지, 당신은 모든 일을 하실 수 있습니다. 이 잔을 내게서 떠나게 해 주십시오! 그러나 내가 원하는 대로 하지 마시고 당신이 원하는 대로 하십시오"(14:36).

예수가 곧 당하게 될 십자가 처형은 하나님과 모든 인류가 참여한 우주적 사건이 될 것이다. 로마제국의 총독인 본디오 빌라도가 대표하는 이방 세계와 대제사장과 율법학자들과 예루살렘의 장로들이 대표하는 이스라엘이 세계의 중심인 예루살렘에서 합세하여 예수를 사형에 처할 것이기 때문이다. 그리고 예수에게 '그 나라'를 부여하신 엘로힘이 "목자들을 치시며" 거기에 계실 것이다.

예수는 자기 자신을 불공평한 상호 교류에 투신하여 아브라함을 따르는 목전에 도달한다. 아브라함이 '엘 샤다이'인 엘로힘과 맺은 언약을 완수하려고 자기의 목숨과 같은 아들 이삭을 바쳤다. 이제 예수는 이사야 52장 13절에서 53장 12절의 종의 역할을 자신을 바쳐 완수하려고 한다. "자기의 목숨을 화목제물로 바친다." 그는 엘로힘이 화육한 자로서 이 세상의 분리의 도덕적 질서 속에 자신을 통합시킨다. 하나님은 그의 희생을 통하여 '에누마 엘리쉬'의 창조 신화가 분리시킨 하늘과 땅 그리고 '정체성'과 '차이'의 이항 대립적 세계를 종식시킬 것이다. 십자가에 달려 죽음으로 예수는 분리의 도덕적 질서를 그 자신이 껴안는다. 아울러 그런 분리의 질서에 살고 있는 모든 인간과 '정체성 연합'을 가진다. 그래서 그는 "불의에 삼켜진" 사람이 된다. 그는 "야훼께서 우리 모두의 죄를 짊어지게 하신" 그 사람이 된다. 그러한 불공평한 교환에서 그는 엘로힘이 세상에 내리시는 심판을 자신이 받는다. "그가 아무런 폭행도 하지 않고 그의 입에 거짓이 없음에도" 자신이 엘로힘의 심판을 대신 받는 것이다. 그가 "엘로힘께서 우리 때문에 치시고 상하게 한" 그 사람이 된다. 그리고 야훼께서 "아파하시며 멸하신" 그 사람이 된다.

예수는 그가 야훼 엘로힘과 갖는 정체성 연합 안에서 그 잔을 마시는 것을 결코 기피하지 않으려고 한다. 그래서 그의 간구는 "내가 원하는 대로가 아니고 당신께서 원하시는 대로"라고 한다. 세 제자가 있는 곳에 예수가 와서 그들이 그의 괴로움과 기도에 참여하지 못하고 잠들어 있는 모습을 본다. 그들이 당면하게 될 위기를 경고하면서 예수는 그들에게 "깨어 시험에 들지 않도록 기도하라"고 권한다. 다시 그는 어떤 길을 선택해야 할지 결단을 내리기 위하여 기도하러 가고 같은 기도를 한다.

결론을 내리지 못하고 다시 제자들에게 오지만 세 제자는 여전히 잠들어 있다. 다시 그들을 남겨두고 세 번째로 기도하러 간다. 목적을 확실하게 찾고 결단을 내리기 위해서다. 이번에는 결단을 내리게 된다. 그래서 제자들에게 돌아온다. 아직도 잠들어 있는 그들에게 "너희들은 영원히 잠들어 쉬려느냐? 이제 끝났다"[16]고 선언한다. 그의 결심은 섰다. "때가 왔다. 보라. 사람의 아들이 죄인들의 손에 넘어간다.

---

16 한글번역, "남는 시간을 자고 쉬어라. 그 정도면 넉넉하다"는 지나친 의역이다.

일어나 가자. 나를 넘길 자가 가까이 왔다"고 말한다.

유다가 칼과 몽둥이를 든 "대제사장들과 율법학자들과 장로들"이 보낸 무리와 함께 온 것이다. 그는 예수에게 배신의 입을 맞추어 그가 바로 체포할 사람임을 알린다. 예수는 아무런 저항도 하지 않고 결박되어 산헤드린으로 넘겨진다. 그를 따르던 사람 중에서 한 사람이 그가 차고 있던 칼로 대제사장의 노예의 귀를 자른다. 자신이 불법적인 체포를 당하면서도 예수는 그들의 폭력을 꾸짖는다: "너희는 강도들에게 하듯이 칼과 몽둥이를 들고 나를 잡으러 왔느냐? 내가 매일 성전에서 너희와 함께 있으며 가르칠 때 너희는 나를 잡지 않았다."

이 가장 중요한 순간에 그의 제자들은 "그를 남겨둔 채 모두 도망친다." 홀로 남은 예수는 보통 열리는 산헤드린의 법정이 아닌 대제사장의 집에서 특별한 심문을 받기 위하여 끌려간다. 밤중에 그를 체포하였듯이 그를 심문하고 재판하는 일을 극비리에 하여 사형에 처하려는 의도에서다. 베드로가 대제사장의 집 뜰로 따라간다. 재판의 결과를 보기 위하여 보초와 같이 앉아 있는다.

재판은 유죄를 입증하기 위한 증인신문으로 시작한다. 많은 증인이 증언하지만, 유죄로 판정을 내릴만한 증거를 찾지 못한다. 시중드는 한 어린 소녀가 베드로를 알아보고 "당신도 예수와 같이 있었지요?" 하고 묻는다. 하지만 베드로는 두 번씩이나 부인한다. 그가 갈릴리 사람이어서 예수와 한 패라는 말에 그는 맹세하면서 예수와 아무 상관이 없다고 세 번째로 그를 부인한다. 그때 닭이 두 차례 운다. 예수의 예고를 기억하고 베드로는 감정에 북받쳐 울음을 터뜨린다.

재판에서 유죄를 인정할 만한 아무런 증거를 찾지 못하자 대제사장은 예수를 신문한다: "당신에 대하여 불리한 증언을 하는 저 모든 증언에 대하여 당신은 무슨 대답을 하겠는가?" 하지만 예수는 침묵만 지킨다. 자기 자신을 변호하지 않는다. 좌절감을 느낀 대제사장이 예수에게 질문한다: "그대가 찬양을 받으실 분의 아들 그리스도요?"

그의 사역에서 줄곧 예수는 그리스도라는 정체성을 거부해 왔다. 그러나 지금 그가 받는 재판에서 간단한 말로 인정한다: "내가 그다." 산헤드린이 그에게 정죄하기를 예상하면서 예수는 주저하지 않고 그가 메시아라고 인정한다. 이미 무명의 여인이 그에게 죽음으로 그리스도가 되도록 기름을 부어 주지 않았던가! 예수는 거기에 덧붙여 그의 사역 내내 사용했던 이름을 들어 보완한다.

"너희는 사람의 아들이 권능자의 오른편에 앉아 있는 것과 구름을 타고 오는 것을 보게 될 것이다"(14:62).

예수는 하나이며 여럿인 공동체로서 자신의 정체를 밝힌다. 하지만 그는 시편 110편 1절과 다니엘 7장 13절을 병합시켜서 역설적인 정체를 밝힌다. 그가 하나님과 함께 왕으로 등극하여 다윗이 주라고 부른 그리스도, 곧 왕이라고 한다. 그것은 산헤드린의 멤버들이 확실히 보게 될 것이다. 그러나 예수는 그가 아직 하나님과 함께 왕적 등극을 하지 않은 '한 사람'임을 천명한다. 그는 다만 왕위에 오르려고 올 뿐이다. 다니엘 7장 13절에 의하면 그는 구름을 타고 하늘로 올라가서 옛적부터 계신 분에게 인도되어 그로부터 "주권과 영광과 통치"를 받게 될 것이다. 그의 제자들은 물론 통합적 도덕적 질서에 합류한 모든 사람이 "사람의 아들"의 "많은 사람들"로 옛적부터 계신 분과 함께 즉위하게 되는 그때, 비로소 그가 하나님과 함께 왕위에 오른다는 주장이 현실화될 것이다.

이렇게 한 사람과 많은 사람이 통합해서 왕으로 등극한다는 예수의 증언을 듣고 대제사장은 그의 옷을 찢으며 예수가 하나님을 모독했다고 선언한다.

"이제 우리에게 무슨 증인들이 더 필요하겠소? 여러분은 지금 하나님을 모독하는 말을 들었소. 여러분 생각은 어떠합니까?"(14:63-64)

예수는 하나님을 보호자로 삼고 이스라엘 백성을 하나님의 의뢰인으로 삼아 중재자 역할을 하는 제사장직을 제거하여 성전 제도를 취소했다. 성전 역사를 통해서 줄곧 행사된 제사장들이 장악하고 있던 권력과 법치권을 폐기한 것이다. 그래서 하나님으로부터 이스라엘 백성을 분리시키고 그 백성이 통합적 도덕성을 따라 하나님과 상호 신뢰의 관계로 살지 못하게 했던 그 상하 수직적 구조를 멈추게 한 것이다.

예수의 선언이 의미하는 바가 너무 충격적이어서 산헤드린은 극도로 적대감을 드러낸다. 그리고 폭력을 자행한다. 더러는 예수에게 침을 뱉고, 어떤 사람은 얼굴을 가리고 그를 때리며 말하기를, "예언하여라" 하며 조롱한다. 그 종교 지도자들 밑에서 일하는 하인들까지도 예수에게 가해진 죄목을 듣고 "손바닥으로 때린다."

예수에게 하나님을 모독했다고 판결을 내렸지만 레위기 24장 16절이 명시한 벌을 그에게 집행하지 않는다. 산헤드린은 그 밤중에 다시 회의를 소집하여 피고인 예수 없이 법집행 방안을 논의한다. 왜 그같은 협의를 하게 되었는지는 그 이틀날 아침에 밝혀진다. 그들이 예수를 로마의 총독인 본디오 빌라도에게 새로운 죄명을 붙여 끌고 간 것이다. 이제 예수에게 부과된 혐의는 정치적인 것이다. 빌라도의 첫 질문이 그 점을 시사한다: "그대가 유대인의 왕이냐?" 종교적 신 모독 죄가 로마제국에 대한 반역죄로 뒤바뀐다. 산헤드린의 의도는 단순히 예수를 죽이려는 것만이 아니다. 그가 죽은 후에라도 행여 그의 생애와 한 일이 사람들에게서 다시 살아나게 될 것을 우려한 것이다. 돌로 쳐서 죽이는 것은 그 치욕적인 흔적을 지우기 어렵다. 그렇게 사형을 집행할 경우 오히려 그를 영웅으로 만들게 되고 이스라엘의 예언자들의 반열에 그를 올려서 그가 시작한 운동을 영구화시킬 위험성이 커지게 된다. 십자가 처형은 극심한 고통을 줄 뿐만 아니라 신명기 21장 23절이 명시하는 대로, "나무에 매달려 죽은 사람은 하나님에게서 저주를 받은 것이다."

하지만 확실한 인증이 필요하다. 아직 예수를 극형에 처할 단서를 찾지 못했다. 예수는 빌라도의 질문에 긍정도 부정도 아닌 말로 대답한다: "당신이 그렇게 말하고 있소." 대제사장들은 빌라도가 예수를 석방시킬까 염려되어 예수에게 그들이 꾸며낸 죄목으로 고발한다. 빌라도가 재촉하지만, 예수는 그에 대한 답변을 하지 않는다. 예수가 자신을 변호하지 않고 침묵을 지키자 빌라도는 대제사장들이 그를 허위 죄목을 씌워서 그에게 보냈는지 의심스러워 한다.

그 시점에서 예루살렘 군중이 빌라도에게 유월절 특사를 할 때 그들이 원하는 죄수를 사면해 달라고 요청한다. 그래서 예수 아니면 바라바 중 하나를 사면할 판국이 된다. 그 두 사람 모두 혁명 운동에 가담한 것으로 기소되었다. 예수는 반란 선동죄로 기소되었고 바라바는 "폭동 때에 살인을 범한 폭도들과 함께 갇혀 있었다." 그 두 사람은 함

께 새로운 도덕적 질서를 세우려는 두 가지 다른 이항 대립을 대표한
다. 빌라도는 정의를 실천하여 예수를 석방하는 대신 군중을 의식하
고 정치적 판결을 내리게 된다. 군중이 바라바의 석방을 요구하고 빌
라도는 그 요청을 받아들인다. 예수에게 채찍질하게 하고 그를 십자
가형에 처하도록 군인들에게 넘긴다.

그들이 예수를 총독 공관의 뜰로 끌고 간다. 형집행을 위하여 군인
들이 거기에 모여 있다. 그들은 거기에서 그들만의 의식을 치른다. 자
색 옷을 예수에게 입히고 그의 머리에 가시관을 씌운다. 그리고 "유대
인의 왕"이라고 만세를 부른다. 군인들이 그 앞에서 절을 하고 희롱하
면서 모욕적인 경배를 한다. 그러고는 그의 머리에 쓴 가시 면류관을
갈대로 치고 침을 뱉는다. 그들이 그러한 모욕적인 의식을 끝내고 그
가 입은 자색 옷을 벗기고 다시 그의 옷으로 갈아입힌다. 그리고 성
밖에 있는 형장으로 끌고 간다.

예수는 그가 달릴 십자가를 짊어지고 갈 수가 없다. 채찍에 맞고
고문을 당하여 극도로 쇠약해졌기 때문이다. 그래서 군인들은 지나가
던 한 사람에게 그 무거운 나무 형틀을 메고 가게 한다. 그의 이름은
구레네 사람 시몬이고 그는 "시골에서 올라온" 사람이다. 한 가난한
농부가 예수의 십자가를 짊어지고 간다. 그렇게 시몬은 예수의 수난
에 영입된다. 그가 알렉산더와 루포의 아버지라고 밝혀진다. 아마도
루포는 사도 바울이 로마서 16장 13절의 인사말 속에 나오는 "주 안에
서 택함을 받은 루포"일 것이다.

십자가를 "해골의 장소"라는 뜻의 골고다에 내려놓고 그들은 예수
의 옷을 벗긴다. 그리고 그를 십자가 위에 올려놓고 양손을 가로대 양
끝에 벌려 못을 박는다. 손바닥에 못을 박고 손목을 끈으로 가로대에

묶어 고정시킨다. 그의 발도 못을 박고 세로대에 끈으로 묶어서 고정시킨다. 마취용으로 몰약을 포도주에 타서 예수에게 마시도록 준다. 하지만 예수는 그것을 받아 마시지 않는다. 말할 수 없는 극심한 고통을 당하겠지만 예수는 자신의 감각을 둔하게 만들려고 하지 않는다. 의식을 또렷이 가지고 자기 몸의 지체를 견지하려고 한다. 그의 자유와 주권이 최소한도로 좁혀진 상황이지만 예수는 자신의 정체성에 충실하고 대제사장들과 산헤드린 앞에 앞서 말한 바를 성취하려고 한다: "너희가 사람의 아들이 권능자의 오른 편에 앉아 있는 것을 볼 것이다." "유대인의 왕'이라는 죄패를 십자가의 꼭대기에 붙인다. 그 죄패는 예수가 형장으로 올 때 목에 걸고 왔을 것이다. 예수가 그의 죽음에서 이스라엘의 메시아가 된 것이다.

군인들이 예수의 옷을 나누어 가지려고 제비를 뽑는다. 그러는 동안 지나가던 사람들이 머리를 흔들며 야유를 퍼붓는다. 거기에 있던 대제사장들과 율법학자들도 그에게 침을 뱉고 모욕을 한다:

"그가 남은 구하고 저 자신은 구하지 못하는구나! 이스라엘의 왕 그리스도여! 그 나무에서 내려와 보아라! 그것을 우리가 보면 믿겠다!"(15: 31-32)

예수와 함께 두 죄수가 십자가 처형을 당한다. 오른쪽과 왼쪽에 그들이 있다. 그들도 다른 사람들처럼 예수를 모욕한다. 하지만 예수는 잠잠하게 복수의 악순환을 벗어나서 고통을 당한다.

하루 중 하늘에 뜬 해의 빛이 가장 밝을 때인 정오, 제 육시에서 "제 구시까지 어둠이 온 땅을 덮는다." "주의 날"이 이르는 우주적 사건의 절정 시각에 예수는 큰 소리를 지른다.

"엘로이 엘로이 레마 사박다니?" 나의 하나님, 나의 하나님, 왜 당신은
나를 버리십니까?[17]

분리의 도덕적 질서에 바탕을 두고 있는 전 세계가 세계의 원초적
중심인 예루살렘에서 벌어지고 있는 묵시적 종말 사건에 참여하고 있
다. 로마제국의 이방인들과 하나님의 택함을 받은 이스라엘이 이 십
자가형을 집행하고 있다. 야훼 엘로힘 또한 거기에 계신다! 예수에게
'그 나라'를 부여하여 통합적 도덕 질서를 수립하게 하셨던 야훼 엘로
힘이 그가 사랑하는 아들을 불공정한 호혜성으로 그를 치시기 위하여
거기에 계신 것이다. 궁극적인 아이러니가 발생하고 있는 것이다. 아
브람과 사래가 시작한 여정이 그 오랜 세기를 지나 마침내 그 목적지
에 다다른다. 분리의 도덕적 질서 속에 갇혀 있는 모든 인류와 자신을
동일시하여 껴안고 야훼 엘로힘의 징벌을 그 홀로 받는다. 그러므로
그는 통합의 도덕적 질서를 하나님과 정체성 합일을 통해서 성취시키
는 아이러니를 나타낸다. 그 절정적 순간에도 예수는 그가 하나님과
공유한 신뢰의 상호성을 포기하지 않는다. 그래서 "나의 하나님, 나의
하나님…"이라고 절규한다.

다시 한번 자신의 주권을 행사한다: "큰 소리를 지르고 숨을 거둔
다." 마지막 숨을 내쉬고 삶을 끝낸다. 그는 단순히 죽은 게 아니다.
그가 '죽음 속'으로 들어간 것이다.

---

17 예수의 절규는 시편 22:1에서 온 것이다. 그런데 마가는 원래의 히브리어 표현을 아람어
표현으로 바꾸었다.

그때 성전의 휘장이 갈라진다. 그리고 야훼 엘로힘이 그의 역사적 주거지인 성전을 떠난다. 예루살렘은 이제 더 이상 야훼 엘로힘이 그의 택한 백성과 함께 계신 세계의 '악시스 문디'(axis mundi), 창조계의 신성한 중심이 아니다. 그래서 이스라엘의 종족성은 이제 더 이상 그 세계성의 유산으로부터 분리되지 않는다. 예수가 야훼 엘로힘의 아들로서 분리의 도덕적 질서를 끝내고 마침내 온 인류를 하늘과 땅이 하나되어 생긴 통합과 상호성이 안겨주는 무한대한 가능성 속으로 인도한 것이다.

제자들의 행방은 여전히 흩어진 대로 묘연하다. 유다는 예수를 넘겨주고 어디로 가서 어떻게 되었는지 모른다. 베드로는 예수를 부인한 죄책감에 괴로워하며 예루살렘 어딘가에 있을 것이다. 그리고 다른 제자들은 여전히 종적을 감춘 상태다. 오직 예수를 따르던 여인들만이 충성스럽다. 막달라 마리아와 살로메, 작은 야고보와 요새의 어머니 마리아와 예수의 어머니 마리아가 예수의 시신이 무덤에 묻힐 때 거기에 있다. 지배 계층인 아리마태 사람 요셉이 예수의 장례를 정중하게 치르도록 배려한다: "그는 하나님의 나라를 기다린 사람이다." 아마도 그런 까닭에 빌라도에게 예수의 시체를 인계해 달라는 모험을 감행했을 것이다. 예수가 그렇게 빨리 운명하리라고 생각하지 못한 빌라도는 백부장을 시켜서 예수가 운명했는지 확인하게 한다. 안식일이 시작될 시간이 임박해 오기 때문에 요셉이 장례를 위한 시신 처리를 할 여유가 없다.

린넨(신도나)으로 예수의 시신을 싸서 부자가 안장될 바위를 깎아서 만든 무덤에 아무런 장례 의식을 갖지 못한 채 급하게 안치한다. 그 무덤이 요셉 자신이 묻힐 무덤은 아닌 것으로 보인다. 예수가 무덤에 묻히는 것 역시 제2이사야의 고난받는 종의 이야기와 병행한다.

"그가 폭력을 휘두르지도 않았고 거짓말도 하지 않았지만 사람들은 그
에게 악한 사람과 함께 묻힐 무덤을 주었고, 죽어서 부자와 함께 들어가
게 하였다"(이사 53:9).

28장
마가복음서의 끝

마가 16:1-8

다른 복음서들의 끝맺음이 모두 다 그렇지만, 마가복음서는 그 끝이 아주 독특하다. 그것은 저자의 고유한 저술에 의한 것이다. 예수께서 죽은 자들로부터 부활한 사건을 증언하여 그 복음서의 설화적 세계를 마치려고 의도하였다.

> 주간의 첫 새벽에 해가 막 돋을 때 그들이[여인들이] 무덤으로 갔다 (16:2).

새로운 주간이 시작되는 첫날은 '새로운 시간', 곧 '새 시대'를 상징한다. 새로운 존재의 때이다. 예수가 무덤에 묻히는 곳을 목격한 막달라 마리아와 예수의 어머니 마리아와 살로메가 예수의 시체에 향유를 발라 장례 의식을 마무리하려고 무덤을 찾은 것이다. 하지만 그들이 무덤을 향하여 가면서 "누가 무덤의 입구에 있는 돌을 옮겨 줄 것인가?" 하고 서로 묻는다.

그들이 "눈을 들어 보니"(아나블렙사스다이) 돌이 이미 옮겨져 있는 것을 "보았다"(테오루신. 16:4). '인지적 눈'으로 '올려다보고' 무덤의 돌을 옮긴 능력에 그들 자신을 맡김으로 그들은 무덤 속으로 들어갈 수 있게 된다.[1] 그 돌이 엄청나게 컸기 때문이다. 무덤 속에 있는 시체의 죽음을 극복한 능력이 바로 그들을 위하여 그 돌을 옮기게 한 힘이었던 것이다.

그런데 무덤이 텅 빈 것이 아니다. 다만 예수의 시체가 없어진 것이다. 무덤 안에서 여인들은 한 '젊은이'(네아니스코스)가 "오른쪽에 흰옷을 입고 앉아 있는 것을 보고 몹시 놀란다."

> "그가 그들에게, '놀라지 마시오. 그대들이 십자가에 못박힌 나사렛 예
> 수를 찾고 있지만 그는 부활하였습니다. 여기에 있지 않습니다. 그가 안
> 치되었던 곳을 보시오'"(16:6).

그들은 예수의 죽음을 목격했다. 그리고 그 세 여인 중 둘은 그가 무덤에 묻힐 때 거기 있었다. 이제 그 세 사람 모두가 무덤에 예수의 시체가 없는 것을 목격하고 젊은이가 "그는 여기에 있지 않다. 그는 부활하였다"고 말하는 소리를 듣는다. 예수의 시체가 보이지 않고 "그가 다시 살아났다"는 증언은 인간학적으로 창세기 2장 7절의 창조 신화가 전하는 사람의 영혼과 육체가 하나된 그 구조와 상응한다. 그것은 결코 영혼 불멸을 지시하지 않는다. 그것은 야훼 엘로힘이 그의 무

---

1 비슷한 동사 사용을 위하여 마가 8:24; 10:52를 보라.

한대한 가능성으로 창조한 육신의 몸이 부활한 것을 지시한다.

여인들이 무덤 안에서 젊은이를 만난다. 하지만 그가 누구인지 그들은 알지 못한다. 그러나 복음서의 독자들은 그가 누구인지 안다. 14장 51-52절에 예수가 겟세마네에서 체포당할 때 제자들과 함께 거기에 있던 '네아니스코스'다. 그들이 모두 도망칠 때 그 '네아니스코스'는 용기 있게도 예수에게 충실하기 위해 도망치지 않았다. 그러나 폭도들이 그를 붙잡았을 때 그 '네아니스코스'는 '린넨'(신도나)를 벗어 던지고 알몸으로 도망쳤다. 그것은 옷이 아니다. 그것은 아리마태 요셉이 예수의 시체를 싸서 장례를 치르려고 구입한 '신도나'이다. '신도나'를 남기고 알몸으로 도망친 그 '네아니스코스'는 예수의 죽음을 미리 예시했다. 그리고 세례를 통해서 그 자신이 종말적 죽음을 경험하여 그 죽음에 참여한 것이다.[2]

"흰옷을 입고 오른쪽에 앉아 있는" 그가 다시 무덤 안에 나타나 예수가 죽음으로부터 부활로 도망친 것을 반영한다. "오른쪽에 앉아 있다"는 표현은 14장 62절에서 "너희가 사람의 아들이 권능자의 오른편에 앉아 있는 것을 보게 되리라"고 한 예수의 말씀 처음 부분과 상응한다. 그래서 그 젊은이는 여기서 다시 예수가 하나님과 함께 왕으로 등극한 것을 반영한다. 그리고 "흰옷을 입고 있는" 것은 그가 등극하여 영광스럽게 된 것을 상징한다.[3] 그 젊은이는 예수의 운명을 반영시키며 부활의 실체와 '그 나라'의 존재론적인 근거를 증언해 준다. 그것은

---

2 여기에 처음 교회의 세례 의식이 반영되었다. Robin Scroggs and Kent I. Goff, "Baptism in Mark: Dying and Rising with Christ," *JBL* 92 (1973): 531-548.

3 70인역 창세기 41:42에서 요셉이 '흰옷을 입은' 것과 비교하라. 마가 9:3은 "… 그의 옷이 세상의 어떤 마전장이도 희게 할 수 없을 만큼 빛나고 하얗게 되었다"고 서술한다.

예수가 사람의 아들이며 하나님의 아들로 그의 사역에서 시작한 바다.

그 젊은이 자신이 예수의 죽음과 부활의 실체에 참여한다. 그의 세례에서 그 자신이 죽음과 부활을 경험했기 때문이다. 그리고 그가 예수가 하나님과 같이 왕으로 즉위하여 영광을 받는 것을 반영하기에 그 자신 속에서 '그 나라'를 구현시키고 있는 것이다. 젊은이는 이제 여인들을 제자들에게 보내어 소식을 알리라고 한다. 특별히 베드로에게 전하라고 한다. 그가 예수를 세 번씩이나 부인했기 때문일 것이다. 그들에게 예수가 체포되기 전에 "내가 부활한 후에 너희들보다 앞서 갈릴리로 가겠다"는 말을 상기시키도록 한다.

하지만 여인들은 "넋을 잃고 벌벌 떨며" "무덤을 나와 도망친다." 젊은이가 무덤 안에서 한 말을 듣고 너무 기쁘고 당혹스러운 것이다. 그런데도 그들은 무덤에서 뛰쳐나와 두려워하여 아무 말을 하지 못한다.

> "그리고 그들은 아무에게도 아무 말을 하지 않았다. 그것은 그들이 계속해서 두려워했기 때문이다(에포분토 가르)"(16:8).

마가복음서의 맨 마지막 구절은 두 개의 부정구(否定句)로 되어 있다. 헬라어에서 두 개의 부정구의 경우 뒤에 있는 부정구가 앞에 있는 것을 더 강조한다. 따라서 부활절 아침 예수의 무덤을 찾은 여인들은 "아무에게 아무것도 말하지 않는다!" 그리고 마가복음서의 마지막 구절은 단 두 개의 단어로 끝난다: "에포분토 가르." 그 뜻은 "왜냐하면 그들이 두려웠기 때문이다"이다. 맨 마지막에 사용된 '가르'는 접속부사인데, 그 단어는 문장의 앞에는 놓지 않는다. 그 접속부사('왜냐하면')

로 마가복음서의 설화 세계가 끝난다. 그런 문장 구성은 아주 이례적인 것이다. 그렇게 마가복음서는 그 끝이 열려 있다. 그 충격적이고 돌연한 끝맺음의 성격 때문인지 후대 복음서 편자들은 원래의 끝이 손실되었으리라는 가정하에 적어도 두 개의 끝맺는 구절을 보충하게 된다. 그러나 그 보충들은 후대의 삽입일 뿐이다.

여인들이 침묵했다는 이 복음서의 끝은 믿기 어려운 아이러니가 아닐 수 없다. 이 복음서의 설화 세계에서 예수가 줄곧 그의 회복과 치유 사역에 대하여 공개하지 말라고 말한 것은 사실이다. 하지만 그 모든 사역이 마침내 절정에 다다른 지금 여인들에게 무덤 안의 '젊은이'는 "가서 말하라"고 부탁하였다. 그런데 그들이 "아무에게 아무것도 말하지 않았다!"는 것이다. 그들의 침묵이야말로 복음서의 절정에 찬물을 끼얹은 격이다. 여러 가지 설명이 가능하다. 아마도 남성 지배적 사회의 '명예/수치' 문화가 여성을 남성보다 열등하다고 간주하여서 여인들이 그 엄청난 부활의 사건을 이야기한들 어처구니없거나 대수롭지 않은 일로 무시할까 봐 침묵을 지킨 것이라고 설명할 수도 있다. 누가 24장 11절이 그런 면을 시사한다. 아이로니컬하게도 여인들이 그 같은 증언을 하는 것은 통합의 도덕적 질서에 그들도 동등하게 영입하게 할 것이다. 하지만 빈 무덤이 그들에게 그 같은 중요한 의미를 주고 그들에게 자유를 안겨 주겠지만, 여인들은 무덤으로부터 도망쳐 가고 아무에게 아무 말도 하지 않음으로 그 같은 놀라운 가능성은 이제 미래적 사건으로 남고 만다.

제자들은 무덤 안에 있던 젊은이의 메시지를 듣지 못한다. 따라서 그들은 예수의 부활과 빈 무덤에 대하여 아무것도 알지 못한다. 그들이 그의 부활을 몰랐다면 예수가 14장 28절에서 말한 것을 기억하고 그를 따라 갈릴리로 가지 못할 것이라고 생각할 수 있다.

마가복음서의 마지막 장에서 세 가지를 추측해 볼 수 있다. 하나는 여인들이 예수의 '그 나라'를 위한 사역을 위한 임무를 잘 이해하고 남성들보다 훨씬 훌륭한 제자직을 수행했다는 것이다. 그들이 끝까지 예수에게 헌신함에 따라 복음서의 최종적인 이야기 속에 포함된다. 따라서 여인들이 예수의 죽음과 장례 그리고 빈 무덤의 증인들이 된다. 하지만 그들이 무덤으로부터 도망쳐서 그들의 경험을 제자들에게 알리지 못한 것이 이 복음서의 진정한 끝이라고 할 수 없다. 마지막 두 구절이 시사하는 대로 여인들 역시 부활의 소식을 전달하지 못했기 때문이다.

예수를 따랐던 남성들은 제자로서 부끄러울 뿐이다. 유다는 돈 때문에 자기 선생을 팔아넘겼다. 그리고 베드로는 겁쟁이처럼 그들 부인하였고 다른 제자들은 예수가 겟세마네에서 체포당할 때 모두 도망쳤다. 그들이 아직 예루살렘에 있겠지만 그가 다시 살아난 것을 알지 못한다. 이 역시 이 복음서의 끝이 될 수 없다.

마가 16장 1-8절은 그 복음서 전체와 아주 일사불란하게 구성되어 있다. 그래서 독자들 자신이 이 복음서의 귀결을 추정하도록 했다고 볼 수 있다. 후대에 이 복음서의 사본을 복사한 사람들은 그렇게 하지 못했다. 따라서 그들은 적절한 끝맺음이라고 그들이 상상한 대로 잘못 구성하였다.

그렇지만 이 복음서를 시작할 때 사용한 첫 번째 단어 '아르케'가 모종의 '끝'을 암시한다. '아르케'는 '기원' 또는 '시작'이라는 뜻의 말인데 마가복음서의 설화 세계를 여는 어휘다. 영역은 정관사를 붙였지만, 헬라어 원본에는 정관사가 없다. 단순히 "아르케 투 유앙겔리우",

"복음의 한 시작"이라는 어귀로 그 설화 세계를 시작한다. 그러나 '아르케'는 '시작'이라는 뜻 이상의 의미를 함축한다. 그 말은 "으뜸가는 원칙"이라는 뜻으로 사용될 수 있다.

예수 그리스도의 복음의 '으뜸이 되는 원칙'으로서의 시작은, 예언자 이사야에 기록된 것처럼, "보아라, 내가 내 사자를 너의 얼굴에 앞서 보낸다. 그가 '너의 길'을 닦을 것이다"(1:2).

복음의 시작이 가장 으뜸가는 원칙으로 "그 길"(호도스)과 연관된다. "길"이라는 단어가 이 복음서 안에서 열여섯 차례 사용된다. 사도행전 9장 2절과 22장 4절 그리고 24장 22절에 의하면 "길" 또는 "도"를 부활절 이후의 제자들이 사용한 것으로 나타난다. 마가의 시작 말에 이사야의 기록이라고 하지만, 실은 말라기 3장 1절을 인용한다. 그리고 세 명의 다른 인물이 "그 길"의 건설에 연계된다. 곧 하나님과 앞선 자인 사자(메신저)와 정체가 드러나지 않은 "너"이다.

그 후에 이어지는 인용이 이사야 40장 3절에서 온 것이다. 그러나 앞서 인용한 말라기 3장 1절과 달리 여기서는 두 가지가 제시된다. "외치는 소리"와 "주의 오심"이 그것이다.

> 광야에서 외치는 소리가 있다. "주의 길을" 예비하여라; 그의 길을 곧게 하여라(1:3).

그 두 구절이 모두 이사야의 기록이라고 서술한 것은 의도적인 것으로 보인다. 서로 보완적이 되도록 의도하였지만, 이사야의 내용이 말라기의 내용을 결정하도록 꾀한 것으로 보인다.

"광야에서 외치는 소리"는 주의 오심을 기대한다. 따라서 청중으로 하여금 그에 대한 응답을 촉구한다. 주의 '길을' 준비하고 곧게 하는 응답을 촉구한다. 하지만 여기서 오시는 주는 엘로힘이다. 그리고 엘로힘께서 세례요한을 그의 사자로 보내어서 그가 베푸는 세례를 통해서 야훼의 대리인이 되어 '주'라는 칭호를 갖게 된 그 사람의 '길'을 준비시킨다. 요한이 "요단강물 속으로" 예수에게 세례를 베풂으로 죽음과 부활을 경험하게 하여 그의 길을 준비한다. 그리고 그가 요단강 "물 밖으로" 올라 올 때 하늘이 갈라지고 성령이 그 속으로 들어가며 "하늘로부터 소리가 들린다": "너는 나의 사랑하는 아들이다. 내가 너를 기뻐하기 시작하였다." 요한은 '광야에서 외치는 소리'의 사명을 완수하였다. 그리고 예수가 그의 제자들을 "사람의 아들"의 공동체로 불러 훈련을 시키고 하나이며 많은 '그 나라'를 세우는 그의 임무에 가담하도록 한다.

그러나 예수 역시 제자들의 앞선 자가 된다. 그는 예루살렘에서 그가 당한 수난으로 그들을 인도하여 그들도 "죽음과 부활을 경험하는 길을 만들기 위하여 앞서간다."

그들이 예루살렘으로 가는 길이었는데 예수가 그들을 "앞서갔다." 그들은 놀랐고 뒤따라가는 사람들은 계속해서 두려워하였다. 예수가 다시 열두 제자를 곁에 불러 앞으로 그에게 닥칠 일들을 말하기 시작하였다:

> "보아라, 우리는 예루살렘으로 올라가고 있다. 사람의 아들이 대제사장들과 율법학자들의 손에 넘어갈 것이다. 그들은 그에게 사형을 선고하고 이방 사람들에게 그를 넘겨줄 것이다. 그리고 이방 사람들은 그를 조롱하고 침 뱉고 채찍질하고 죽일 것이다. 그러나 그는 사흘 뒤에 다시

살아날 것이다"(10:32-34).

제자들이 그를 버리고 예루살렘 어디엔가 숨어 있을 적에 예수는 십자가의 죽음으로 그들보다 앞서갈 것이다. 이 복음서의 마지막 구절은 무덤에 온 여인들이 아무에게 아무 말을 하지 않았기 때문에 열한 제자들이 예수가 부활했다는 소식을 듣지 못하고 부활하고 나서 그들보다 앞서 갈릴리로 가리라고 말한 것을 상기하지 못했다고 암시한다. 그들은 예수가 죽는 데까지만 따라간 것이다.

그렇다면 과연 누가 예수의 부활까지 따라가서 "으뜸 원칙"으로 복음의 "시작"을 계속하였나? 세례요한과 예수 모두 사자와 앞선 자의 역할을 하였다. 그 둘 모두 "다른 이가 올 길"을 만들어 "주께서 오실 길을 준비하였다." 이 복음서가 끝나는 거기에는 "무덤 안에 있는 그 젊은이" 외에 다른 사람이 없다. 그가 세마포를 벗어버리고 알몸으로 밤의 어둠 속으로 도망친 것은 예수가 죽음으로부터 탈출한 것을—아마 어쩌면 그 젊은이 자신의 탈출일 텐데— 상징한다고 하겠다. 그리고 그가 무덤 안에 다시 나타나서 "흰옷을 입고 오른 편에 앉아 있는 것"은 예수가 하나님과 함께 즉위하여 영광을 받는 것을—여기서도 다시 그 자신의 즉위와 영광일 것임— 상징한다. 그는 예수와 함께 죽고 또 그와 함께 부활하였다. 그리고 빈 무덤에서 그가 예수의 부활과 그에 따른 빈 무덤의 실체를 증언하고 있다.

여인들이나 열한 제자들이 그렇게 할 수 없다. 그 젊은이만이 예수의 죽음과 부활을 이 복음서의 마지막 절정에서 나타낼 수 있다. 그 까닭은 그가 빈 무덤에 있다는 것은 그 자신의 죽음과 부활을 전제하기 때문이다. 이 복음서 안에서 그만이 부활의 실체를 알고 맨 처음으로 아는 사람이다. 그는 또 여인들이 무덤에 와서 보고 들은 사실을 안다. 하지만 그들은 아무에게도 말하지 않았다. 그러면 어떻게 그 젊은이는 알 수 있을까? 그리고 도대체 그 젊은이는 누구인가?

복음서 맨 마지막은 "으뜸 원칙"이며 "시작/기원"이라고 맨 처음에 서술한 바가 무엇인지 알게 해준다. 그가 1장 2절의 세 번째 대표자가 되어 복음서를 종결한다: "보아라, '내가' '나의 사자를' '네 얼굴보다 앞에' 보내어 '너의 길'을 만들게 하겠다." 그것을 다시 풀어 말하면, "나, 하나님이 나의 사재[마가복음을 쓴 저자]를 너의 얼굴보다 앞에[마가 복음서의 독자들] 보내어 예수 그리스도의 복음을 그가 기록하여 너의 길을 준비하고 있다." 그 또한 "광야의 외치는 소리"이고 그의 복음을 듣고 읽는 사람들에게 "주께서 오실 길을 예비하라. 그가 오실 길을 곧게 하여라"고 전파하는 사람이 된다.

네 복음서 가운데 가장 먼저 저술된 이 책은 전례 없이 그의 독자들로 하여금 마침표가 없이 끝난 예수 그리스도의 복음에 관한 이야기와 친밀하게 교류하여 그들 자신도 "광야에서 외치는 소리"가 되고 "주께서 오실 길을 준비하는" "그 길"로 나서도록 한다. 그들이 과연 예수처럼 종말적인 죽음을 통과하고 부활의 사건에 참여하여 주께서 오실 "그 길의 건설"을 계속할 수 있을까?

끝으로 "그 길"의 진실을 수립하는 것은 마가복음서라는 책이 아니다. 그것은 14장 51-52절과 16장 5-6절의 '그 젊은이'처럼 말과 행동에서 경험적으로, 곧 자신들의 존재로 통합적 도덕성을 증언하는 '으뜸 원칙'이 그 길의 진실을 독자들에게 드러낼 것이다. 그렇게 될 때 마가복음서의 끝에 대한 주관적이고 객관적인 논쟁을 끝내게 할 것이다. 그리고 '으뜸 원칙'으로 새로운 '시작'을 하게 될 것이다.

29장

사도 바울과 아브라함 여정의 완결

아브람과 사래의 여정이 그 종착점에 도달하였다. 다소의 사울, 사도 바울이 그 약속들이 드디어 성취되었다고 이방 세계에 전한 최초의 유대인이 된다. 바울의 사도직을 통해서 아브라함이 마침내 많은 민족의 아버지가 되기 시작한다. 아브라함을 큰 민족이 되게 한 다윗의 왕권을 훨씬 뛰어넘어 이제 이스라엘이 땅 위에 있는 모든 민족에게 복이 되는 세계적 공동체가 될 것이다. 이방 세계의 사도로서 그는 갈라디아에 있는 교회들에게 편지를 보낸다:

"할례를 받거나 안 받는 것이 중요한 것이 아니라 '새롭게 창조되는 것'이 중요합니다. 이 표준에 따라 사는 사람들에게와 '하나님의 이스라엘'에게 평화와 자비가 넘치기를 빕니다"(갈라 6:15- 16).

바울은 소아시아의 길리기아 지방에 있는 다소라는 도시에서 태어나서 토라를 열심으로 지키는 바리새파의 대열에 있던 사람이다. 빌립보서에 따르면 그가 바리새파 사람으로 살던 과거의 삶이 히브리 사람 중의 히브리 사람으로서 담벽을 쌓던 종교인이었다고 독자들에게 고백한다.

> "나는 육체적으로도 신뢰를 둘 만합니다. 다른 사람이 육체에 신뢰를 둘 만한 것이 있다고 생각하면 나는 더욱 그러합니다. 나는 난지 여드레 만에 할례를 받았고 이스라엘 민족 가운데서도 베냐민 지파이며 히브리 사람 가운데서도 히브리 사람이요 율법으로는 바리새파 사람이요 열성으로는 교회를 박해하였고 율법의 의로는 흠 잡을 데가 없습니다"(빌립 3:4-6).

분리의 도덕적 질서 안에 있는 종교는 이항 대립을 조장한다. 그 이항 대립은 영과 육의 대립이나 세계성과 종족성의 대립뿐만 아니라 실제와 가능성 간의 대립까지 조장한다. 종교가 도출하는 율법에 따른 '존재'와 '행위'에 따른 '존재'만이 세계적 '존재'를 구현시키는데, 바울은 그 같은 분리의 도덕적 질서의 이항 대립 속에서 "율법의 의로는 흠이 없는 사람"이라고 결론 내린다. 분리의 도덕적 질서에서는 '현존'이 '초월적인 가능성'으로부터 격리된다. 바울이 바리새파 사람으로 살던 그때 그의 종교 생활 속에는 '초월적 가능성'이 배제되어 있었던 것이다. 그래서 그는 그토록 열심히 율법에 헌신하던 삶은 "가장 고귀한 그리스도 예수를 아는 지식"에 비하면 배설물과 같다고 고백한다. 따라서 그 밖의 모든 것은 해로 여겨 버렸다는 것이다. 거기에서 그치지 않고 바울은 "고귀한 그리스도 예수를 아는 지식이" 그로 하여금 더 많은 것을 원하게 한다고 말한다.

"나는 그리스도를 얻고 그 안에서 인정을 받으려고 합니다. 율법에서 오는 나 스스로의 의가 아니라, '그리스도의 신뢰'에서 오는 의로움, 곧 '신뢰'에 바탕을 둔 하나님으로부터 오는 의를 가지려고 합니다"(빌립 3:8하-9).

율법이 수립하는 의로움이란 세계적 '존재'와 그 이항 대립의 영역에 국한된다. 그리고 그의 종교는 할례를 통해서 그의 종족성에 제한되고 만다. 하지만 그가 빌립보서 3장 3절에서 아이로니컬하게 자부하는 참된 할례란 "하나님의 영으로 예배하고 그리스도 예수 안에서 자랑하는 사람들의 할례"이다. 진정한 할례는 자연히 창세기 17장에서 하나님께서 아브라함과 사라와 맺은 언약과 관련된다. 다시 말해서 아브라함과 사라의 세계성과 종족성을 포괄적으로 인정하는 언약 안에서의 할례가 진정한 할례이다.

이런 까닭에 이 약속은 "신뢰에서" 옵니다. 그것은 은혜로 받는 것이며 그 약속이 모든 자손에게도, 곧 율법으로 사는 사람들에게만이 아니라 "아브라함의 신뢰"로 사는 사람들에게도 보장하려는 것입니다. 아브라함은 우리 모두의 조상입니다. 기록된 대로 "내가 너를 많은 민족의 조상으로 세웠다"고 한 것과 같습니다. 이 약속은 그가 "신뢰한 하나님", 죽은 사람들을 살리고 없는 것을 있는 것 같이 불러내는 하나님 앞에서 보장된 것입니다(로마 4:16-17).

아브라함은 "많은 민족들"의 조상이 되었다. 그의 아내 사라와 함께 그는 하나님의 '현존'과 그 '초월적 가능성'을 함께 지닌 종족성과 세계성을 통합하여 가진 선구자가 된 것이다.[1] 그들은 알지 못하는 땅을 향해서 야훼와의 상호적인 신뢰로 길을 떠나고 대신 야훼께서는 같은 상호 신뢰로 그들과 동행하고 그들의 자손들과도 함께하셨다. 상호 신뢰 속에서 아브라힘이 '엘 샤다이'(전능하신 하나님)와 영원한 언약을 맺었다. 아직 태어나지도 않은 아들에 대한 약속을 신뢰함으로 그들의 여정의 목적을 이루고 이스라엘이 큰 민족이 되고, 이스라엘의 족장으로서 땅 위에 있는 모든 민족의 복이 될 수 있었다. 평등하지 않은 상호성이었지만, 그것을 통해서 아들을 얻었고 그가 맺은 영원한 언약에 헌신하였다. 그에 따라서 엘로힘에게 자기 목숨과 같은 이삭을 바칠 수 있었다. 그것은 그가 '초월적인 능력과 가능성'을 가진 하나님, 엘로힘께서 죽은 사람도 살리고 없는 것을 있게 하신다는 흔들리지 않는 신뢰를 가졌기 때문이다.

따라서 "그리스도의 신뢰"는 새로운 사람됨을 이루어 야훼 엘로힘과 영원한 언약을 계속하는 "아브라함의 신뢰"를 존재론적으로 성취한 것이다. 아브라함과 사라의 기나긴 여정이 수 세기가 지나고서 그 목적지에 다다랐다. 그 여정은 마침내 새로운 창조를 경험한 나사렛 예수와 하나님이 '사람-하나님'의 불평등한 상호 교류를 통해서 종족성과 세계성을 함께 아울러 이룬 하나님의 통합된 이스라엘을 세움으로 그 절정을 이루었다.

그것이야말로 "아버지 하나님의 카리스(은혜)이다." 사도 바울은

---

1 다소에서 출생한 헬라적 유대인인 사도 바울은 히브리성서 대신 칠십인역을 사용한다, 히브리성서에 사용된 야훼 엘로힘을 헬라어로 '키리오스 호 데오스'(주 하나님)라고 번역하였다. 로마 1:20에서 그는 이 야훼의 통합성을 "하나님의 보이지 않는 것들", "그의 영원한 능력과 신성"이라고 표현한다. 야훼가 그 영원한 능력에서 엘로힘의 신성인 것이다.

그렇게 지중해 동편에 세운 교회의 교우들에게 증언한다. 그것은 예수 그리스도의 죽음과 부활이라는 불평등한 상호 교류에 근거했다는 것이다. 고린도전서 13장에서 바울이 그런 불평등한 상호 교류의 내용을 그의 교우들에게 호소한다. 그래서 하늘과 땅이 하나되는 '그 나라'를 구현하도록 한다. 바울은 '아가페'라는 말 앞에 아주 자주 정관사를 붙인다. 그래서 신-인간의 불평등한 상호 교류의 궁극성을 수립한다.

> "사랑은 오래 참습니다. 사랑은 친절합니다. 사랑은 질투하지 않습니다. 자랑하지 않고 교만하지 않습니다. 사랑은 무례하지 않고, 자기의 이익만 구하지 않습니다. 사랑은 성을 내지 않고, 원한을 품지 않습니다. 사랑은 불의를 기뻐하지 않으며, 진리와 함께 기뻐합니다. 사랑은 모든 것을 덮어 주고, 모든 것을 신뢰하고, 모든 것을 바라며, 모든 것을 견딥니다. 사랑은 결코 없어지지 않습니다"(고전 13:4-8상).

"그리스도의 몸", 아니 단순히 그리스도는 다니엘 7장 13-14절에서 "사람과 같은 이"에게 주어진 주권과 영광과 통치를 가진 분이다. 그래서 그 주권과 영광과 통치는 그리스도에 속한 바울과 같이 그리스도와 함께 죽고 부활한 모든 사람에게도 속하게 된다. 그래서 바울은 로마서 8장 18절에서 선언한다: "현재 우리가 겪는 고난은 장차 우리에게 나타날 영광에 견주면 아무것도 아닙니다."

"그것은 피조물이 하나님의 아들과 딸들이 나타나기를 간절히 기다리고 있기 때문입니다. 피조물 들이 허무한 것에 굴복했지만 그것은 자의로 그렇게 된 것이 아닙니다. 굴복하게 하신 그 분이 희망을 가지고 그렇게 하신 것입니다. 그것은 피조물이 파멸의('프도라') 종살이에서 해방되어서 하나님의 자녀들이 누릴 영광된 자유를 얻게 하려는 것입니다" (로마 8:19-21).

하나님의 숙원은 그의 진정한 아들과 딸들이 일어나 하나님의 영, 엘로힘으로부터 능력을 얻어 묵시적 예언자 다니엘이 꿈꾼 것처럼 타락한 피조물들을 '그 나라'의 주권과 영광과 통치로 구원하는 것이다. 바울처럼 그 하나님의 아들과 딸들이 예수 그리스도의 부활을 경험하여 알게 됨으로 엘로힘의 무한대한 가능성을 구사하게 되고, 그에 따라서 피조물들을 그 파멸의 종살이에서 해방시킬 수 있기를 기대한다. 그것은 그들의 '정체성'을 분리시킨 모든 '차이'를 예수 그리스도와 하나됨을 통하여 극복할 수 있을 것이기 때문이다.

"누구든지 그리스도와 연합하여 세례를 받은 사람은 그리스도로 옷을 입은 사람입니다. 유대 사람이나 그리스 사람이나 종이나 자유인이나, 남자와 여자가 차별이 없습니다. 그것은 여러분이 그리스도 예수 안에서 다 하나이기 때문입니다. 여러분이 그리스도에게 속하여 있으면 여러분은 모두 아브라함의 자손이요 약속을 따라 유업을 이을 사람들입니다"(갈라 3:27-29).

30 장
예수의 부활
— 그 존재론적 실체

고린도전서 15장

나사렛 예수의 부활은 역사 안에서 하나님의 행위로 일어난 사건이다. 그래서 부활은 통합적 도덕 질서의 바탕이 된다. 그리고 부활의 본질적 성격은 "생명을 주는 영"[1]을 받아 새사람이 되는 것이다. 다시 말해서 새로운 피조물의 존재론적 실체가 부활이라는 말이다. 부활은 그렇게 하늘과 땅이 하나가 된 실체이다.

하지만 누가 그리고 무엇이 그런 새로운 창조를 이루어 통합적 도덕 질서가 분리의 도덕 질서를 극복한 것으로 세상에 보여 줄 수 있나? 기독교는 하나의 종교적 제도다. 유대교나 이슬람교와 같은 종교 제도다. 그리고 그 종교 제도들은 한결같이 분리의 도덕 질서에 서 있다. 그러나 소위 구약과 신약을 통틀어서 성서가 증언하는 "새로운 창조"

---

1 고전 15:45.

란 결코 종교가 아니다. 그것은 새로운 피조물들의 구조적인 실체이며, 따라서 통합적 도덕 질서의 실체일 따름이다. 그렇다면 그 두 성서 속에서 나사렛 예수의 부활이 새로운 도덕 질서를 시작하고 또 "생명을 주는 영"을 받은 "새로운 사람됨"을 시작했다는 구체적이고 경험적인 증거가 있는가?

신약성서의 네 복음서가 한결같이 예수의 부활을 증언한다. 그러나 사람들이 증언한 사건으로 서술하지만, 그 실증을 제시하지는 않는다. 급하게 무덤에 묻힌 예수의 시신에 장례 절차를 마치기 위해서 무덤을 찾은 여성 제자들이 무덤이 비었다고 증언했다. 그러한 경험 자체가 역사적 사건임에 틀림없다. 하지만 그것이 예수 부활의 실증은 아니다. 무덤이 비었다고 해서 그것이 바로 부활과 직결되는 것은 아니다. 다만 죽었던 예수의 몸에 일어난 모종의 사건임을 전제하는 인간학적 의미만 남는다.

바울이 고린도전서 15장 3-4절과 부활절 이후에 여섯 차례 예수가 나타난 사건을 말하는데, 그것은 15장 5-8절에 밝힌 사람들이 나사렛 예수의 부활의 증인들이 되도록 하려는 의도에서다. 3-4절은 부활 전승의 전통적 용어들인데, 예수의 제자들로 구성된 부활절 이후의 공동체가 사용한 가장 오래된 교리적 양식이다. 그것은 일종의 신앙고백인데, 예수 그리스도가 죽고 장사 지낸 것을 확인한다. 그래서 그리스도의 부활이 그 바탕 위에서 하나님의 창조적 행위로 발생했다고 고백한다. 이를테면 하늘과 땅이 하나가 되어 하나님의 새로운 사람됨과 새로운 피조물이 시작된 사건이라는 것이다.

부활은 원인과 결과의 역사적인 궤도를 위반한 기적이 아니다. 자연계의 구조를 결정하는 칸트 철학이 말하는 이성, 특히 인과관계로는 부활을 역사적 실존의 영역에서 입증할 수가 없다. 그 까닭은 인간이 '초월적 가능성'과 통합한 '현존'으로서 변증적 성격을 가진 존재이기 때문이다. 그리고 그러한 성격은 창세기 2장 7절에 의하면 변증적으로 통합을 이룬 "주-하나님"께서 인간을 통합적으로 창조한 데 기인한다.

부활은 종말적 사건으로 기원전 4세기 이스라엘이 계속적으로 제국들의 점령하에 있다가 성전 국가를 재건하던 시절 묵시적 예언자들이 예기했던 바다. 이사야 25장 7-8절과 26장 19절에 부활은 사람들이 창조주에 의하여 '현존'과 '초월적 가능성'이 하나된 몸과 영혼으로 구성하는 새로운 창조에 돌입하는 것으로 묘사된다. 그 새로운 인간성을 영혼불멸이라고 해석할 수 없다.

바울의 부활 이해에서 아주 중요한 것은 그가 예수의 죽음과 부활을 말할 때 지속적으로 "그리스도"라는 칭호를 사용한다는 점이다. 그 바탕 위에서 바울은 "하나님의 이스라엘"을 공동체로서의 "그리스도의 몸"이라고 표현한다. 그러한 공동체적인 의미에서 그는 "그리스도" 또는 "그 그리스도" 아니면 "그리스도 예수"라고 표현한다. 그렇게 그리스도는 "예수 그리스도에게 헌신한" 모든 '교회'(회중, '에클레시아')를 대표한다. 세례를 받음으로 "그 그리스도"를 따라서 죽음을 경험할 뿐 아니라 죽은 사람들로부터 부활하여 "하나님의 이스라엘"인 새로운 창조가 되어 분리의 도덕적 질서에서 살던 삶을 끝내게 된다.

예수의 부활을 '에게이레인'이라는 동사로 표현한다. 이 동사는 '잠에서 깨우다', '일으키다', '산 존재가 되게 하다'는 뜻을 가진다. 부활의 교리적인 표현에서는 '에게게르타이'라는 완료형 수동태 직설동사를 사용하였는데 그 말은 '그를 산 존재가 되게 하였다' 또는 '그가 일으킴을 받았다'는 뜻이다.

"내가 전해 받은 것을 여러분들에게 전해 주었습니다. 곧 '그리스도가
성서대로 우리 죄를 위하여 죽었다는 것과 무덤에 묻혔다는 것과 성서
대로 사흘째 되는 날에 부활하였다'는 것입니다"(고전 15:3-4).

이 교리적 양식에 바울은 여섯 차례 부활한 예수가 나타난 것을 첨
가한다.

게바에게 나타나고 열두 제자들에게 나타났습니다. 그리고 오백 명이
넘는 형제자매들에게 한꺼번에 나타났는데, 그 가운데 더러는 세상을
떠났지만 대다수는 지금도 살아 있습니다. 그 후에 야고보에게 나타났
고 모든 사도들에게 나타났습니다. 그리고 맨 나중에 달이 차지 못하여
태어난 사람 같은 나에게 나타났습니다(고전 15:5-8).

예수가 죽은 자들로부터 부활한 사건은 물리적으로 입증시킬 수
없다. 그 진실성은 오직 죽은 자들로부터 그가 부활해서 사람들에게
나타난 것뿐이다. 빈 무덤 전승들처럼 그가 하나님이 다시 창조한 영
적인 몸으로 그의 "현존"이 "능력과 가능성"과 결합하여 나사렛 예수
의 통합된 몸과 영혼으로 나타난 것을 전제한다.

사도 바울은 그런 예수의 부활을 "집단적 또는 공동체적 실체"의
시작으로 해석한다. 그래서 "그리스도", "그 그리스도" 또는 "그리스도
의 몸"이라고 선포하며 가르친다. 그것은 주관적이고 동시에 객관적
인 실체가 되는 역설이다. 부활한 예수가 '한 사람'으로 "많은 사람들"

과 우주적인 공동체를 구성한다. 부활한 예수가 그의 제자들과 연합하여 "그리스도의 몸" 또는 "그리스도 예수"를 이룬다는 말이다.

하나님의 새로운 이스라엘 또는 하나님의 새로운 사람됨을 주관적이며 객관적 실체로 시작한 부활 예수의 출현은 그의 나타남을 경험한 그의 제자들에게 아무런 언어상의 문제를 야기시키지 않았다. 유대인들인 그의 제자들은 우주를 창조하신 하나님을 예배한다. 그들은 히브리성서 안에서 '현존'이신 야훼와 '초월적 가능성이며 능력이신' 엘로힘이 하나임을 믿는다. 그들에게 예수의 부활은 엘로힘의 초월적 능력의 영역에 속한 것으로 의심없이 인정된다. 엘로힘의 초월적 능력이 야훼의 '현존'과 변증적으로 통합하여 영적으로 이룬 몸과 영혼이 되게 했다고 믿는 것이다. "그것은 마치 무에서 만물을 창조한 것에 비할 수 있을 것이다."[2]

부활한 "그리스도 예수"로서 예수는 그의 제자들에게 육체적으로 경험하고 보도록 나타날 수도 없거니와 그렇게 하지 않을 것이다. 부활의 예수는 영적으로 변화된 '몸과 영혼'이다. 그는 반드시 그의 제자들에게 나타나 보인다! 하지만 그 출현은 심리적으로 마음에 떠오르는 주관적인 것도 아니다. 객관성을 가진 것이다. 따라서 부활은 역사적 사건들로 표출된다.

"오프데"(보였다)라는 말은 "호레인"(보다)이라는 동사의 직설법 수동태 과거형이다. 바울은 이 동사를 고린도전서 15장 5-8절에 서술한 여섯 차례의 출현에 모두 사용하였다. 그것은 부활한 예수가 자신을 보여 주려고 출현했다는 뜻을 던져 준다. 제자들이 보려고 해서 그

---

2 Richard R. Niebuhr, *Resurrection and Historical Reason: A Study of Theological Method* (New York: Charles Scribner's Sons, 1967), 171.

가 나타난 것이 아니라는 말이다. 그 여섯 차례의 출현은 모두 역사적 사건들이었다. 그것은 다만 '현존과 가능성'으로 재창조된 예수가 "영적인 몸과 영혼"으로 그들의 눈으로 볼 수 있도록 나타났기 때문이다. 물론 알아볼 수 있어야 한다. [3]그 같은 필요가 언어로 표현되고 지난 날의 기억에 떠오른 것이다. 그가 십자가에 처형당하기 전 그들이 그의 '그 나라'의 시작을 위한 사역에 동참했던 그 추억들 말이다. 누가복음서는 유월절 식사를 그 추억으로 제시한다. 그리고 요한복음서는 그 나름대로의 독특한 사건을 서술한다. 부활한 예수가 도마에게 십자가 처형의 흔적을 보여 준다(요한 20:24-29). 그렇게 함으로 그의 사역 기간 동안 그들과 가진 신뢰 관계를 일깨워 줄 수 있었다.

과거란 인식하는 사람 자신의 현재와 관련된 과거로 인식되겠지만 그 사람의 동시대와 직결되어야 한다. 그리고 그러기 위한 도움이 필요하다. 그 자신 안에 과거로만 남아 있을 뿐 그의 현재를 있게 하는 초월적 과거는 아니기 때문이다. 초월적 과거와 만나는 것은 그와 같은 시대에 사는 다른 사람이 주어야 한다. 이것이 신약성서에 의하면 부활한 예수를 만난 제자들에게 생긴 일이다.[4]

예수의 제자가 아니었던 사도 바울은 부활한 그리스도를 다른 형식으로 만나야 했다. 하지만 그가 어떤 경험을 실제로 했는지 전혀 말하지 않는다. 그가 부활한 예수를 만난 것은 '계시'였다. 부활한 예수가 그에게 계시로 나타나 보인 것이다.

---

3 Niebuhr, 앞의 책, 173.
4 Niebuhr, 앞의 책, 175.

"형제자매 여러분, 내가 여러분에게 밝혀 드립니다. 내가 전한 그 복음은 사람에게서 비롯된 것이 아닙니다. 그 복음은 내가 사람에게서 받은 것도 아니요, 배운 것도 아니요, 예수 그리스도께서 나타나심으로 받은 것입니다"(갈라 1:11-12).

"그러나 나를 모태로부터 따로 세우시고 은혜로 불러 주신 분께서 그 아들을 이방사람에게 전하게 하시려고 그 아들을 나에게 기꺼이 나타내 보이셨습니다. 그 때에 나는 사람들과 의논하지 않았고 또 나보다 먼저 사도가 된 사람들을 만나려고 예루살렘으로 올리지도 않았습니다. 나는 곧바로 아라비아로 갔다가 다마스쿠스로 되돌아갔습니다"(갈라 1:15-17).

사도행전 9장 3-7절은 바울이 직접 그의 경험을 증언한 것이 아니라 다른 사람이 한, 후대에 기록된 증언이다. 그 증언에 따르면 사울이 다마스쿠스로 가는 길에 갑자기 하늘에서 환한 빛이 그를 둘러 비치고 그가 땅에 엎어졌을 때 "사울아, 사울아, 네가 왜 나를 박해하느냐?"는 음성을 듣게 된다. 그리고 그가 "주님이 누구입니까?" 하고 묻는 그의 질문에 "나는 네가 핍박하는 예수다"라는 음성을 듣는다. 그리고 그와 함께 가던 사람들은 "소리는 들었지만 아무도 보지는 못했다."

그 두 가지 증언 모두 바울과 부활한 예수의 만남이 가진 목적을 분명하게 드러낸다. 부활한 예수의 나타나심은 그의 부활을 입증하려는 것이 아니었다. 아니, 바울의 경우에는 그가 이방 사람들의 사도가 되는 사명을 받은 것에서 부활 출현이 결정된 것이다.

바울이 여섯 차례나 부활한 예수가 출현했다고 서술한 것은 고린도에 있는 교인들에게 그리스도가 부활하였고 그리스도의 몸으로서 그들이 그의 부활에 참여하고 있다는 사실을 주지시키기 위해서다. 부활로 시작된 통합적 도덕 질서에 그들도 적극적으로 동참하고 있기 때문에 그들 역시 몸과 영혼이 하나된 변화된 존재로 죽음의 잠에서 깨어나게 된다는 것을 확신시킨다. 여섯 차례의 출현을 이야기하여 바울이 부활의 진실을 확신시키지만, 그 출현들은 부활한 그리스도가 시작하는 하나님의 이스라엘을 세우는 일에 각자의 독특한 임무를 향한 부르심이 된 것이다.

"게바에게 나타나셨다." 그의 제자인 베드로, 게바에게 첫 번째로 나타난다. 아마도 요한복음 21장이 시사하는 대로 베드로가 다시 고기잡이를 하러 갈릴리로 돌아갔을 때 거기에 출현했을 것이다. 그가 산헤드린에서 예수가 재판 받을 때 세 번 그를 부인했기 때문에 그에게 맨 처음 출현했을는지 모른다. 하지만 그보다는 복음서들이 시사하듯이 베드로는 예수의 대변인이었기 때문일 것이다. 그리스도께서 그에게 나타나 헬라어로 '페트로스', 아람어로 '게바'인 "바윗돌"이 되어 부활절 이후 제자들의 공동체를 구성하도록 했을 것이다. 마태복음 16장 16-19절이 부활절 이후의 출현 사건이라면, 시몬 베드로가 예수를 맨 처음 그리스도이고 하나님의 아들이라고 고백한 제자인 셈이다. 사도행전 2장에서 베드로가 나사렛 예수가 모든 예언자를 성취했다고 선포하며 오순절에 예루살렘에 모인 국제적 축제에서 하나님의 새로운 이스라엘에 영입하도록 회개하라고 외친다.

"그리고 열두 제자들에게 나타났다." 부활한 그리스도가 열두 제자들에게 나타났다고 한다. 예수가 생전에 열둘을 선택했는지 아니면 부활절 이후의 제자들의 공동체가 열둘을 택했는지 확실하지 않다.

단지 열두 제자들에게 나타난 것은 "하나님의 이스라엘"이라는 객관적 실체를 상징하는 열두 명의 남성들을 구성하려는 데 목적이 있다고 하겠다. 아브라함과 사라의 손자 야곱이 열두 명의 아들을 두었고 그들이 하나님께서 아브람에게 약속하신 큰 민족이 되는 바탕이 되었다. 열두 명의 제자들이 대표하는 "하나님의 이스라엘"은 새로 수립하는 또 하나의 나라이거나 종교가 아니다. 그것은 하나님께서 예수에게 위탁하신 '그 나라'의 연장일 뿐이다. '그 나라'는 하나님께서 예수를 죽은 자들 가운데서 다시 살리심으로 존재론적으로 형성하게 된 것이다. 그 목적은 거기에 이미 동참하고 있는 사람들에 의하여 계속될 뿐만 아니라 모든 인류를 거기에 포함시켜서 창조주의 선물인 '그 나라'를 선물로 받도록 하려는 것이다.

"그리고 한 번에 오백 명이 넘는 형제자매들에게 나타났다." 이 출현은 열두 족장들을 대표하는 열두 제자들과 하나님의 새로운 이스라엘이 연대를 이루게 하려는 목적을 가진다. "오백 명이 넘는" 사람들에게 "한꺼번에" 나타났다는 것은 분명한 목적을 위한 것이다. 어쩌면 "오백 명이 넘는" 공동체가 하나님의 새로운 창조로 갈릴리에 이미 구성되어 예루살렘에 의도적으로 기거하면서 오래 대망해 온 종말적인 새 이스라엘의 실체를 자신들이 구현하기 시작했다고 증거하고 있었을 것이다.

"그리고 야고보에게 나타났다." 야고보는 예수의 동생이다. 세배대의 아들 야고보가 아니다. 예수의 동생 야고보는 예수의 제자가 아니었다. 요한 7장 5절에 서술된 것처럼, "예수의 형제들도 그들 믿지 않았다." 부활한 예수가 자기 동생에게 나타남으로 야고보를 하나님의 이스라엘로 포함시킬 뿐 아니라 '그 나라'를 위한 사명을 수행하도록 새롭게 부른다.

"그리고 모든 사도들에게 나타났다." "모든 사도들에게" 예수가 나타남으로 하나님의 이스라엘을 위한 사역을 감독하는 야고보가 포함된다. 그에게 지중해 연안에 흩어져 살고 있는 유대인들에게 복음을 전파하는 사명을 준다. 바울이 사도 자격으로 예루살렘을 처음으로 방문했을 때 게바와 "주의 동생 야고보"와만 만나서 협의했다고 갈라디아 교인들에게 밝힌다. 십사 년 후에 두 번째 사도 회의가 열렸는데, 그때 바울은 "내가 이방인들에게 복음을 전파하는 것을 예루살렘에 있는 지도자들에게 설명하였다"고 말한다. 야고보가 베드로에 이어 예루살렘에 있던 하나님의 이스라엘 공동체의 지도자가 되었다. 그가 선교의 책임을 맡아 사도 회의에서 최종적인 의견을 내고 바울의 이방인들을 위한 선교를 승인하였다. 사도행전 15장 13-20절에 서술된 사도 회의에 관한 서술 속에 야고보가 맡은 "모든 사도"의 책임자로서의 역할이 유다인들에게 국한된 것이라고 밝힌다.

"맨 나중에 달이 차지 못하여 태어난 자와 같은 나에게 나타났다." 여섯 번째로 부활한 예수가 맨 마지막으로 바울에게 나타나셨다. 바울이 그리스도의 부활 경험을 한 것은 계시적인 출현을 통한 것이었다고 하면서 자기 자신에 대한 이해를 '에크트로마'라는 말을 빌려서 말한다. 자신을 "달이 다 차지 않아 태어난" 사람과 같다고 말한다. 그런 그에게 부활하신 그리스도가 나타났다는 것이다. 그 표현은 태어날 때 신체의 결함을 가진 것으로 해석할 여지가 없지는 않다. 그래서 어떤 신약 해석학자들은 바울이 신체적 결함이 있던 사람이라고 비하하여 해석하기도 한다. 하지만 그 표현은 바울이 자신의 신체적 결함을 밝히려는 의도에서 사용했다고 볼 수 없다. 그보다는 부활하신 그리스도께서 바울을 사도로 불러 이방인들을 위한 선교를 위탁하신 데 대한 겸허함을 표명했다고 보는 것이 더 타당할 것이다. 그런 관점에서 바울이 자신에 대하여 더 진술한다:

"나는 사도들 가운데서 가장 작은 사도입니다. 나는 사도라고 불릴 만한 자격도 없습니다. 그것은 내가 하나님의 교회를 박해했기 때문입니다. 그러나 나는 하나님의 은혜로 오늘의 내가 되었습니다. 나에게 베푸신 하나님의 은혜는 헛되지 않았습니다. 나는 사도들 어느 누구보다도 더 많이 수고하였습니다. 그러나 내가 이렇게 한 것이 아니라 내가 늘 입고 있는 하나님의 은혜가 한 것입니다"(고전 15:9-10).

결론적으로 말해서 만약에 부활하신 그리스도께서 야고보와 다른 "모든 사도"에게 나타나시는 것만으로 끝이 났었다면 예수의 부활이 하나님의 새로운 이스라엘을 시작한 것이며, 그로써 종족성과 세계성이 통합하게 되었다는 해석을 할 수 없었을 것이다. 바울에게 나타나신 것은 따라서 필연적인 것이었다고 할 수 있다. 하나님께서 아브라함에게 "내가 너를 많은 민족의 조상이 되게 하겠다"고 하신 약속이 성취된 것은 바울에게 부활하신 그리스도가 출현하여서 가능해진 것이다. 사도 바울은 유대인이다. 그 유대인인 바울이 그리스도의 부활에 영입하여 "그리스도의 몸"과 정체성 연합을 이루어 '엘 사다이'이신 엘로힘께서 아브라함과 맺으신 언약을 성취할 수 있었던 것이다.

바울이 고린도에 있는 교회 앞으로 장문의 편지를 쓴 것은 죽은 사람의 부활이 상당수의 그 교회 교우들에게 중요한 문제로 부각되었기 때문인 것으로 보인다. "어찌하여 여러분 가운데 어떤 이들은 죽은 사람의 부활이 없다고 말합니까?" 하고 질책에 가까운 질문을 던진다. 헬라인들처럼 고린도인들도 '차이'와 대립된 '정체성'이 이항 대립된 분리의 도덕적 질서 안에서 살고 있었다. 그러한 자아의 이분적 이해는 인간의 몸을 비존재로 여기는데, 그 같은 이해가 그들의 사회와 자기이해를 지배하였다. 따라서 죽음이 몸과 영혼을 분리시킨다고 이해한 것이다. 그래서 영원한 삶은 자아의 불멸성에 의존하게 된다. 이 근본적인 문제를 논의하기 위하여 사도 바울은 그의 본질적인 사도적 선포 내용을 변증적으로 소개한다.5

> "그리스도께서 죽은 사람 가운데서 살아나셨다고 우리가 전파하는데, 어찌하여 여러분 가운데 어떤 이들은 죽은 사람들의 부활이 없다고 말합니까"(고전 15:12).

그야말로 중대한 문제다.

"죽은 사람의 부활이 없다면 그리스도께서 살아나지 못하셨을 것입니다. 그리스도께서 살아나지 않으셨다면, 우리의 선교는 헛되고, 여러분의 신뢰도 헛될 것입니다. 우리는 또한 하나님을 거짓되이 증언하는 자로 판명될 것입니다. 그것은, 죽은 사람이 살아나는 일이 정말로 없다면, 하나님께서 그리스도를 살리지 않으셨을 터인데도 하나님께서 그리스도를 살리셨다고 우리가 하나님을 거슬러 증언했기 때문입니다"(고전 15:13-15).

---

5 바울이 히브리적 인간론으로 고린도인들에게 가르친 것은 고후 5:1-5를 참조하라.

그리스도의 부활은 하나님께서 예수를 "그 한 사람"으로 재창조하신 존재론적 실체인 것이다. 그리고 "그 한 사람"의 부활은 집단 또는 공동체적 사건이어서 부활하신 그리스도를 죽음으로 따르고 죽은 자들 가운데서 살아나신 그의 부활의 존재론적 실체에 참여하는 모든 사람이 포함되는 "많음"의 실체인 것이다.

사도 바울은 고린도 교우들에게 계속해서 변증적으로 설명한다:

"그리스도께서 살아나지 않으셨다면 여러분의 신뢰는 헛된 것이 되고 여러분은 아직도 여러분의 죄 가운데 있을 것입니다. 그리고 그리스도 안에서 잠든 사람들도 멸망했을 것입니다. 우리가 그리스도 안에서 오직 이 세상에서의 삶만을 바란다면 우리들은 가장 비참한 사람들일 것입니다"(고전 15:17-19).

그리스도께서 부활하시지 않고 하나님의 새로운 이스라엘이라는 실체가 존재하지 않는다면 우리는 이 세상을 지배하고 있는 분리의 도덕적 질서에서 헤어날 수가 없고 "살아 있는 죽음"을 영원히 살아갈 수밖에 없을 것이다. 그리고 우리 자신은 물론이고 우리가 사랑하는 이들에게 영생에 대한 소망은 물거품이 될 것이다.

"그러나 이제 그리스도께서는 죽은 사람들 가운데서 살아나셔서 잠든 사람들의 첫 열매가 되셨습니다. 한 사람으로 말미암아 죽음이 들어왔으니 또 한 사람으로 말미암아 죽은 사람의 부활도 옵니다"(고전 15:20-21).

바울은 그의 변증적인 설명을 확신을 가지고 결론 내린다. 그리스도께서 죽은 사람들 가운데서 살아나셨기 때문에 죽은 사람들의 부활이 있다는 것이다. 하나님께서 예수를 "그 한 사람"으로 부활을 통해서 재창조하심으로 모든 사람이 그 안에 포함되어 통합적 도덕적 질서가 실체로 이 역사 속에 존재하게 되었다는 것이다.

"아담 안에서 모든 사람이 죽는 것과 같이 그리스도 안에서 모든 사람이
삶을 얻을 것입니다"(고전 15:22).

"아담 안에서"라는 전치사구는 창세기 3장에서 아담과 하와가 엘로힘을 제치고 선과 악을 알게 된 그 일을 지시한다. 그들이 선과 악을 알아서 자가 스스로 자신들의 안전과 보존을 도모하였던 것이다. 그들이 '에누마 엘리쉬'가 만들어 분리의 도덕적 질서를 지속시킨 이항대립 속에 빠지게 됨으로 죽음을 불러들였다. 반대로 "그리스도 안에서"라는 전치사구는 부활하신 그리스도의 몸이 이룬 존재론적 실체에 바탕을 가진 엘로힘의 무한대한 가능성을 지시한다. 고린도전서 15장 45절이 서술하는 것처럼 "마지막 아담", 곧 최후적인 사람됨은 '호모 스피리투스 비비피쿠스', 곧 생명을 주는 영의 사람이다.

부활의 역사적 실체, 더 좁혀 말한다면 그리스도의 몸으로서의 부활은 부활하신 나사렛 예수가 그의 제자들과 야고보와 모든 사도와 사도 바울에게 나타나 보이심으로 시작한 같은 응답으로 확인되고 결론이 날 것이다. 그들이 형성한 공동체를 통해서 통합의 도덕적 질서를 실제로 실천하고 거기에 참여하는 모든 사람에게 생명을 주는 영의 사람들이 될 때, 부활이 마침내 역사 속에서 인증될 것이다.

부활하신 그리스도의 몸에 참여하여 삶을 얻게 된 고린도 교우들에게 바울은 그들이 속한 '그 나라'가 무엇을 하게 되고 엘로힘께서 부여하신 권능으로 분리의 도덕적 질서를 끝내어 세상을 구원하게 하는 사건을 예견하게 한다.

"그 다음에는 마지막이 올 것인데 그 때에 그가[하나이며 많은 그 그리스도께서] 모든 통치와 모든 권위와 권세를 폐하시고 '그 나라를' 하나님과 아버지에게 바치실 것입니다. 그가 모든 원수를 그의 발 아래 두실 때까지 다스리서야 합니다. 마지막으로 멸망받을 원수는 죽음입니다" (고전 15:24-26).

하나이며 많은 "그 그리스도"는 하나님의 이스라엘을 포용성을 가진 통합적 도덕 질서를 이루어 모든 상하 수직적으로 구성된 세계의 권력과 지배자들을 폐하실 것이다. 그러한 조직적 인간 사회의 구조들은 '에누마 엘리쉬'의 신화와 창세기 3장의 소위 타락 신화가 시작한 분리의 도덕적 질서가 야기한 악을 조성하였다. 그것들이 '차이'와 '정체성'의 이항 대립을 조장하여 역사 속에서 상존해 온 것이다. 이제 하늘과 땅이 하나되어 야훼의 '현존'과 엘로힘의 무한대한 가능성에 접속함으로써 그리스도의 몸에 속한 모든 사람이 창조주 하나님과 정체 성결함을 하고 예수께서 시작한 '그 나라'를 완성할 것이다. 그리고 생명을 주는 영을 가진 사람들로 그들은 인류의 마지막 원수인 죽음을 폐할 것이다. 죽음이 이 세상에서 유발하는 어떤 형태나 힘을 무효화시킬 것이다.

"하나님께서 모든 것을 그의 발 아래에 굴복시키셨다"고 성경에 이르셨습니다. 모든 것을 그의 발 아래에 굴복시켰다고 할 때에 모든 것을 자기에게 굴복시키신 분은 그 가운데 들어 있지 않은 것이 분명합니다. 그러나 모든 것이 하나님께 굴복당할 그 때에는 아들까지도 모든 것을 자기에게 굴복시키긴 분에게 굴복할 것입니다. 그래서 하나님은 만유의 주이십니다"(고전 15:27-28).

27절에서 주어가 하나님으로 바뀐다. 이스라엘의 하나이며 많은 그리스도에게 하늘과 땅의 모든 것을 굴복시키시는 분은 창조주 하나님이시다. 그렇지만 '현존'이시며 '초월적인 가능성'이신 창조주 하나님은 앞서 언급한 그리스도의 몸인 실체에 굴복할 수가 없다.

그러나 "하나님의 이스라엘"인 그리스도의 몸이 분리의 도덕적 질서에 붙잡혀 있는 모든 사람을 통합의 도덕적 질서로 영입시키는 그 때 '그 나라'의 모든 일이 완수될 것이다. 그때 역사가 마침내 그 목적지에 도달한다. 그리고 하나이며 많은 "하나님의 이스라엘"이 "그 아들"이 가지는 집단적 정체성으로 '그 나라'를 하나님에게 드리고 그에게 굴복하게 될 것이다. 그때 하나님이 현존과 초월적 가능성의 야훼 엘로힘, "그 하나님"이 되시어 "만유의 주"가 되실 것이다. 그리고 "모든 것 안에 있는 모든 것이 되시는 그 하나님"은 영원토록 "하나님의 이스라엘"과 하나되어 그의 하나님 되심을 완성하실 것이다. 이 우주적인 통합을 이룬 "그 하나님"은 계속해서 지금 여기에 있는 모든 피조물을 다시 연합 시키실 것이다. 그렇게 하나이며 많은 부활하신 그리스도의 몸에 연합한 사람들은 창조주와 그리스도 예수의 창조적인 하나님과 더불어 온 우주적으로 가지는 특권을 누리게 될 것이다.

"그러므로 누구든지 사람을 자랑하지 마십시오. 모든 것이 다 여러분의 것입니다. 바울이나 아볼로나 게바나 세상이나 삶이나 죽음이나, 현재의 일이나 장래의 일이나, 모든 것이 다 여러분의 것입니다. 그리고 여러분은 그리스도의 것이요, 그리스도는 하나님의 것입니다"(고전 3: 21-23).

참고문헌

주요 문헌

Alfred Rahlfs. *Septuaginta id est Vetus Testamentum Graece*, 2nd vols. Ed., Stuttgart: Privilegierte Wuettembergische Bibelandtalt, 4th ed., 1950.

Alexander, Heidel. *The Story of Creation*. Chicago: University Press, 2nd ed. 1951.

Charles, R. H. ed. *The Greek Version of the Testaments of the Twelve Patriaechs*. ed. From nine MSS together with the Variants of the Armenian and Slavic Versions and some Hebrew Fragments: Darmstadt: Wissenschaftliche Buchgesellschaft, 1966.

Charlesworth, J. H. ed. *The Old Testament Pseudepigrapha: Apocalyptic Literature and Testaments* 2. Garden City: Doubleday & Co., 1985.

Foster, B. R. ed. *The Epic of Gilgamesh*. New York: W.W. Norton, 2001.

Geer, R. M. trans. *Diodorus Siculus. The Library of History, LCL*. Cambridge: Harvard University Press, 1969.

George, Nickelsburg, W. E. *I Enoch. A Commentary on the Book of I Enoch*, Chapters 1-36, 81-108. Minneapolis: Fortress Press, 2001.

Kittel, R. *Hebraica*. Stuttgart: Privilegierte Wuettembergische Bibelanstalt, 1949.

Matthew, Black. *The Book of Enoch or I Enoch*. Studia in Veritas Testamenti Pseudepigrapha: Leiden: E. J. Brill, 1985.

M. A., Knibb and E. Ullendorf. 2 vols. *The Ethiopic Book of Enoch: A New Edition in the Light of the Aramaic Dead Sea Fragments*. Oxford: Clarendon Press, 1978.

Milik, J. T. ed. *The Books of Enoch: Aramaic Fragments of Qumran Cave 4*. Oxford: Clarendon Press, 1976.

Pritchard, J. B. ed. *Ancient New Eastern Texts*. Princeton: Princeton University Press, 1950.

Stephen. Langdon. *The Babylonian Epic of Creation Restored from the Recently Recovered Tablets of Assur.* Oxford: Clarendon Press, 1923.

Tcherikover, V. A. and Fuks, A. eds. *Corpus Papyrorum Judaicarum I.* Cambridge: Harvard University Press, 1957.

Thackeray, S. H. and Feldman, L. H. eds. "Josephus." *Against Apionem.* LCL: Cambridge: Harvard University Press, 1961.

Trans Robert, Alter. *The Five Books of Moses: A Translation with Commentary.* New York: W.W. Norton, 2004.

Westermann, W. L., Keyee, C. W. and Liebesny, H. eds. *Zenon Papyri: Business Papers of the Third Century B.C. Dealing with Palestine and Egypt.* New York: Columbia University Press, 1940.

2차적 문헌

Aberle, D. F. "A Note on Relative Deprivation Theory as applied to Millenarism and other Cult Movements." *Millennial Dreams in Action: Studies in Revolutionary Religious Movements.* Thrupp, S. L. ed. New York: Schocken Books, 1970.

Alsup, J. E. *The Post-Resurrection Appearance Stories of the Gospel Tradition: A History of Tradition Analysis.* Eugene: Wipf & Stock, 1975.

Berges, U. F. *The Book of Isaiah: Its Composition and Final Form.* Lind, M. C. ed., Sheffield: Phoenix Press, 2012.

Brownlee, W. H. *The Meaning of the Qumran Scrolls for the Bible with Special Attention to the Book of Isaiah.* New York: Oxford University Press, 1964.

Brueggemann, W. *Isaiah 40-66.* Louisville: Westminster John Knox Press, 1998.

Brueggemann, W. and Wolf, H. W. "The Kerygma of the Yahwist." *The Vitality of Old Testament Traditions.* Atlanta: John Knox Press, 2, 1982.

_____. "The Elohistic Fragments in the Pentateuch." *The Vitality of Old Testament Traditions.* Atlanta: John Knox Press, 1982.

Buber, M. *I And Thou.* ed. By Smith, R. G. New York: Clarendon Scribner's Sons, 1957.

Burridge, K. *New Heaven-New Earth: A Study of Millenarian Activities.* New York:

Schocken Books, 1969.

Bruckner, J. K. *Healthy Human Life: A Biblical Witness*. Eugene: Cascade Books, 2012.

Camus, A. *The Plague*. Trans from the French by Stuart Gilbert. New York: The Modern Library, 1948.

Carney, T. F. *The Shape of the Past: Models and Antiquity*. Lawrence: Coronado Press, 1975.

Chaney, M. L. "The Political Economy and Peasant Poverty." *Peasants, Prophets, and Political Economy: The Hebrew Bible and Social Analysis*. Eugene: Cascade Books, 2017.

Chapman, C. R. "The Breath of Life: Speech, Gender, and Authority in the Garden of Eden." *JBL* 138, 2.

Childs, B. S. *Isaiah 1-39*. New Century Bible Commentary. Louisville: Westminster John Knox Press, 2001.

Clements, R. E. *Isaiah 1-39*. New Century Bible Commentary. Grand Rapids: Eerdmans, 1980.

Cohn, N. "Medieval Millenarism: Its Bearing on the Comparative Study of Millenarian Movements." *Millennial Dreams in Action: Studies in Revolutionary Religious Movements*. Thrupp S. L. ed. New York: Schocken Books, 1970.

Collins, J. J. *The Apocalyptic Imagination: An Introduction to Jewish Apocalyptic Literature*. Grand Rapids: Eerdmans, 2nd ed. 1998.

Cook, S. L. *Prophecy and Apocalypticism: The Postexilic Social Setting*. Minneapolis: Fortress Press, 1995.

Coote, R. B. and Ord, D. R. *The Bible's First History*. Philadelphia: Fortress Press, 1989.

Coote, R. B. and Gottwald, N. K. "The Davidic Date of J." *To Break Every Yoke: Essays in Honor of Marvin L. Chaney*. Sheffield: Sheffield Phoenix Press, 2007.

Crocker, C. C. "The Reign of Christ as the Inbreaking Rue of the One and the Many: A Reading of 1 Corinthians 15:20-28." *From Biblical Interpretation* to *Human Transformation: Reopening the Past to actualize New Possibilities for the Future. A Festschrift honoring Herman C. Waetjen*. Chora-Strangers, 2002.

Derrida, J. and Eliade, M. *Cosmos and History: The Myth of the Eternal Return*. New York: Harper & Brothers, 1959.

Eisenbaum, P. *Paul was not a Christian: The Original Message of a Misunderstood Apostle*. New York: HarperCollins, 2009.

Elliott, J. H. "Social Scientific Criticism of the New Testament and Its Social World." *Semeia* 35: 1-33.

Engels, D. W. *Alexander the Great and Logistics of the Macedonian Army*. Berkeley: University Of California Press, 1978.

Ernst, J. *Johannes der Tauefer: Interpretation-Geschichte-Wirkunsgeschichte*. Berlin: Walter de Gruyer, 1989.

Fanon, F. *The Wretched of the Earth*. New York: Grove Press, 2004.

Freedman, D. N. and Graf, D. F. eds. "Ancient Palestinian Peasant Movements." *Palestine in Transition: The Emergence of Ancient Israel*. Sheffield: The Almond Press, 1993.

_____. "Bitter Bounty: The Dynamics of Political Economy critique by the Eighth-Century Prophets." *Peasants, Prophets, and Political Economy: The Hebrew Bible and Social Analysis*. Eugene: Cascade Books, 2017.

_____. "Whose Sour Grapes: The Addresses of Isaiah 5:1-7 in the Light of Political Economy." Peasants, Prophets, an*d Political Economy: The Hebrew Bible and Social Analysis*. Eugene: Cascade Books, 2017.

Fredrikson, P. *When Christians Were Jews: The First Generation*. New Haven: Yale University Press, 2018.

Frost, S. B. *Old Testament Apocalyptic: It's Origin and Growth*. Eugene: Wipf & Stock, 2014.

Fuller, R. H. *The Formation of the Resurrection Narrative*. Minneapolis: Fortress Press, 2007.

Garlin, Y. *War in the Ancient World: A Social History*. New York: Norton, 1975.

Grabbe, L. L. *Judaism from Cyrus to Hadrian*. Minneapolis: Fortress Press, 1992.

Hanson, P. D. *The Dawn of Apocalyptic*. Philadelphia: Fortress Press, 1975.

Harari, Y. N. *Sapiens: A Brief History of Humankind*. New York: HarperCollins, 2015.

Harnack A. *History of Dogma*. New York: Dover Publications, 1961.

Heidel, A. *The Babylonian Genesis, The Story of Creation*. Chicago: University of Chicago Press, 1963.

Hengel, M. *Judaism and Hellenism: Studies in Their Encounter in Palestine during the Early Hellenistic Period*. Philadelphia: Fortress Press, 1974.

Jeremias, J. *Jerusalem in the Time of Jesus*. Philadelphia: Fortress Press, 1975.

Junior, N. "The Mark of Cain and the White Violence." *JBL* 139/4 (2020): 661-673.

Kentridge, W. *Six Drawing Lessons. The Charles Eliot Norton Lecture, 2012*. Cambridge: Harvard University Press, 2014.

Kraeling, C. H. *John the Baptist*. New York: Charles Scribner's Sons, 1951.

Lenski, G. E. *Power and Privilege: A Theory of Social Stratification*. New York: McGraw-Hill, 1966.

Mender-Flohr, P. *Martin Buber: A Life of Faith and Dissent*. New Haven: Yale University Press, 2019.

Moore, Jr. B. *Social Origins of Dictatorship and Democracy: Lord and Peasant in the Making Of the Modern World*. Boston: Beacon Press, 1966.

Murphy-O'Conner, J. "John the Baptist and Jesus." *NTS* 36, 3.

Nickelsburg, G. W. E. *Jewish Literature between the Bible and the Mishnah*. Philadelphia: ortress Press, 1981.

Niebuhr, R. R. *Resurrection and Historical Reason: A Study of Theological Method*. New York: Charles Scribner's Sons, 1957.

Nielson, C. M. "Scripture in the Pastoral Letters." *Perspectives in Religious Studies*. VII, Spring, 1980.

Ploeger, O. *Theocracy and Eschatology*. Oxford: Basil Blackwell, 1968.

Romm, J. *Alexander the Great: Selection from Arrian, Diodorus, Plutarch, and Quintus*. Indiana-Polis: Hackett, 2005.

Rostovtzeff, M. *The Social and Economic History of the Hellenistic World 3*. Oxford: Clarendon Press, 1941.

Schmidt, W. H. "A Theologian of the Solomonic Era? A Plea for the Yahwist." *Studies in the Period of David and Solomon and Other Essays*. Ishida: Eisenbrauns, 1982.

Scobie, C. H. H. *John the Baptist*. Philadelphia: Fortress Press, 1964.

Scroggs, R. and Goff, K. I. "Baptism in Mark: Dying and Rising with Christ." *JBL* 92(1973): 5311-5348.

Seitz, C. R. "The Book of Isaiah.First Isaiah." *The Anchor Bible Commentary*. New York: Doubleday, 1992.

_____. *Isaiah 1-39, Interpretation*. Louisville: John Knox Press, 1993.

Sjoberg, G. *The Preindustrial City: Past and Present*. New York: The Free Press, 1960.

Speiser, E. A. *Genesis. The Anchor Bible*. Garden City: Doubleday, 1964.

Stern, M. "Aspects of Jewish Society: The Priesthood and Other Classes." *The Jewish People in the First Century: Historical Geography, Political History, Social, Cultural and Religious Life and Institutions*. Philadelphia: Fortress Press, 1987.

Stromberg, J. "'The Root of Jesse' in Isaiah 11:10: Postexilic Judah, or Postexilix Davidic King?" *JBL* 127(2008), 4.

Sweeney, M. A. *Isaiah 1-39 with Introduction to Prophetic Literature. The Forms of Old Testament Literature, vol XVI*. Grand Rapids: Eerdmans, 1996.

Tcherikover, V. *Hellenistic Civilization and the Jews*. Philadelphia: Jewish Publication Society of America, 1996.

Towner, W. S. *Daniel. Interpretation, A Bible Commentary for Teaching and Preaching*. Atlanta: John Knox Press, 1984.

Van Buren, Paul M. *According to the Scripture: The Origins of the Gospel and of the Church's Old Testament*. Grand Rapids: Eerdmans, 1998.

Waetjen, H. C. "The Dichotomization of the Christological Paradox in the History of Christian Thought and Critical Biblical Scholarship." *HTS Teologiese Studies* 27(2001): 1-2.

_____. *The Letter to the Romans: Salvation as Justice and the Deconstruction of Law*. Sheffield: Sheffield Phoenix Press, 2011.

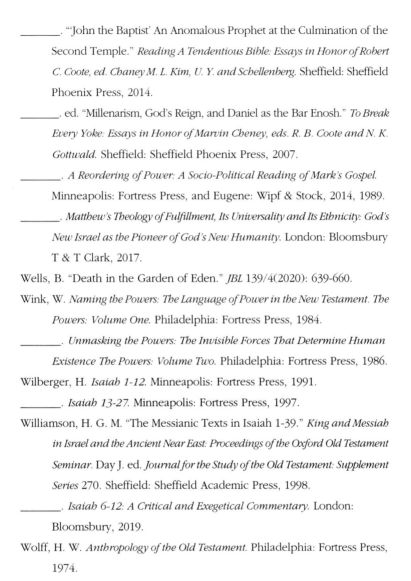

_____. "'John the Baptist' An Anomalous Prophet at the Culmination of the Second Temple." *Reading A Tendentious Bible: Essays in Honor of Robert C. Coote, ed. Chaney M. L. Kim, U. Y. and Schellenberg*. Sheffield: Sheffield Phoenix Press, 2014.

_____. ed. "Millenarism, God's Reign, and Daniel as the Bar Enosh." *To Break Every Yoke: Essays in Honor of Marvin Cheney, eds. R. B. Coote and N. K. Gottwald*. Sheffield: Sheffield Phoenix Press, 2007.

_____. *A Reordering of Power: A Socio-Political Reading of Mark's Gospel*. Minneapolis: Fortress Press, and Eugene: Wipf & Stock, 2014, 1989.

_____. *Matthew's Theology of Fulfillment, Its Universality and Its Ethnicity: God's New Israel as the Pioneer of God's New Humanity*. London: Bloomsbury T & T Clark, 2017.

Wells, B. "Death in the Garden of Eden." *JBL* 139/4(2020): 639-660.

Wink, W. *Naming the Powers: The Language of Power in the New Testament. The Powers: Volume One*. Philadelphia: Fortress Press, 1984.

_____. *Unmasking the Powers: The Invisible Forces That Determine Human Existence The Powers: Volume Two*. Philadelphia: Fortress Press, 1986.

Wilberger, H. *Isaiah 1-12*. Minneapolis: Fortress Press, 1991.

_____. *Isaiah 13-27*. Minneapolis: Fortress Press, 1997.

Williamson, H. G. M. "The Messianic Texts in Isaiah 1-39." *King and Messiah in Israel and the Ancient Near East: Proceedings of the Oxford Old Testament Seminar. Day J. ed. Journal for the Study of the Old Testament: Supplement Series* 270. Sheffield: Sheffield Academic Press, 1998.

_____. *Isaiah 6-12: A Critical and Exegetical Commentary*. London: Bloomsbury, 2019.

Wolff, H. W. *Anthropology of the Old Testament*. Philadelphia: Fortress Press, 1974.